General von Seydlitz
in sowjetischer Gefangenschaft
und Haft 1943–1955

Leonid Reschin

General von Seydlitz

in sowjetischer Gefangenschaft und Haft 1943–1955

Mit Vorworten
von Lew Besymenski und
Heinrich Graf v. Einsiedel

Aus dem Russischen von
Barbara und Lothar Lehnhardt

Mit 31 Fotos und Faksimiles

Bechtermünz

Titel der deutschen Originalausgabe
›General zwischen den Fronten – Walter von Seydlitz
in sowjetischer Gefangenschaft und Haft 1943-1955‹
Copyright © 1995 by edition q Verlags-GmbH, Berlin

Genehmigte Lizenzausgabe für Weltbild Verlag GmbH, Augsburg 2000
Copyright © 1995 by edition q Verlags-GmbH, Berlin
Lektorat: Klaus R. Dichtl
Umschlaggestaltung: Külen und Grosche DTP, Augsburg
Umschlagmotiv: Bildarchiv Preußischer Kulturbesitz, Berlin
Gesamtherstellung: Ebner Ulm
Printed in Germany
ISBN: 3-8289-0389-4

I. Vorwort

Der Historiker hat ein Recht auf Erfolg. Er beschäftigt sich, wenn er seine Studien ernsthaft und mit Hingabe betreibt, Tag und Nacht mit der Auswertung einer Unmenge von Archivdokumenten, Aussagen von Zeitzeugen (sofern es solche durch Fügung des Schicksals noch gibt) und eigenen Erwägungen. Er versucht, der historischen Wahrheit nahe zu kommen, die sich schwer ergründen läßt. Manchmal wird seine Mühe von Erfolg gekrönt.

Ein solcher Erfolg wurde Leonid Reschin, dem Autor dieses bemerkenswerten Buchs, zuteil, das erstmals dokumentarische Grundlagen für die Erschließung eines Themas bereitstellt, mit dem man sich in fünfzig Nachkriegsjahren nicht nur in Deutschland sehr intensiv beschäftigt hat. Das Nationalkomitee Freies Deutschland (NKFD) und der Bund Deutscher Offiziere (BDO), die im Jahre 1943, auf dem Höhepunkt des Krieges in der Sowjetunion, gegründet wurden, sind nicht nur als historisches Thema zu behandeln, sondern verkörpern zugleich Persönlichkeiten, die eine deutliche Spur auf sowjetischem und deutschem Territorium und im Leben der bereits erwähnten Zeitzeugen hinterlassen haben.

Doch wie hätte ich damals im harten Winter 1943 in Stalingrad als noch junger Stabsoffizier an der Donfront ahnen können, daß dieser hochgewachsene Mann im deutschen Generalsmantel, der in das kleine Dorf Sawarugin zum nur dürftig versorgten Stab der siegreichen Generale Rokossowski und Woronow gebracht wurde, einmal Gegenstand heftigen wissenschaftlichen und ideologischen Disputs sein würde? Vor der Außentreppe des großen Holzhauses fuhren ständig sowjetische Stabsfahrzeuge und kleine Lastkraftwagen vom berühmten Typ „GAS" vor, denen in warme Armee- und Pelzmäntel eingehüllte Generale und höhere Offiziere der geschlagenen deutschen 6. Armee entstiegen. Das Haus hatte zwar nur wenige

Zimmer, doch hier gab es einen damals wesentlichen Komfort – es war gut geheizt. Die Korps- und Divisionskommandeure wurden aufgrund einer besonderen Weisung des Stabs der Front hierhergebracht, damit sie jederzeit zur Verfügung standen, falls weitere Verhöre erforderlich waren oder der Vertreter des Hauptquartiers des Oberkommandos, Generaloberst der Artillerie (wenige Tage später wurde er zum Marschall befördert) Nikolai Woronow, und der Oberbefehlshaber der Front, Generalleutnant (bald darauf Generaloberst) Konstantin Rokossowski, mit ihnen sprechen wollten. Doch diese führten lediglich ein Gespräch mit dem Befehlshaber der 6. Armee, Generalfeldmarschall Friedrich Paulus, der von den anderen getrennt untergebracht war. Die weiteren Gefangenen blieben gemeinsam einige Tage in diesem Haus. Unter ihnen war auch der General der Artillerie Walter von Seydlitz, der sich aus der Masse durch nichts heraushob. Das war zumindest mein Eindruck in meiner damaligen Funktion als für die gefangenen Generale verantwortlicher „Hauskommandant".

Einige Monate später, bereits nach den Kämpfen in Zentralrußland im Sommer und Herbst 1943, las ich den Namen von Seydlitz in einem Verzeichnis von Offizieren, die die Gründung des NKFD unterstützt und den Bund Deutscher Offiziere gebildet hatten. Dies erschien mir völlig erklärlich und logisch. Wer Stalingrad mit all seinen Schrecken und Konsequenzen erlebt hatte, konnte Adolf Hitler nicht einfach weiter ergeben dienen. Er mußte darüber nachdenken, wohin der Führer seine Armee und sein Volk trieb. Nach Stalingrad – und noch mehr nach Kursk – war es nicht mehr möglich, auf einen für Deutschland siegreichen Kriegsausgang zu hoffen. Deshalb mußte über eine Alternative zu Hitler nachgedacht werden. Die sowjetische Öffentlichkeit nahm alles, was über die Tätigkeit des NKFD und des BDO mitgeteilt wurde, positiv auf. Wir wußten damals schon, daß der Sieg bevorstand. Und alles, was ihn näher brachte, wurde entsprechend unterstützt.

Seither sind mehr als 50 Jahre vergangen. Besteht heute überhaupt noch ein Interesse dafür, was ein sowjetischer Offizier über das NKFD, den BDO und General von Seydlitz gedacht haben mag? Seit jener Zeit hat das „Phänomen Seydlitz" einen komplizierten und widersprüchlichen Weg der Wahrnehmung und Beurteilung auf beiden Seiten der früheren Frontlinie, die einst Europa, die Welt und vor allem unsere Länder Rußland und Deutschland trennte, hinter sich.

VI

Warum wird heute noch über Seydlitz und seine Bewegung gesprochen, gestritten und geschrieben? Vielleicht weil das Thema tabu war? Nein, eher das Gegenteil war der Fall. Der Krieg war noch nicht beendet, als bereits Hunderte Dokumente über Seydlitz' Bewegung und über ihn selbst veröffentlicht wurden. Nach dem Krieg schrieben viele seiner Teilnehmer ihre Memoiren. Das Thema NKFD/ BDO wurde sehr bald in das Arsenal der ideologischen Auseinandersetzungen übernommen, die für die Konfrontation im Nachkriegsdeutschland in Gestalt der beiden deutschen Staaten charakteristisch waren.

Diese Konfrontation existiert, seit das Thema im Jahre 1943 erstmals zur Diskussion stand. Damals war die Welt wirklich geteilt und verfeindet. Keine fiktive, sondern eine absolut reale Frontlinie trennte zwei Formen menschlicher Existenz, die einander ausschlossen und den (zumindest freiwilligen) Übergang von einer zur anderen nahezu unvorstellbar scheinen ließen. Für die Seydlitz-Bewegung konnte es da keine Ausnahme geben. Nach dieser ungeschriebenen Regel stürzte sich der Propagandaapparat des dritten Reiches mit allen Mitteln der Strafgewalt auf das NKFD und den BDO. Die Führer der Antihitlerbewegung wurden mit Bann belegt, in Abwesenheit zum Tode verurteilt und als willenlose Diener des bolschewistischen Regimes hingestellt – ein Stigma, das seine Initiatoren mit den SS-Runen auf den Kragenspiegeln überdauert hat. Doch diese ideologische Konfrontation war nur ein Teil des ziemlich verworrenen Gesamtbilds. Es gab noch eine andere ideologische Konfrontation, und zwar auf der Seite der Antihitlerkoalition selbst, die mit Nazideutschland auf Leben und Tod kämpfte. Die inneren Widersprüche dieser Koalition sind hinreichend bekannt, auch das tiefe gegenseitige Mißtrauen der damaligen Verbündeten. Dieses Mißtrauen hat den Blick zuweilen derart getrübt, daß es zum direkten Selbstbetrug führte. Ein Beispiel dafür ist die Wahrnehmung der Seydlitz-Bewegung in den politischen Kreisen des Westens.

Buchstäblich vom ersten Tag der Veröffentlichung der Dokumente der neuen Bewegung in Moskau an machte man sich in den westlichen Hauptstädten zunehmend Gedanken: Was bedeutet das? Welche Ziele verfolgt Moskau wirklich damit? Bei der Beantwortung dieser Fragen interessierte man sich wenig für den Sinn und Inhalt der veröffentlichten Dokumente, aus denen hervorging, daß Moskau keine Möglichkeit zur Schwächung der Wehrmacht unge-

nutzt lassen wollte, darunter auch die zu ihrer Zersetzung mit Hilfe
früherer Wehrmachtsangehöriger, welche praktisch Opfer der Er-
oberungspolitik Hitlers geworden waren. Nein, man suchte vielmehr nach dem „Hintergedanken" der sowjetischen politischen
Führung und fand ihn auch – einen angeblich existierenden geheimen sowjetischen Plan zur Bildung einer künftigen deutschen Nach-
kriegsregierung aus der Bewegung von Seydlitz' und zur Umwand-
lung des künftigen Deutschland in sowjetisches Einflußgebiet.

Es läßt sich schwer sagen, woher die Geheimdienste der USA und
Großbritanniens sich die Informationen über die sowjetischen Pläne
zur Bildung einer künftigen „Seydlitz-Regierung" oder zur Aufstellung einer „Seydlitz-Armee" an der Seite der Roten Armee (auch davon wurde gesprochen) beschafft hatten. Die sowjetische Seite hat
solche Meldungen jedenfalls nicht verbreitet, wohingegen die deutsche Seite wiederholt davon berichtete. Am 16. Februar 1945 wird in
einer Direktive Ribbentrops für die deutschen Botschafter in Irland,
Portugal, Spanien und beim Vatikan behauptet, daß „Stalin Tausende Kriegsgefangene politisch geschult und aus ihnen Kader für die
neue deutsch-sowjetische Armee gebildet hat . . . Die Truppen, die
mit der GPU zusammenarbeiten, sind für den möglichst schnellen
Aufbau des Kommunismus in Deutschland nach der Okkupation
durch die Rote Armee, für die Vernichtung der Intelligenz und die
Errichtung eines deutsch-sowjetischen Regimes bestimmt." Ribben-
trop forderte die Botschafter auf, dieses Argument zu nutzen, um die
westlichen Verbündeten von der Notwendigkeit eines Separatab-
kommens zwischen dem Westen und Deutschland gegen die Sowjetunion zu überzeugen.

Natürlich gab es gegen eine solche ideologische Interpretation, die
aus Berlin den westlichen Geheimdiensten, die sie bereitwillig aufnahmen, zugespielt wurde, eine andere und der Wahrheit entsprechende Gegendarstellung. Doch die sowjetische Propaganda hüllte
sich in Schweigen und ließ sich auf keinen Disput ein, womit sie,
gewollt oder ungewollt, den Spekulationen neuen Auftrieb gab. Der
Disput ging weiter, wobei es, weil die erforderliche dokumentarische
Grundlage fehlte, jahrelang nicht möglich war, ihn aus dem memo-
rial-emotionalen Stadium herauszuführen.

Das jetzt veröffentlichte Buch von Reschin setzt dem ein Ende.
Zum erstenmal werden hier sowjetische Originaldokumente veröffentlicht, welche die Zeit der Bildung, Entwicklung und Auflösung

VIII

des NKFD und des BDO betreffen. Sie widerlegen die westlichen Versionen von der „unsichtbaren Regierung" usw., die lange Jahre die gesamte Atmosphäre der politischen Diskussionen zur Geschichte vergiftet haben. Es werden stichhaltige Argumente angeführt: Ja, es gab solche Absichten, doch sie bestanden nur auf deutscher Seite, d. h. bei einzelnen deutschen Offizieren, und sie wurden von sowjetischer Seite nicht bestätigt . . .

Das ist nur ein, wenn auch nicht das wichtigste neue Element im Buch Leonid Reschins. In ihm werden überwiegend Dokumente der GUPWI (Hauptverwaltung für Kriegsgefangene und Internierte), die zum Volkskommissariat (später Ministerium) des Innern der UdSSR (NKWD) gehörte und mit Strafbefugnissen ausgestattet war, angeführt. Es handelt sich um Dokumente dieser Verwaltung, ihrer untergeordneten Organe, Berichte an die höchste Führung, u. a. an Josef Stalin und Lawrenti Berija. Dokumente der sowjetischen Führung, d. h. des ZK der KPdSU(B) sind in der von Reschin erarbeiteten Dokumentation nur soweit enthalten, wie sie in die Kanzlei der GUPWI und zu ihren Leitern – General Petrow, General Melnikow und seinem Nachfolger General Amajak Kobulow – gelangt sind. Diese „Einschränkung" ist einer der Vorbehalte, mit dem der Leser an die Quellen Reschins herangehen muß. Es darf jedenfalls nicht der Eindruck entstehen, daß die ganze Geschichte des NKFD und des BDO lediglich ein Produkt des von Berija geleiteten Gefängnis- und Lagersystems gewesen ist. Im gesamten Zeitraum des Bestehens des Nationalkomitees und des Offiziersbunds war das NKWD praktisch der geschickte und bisweilen auch ungeschickte Vollstrecker politischer Beschlüsse, die auf höchster Ebene getroffen wurden, u. a. von Stalin und A. Stscherbakow, Sekretär des ZK der KPdSU(B), der für die gesamte propagandistische Tätigkeit der Partei verantwortlich war und gemeinsam mit der Politischen Hauptverwaltung das Sowjetische Informationsbüro als Hauptquelle für die Verbreitung von für das Ausland bestimmten Informationen über das Geschehen in der UdSSR leitete. Eine wesentliche Rolle spielte auch die nach der Auflösung der KOMINTERN gebildete Internationale Abteilung des ZK der KPdSU(B), die Georgi Dimitroff leitete, der auch für die Verbindung zu den deutschen Kommunisten und der Führung der KPD verantwortlich war. In dieser Organisationsstruktur kam die durchweg untergeordnete Stellung der KPD zum Ausdruck, deren Führer, solange die DDR bestand, viele Mühe aufgewendet haben, um ihre „Avantgarderolle" bei der Organisation des antifaschistischen Widerstands aufzuzeigen. Niemand spricht der KPD eine solche führende Rolle ab, doch sie muß realistisch gesehen werden.

Es gehört nicht zu den Aufgaben dieses Buches von Reschin oder des Verfassers dieses Vorworts, den historischen Platz der kommunistischen Bewegung im Schicksal Deutschlands zu definieren. Ich möchte nur meine Gefühle als junger sowjetischer Student im tragischen Juni 1941 wiedergeben. Obwohl die vorangegangenen schicksalhaften Monate zwischen dem 1. September 1939 und dem 22. Juni 1941 in uns viel Unruhe und Verwirrung hatten aufkommen lassen, genossen die deutschen Kommunisten als die Partei, die sich Hitler widersetzt hatte und sein Opfer geworden war, in der sowjetischen Gesellschaft nach wie vor hohes Ansehen. Die illegale Tätigkeit der deutschen Widerstandskämpfer, die Leiden der Häftlinge in den Konzentrationslagern, die moralischen Heldentaten der deutschen Emigranten – das alles war für uns ein Begriff. Besonders wir Studenten der legendären Hochschule für Geschichte, Philosophie und Literatur, an der viele Absolventen der deutschen Schule in Moskau studierten, wußten davon. Wir waren mit den deutschen Kommilitonen befreundet, diskutierten und stritten mit ihnen. Dieser vertrauliche Umgang verstärkte sich noch nach dem 22. Juni. So bildete sich bei uns die feste Überzeugung heraus, daß der Krieg nicht lange dauern werde, denn unsere deutschen Klassenbrüder, die ruhmreichen deutschen Proletarier, würden die Waffen gegen Hitler richten. Sie würden nicht gegen die Heimat der Weltrevolution kämpfen . . .

Leider unterlagen nicht nur wir diesem Irrtum. Die Flugblätter, die von der 7. Abteilung der GlAWPUR (später der 7. Verwaltung) in den ersten Tagen und Monaten des Kriegs verbreitet wurden, enthielten die gleichen Illusionen, die den sowjetischen Politoffizieren zweifellos von deutschen Kommunisten suggeriert worden waren. Große Resonanz fand beispielsweise ein Flugblatt mit dem Appell des deutschen Kommunisten Alfred Liskow, der in der Nacht zum 22. Juni 1941 die künftige Frontlinie überschritten hatte und seine Landsleute dazu aufrief, die Waffen gegen die Nazis zu richten. Auf den gleichen Illusionen beruhten die von Dimitroff noch im September 1941 vorgeschlagenen ersten Maßnahmen für die Arbeit mit den deutschen Kriegsgefangenen. Mit der Zeit gingen diese Illusionen verloren, doch sie haben viel Schaden angerichtet.

An dieser Stelle ist ein weiterer Vorbehalt angebracht, den der Leser des Buchs berücksichtigen sollte. Es führt Lageberichte aus den Lagern für deutsche Kriegsgefangene in der Sowjetunion mit zahlreichen negativen und wenigen positiven Stimmen an. Diese wurden von Mitarbeitern des NKWD und deren Informanten sehr eigentümlich und, offen gesagt, in einer widerlichen bürokratischen Sprache geschrieben (ich bin mir nicht sicher, ob diese Eigentümlichkeit ins Deutsche übertragen werden kann). In diesen Dokumenten fehlt leider das Wichtigste – jene tragischen Ereignisse, die Hunderttausende deutscher Soldaten und Offiziere in die Gefangenenlager von Krasnogorsk, Jelabuga und Lunowo gebracht haben.

Es herrschte Krieg, furchtbarer und unerbittlicher Krieg, der keine Kompromisse kannte, ohne Zwischentöne alles nur in Schwarz und Weiß malte. Ein Krieg, der für Deutschland 1939 und für die Sowjetunion 1941 begonnen hatte.

Man kann sich vorstellen, wie ich 1941 über die deutschen Soldaten dachte. Darüber schweige ich lieber. Heute versuche ich mir vorzustellen, was diese Soldaten wohl empfunden haben mögen, die es nach Rußland und Belorußland verschlagen hatte. Pflichtgefühl gegenüber Führer und Vaterland? Wahrscheinlich. Blinder Gehorsam des Soldatenberufs? Natürlich. Das Gefühl, der Familie mit Paketen aus ukrainischen Dörfern helfen zu können? Wahrscheinlich nicht bei jedem. Die Kameradschaft, die dazu veranlaßt, jene zu töten, die einen selbst und den Nachbarn töten könnten? Das Gefühl, eine große Mission zu erfüllen, die in der Vernichtung des jüdischen Bolschewismus besteht? Doch darüber habe ich nicht zu befinden.

Es gab aber auch noch Empfindungen anderer Art. Man war erstaunt über das unbegreifliche, riesige und arme Land, in das man geraten war, und über dessen Bevölkerung, die den von der Propaganda beschriebenen „Untermenschen" so gar nicht ähnelte. Man war verwundert über den in seiner Stärke unverständlichen Widerstand in diesem Land. Man hatte das Gefühl, daß es nicht leicht sein würde, dieses Land und seine Soldaten niederzuwerfen, daß Siege schwer zu erringen waren und teuer zu stehen kommen würden. Und dann die Winterschlachten bei Moskau und Stalingrad . . .

Stalingrad ist das Schlüsselwort des vergangenen Krieges. Mit ihm sind wie mit keinem anderen Wort Erlebnisse verbunden, die nicht einzelne, sondern Tausende Wehrmachtssoldaten zum Umdenken veranlaßten. Wenn es nicht Stalingrad und Dutzende anderer „kleiner Stalingrads" 1943 und 1944 gegeben hätte, wäre es den Offizieren der 7. Abteilung und den Generalen des NKWD nicht gelungen, in den Lagern jene Stimmung, die zur Gründung des NKFD und des BDO führte, zu schaffen. Wer einmal „General Winter" in den russischen Steppen erlebt hatte, der dachte anders als noch während des Siegeszuges der deutschen Waffen. Das erfährt man allerdings aus den trockenen Berichten der GUPWI nicht.

Und schließlich noch ein dritter Hinweis für den Leser, was den Wahrheitsgehalt der in dem Buch abgehandelten und zitierten Dokumente betrifft. Mit dieser Frage werden Forscher häufig konfrontiert, die beim Studium eines Dokuments mitunter stöhnen und sagen: „Er lügt wie gedruckt." So ist es bei Aussagen, denen man nichts entgegensetzen kann, obwohl man spürt, daß sie nicht authentisch sind. Mit Dokumenten ist das noch schlimmer, da hier ein Text vorliegt, der niedergeschrieben, unterzeichnet und häufig sogar durch ein offizielles Siegel beglaubigt worden ist . . .

In den Akten der GUPWI ist weder Platz für Lyrik noch für Geschichtschronik. Es handelt sich um dienstliche Schreiben, die auf Befehl verfaßt und verschickt wurden. Die Ausführung des Befehls mußte „nach oben" gemeldet werden. Dorthin wurden auch Meldungen geschickt, in denen die Obrigkeit nur das zu lesen bekam, was ihr genehm war. Ich glaube nicht, daß die Informanten in den Lagern und ihre Chefs große Psychologen waren, doch sie wußten ganz genau, was die Führung hören wollte.

Ich möchte nur auf ein Beispiel eingehen, auf ein Dokument vom 15. November 1949, das kein Geringerer als Generalfeldmarschall Friedrich Paulus unterzeichnet hat. Daraus geht hervor, daß der Feldmarschall die Repatriierung des Generals von Seydlitz nicht für zweckmäßig hielt. Das wird mit der Befürchtung begründet, daß der General nicht in der DDR bleiben, sondern in die Westzonen überwechseln werde. Das ist zweifellos ein unfairer Akt und läßt den Feldmarschall in keinem guten Licht erscheinen. Doch wie ist das Dokument entstanden? Am 12. November erschien Generalleutnant Amajak Kobulow, der stellvertretende Leiter der GUPWI, auf der Datscha, wo Paulus, Seydlitz und Bammler wohnten. Kobulow war eine maßgebende Persönlichkeit, da er und sein älterer Bruder Sachar zum engen Kreis von Berijas Vertrauten gehörten. Er war nicht besonders klug, aber ehrgeizig (er hielt sich für einen Deutschland-Experten, weil er von 1939 bis 1940, allerdings unrühmlich,

NKWD-Resident in Deutschland gewesen war). Kobulow führte stets die Sonderaufträge seines Chefs mit dem Kneifer aus. Bis Herbst 1949 hatte sich auf Kobulows Schreibtisch schon genügend kompromittierendes Material gegen Seydlitz angesammelt. Doch wie konnte man die vorbereitete Abrechnung mit dem General bewerkstelligen, der in den Berichten an Stalin stets als bedeutende und nützliche Persönlichkeit beschrieben wurde? Man beschloß, andere dafür einzuspannen. Kobulow führte ein Gespräch mit Paulus und Bammler, in dessen Ergebnis ein Dokument entstand, das eher von Kobulow diktiert, als von Paulus selbst verfaßt worden war. Natürlich hätte Paulus die Unterschrift verweigern können, doch offensichtlich wollte er selbst so schnell wie möglich in die Heimat zurückkehren dürfen ...

Nach Kriegsende begann das abschließende und tragischste Kapitel in der Geschichte des Generals von Seydlitz, das Reschin sehr ausführlich schildert. Doch das betrifft nicht nur den General allein. Bekanntlich wurden die Lager der deutschen Kriegsgefangenen von 1949 bis 1950 von einer richtiggehenden Lawine von Gerichtsprozessen gegen Kriegsverbrecher erfaßt. In diesen Jahren wurden plötzlich über 42 000 Kriegsverbrecher aufgespürt.

Leonid Reschin fand ein diesbezügliches Dokument – einen Auszug aus einem Beschluß des Rats der Volkskommissare der UdSSR vom Dezember 1948. Darin heißt es, daß in Zusammenhang mit der bevorstehenden Repatriierung deutscher Kriegsgefangener für die ausfallenden Arbeitskräfte Ersatz gefunden werden muß. Doch Arbeitskräfte waren nicht vorhanden! Das war der wichtigste Grund für die Prozesse. Sie waren eine gezielte Maßnahme, um die Rückführung der Kriegsgefangenen zu verzögern.

Ein anderer Grund war politischer Art: Offenbar hatte man den Eindruck, daß unter den nahezu zwei Millionen Kriegsgefangenen nur eine „unzureichende" Anzahl von Kriegsverbrechern ermittelt worden war. Zweifellos war ihre Zahl nicht gering. In Erfüllung der internationalen Verpflichtungen unseres Landes hatten sowjetische Gerichte, häufig in öffentlichen Sitzungen, Henker aus den Reihen der SS und der Wehrmacht, die Greueltaten begangen hatten, abgeurteilt. Im April 1948 forderte Molotow einen Bericht über die Zahl der Prozesse und der Verurteilten an. Es waren mehr als tausend. Nun wurde die ganze Prozedur der Strafverfolgung Andrej Wyschinski persönlich unterstellt. Es erging der Befehl, die Prozesse als Sonderverfahren durchzuführen. Dafür wurde eine zwischenbehördliche Kommission gebildet, die darüber entschied, wer Kriegsverbrecher war und wer nicht.

Es muß berücksichtigt werden, in welcher Zeit das alles geschah. Der kalte Krieg verschärfte sich, Deutschland und seinem Westteil wurde hierbei eine Hauptrolle zugewiesen. Der Aufbau einer westdeutschen Armee im Rahmen der NATO zeichnete sich als reale Gefahr ab. Deshalb schien es völlig logisch, dieser Armee keine erfahrenen Generale und Offiziere zur Verfügung zu stellen, die in der Sowjetunion auf ihre Repatriierung warteten. Die Mitglieder der zwischenbehördlichen Kommission waren eifrig bemüht, dem einen Riegel vorzuschieben.

Ich hatte Gelegenheit, im Archiv der GUPWI Protokolle dieser Kommission einzusehen. An einem Tag wurden Dutzende, mitunter sogar Hunderte Fälle „überprüft". Während einer Sitzung wurde beispielsweise über 131 „Kandidaten" verhandelt, von denen 114 als Verbrecher eingestuft wurden. In einem anderen Fall waren es 109 von 424. Ein Dokument erfaßte insgesamt 630 Personen. Am 3. März 1950 übergab die Moskauer Kommission ihre in 1656 Fällen getroffene Entscheidung an das Militärtribunal. Wo blieb da Raum für die Beweisführung? Diese war mitunter nahezu lächerlich: „Er hat persönlich drei Brücken gesprengt", „er hat faschistisches Gedankengut propagiert", „er ist ein Geheimagent de Gaulles" (!!!), „er hat in der Gefangenschaft Spionagematerial über die UdSSR gesammelt".

Somit waren Ende 1950 in den Lagern keine Kriegsgefangenen, sondern nur noch „Kriegsverbrecher" verblieben. Das Fernziel dieser Operation wurde später klar, als Chrustschow und Bulganin im September 1955 bei den Verhandlungen mit Adenauer dem betagten Kanzler in die Augen sahen und blauäugig fragten: „Was für Kriegsgefangene? Bei uns befinden sich lediglich Verbrecher, die wir Ihnen, wenn Sie es wünschen, übergeben werden." Unter ihnen war auch Walter von Seydlitz . . .

Leonid Reschin hat anhand von Dokumenten jene tragischen Jahre im Leben eines Mannes rekapituliert, dem das sowjetische Oberkommando noch zu Lebzeiten ein Denkmal hätte setzen müssen. Es handelt sich bei Seydlitz um einen Mann, der sich von Kastengeist und Standarddenken gelöst und den verbrecherischen Charakter des Regimes, dem er den Treueeid geleistet hatte, erkannt hatte. Einen Mann, der Tausenden seiner Kameraden ein Beispiel gab. Das wurde sehr schnell vergessen. Als Seydlitz nicht mehr gebraucht wurde, ließ man ihn nicht nur fallen, sondern stellte ihn rechtswidrig vor Gericht. Am 25. März 1950 wurde der Haftbefehl gegen „Walter Alexander von Seydlitz, Kaderoffizier, verheiratet, General der Artillerie" erlassen. Am 25. Mai wurde der General in das Butyrka-Gefängnis eingeliefert. Man beschuldigte ihn schwerer Kriegsverbrechen, obwohl es keine ausreichenden Beweise dafür gab. Seydlitz wurde vom Militärtribunal der Truppen des Innern des Moskauer Militärbezirks verurteilt. Die Verhandlung wurde am 8. Juli 1950 eröffnet und endete am gleichen Tag mit dem Urteilsspruch – 25 Jahre Gefängnishaft.

Das Buch bietet dem Leser genügend Material, um sich nicht nur über das Schicksal des Generals von Seydlitz, sondern auch über das Schicksal ehrlicher Menschen in den Händen unehrlicher Behörden Gedanken zu machen. Deshalb lohnt es sich, dieses Buch zu lesen, gleich wie man zu seinen Dokumenten und seinen Helden steht.

Moskau, August 1995   **Prof. Lew Besymenski**
Akademie der Militärwissenschaften
der Russischen Föderation

II. Vorwort

Nur wenige Stunden nach dem Attentat auf Hitler am 20. Juli 1944 verkündete Martin Bormann seinen Gauleitern im Reich, das Attentat sei selbstverständlich im Auftrag des Nationalkomitees Freies Deutschland und des Offiziersbundes in Moskau verübt worden. Namentlich erwähnt wurden Seydlitz und Einsiedel.

Es ist nicht ausgeschlossen, daß Bormann dies selbst geglaubt hat. Aber leider bestanden zwischen dem Komitee und den Verschwörern im Reich keinerlei Verbindungen. Was sie miteinander verband, war allein die Erkenntnis, daß Hitler beseitigt werden und der Krieg beendet werden müsse – koste es was es wolle –, wenn Deutschland und Europa unermeßliches Leid erspart bleiben sollte. In den neun Monaten Krieg nach dem Attentat verloren noch 4,8 Millionen Deutsche das Leben, doppelt so viele, wie in den fünf Jahren Krieg zuvor. Daran sollte man sich erinnern, ehe man dieses Buch zur Hand nimmt.

Ich habe Seydlitz zwei Jahre als Präsidenten des Offiziersbundes erlebt. Insgesamt war ich vier Jahre lang zusammen mit ihm in sowjetischer Gefangenschaft. Die Sicht auf ihn, auf den Offiziersbund und die Bewegung Freies Deutschland überhaupt, allein aus der Sicht der NKWD-Dokumente verrät viel über die Mentalität der Apparatschiks dieses NKWD, gibt aber nur ein höchst verzerrtes Bild der Personen wieder, die auf deutscher Seite an diesem Widerstand gegen Hitler in sowjetischer Gefangenschaft beteiligt waren.

Als General v. Seydlitz bei Stalingrad in Gefangenschaft geriet, war er noch kein Gegner Hitlers. An dem hatten ihm bis dahin nur seine schlechten Tischmanieren und seine schlechtsitzende Uniform mißfallen. Selbstredend wollte er den Krieg noch gewinnen. Daß dieser Krieg insgesamt ein geschichtlich einmaliges Verbrechen war, daß er mit verbrecherischen Mitteln geführt wurde und obendrein längst verloren war, hatte Seydlitz damals noch nicht begriffen. Darin unterschied er sich nicht von der großen Mehrheit seiner Kameraden in höherer militärischer Verantwortung, von der Mehrheit des Offizierskorps und auch nicht von der Mehrheit des deutschen Volkes.

Sogar ein Graf Stauffenberg vertrat damals noch die Überzeugung, erst müsse man die Bolschewisten besiegen. Erst dann könne man mit den Braunen aufräumen.

Als Seydlitz unmittelbar nach der Einkesselung der 6. Armee bei Stalingrad von seinen Vorgesetzten verlangte, sie sollten sich die durch Führerbefehl zum Einigeln verhinderte Handlungsfreiheit selbst nehmen und von der noch vorhandenen Möglichkeit zum Ausbruch Gebrauch machen, um die völlige Vernichtung von 200 000 Kämpfern und ihrer gesamten Materialausstattung zu verhindern, da wollte v. Seydlitz keineswegs Hitler stürzen. Er wollte einfach sauberes militärisches Handwerk liefern und keinen Pfusch. Er wollte den Krieg besser führen als Hitler selbst, besser auch als der Befehlshaber der Heeresgruppe, Feldmarschall v. Manstein, der Hitler noch in seinem Starrsinn bekräftigt und ihm Festhalten an Stalingrad geraten hatte. Seydlitz war sich wohl bewußt, daß er mit dieser Aufforderung zum militärischen Ungehorsam seinen Kopf riskierte. Aber ihn beherrschte, wie er es in seiner Lagebeurteilung selbst formuliert hat, die „gebieterische Pflicht vor dem eigenen Gewissen gegenüber der Armee und dem deutschen Volk". Sein Kopf interessierte ihn nicht. Er konnte auch nicht wissen, daß Hitler seine Lagebeurteilung nie zu Gesicht bekommen würde. Sie strandete auf dem Schreibtisch von Manstein, der sich über den Inhalt sehr entrüsten mußte. Verständlicherweise. Führte sie doch seine eigene Lagebeurteilung vom Vortage mit unwiderlegbaren Argumenten ad absurdum.

In Gefangenschaft wurde v. Seydlitz erneut mit aller Härte vor eine noch viel schwerere Gewissensentscheidung gestellt. Eine verschwindend kleine Minderheit der Überlebenden von Stalingrad, die begriffen hatte, daß Deutschland den Krieg nur noch um den Preis unermeßlicher Opfer hinschleppen könne und mit jedem Tag des Krieges nicht nur schwächer und ohnmächtiger, sondern auch schuldiger werde, bestürmten ihn, sich an die Spitze einer Offiziersgruppe zu stellen, die die Führung der Wehrmacht beschwören sollte, Hitler zu stürzen und den Krieg zu beenden. Sie hielten ihm vor, er habe doch schon im Kessel von Stalingrad seinen Kopf riskiert, um die Armee zu retten. Nun gehe es um ganz Deutschland, dem Hitler ein Schicksal wie das der 6. Armee bereiten wolle. Nun müsse er doch erst recht die

Marschalle und Generale an den Spitzen der Heeresgruppen und Armeen zum Ungehorsam gegen Hitler, zum Sturz Hitlers auffordern. Denn: „Kein äußerer Feind hat uns Deutsche jemals so tief ins Unglück gestürzt wie Hitler." (Aus dem Manifest des Komitees.) Doch General v. Seydlitz zauderte. Meiner Erinnerung nach erzielte den entscheidenden Durchbruch bei ihm der NKWD-General Melnikow, der ihm feierlich – angeblich im Auftrag seiner Regierung – versicherte, die Sowjetunion werde sich bei den Verhandlungen über die Zukunft Deutschlands nach Hitler für den Erhalt des Deutschen Reichs in den Grenzen von 1937 einsetzen, falls es dem Offiziersbund gelänge, die Wehrmachtsführung zum Sturz Hitlers und zur Beendigung des Krieges zu veranlassen, ehe die Rote Armee die Grenzen des Reichs überschritten habe.

Man kann heute ironisch darüber lächeln, welchen Eindruck dieses Versprechen auf Seydlitz und seine Kameraden gemacht hat. Aber es war eben der sprichwörtliche Strohhalm, an den sie sich klammerten, nachdem ihnen klargeworden war, daß Deutschland eigentlich schon alles verloren hatte, einschießlich der Ehre.

Es ist hier nicht der Platz, um die möglichen politstrategischen Motive zu analysieren, die Stalin dazu bewogen haben, Ende Mai 1943 die Anweisung zu geben, aus kriegsgefangenen Generalen, Offizieren, Soldaten und den Spitzen der deutschen Exilkommunisten in Moskau das Modell einer breiten Volksfront gegen Hitler zu bilden. Aber für Seydlitz, wie für uns alle, die sich an diesem Unternehmen beteiligt haben, gab es nur eine entscheidende Frage: Wer hatte mehr bei einem Sturz Hitlers von deutscher Hand und einer Kapitulation vor den Alliierten zu gewinnen – das deutsche Volk oder Stalin?

Die Frage stellen, hieß sie zu beantworten.

Ich habe die Tage miterlebt, da um die Stalingrader Generalität gerungen wurde. Seydlitz sollte und wollte nicht unbedingt die Galionsfigur des Offiziersbundes sein. Noch immer hofften er und alle anderen Beteiligten, Deutsche wie Russen, man könne Paulus und mit ihm die Mehrheit aller Stalingrader Generale für den Aufstand gegen Hitler gewinnen, und damit wirklich Eindruck in Deutschland machen. Aber wie schon im Kessel von Stalingrad wich Paulus einer klaren Entscheidung aus und übernahm keinerlei Verantwortung – so meinte er jedenfalls. Erst als die Verschwörer schon gescheitert waren, als 1944 schon fünfzig Generale Aufrufe gegen Hitler unterzeichnet hatten, war Paulus dann endlich auch dabei.

XVIII

Dieses Buch dokumentiert alle diese Vorgänge mit den Augen jener Leute, die mit der Organisation, der Manipulation und der Steuerung des gesamten Unternehmens befaßt waren. Mich überrascht darin weniges. Daß die Sowjetorgane den Kriegsgefangenen, die gestern noch mit größtem Einsatz für Hitler gekämpft hatten, mit Mißtrauen gegenüberstanden, daß sie überwachen, bespitzeln, kontrollieren und nach Möglichkeit steuern wollten, war unter den gegebenen Umständen nicht anders zu erwarten. Schließlich konnte man die Männer unter uns, die auch schon vor ihrer Gefangennahme bereit gewesen wären, sich einer Verschwörung gegen Hitler anzuschließen, an den Fingern abzählen. Und Versuche, das Komitee und den Offiziersbund von innen her zu sprengen, hat es ja gegeben. Sogar abenteuerliche Pläne, es durch Fallschirmjäger ausheben zu lassen, oder bestimmte, als besonders gefährlich geltende Personen umzubringen.

Doch die Berichte der Informanten, ihre Interpretation durch die Politoffiziere, und die Beurteilung bestimmter Personen im Lichte der ihnen erteilten Aufträge, geben natürlich nur einen Teil der Wirklichkeit wieder und sagen wenig über die tatsächlichen Beweggründe der Menschen aus, oder noch schlimmer, verzeichnen sie auf das gröbste.

Höchst überraschend sind allerdings jene Dokumente für mich, die sich mit den Plänen von Seydlitz' und seiner Entourage für die Aufstellung deutscher Truppeneinheiten aus den Kriegsgefangenen auf sowjetischer Seite befassen. Diese Pläne waren mir bislang völlig unbekannt und ich kann nur über die mangelnde Urteilskraft ihrer Urheber den Kopf schütteln. Wer diese Ideen Seydlitz eingeredet haben mag, ist mir rätselhaft.

Der Prozeß, den die Sowjets Seydlitz Anfang der fünfziger Jahre gemacht haben, beweist ein weiteres Mal, daß die Sowjetjustiz nichts mit Recht und Rechtsprechung zu tun hatte, sondern auf reiner Willkür beruhte. Er beweist aber auch, zu welch verbrecherischer Grausamkeit dieser Krieg, der von deutscher Seite aus vom ersten Tag an als ein Vernichtungs- und Ausrottungsfeldzug geführt worden ist, sich steigern mußte, und wie praktisch jeder Offizier in höherer Verantwortung automatisch, ob er wollte oder nicht, in Handlungen verwickelt worden ist, die eben an Verbrechen grenzten.

Bonn, August 1995 **Heinrich Graf v. Einsiedel**

Einleitung

Über das Leben von Walter Alexander von Seydlitz-Kurzbach[1], General der Artillerie der deutschen Wehrmacht, ehemaliger Befehlshaber des LI. Armeekorps, geboren am 21. August 1888 in Hamburg, gibt es viele Legenden. Sein Name ist untrennbar mit dem Durchbruch der Blockade des „Demjansker Kessels", der Stalingrader Schlacht sowie der Entstehung und dem Wirken des Bunds Deutscher Offiziere (BDO)[2] verbunden, den in sowjetische Gefangenschaft geratene deutsche Offiziere und Generale gründeten.

Im Jahr 1944 wurde Walter von Seydlitz-Kurzbach, Vertreter eines alten deutschen Adelsgeschlechts, aus dem eine ganze Reihe bedeutender Militärs hervorgegangen ist, von einem faschistischen Kriegsgericht wegen aktiver Zersetzung der deutschen Wehrmacht durch Verbreitung von Flugblättern und Runkfunkansprachen in Abwesenheit zum Tode verurteilt.

Über die Tätigkeit des BDO gibt es widersprüchliche Meinungen. Nach der offiziellen sowjetischen Geschichtsschreibung handelt es sich um eine antifaschistische Organisation, die auf Initiative gefangener deutscher Offiziere gegründet wurde und innerhalb des Nationalkomitees „Freies Deutschland" (NKFD)[3] völlig selbständig, allerdings mit gewisser Unterstützung der sowjetischen Behörden, wirkte.

Es besteht aber auch die Meinung, daß das NKFD und der BDO in ihrem Wirken dem Komitee für die Befreiung der Völker Rußlands entsprachen, das 1944 in Deutschland gegründet wurde und dessen nomineller Leiter der ehemalige sowjetische General Wlassow gewesen war.

Die Wahrheit liegt, wie so oft, nicht offen auf der Hand. Wir ziehen die antifaschistische Tätigkeit der deutschen Kriegsgefangenen und Politemigranten keineswegs in Zweifel, wollen dem Leser aber die

1

Möglichkeit geben, sich ein Urteil zu bilden, was das National-komitee „Freies Deutschland" und der Bund Deutscher Offiziere wirklich darstellten.

Dem Buch wurden Originaldokumente aus Archiven zugrunde gelegt, die lange Zeit den Forschern unzugänglich waren. Erst die grundlegenden Veränderungen im Leben der Russischen Föderation erlaubten es, diese Dokumente der Öffentlichkeit zugänglich zu machen: Unterlagen der Hauptverwaltung des NKWD der UdSSR für Angelegenheiten der Kriegsgefangenen und Internierten (GUPWI), Agenturberichte über die Stimmung der deutschen Kriegsgefangenen sowie Dokumente des Exekutivkomitees der Komintern und verschiedener Abteilungen des ZK der KPdSU(B).

Aus verständlichen Gründen nennen wir weder die Klarnamen noch die Decknamen der Informanten, die über die Tätigkeit des NKFD und des BDO berichteten. Wir stellen lediglich fest, daß darunter mehrere gefangene Generale und eine große Zahl höherer Offiziere waren.

Walter Alexander von Seydlitz-Kurzbach gehörte nie zu den Informanten. „Presus" (Präsident des Kriegsgerichts) ist der Deckname, unter dem der deutsche Kriegsgefangene General von Seydlitz geführt wurde. Das geschah weniger aus Gründen der Konspiration, als vielmehr zur Erleichterung der Arbeit der Mitarbeiter der GUPWI, die von Amts wegen mit der Registrierung der Kriegsgefangenen zu tun hatten.

Im Juni 1950 wurde Walter von Seydlitz überraschend verhaftet und vom Militärgericht der Truppen des Innenministeriums für den Moskauer Bezirk zu 25 Jahren Haft verurteilt.

Er verbüßte die Strafe in der Haftanstalt von Nowotscherkassk. 1955 wurde von Seydlitz freigelassen und der Regierung der BRD übergeben.

Walter von Seydlitz starb am 28. April 1976 im Alter von 88 Jahren in Bremen.

Der Autor bedankt sich hiermit bei Professor Dr. Paul Haider, Oberst a. D., der ihm 1989 die Anregung gegeben hat, dieses Buch zu schreiben.

Der Autor möchte sich auch herzlich bei den Leitern der russischen Archivzentren General Anatoli Krajuschkin, Viktor Bondarjow und Kirill Anderson sowie bei den Archivmitarbeitern Olga Saizewa, Ljudmila Nossyrewa, Ljudmila Karlowa, Elenora Schachnasarowa,

Walter von Seydlitz-Kurzbach,
General der Artillerie; mit
Ritterkreuz, 1941

General von Seydlitz am
Feldtelefon, Narva, Juli 1941

General von Seydlitz als Kommandeur der 12. Infanteriedivision in seinem Befehls-
wagen an der Ostfront, September 1941

Im Führerhauptquartier „Wolfsschanze" bei Rastenburg in Ostpreußen: v. l.: Hitler,
Generalleutnant v. Seydlitz, Oberst Schiedies und Oberleutnant Buchterkirch bei
Überreichung des Eichenlaubs zum Ritterkreuz, 15. Januar 1941

Wladimir Winogradow, Alexander Sjubtschenko, Wadim Gussat-
schenko, Juri Rasbojew und Alexander Nikolajew für ihre Zuarbeit
bedanken.

Moskau 1995

Anmerkungen:
1 General von Seydlitz selbst benutzt für seinen Vornamen beide Schreibarten:
  Walther – Walter (s. a. im Buch wiedergegebene Dokumente).
2 Wir folgen der einheitlichen Großschreibung: Bund Deutscher Offiziere
  (BDO). – In Dokumenten findet sich auch die Bezeichnung: Bund deutscher Offiziere.
3 Nationalkomitee Freies Deutschland (NKFD) – in Archivmaterialien auch:
  . . . „freies Deutschland" oder . . .„Freies Deutschland".

5

1. Auf der Suche nach einem Präsidenten

Wissenschaftliche Studien im „Institut Nr. 99"

Wenn vom Krieg die Rede ist, versteht man darunter in der Regel Kampfhandlungen – Gefechte, Offensiven, Umzingelungen, Schläge, Durchbrüche . . . Doch Erfolg und Mißerfolg von Kampfhandlungen hängen nicht nur von der Stärke und Kampfkraft der Truppen, sondern auch von ihrem moralischen Zustand ab. Deshalb gibt es von jeher im Arsenal der kämpfenden Seiten eine starke Waffe, die allgemein als „Zersetzung der Truppen und des Hinterlands des Gegners" bezeichnet wird. Wenn diese Waffe geschickt genutzt wurde, konnten mit ihr Ergebnisse erreicht werden, die den Ergebnissen einer gut vorbereiteten starken Truppenoperation gleichwertig waren.

An der sowjetisch-deutschen Front des Zweiten Weltkriegs erreichte der Einsatz dieser Waffe ein ungewöhnlich hohes Niveau.

Es läßt sich schwer sagen, welcher der gegnerischen Seiten die Siegespalme auf diesem Gebiet zusteht. Anzunehmen ist, daß sowohl die deutsche als auch die sowjetische Seite bei der Vorbereitung auf den Krieg Maßnahmen dieser Art einplante. Auf jeden Fall verfügten beide Seiten über einen leistungsfähigen Propaganda-Apparat wie auch über erfahrene Geheimdienste.

Allerdings war der Erfolg in den ersten Monaten des Kriegs zwischen Deutschland und der Sowjetunion auf seiten der Wehrmacht. Bis zum 1. Oktober 1941 gerieten etwa 1 800 000 sowjetische Soldaten und Offiziere in Gefangenschaft. In den Lagern sowjetischer Kriegsgefangener wurden nachrichtendienstlich-politische Organisationen gebildet, die die Truppen und das Hinterland der Roten Armee zersetzen sollten. Obwohl der sowjetischen Seite beträchtliche Verluste zugefügt wurden, waren diese Maßnahmen nicht überflüssig. Was immer die offizielle Propaganda auch verkündete, der Krieg zog sich in die Länge und die deutschen Truppen erlitten Verluste, die irgendwie kompensiert werden mußten. Die Leute vom Reichssicherheitsamt, von der Abwehr und aus dem Propagandaministerium galten als Spezialisten auf ihrem Gebiet, und bereits Ende 1941 gehörten der Wehrmacht die Fremdenheere Ost an, die aus sowjetischen Bürgern bestanden.

Für die Arbeit mit den deutschen Kriegsgefangenen war außer den Organen für Staatssicherheit und der militärischen Aufklärung auch eine Institution mit der Bezeichnung „Wissenschaftliches Forschungsinstitut Nr. 99" zuständig. Unter diesem Tarnnamen war die „Kommision für politische Arbeit unter den Kriegsgefangenen" tätig, die anfangs ein Organ des Exekutivkomitees der Komintern war. Nach deren Auflösung wurde sie organisatorisch der Allgemeinen Verwaltung des ZK der KPdSU(B) und methodisch der Internationalen Abteilung unterstellt, die Georgi Dimitroff leitete. Mit den Kriegsgefangenen in den Lagern beschäftigte sich die 7. Abteilung der Politischen Hauptverwaltung der Roten Armee, deren Aufgabe es war, die Truppen und das Hinterland des Gegners zu zersetzen.

Bereits am 28. September 1941 schickte Georgi Dimitroff dem Leiter der Verwaltung des NKWD der UdSSR für Kriegsgefangene und Internierte (UPWI des NKWD der UdSSR), Major der Staatssicherheit Soprunenko, ein Schreiben, in dem er Kandidaten für die politische Arbeit unter den deutschen Kriegsgefangenen vorschlug. Dimitroff schrieb, daß er in Absprache mit dem Leiter der Politischen Hauptverwaltung der Roten Armee (GlawPUR), Alexander Stscherbakow, für diese Tätigkeit in der Sowjetunion lebende deutsche Kommunisten empfiehlt: Hermann Matern, Heinz Roth, Erich Kundermann, Heinrich Stafford, Heinrich Wieland, Josef Klingbeil, Karl Wagner und Erwin Kramer. Einige dieser Personen hatten allerdings inzwischen die sowjetische Staatsbürgerschaft erhalten und waren Mitglied der KPdSU(B) geworden. Am 30. September 1941 stimmte der Stellvertreter des Volkskommissariats des Innern der UdSSR, Iwan Serow, der Tätigkeit der genannten Personen außer Stafford und Kramer, deren Einsatz er für unangebracht hielt, in den Kriegsgefangenenlagern zu.

Doch die Bemühungen um die Zersetzung der Wehrmacht brachten keine nennenswerten Ergebnisse, obwohl zuweilen einzelne deutsche Soldaten auf die Seite der Roten Armee überliefen. Am 4. April 1942 unterbreitete der zuständige Mitarbeiter des ZK der KPdSU(B), Dmitri Manuilski, und der Stellvertreter des Volkskommissars für Auswärtige Angelegenheiten, Salomon Dridso (bekannt unter dem Pseudonym A. Losowski), Stalin und Molotow den Vorschlag, die Arbeit zur Zersetzung der Wehrmacht zu intensivieren. Manuilski und Losowski legten die Gründe dar, warum sich die deutschen Soldaten nicht massenweise in Gefangenschaft begeben, und regten an, aus Persönlichkeiten des gesellschaftlichen Lebens Deutschlands ein Komitee zu gründen, daß den deutschen Soldaten den Schritt in die Gefangenschaft erleichtert. Die Initiatoren dieses Vorhabens gingen davon aus, daß nach der Gründung des Komitees und der Verbreitung seiner Aufrufe an die deutschen Soldaten Vertreter des Komitees in die Übernahme deutscher Soldaten einbezogen werden, die sich freiwillig in Gefangenschaft begeben.

Die Wende im Krieg trat Ende 1942/Anfang 1943 ein.

In die Lager für deutsche Kriegsgefangene kamen nun Soldaten, Offiziere und Generale, die bittere militärische Niederlagen erlebt, Umzingelung, Hunger, Kälte und Krankheiten überstanden hatten. In ihren Armen waren verwundete Kameraden gestorben, die von der Heeresführung nicht mehr aus dem Kessel evakuiert werden konnten. Viele Soldaten und Offiziere, die sich im Kessel befanden, darunter auch General von Seydlitz, äußerten sich sehr negativ über die „Feldherrnkunst" des Führers, die sie in diese endlosen Steppen am Don verschlagen hatte. Von Seydlitz nannte Hitlers Handlungen unumwunden verbrecherisch.

Bis zum Sommer 1943 war die Verteilung des neuen Kontingents von Kriegsgefangenen auf die Lager beendet. Auch die Auswahl der nächsten Gruppen von Lehrgangsteilnehmern für die antifaschistischen politischen Schulen – die Zentrale Schule im Lager Nr. 27 in Krasnogorsk, die Außenstellen in einigen anderen Lagern und den Erfassungsstellen an der Front – war abgeschlossen.

Viele dieser Schulen gehörten zum „Institut Nr. 99", ebenso die Redaktionen der Zeitungen, die in deutscher, italienischer, rumänischer, ungarischer und finnischer Sprache für die Kriegsgefangenen herausgegeben wurden, Mitarbeiter des „Instituts 99" waren deutsche politische Emigranten wie Walter Ulbricht, Wilhelm Florin, Martha Arendsee, Erich Weinert, Willi Bredel und politische Mitarbeiter der Roten Armee sowie Experten für die Zersetzung der gegnerischen Truppen.

Wie aus einem Brief Walter Ulbrichts vom 22. Juni 1942 an den Leiter der UPWI, Soprunenko, und den verantwortlichen Mitarbeiter der Verwaltung Propaganda des ZK der KPdSU(B), Kondakow, hervorgeht, wurden für die Ausbildung an den Schulen zunächst vor allem Vertreter des Industrieproletariats ausgewählt. Er verwies darauf, daß die Aufmerksamkeit allerdings auch gewissen anderen Schichten des deutschen Volkes – Landarbeitern, armen Bauern und Intellektuellen der Mittelschicht – zu widmen ist, die als Folge der Ausplünderung des eigenen Volkes durch die Faschisten und des verheerenden Kriegs bereit sind, sich der breiten antifaschistischen Bewegung des deutschen Volkes anzuschließen. Nach Meinung Ulbrichts entsprach das der Aufgabe, große Kreise des deutschen Volkes für den Kampf gegen die Hitler-Clique zu aktivieren.

Doch schon früher, am 24. Januar 1942, war im „Institut Nr. 99" ein Appell an die deutschen Offiziere abgefaßt worden. Er begann mit den Worten „Kameraden, deutsche Offiziere" und endete mit dem Aufruf, Hitler zu verhaften und sich um eine nationale Regierung zusammenzuschließen, die einen ehrenvollen Frieden vorschlagen kann. Der Appell schloß mit den Worten: „Beginnen Sie den Kampf für die Rettung Deutschlands, und die ganze Nation wird ihnen folgen. Dieser Befreiungsakt wird vor allem von Ihnen, Genossen, den Waffenträgern der deutschen Nation, abhängen." Am 1. Februar 1942 machte sich Georgi Dimitroff mit dem Entwurf vertraut und gab einige sehr nützliche Hinweise.

Der Januar 1942 war die Zeit der Schlacht um Moskau, der ersten empfindlichen Niederlage der Wehrmacht. Hoch in Ehren bei Stalin stand noch der vierzigjährige Generalleutnant Andrej Wlassow, Befehlshaber der 20. Armee. Über seine Ernennung zum Stellvertreter des Befehlshabers der Wolchow-Front wurde gerade entschieden. Wer hätte damals gedacht, daß General Wlassow, Befehlshaber der 2. Stoßarmee, am 13. Juli 1942 in Gefangenschaft geraten und auf die Seite der Wehrmacht überwechseln wird. Und noch niemand konnte wissen, daß im Dezember 1942 auf Befehl der deutschen Führung die nachrichtendienstlich-politische Organisation „Rußlandkomitee" zur Zersetzung der Roten Armee gegründet und Wlassow der „Vorsitzende" dieses Komitees wird. Hinter diesem Decknamen verbarg sich die Ostpropaganda-Abteilung des SS-Hauptamts.

10

General Paulus, Kommandeur der 6. Armee, am Scherenfernrohr, neben ihm General v. Seydlitz, Sommer 1942

... Im Januar 1942 verband man jedenfalls gewisse Hoffnungen mit diesem Appell, und das „Institut Nr. 99" konzentrierte sich auf diese erfolgversprechende Form der Zersetzung der Wehrmacht. Georgi Dimitroff hatte sehr konkrete Hinweise für den Appell an die deutschen Offiziere gegeben.

Als sich die Lage bei Stalingrad immer mehr zuspitzte, wurden sowjetische Propagandisten dorthin mit der Aufgabe geschickt, die Zersetzung der 6. deutschen Armee zu beschleunigen. An dieser Aktion nahmen auch deutsche politische Emigranten teil. Walter Ulbricht wies in seinem Bericht an den Leiter der GlawPUR, Generaloberst Alexander Stscherbakow, darauf hin, daß eine Form ihrer Tätigkeit zur Zersetzung der deutschen Truppen darin bestand, in Gefangenschaft geratene Soldaten und Offiziere zurückzuschicken, damit diese andere agitieren, sich in Gefangenschaft zu begeben. Ein Offizier der 7. Abteilung der Politischen Hauptverwaltung der 21. Armee war damit nicht einverstanden, weil er befürchtete, daß diese Leute auf deutscher Seite als Deserteure erschossen werden können. Ulbricht und seine Kollegen antworteten ihm, er solle sich keine Gedanken darüber machen, ob diese Soldaten erschossen werden. Ulbricht informierte das Mitglied des Kriegsrats General Krainow über diesen Vor-

11

fall, der daraufhin den Befehl erteilte, alle geeigneten Gefangenen zu den deutschen Einheiten zurückzuschicken.

Bei weitem nicht alle deutschen Kriegsgefangenen waren dazu bereit, in die Umzingelung zurückzukehren. Einige kamen im Feuer der deutschen Seite um, andere wurden von sowjetischen Truppen unter Beschuß genommen . . .

Inzwischen hatten, in Übereinstimmung mit einer Weisung der sowjetischen Führung, die UPWI des NKWD der UdSSR und die GlawPUR der Roten Armee mit aktiver Unterstützung des „Instituts Nr. 99" die Gründung des Nationalkomitees „Freies Deutschland" vorbereitet. Dieser Vorschlag Manuilskis und Losowskis war schließlich gebilligt worden und wurde nun realisiert.

. . . Nach entsprechender Vorbereitungsarbeit in den Kriegsgefangenenlagern fand am 12. und 13. Juli 1943 im Krasnogorsker Lager Nr. 27 eine Konferenz gefangener Soldaten und Offiziere der Wehrmacht statt. Unter den 208 Teilnehmern waren Delegierte von Kriegsgefangenen aus 18 Lagern, das antifaschistische Aktiv des Krasnogorsker Lagers Nr. 27, Teilnehmer der antifaschistischen Politschule und aus Deutschland emigrierte Persönlichkeiten des gesellschaftlichen Lebens.

Auf der Konferenz wurden aktuelle Fragen und die Aufgaben diskutiert, mit denen die kriegsgefangenen deutschen Soldaten und Offiziere konfrontiert waren. In der Diskussion über den Bericht sprachen 22 Konferenzteilnehmer, darunter elf deutsche Offiziere. Alle Redner unterstützten, wie zu erwarten war, einstimmig den Vorschlag des antifaschistischen Aktivs des Krasnogorsker Lagers Nr. 27, in der UdSSR aus Antifaschisten − deutschen Kriegsgefangenen und in der Emigration lebenden Persönlichkeiten des gesellschaftlichen Lebens − das Nationalkomitee „Freies Deutschland" zu gründen.

Auf der Konferenz wurden die Gründung der Bewegung „Freies Deutschland" verkündet, das „Manifest des Nationalkomitees ‚Freies Deutschland' an die Wehrmacht und das deutsche Volk" unterzeichnet und das Nationalkomitee gewählt.

Diesem Komitee gehörten 38 Personen an − dreizehn politische Emigranten, dreizehn Soldaten und Unteroffiziere sowie zwölf Offiziere bis zum Dienstgrad Major. Die Haltung der Kriegsgefangenen zu diesem Ereignis war keineswegs eindeutig.

Es ist kein Geheimnis, daß es in den Kriegsgefangenenlagern auf beiden Seiten der Front Agenten- und Informantennetze gab, die die

12

General von Seydlitz (r.) mit Offizieren vor seinem Unterstand, Stalingrad, Dezember 1942

Stimmung der Kriegsgefangenen erfaßten und andere delikate Aufträge erfüllten.

Als Agenten und Informanten auf unterschiedlicher Ebene wurden sowohl Soldaten wie auch Offiziere und Generale eingesetzt. Natürlich gereicht das niemand zur Ehre, vor allem nicht einem Krieger. Doch dank dieser Informanten wissen wir alles, oder fast alles, was im Krasnogorsker Lager Nr. 27, im Generalslager Nr. 48, im Objekt Nr. „15/W" in der Siedlung Lunowo bei Moskau und in anderen Lagern für deutsche Kriegsgefangene vor sich ging.

Am 22. Juli 1943 teilte einer dieser Informanten der Führung des Volkskommissariats für Staatssicherheit der UdSSR mit, wie die gefangenen deutschen Offiziere auf die Gründung des Nationalkomitees „Freies Deutschland" reagierten. Wie der Informant angab, erklärten viele Offiziere, daß sie der Bewegung aus folgenden Gründen nicht beitreten können:

1. Diese Bewegung ist ein Deckmantel für die Kommunistische Partei Deutschlands und repräsentiert keineswegs eine nationale Front für den Kampf gegen den deutschen Faschismus.

2. Nicht alle Methoden für den Sturz der Hitlerregierung können akzeptiert werden.

13

3. An der Spitze dieser Bewegung sollten einflußreiche und in der Wehrmacht bekannte Personen – Generale, Oberste und Majore – stehen.

Der gleiche Informant meldete auch, daß viele Offiziere eine negative Haltung zu den deutschen politischen Emigranten Wilhelm Pieck und Walter Ulbricht beziehen und letzterer sich grob und taktlos sowohl gegenüber den Kriegsgefangenen als auch den Emigranten verhält. Es wurden auch ausführliche Beurteilungen der Führer der Bewegung „Freies Deutschland" – der Majore Homann und Hetz, von Hauptmann Hadermann, Major von Knobelsdorff, Major Stößlein, Oberleutnant Reyer, Oberleutnant Carisius, Hauptmann Fleischer, Gefreiter Zippel, Obergefreiter Lüdenheit u. a. – gegeben.

Dieser Informant schätzte die Stimmung der gefangenen deutschen Generale ein und teilte mit, daß nach Generalfeldmarschall Paulus der General der Artillerie Walter von Seydlitz den stärksten Einfluß hat. Als vielversprechende Kandidaten für ein Mitwirken in der Bewegung wurden auch die Generale Lattmann und Korfes genannt.

Andere Informanten, die ähnliche Einschätzungen übermittelten, nannten auch Oberst van Hooven und Oberst Steidle als Perspektivkader.

Allerdings erwähnte der erstgenannte Informant, als er General von Seydlitz charakterisierte, auch dessen Durchhaltekonzeption:

Deutschland kann die totale Niederlage noch vermeiden. Angesichts der nicht geringen Reserven und Möglichkeiten, über die Deutschland noch verfügt, ist eine zum Frieden führende Kompromißlösung nicht völlig auszuschließen. Es ist eines höheren Offiziers unwürdig, der Wehrmacht in einem so schwierigen Augenblick einen Dolchstoß in den Rücken zu versetzen.

Eine Niederlage führt unausbleiblich zum Zerfall Deutschlands, wenn auch nicht auf direktem, so doch auf indirektem Wege. Egal, wie man zur Hitlerregierung steht, sie repräsentiert das kämpfende Deutschland. Es ist daher unzulässig, gegen die eigene Armee zu kämpfen.

Alle gegen die Regierung gerichteten Handlungen führen unausbleiblich zur schnellen Niederlage Deutschlands ...

Hierbei verhehlte von Seydlitz allerdings nicht, daß er bei weitem nicht in allem mit der Hitlerregierung einverstanden ist, eine künftige

Annäherung zwischen der Sowjetunion und Deutschland für unvermeidlich hält und bereit ist, allseitig zu dieser Annäherung beizutragen.

Alle Informanten stimmten darin überein, daß alle Generale nach Stalingrad in sich gegangen und nachdenklich geworden sind, obwohl sie sich bis Anfang Sommer 1943 nicht mit Politik beschäftigt hatten. Doch die gescheiterte Sommeroffensive der Wehrmacht und die Luftlandeoperationen der Alliierten in Sizilien schaffen günstige Voraussetzungen, um die Generale zu bewegen, sich der Bewegung „Freies Deutschland" anzuschließen.

Nach Auswertung der Agenturberichte schrieb der Stellvertreter des Leiters der UPWI des NKWD Kommissar der Staatssicherheit, Nikolai Melnikow, in einem Bericht an Lawrenti Berija: „Die Tatsache, daß dem Nationalkomitee ‚Freies Deutschland' keine einflußreichen Generale und höheren Offiziere angehören, hat die meisten Gefangenen und die Weltpresse zu der Überzeugung kommen lassen, daß diese Organisation wenig Autorität und Bedeutung hat . . ."

Unter Berücksichtigung der Tatsache, daß die kriegsgefangenen deutschen Generale und höheren Offiziere der Bewegung „Freies Deutschland" unverhüllt feindlich gegenüberstehen, in der Bewegung mitarbeitende Kriegsgefangene des Hochverrats bezichtigen und sich kategorisch weigern, sich der Bewegung anzuschließen, beschloß die sowjetische Führung, in der Sowjetunion eine neue Organisation zu gründen – den Bund Deutscher Offiziere.

Das Ziel bestand darin, gefangene deutsche Generale und höhere Offiziere, deren aktive Mitarbeit zu effektiveren Ergebnissen bei der Zersetzung der Truppen und des Hinterlands der Wehrmacht führen konnte, in die Bewegung „Freies Deutschland" einzubeziehen.

In der Zwischenzeit war der Stellenplan des „Instituts Nr. 99" um die Funktion „Präsident des Nationalkomitees ‚Freies Deutschland' " erweitert worden, die der deutsche politische Emigrant, Kommunist und Dichter Erich Weinert ausübte. Der Leiter des „Instituts Nr. 99", Michail Koslow, hatte gleichzeitig die Funktion des Geschäftsführers des NKFD inne.

Das Agenturnetz leistete gute Arbeit, und am 4. August 1943 schickte Dmitri Manuilski an Generaloberst Alexander Stscherbakow, der gleichzeitig Sekretär des ZK der KPdSU(B) und Leiter der GlawPUR war, folgende Mitteilung:
Ich übermittle Ihnen die Erklärung der Initiativgruppe des Krasno-

gorsker Lagers zur Gründung des Bunds Deutscher Offiziere. Die dreißig Offiziere, die die Erklärung unterzeichnet haben, waren an der Gründung des Nationalkomitees nicht beteiligt.

Lager 27   den 24. Juli 1943
An die
Deutschen Offiziersgefangenenlager
in der U.d.S.S.R.

Unser Volk ist durch die hemmungslose Politik Hitlers in einen aussichtslosen Mehrfronten-Krieg gegen die stärksten Mächte der Welt, England im Bunde mit Frankreich, die U.d.S.S.R. und die U.S.A. gestürzt worden. Der Haß der ganzen Welt richtet sich heute gegen Deutschland, das sich in diesem Kampf verbluten wird. Als sein Ende droht der völlige Untergang der deutschen Nation.

Die militärischen Ereignisse der letzten Monate an allen Fronten und die Entwicklung der politischen Lage müssen nunmehr auch den größten Zweifler zu der Erkenntnis bringen, daß der Verlust des Kriegs unvermeidlich ist.

In dieser Lage bedeutet eine weitere Fortsetzung des Krieges ein zweckloses Blutvergießen, das mit allen Mitteln verhindert werden muß und kann. Dies ist ein sittliches Gebot der Menschlichkeit. Eine Weiterführung des Kriegs bis zur völligen militärischen Niederlage führt unvermeidlich zu einer Besetzung und wahrscheinlich auch Zerstückelung Deutschlands, was es abzuwenden gilt. Dies ist ein Gebot der Liebe zu Volk und Heimat.

Hitler hat mehrfach erklärt, daß er nie die Waffen strecken, vielmehr bis zum letzten kämpfen werde, komme was da wolle. Von seiner Seite ist daher eine rechtzeitige Beendigung des Kriegs nicht zu erwarten. Andererseits haben aber auch die Feindmächte keinen Zweifel daran gelassen, daß sie mit Hitler und seiner Regierung nie über einen Frieden verhandeln werden.

So führt das Fortbestehen der Regierung Hitlers unweigerlich zum weiteren Blutvergießen und zu einem unheilvollen Ende.

Weite vaterlandliebende Kreise des deutschen Volkes an der Front und in der Heimat sehen dieses Schicksal drohend herannahen und warten auf eine Befreiung von dieser Regierung und Zusammenfassung aller guten Kräfte zum Neubau unseres Reiches. Wir Offiziere sind verpflichtet, uns für diese hohen vaterländischen Ziele mit aller Hingabe einzusetzen. Uns muß die Pflicht unserem Volke gegenüber höher stehen als alles andere.

Wir unterzeichneten Offiziere des Lagers 27 schlagen deshalb vor, zur Unterstützung und Organisierung des Kampfes für den Frieden, die Unabhängigkeit und die innere Freiheit unseres Vaterlandes einen Bund deutscher kriegsgefangener Offiziere in der U.d.S.S.R. „Freie Deutsche Nation" ins Leben zu rufen mit folgender Zielsetzung:

1) Gegen die Hitler-Regierung und für die Schaffung einer Volksregierung, die bereit und in der Lage ist, einen sofortigen Friedensschluß herbeizuführen.

2) Wiederherstellung der freundschaftlichen und engen wirtschaftlichen Beziehungen zwischen Deutschland, der U.d.S.S.R. und den mit ihr verbündeten Staaten bei gegenseitiger Achtung der Staatsformen.

Die Erklärung wurde von Oberst van Hooven, Oberstleutnant Bredt, Oberstleutnant Bechly, Oberstleutnant Trenkmann, Hauptmann Domaschk und anderen Offizieren unterzeichnet.

Der Stellvertreter des Leiters der UPWI Nikolai Melnikow interpretierte die Situation wie folgt:

... Im August 1943 organisierte die UPWI des NKWD Maßnahmen zur Zersetzung der kriegsgefangenen Offiziere und begann mit der Vorbereitung des Bunds Deutscher Offiziere.

In die aktive Arbeit haben wir Oberstleutnant Bechly, Oberstleutnant Bredt, Major Lewerenz, Major Schulze sowie Hauptmann Domaschk einbezogen, die den Kern der Initiativgruppe des Bunds Deutscher Offiziere bildeten.

Diese Offiziere wurden im Zuge der weiteren Arbeit eingesetzt, um einflußreiche höhere Offiziere für die Initiativgruppe zu gewinnen. Die Initiativgruppe wurde im August 1943 zwecks Gründung des Bunds Deutscher Offiziere ins Leben gerufen. Ihr gehörten außer den genannten Personen Oberst Luitpolt Steidle, Kommandeur des 767. Grenadierregiments; Oberst Hans-Günter von Hooven, Nachrichtenführer der 6. Armee; Major Egbert Frankenberg und Proschlitz, Kommandeur des 51. Kampfgeschwaders; Major Isenhardus von Knobelsdorff-Brenkenhoff, Kriegsgerichtsrat der 295. Infanteriedivision u. a. an.

Im August des gleichen Jahres führten die Offiziere der Initiativgruppe in den Lagern Versammlungen der kriegsgefangenen deutschen Offiziere durch, auf denen die Gründung des Offiziersbunds zur Diskussion gestellt wurde und Delegierte für die Gründungsversammlung gewonnen und gewählt wurden . . .

Trotz aller Vorbereitungen lief nicht alles glatt. Der Leiter des Susdaler Kriegsgefangenenlagers Nr. 160, Oberst Nowikow, informierte am 5. August 1943, gestützt auf Angaben seiner Informanten und eigene Beobachtungen, seine Vorgesetzten über die Ergebnisse der Arbeit der Initiativgruppe, die am 30. Juli ins Lager gekommen war. Diese Gruppe unter Leitung von Oberstleutnant Sedych, der der „gesellschaftliche Vertreter" Wieder, die kriegsgefangenen Offiziere Oberst van Hooven, Major Büchler, Hauptmann Domaschk und Oberleutnant Reyer angehörten, sollte am 3. August eine Versammlung mit den kriegsgefangenen Offizieren durchführen.

Wie Nowikow schrieb, beging der Redner, Oberst van Hooven, gleich zu Beginn einen Fehler, indem er sich mit den Worten „Meine Herren Offiziere und Genossen . . ." an die Versammelten wandte. Die Offiziere wurden unruhig, und Oberst Nowikow mußte sie zur Ordnung rufen. Als van Hooven seine Rede beendet hatte, wurden keine Fragen gestellt. Der im Präsidium sitzende Lagerälteste Oberst Arnsdorf bat ums Wort und erklärte, daß sich die gefangenen deutschen Offiziere nicht an Aktionen beteiligen werden, die einem Dolchstoß in den Rücken der deutschen Armee gleichkommen. Ein Teil der Offiziere applaudierte.

Nachdem Oberst Nowikow wieder Ruhe hergestellt hatte, erbat er weitere Wortmeldungen. Darauf antwortete Oberst Wolff vom Platz aus, daß den Worten von Oberst Arnsdorf nichts hinzuzufügen sei, er habe die Meinung aller zum Ausdruck gebracht. Nach der Versammlung meldeten sich Oberst van Hooven und Major Büchler krank.

Ein Teil der Offiziere zog seine Unterschrift unter die Beitrittserklärung zum Bund der Offiziere zurück, woraufhin Oberst Nowikow der UPWI empfahl, entweder Oberst Arnsdorf und andere Gegner der Gründung des Bunds Deutscher Offiziere aus dem Lager zu entfernen oder van Hooven, der sich kompromittiert hat, abzuberufen.

Aus anderen Lagern trafen ähnliche Meldungen ein. Melnikow stellte in seinem Bericht fest:

... Reaktionär-faschistische Elemente haben versucht, die Arbeit der Offiziere der Initiativgruppe zu sabotieren, sie des Verrats an der Heimat und der Wehrmacht beschuldigt und die Gründung des Bunds Deutscher Offiziere als Inspiration unserer Organe und Dolchstoß in den Rücken der kämpfenden Wehrmacht bezeichnet.

Durch politisch-operative Maßnahmen wurde der Widerstand der reaktionär-faschistischen Offiziere lokalisiert ...

Für die Gründungsversammlung wurden 87 Delegierte, darunter vier Oberste, drei Oberleutnants und 24 Majore, gewählt.

Das „Institut Nr. 99" leistete eine hervorragende wissenschaftliche Arbeit auf diesem Gebiet.

Generale und Politiker

Es steht außer Zweifel, daß die überwiegende Mehrheit der damals in der UdSSR lebenden deutschen Politemigranten den Faschismus aufrichtig gehaßt hat. Von ihnen haben manche in faschistischen Konzentrationslagern gesessen oder sind diesen nur wie durch ein Wunder entkommen. Allerdings muß offen gesagt werden, daß nur wenige von denen, die in faschistischen Konzentrationslagern oder längere Zeit in Gewahrsam der deutschen oder einer anderen Polizei gewesen waren, zur Arbeit mit den Kriegsgefangenen zugelassen wurden. Die Kaderabteilung des Exekutivkomitees der Komintern überprüfte diese Personen sehr sorgfältig. Eine strenge Überprüfung wurde auch im „Institut Nr. 99" vorgenommen. Auch das NKWD mußte seine Zustimmung geben, und nicht jeder deutsche Kommunist konnte für die Arbeit in den Lagern eingesetzt werden.

So kam es, daß die meisten, die für die Zersetzung der Wehrmacht tätig waren, schon über zehn Jahre keine Verbindung zur Heimat mehr hatten und nur schlecht über die Lebensbedingungen des deutschen Volkes, geschweige denn über das Leben der Wehrmacht informiert waren.

Ihre Propaganda enthielt allgemeine Thesen und Phrasen, die von der faschistischen Propaganda leicht widerlegt werden konnten. Natürlich waren vereinzelt deutsche Soldaten auf die Seite der Roten Armee übergelaufen, doch das konnte nicht auf die Propaganda des „Instituts Nr. 99" zurückgeführt werden. Diese Personen waren meistens aufgrund ihrer Überzeugung auf die Seite der Roten Armee übergelaufen oder hatten sich in Gefangenschaft begeben, weil jeder weitere Widerstand sinnlos war.

Der bereits erwähnte Informant teilte dem Volkskommissar für Staatssicherheit mit:

. . . Bei den Vorbereitungen zur Gründung des Nationalkomitees „Freies Deutschland" hat sich herausgestellt, daß es für einen sowjetischen Bürger leichter ist, unter den höheren und höchsten Offizieren der Wehrmacht wirksam zu werden, als für deutsche Emigranten. Das erklärt sich nicht nur daraus, daß ein sowjetischer Bürger eher akzepiert wird, sondern auch aus dem Umstand, daß die deutschen Genossen nicht flexibel und einfühlsam genug handeln (mit Ausnahme einiger Genossen). So hat Wilhelm Pieck, der auf die höheren Offiziere einen guten Eindruck machte, diese nicht nur dadurch, daß er Emigrant ist, sondern auch durch mehrere unüberlegte Formulierungen abgeschreckt. In seiner Rede forderte er beispielsweise zur Sabotage auf, rief die Armee direkt dazu auf, die Waffen gegen die Regierung zu richten usw. Das stieß natürlich die Oberste und Majore, die bereit waren, mit dem Hitler–Faschismus zu brechen, vor den Kopf. Einige erklärten:

Mit solchen Aufrufen kann man uns nicht für den Kampf gegen Hitler gewinnen. Wir wollen keine Wiederholung der Zeiten der Weimarer Republik, als wir fünf Dutzend Parteien hatten. Das wird zum Zerfall Deutschlands führen. Wir können den deutschen Kommunisten nicht folgen, obwohl wir eine Zusammenarbeit mit ihnen keinesfalls ausschlagen. Wir sind nicht bereit, der deutschen Armee in ihrer schwersten Zeit in den Rücken zu fallen.

Die deutschen Offiziere begegnen uns (den politischen Emigranten) noch voller Mißtrauen und befürchten, daß wir ihnen unerwartet sehr weitgehende Forderungen stellen werden.

Eine große Rolle spielen die Konflikte mit den deutschen Emigranten, die häufig ungeschickt, mitunter unüberlegt und taktlos vorgehen, indem sie versuchen zu befehlen und anzuordnen, anstatt zu überzeugen und zu beweisen. So kam es unmittelbar vor der Unterzeichnung des Manifests infolge des äußerst taktlosen Verhaltens von Ulbricht zu erheblichen Schwierigkeiten bei den Verhandlungen mit dem Vertreter von GlawPUR. Major Homann erklärte in diesem Zusammenhang:

Obwohl wir keine prinzipiellen Einwände gegen die Punkte des Manifests haben, hätten wir gern selbst an seiner Ausarbeitung teilgenommen. Wir lehnen die Vermittlerrolle deutscher Kommunisten zwischen uns und den sowjetischen Behörden ab. Außerdem möchten wir wissen, ob dem Komitee wirklich Arbeitsmöglichkeiten garantiert werden und es nicht durch irgendein Gremium, das aus Mitgliedern des Komitees besteht, ersetzt wird.

Sehr viele Beschwerden über Ulbricht gingen sowohl von alten als auch von neuen Kriegsgefangenen ein, die sich über dessen grobes und taktloses Benehmen ihnen gegenüber sowie darüber beklagten, daß er nur befiehlt und ihre Meinungen und Argumente in keiner Weise berücksichtigt.

Auch die kommunistische Gruppe im Komitee handelte nicht geschlossen. So hat der Schriftsteller Becher bereits während seiner Mitarbeit in der GlawPUR-Brigade im Susdaler Lager Hauptmann Hadermann gegen das sektiererische Auftreten der deutschen Kommunisten, gegen die von GlawPUR für die Kriegsgefangenen herausgegebene Zeitung „Das Freie Wort" und die Methoden unserer Propaganda aufgebracht. Hadermann war darüber empört, daß man ihm nie die Artikel zu lesen gab, die mit seiner Unterschrift veröffentlicht wurden.

Der Schriftsteller Becher hat überhaupt keine nützliche Arbeit geleistet und von Anfang an erklärt, daß die Offiziere ihn als „Vaterlandsverräter" betrachten und er sie deshalb nicht überzeugen kann . . .

. . . Von der kommunistischen Gruppe werden zweifellos Pieck, Florin, Weinert und möglicherweise auch Hoernle und Friedrich Wolf den größten Einfluß haben.

Alle Offiziere sind der Meinung, daß der Anteil der Emigranten im Komitee zu hoch ist. Sie (die Kommunisten) sind nicht genügend geschlossen, haben keine einheitliche Meinung, treten den Kriegsgefangenen gegenüber nicht konsequent und einig auf, was die Gefahr von Streit unter den Emigranten, der die Arbeit des Komitees zunichte macht, hervorruft . . .

. . . Bis heute vermochte es leider keiner der deutschen Kommunisten, sich als wirklicher Leiter dieses Komitees zu profilieren oder nennenswerte Autorität zu erlangen. Weinert und Pieck verstehen es am besten zu manövrieren, während Ulbricht nach wie vor auf Ablehnung bei den Offizieren stößt . . .

Tatsächlich kam es sofort nach Gründung des Nationalkomitees „Freies Deutschland" zu ernsten Meinungsverschiedenheiten. Auf der Komiteesitzung am 22. Juni 1943 sprachen sich die Majore Hetz, Homann und Stößlein energisch gegen Ulbricht aus und bestanden auf dessen Ausschluß. Major Hetz erklärte: . . . Soll doch das ganze Nationalkomitee scheitern. Ich weiß, daß es liquidiert wird, sobald Hitler gestürzt ist. Die Russen brauchen uns nur für Propagandazwecke, deshalb müssen wir weiter sehen. Ulbricht denkt, daß er mit uns machen kann, was er will. Doch da irrt er sich, wir haben unsere eigene Meinung.

Hauptmann Hadermann fügte ergänzend hinzu: . . . Weinert vergrault durch seine Auftritte alle Komiteemitglieder nur vor der Zusammenarbeit mit den Kommunisten, und Bredel kann keinen einzigen deutschen Satz richtig aussprechen. Wie soll man da glauben, daß er Deutschland wirklich liebt . . . Die ganze Tätigkeit Ulbrichts beruht auf Phrasen und Lügen nach dem Muster der Kommunistischen Partei von 1920. Diese Politiker haben abgewirtschaftet . . . In der deutschen proletarischen Bewegung müssen neue Leute mit neuen Arbeitsmethoden das Sagen haben . . . Das deutsche Volk ist nach dem Abenteuer Hitlers allem gegenüber sehr mißtrauisch geworden. Wenn die Vertreter der KPD weiter in dieser Richtung arbeiten, dann werden die Offiziere, die dem Komitee angehören, die Auflösung des Nationalkomitees beantragen und vorschlagen, mit den sowjetischen Institutionen direkt zusammenzuarbeiten. Das ist auch die Meinung von Manuilski, mit dem ich gesprochen habe . . .

Die in der Sowjetunion lebenden deutschen politischen Emigranten – sowohl Kommunisten als auch Sozialdemokraten und Vertreter anderer antifaschistischer Parteien, Strömungen und Organisationen – befanden sich in einer sehr schwierigen Lage.

Die Repressalien in den dreißiger und vierziger Jahren, denen die besten Vertreter der Intelligenz, die besten Kommandeurskader und die besten Leistungskader der Industrie der Sowjetunion zum Opfer gefallen waren und die der Landwirtschaft irreparablen Schaden zugefügt hatten, waren auch an den politischen Emigranten nicht spurlos vorübergegangen. Allein die Tatsache, im Ausland geboren zu sein oder dort gelebt zu haben, konnte leicht als Begründung für eine Anklage wegen Spionage für ein oder mehrere Länder gleichzeitig angeführt werden. Und die Mitgliedschaft in einer ausländischen politischen Partei, sogar einer kommunistischen Partei, diente als Argument, um Personen trotzkistischer Tätigkeit zu beschuldigen. Darauf stand die Höchststrafe – Tod durch Erschießen. Doch es gab auch tragikomische Fälle. Der Autor kannte einen italienischen Kommunisten, Mitarbeiter der Komintern. Dieser hatte auf einer Versammlung der italienischen Sektion den Molotow-Ribbentrop-Pakt verurteilt. Einige Tage später wurde er verhaftet und wegen „deutschfeindlicher Gesinnung" verurteilt. Er erhielt erst 1954, nach 15 Jahren Lagerhaft, seine Freiheit wieder. Die ganze Welt kämpfte gegen den Faschismus, sowjetische und deutsche Soldaten fielen an der Front, aber er war wegen „deutschfeindlicher Gesinnung" zu Zwangsarbeit verurteilt.

Nach dem 22. Juni 1941 wurden alle in der Sowjetunion lebenden Staatsbürger der kriegführenden Staaten, auch Personen ohne Staatsbürgerschaft, interniert – Deutsche, Italiener, Rumänen und Finnen. Auch viele politische Emigranten wurden interniert. Diejenigen, die die sowjetische Staatsbürgerschaft erhalten hatten, wurden zusammen mit Sowjetdeutschen in Arbeitskolonien gebracht. Einige Monate später begann ein intensiver Schriftwechsel zwischen den Führern des Exekutivkomitees der Komintern und den Leitern der sowjetischen Geheimdienste. Es wurden politische Emigranten gesucht, die Kampferfahrungen in Spanien und China gemacht hatten und Erfahrungen in illegaler Arbeit im Ausland und im Untergrund besaßen. Einige von ihnen wurden in der militärischen Aufklärung eingesetzt, andere Pawel Sudoplatow, dem Leiter der Diversions- und Terrorabteilung der sowjetischen Staatssicherheit, unterstellt und einige nahmen die Arbeit in der UPWI, im „Institut Nr. 99", auf . . .

Alle diese Aspekte – Fraktionsmacherei, Sektierertum, keine Verbindung zur Heimat, fehlende Kenntnisse über die Armee und Zukunftsungewißheit wirkten sich negativ auf die Arbeit zur Zersetzung der Wehrmacht aus. Ein Kontakt zwischen den politischen Emigranten und den Kriegsgefangenen konnte nur mit Mühe hergestellt werden.

Die Kriegsgefangenen, und besonders die Offiziere, waren da in einer ganz anderen Lage. In ihren Berichten über die bei der Zersetzung auftretenden Schwierigkeiten beklagten sich die Leiter der

Generalfeldmarschall Friedrich
Paulus

UPWI darüber und führten einen dafür maßgebenden einfachen Grund an: Im Kriegsgefangenenlager Nr. 160 befindet sich ein nicht aufgelöster ganzer Truppenteil mit seinem Befehlshaber Generalfeldmarschall Paulus. Dort haben die bitteren Erfahrungen der Niederlage solche Faktoren wie Subordination, Autorität des Ranghöheren und soldatische Disziplin nicht untergraben. Wie die Informanten mitteilten, war es leichter, die Rücknahme des Hitler gegebenen Treueschwurs zu erreichen, als die militärische Disziplin aufzuheben.

Die Haltung von Generalfeldmarschall Paulus war untadelig – korrekte Beziehungen zu den Behörden, offene Sympathiebekundung für die Sowjetunion, Ablehnung jeder nazistischen Propaganda. Aber gleichzeitig weigerte er sich strikt, in Kriegsgefangenschaft eine politische Entscheidung zu treffen.

Die Gruppe der kriegsgefangenen Generale und Oberste war in sich geschlossen und setzte konsequent die Weisungen des Generalfeldmarschalls Paulus durch – anfangs offen und später, als sich die Lage zuspitzte, geheim.

Von ihnen spaltete sich nach einigen Beeinflussungsmaßnahmen die

24

sogenannte Majorsgruppe ab, der hauptsächlich Offiziere mit dem Dienstgrad eines Majors oder Hauptmanns und ranggleiche Ärzte, Intendanten und Militärjuristen angehörten. Diese Personen, die hauptsächlich auf Regiments- oder Bataillonsebene der militärischen Hierarchie dienten, unterschieden sich, was die Strapazen des Diensts betraf, wenig von den Soldaten, Unteroffizieren und jüngeren Offizieren. Doch ihre Lebenserfahrung war größer und ihr Horizont weiter. Sie begriffen als erste von allen Kriegsgefangenen, daß politische Veränderungen in Deutschland früher oder später unvermeidlich sind. Vor allem ihnen galt daher die Aufmerksamkeit der Vertreter des „Instituts Nr. 99", die einen Ansatzpunkt für die propagandistische Einflußnahme auf die Kriegsgefangenen suchten.

Nachdem die kompetenten sowjetischen Kreise das Pro und das Kontra gegeneinander abgewogen und die konkrete Situation eingeschätzt hatten, kamen sie zu dem Schluß, daß es zur Zersetzung der deutschen Armee notwendig ist, den Schwerpunkt auf die gefangenen deutschen Genrale und Oberste zu legen. Das war logisch, denn schließlich waren es die Generale, die ihre Armee, deren schwache und starke Seiten, am besten kannten . . .

Zweifelsohne wurde diese Entscheidung der sowjetischen Führung, die Tätigkeit zur Zersetzung der gegnerischen Armee zu verstärken, von Ereignissen beeinfluß, die ein Jahr zurücklagen. Bereits drei Wochen nach seiner Gefangennahme, am 3. August 1942, hatte Generalleutnant Wlassow der deutschen Führung das Angebot gemacht, aus sowjetischen Kriegsgefangenen Kampfverbände aufzustellen. „Die Bildung eines Zentrums für die Aufstellung dieser Armee ermöglicht es, der Bewegung einen Status von Staatlichkeit zu geben und den Gefangenen das Gefühl des Verrats der Heimat zu nehmen", schrieb er. Dieses Dokument hat auch Oberst Bojerowski, ehemaliger Kommandeur der 41. Schützendivision, unterzeichnet. Wlassow war allerdings nicht der erste sowjetische General, der auf die Seite der Wehrmacht überwechselte. Bereits in den ersten Kriegstagen hatten sich die Generale Truchin, Sakutny, Malyschkin, Blagowestschenski und Brigadekommissar Shilenkow in Gefangenschaft begeben und waren auf die Seite des Gegners übergelaufen. Sie alle leisteten nach besten Kräften ihren Beitrag zur Zersetzung der Roten Armee. Wlassow war keineswegs der geeignetste Mann für diese Aufgabe. Der Parteifunktionär Shilenko war ein bei weitem professionellerer Propagandist, doch wer in der Roten Armee kannte schon Shi-

General Martin Lattmann   Generalmajor Sixt von Arnim

Oberst Hans-Günther van Hooven (l.)

General Walter von Seydlitz

lenko. Das Foto von Wlassow hingegen war in der zentralen Partei- und Armeepresse neben Fotos von Georgi Shukow und anderen künftigen Marschallen gezeigt worden . . .

Die sowjetische Führung erkannt schnell, welche Gefahr von Wlassow ausging. Für die Liquidierung des „Raben", wie er im Volkskommissariat für Staatssicherheit genannt wurde, wurden die besten Experten, darunter auch Mitarbeiter Sudoplatows, einge- setzt . . .

Die Frage der Einbeziehung der Generale in die Zersetzung der Wehrmacht war entschieden. Es mußte nur noch beschlossen wer- den, wer die Offiziere anführen sollte.

Als Kandidat für diese Rolle wurden zuerst die Generale Alexander von Daniels und Martin Lattmann in Erwägung gezogen. Gespräche wurden auch mit den Generalmajoren Drebber und Sixt von Armin geführt. Doch die endgültige Wahl fiel auf den General der Artillerie Walter Alexander von Seydlitz.

Allerdings war während der Vorbereitung auf die Gründungsver- sammlung des „Bunds" festgestellt worden, daß ein Teil der Initiativ- gruppe unter Leitung von Oberst van Hooven die Absicht verfolgte,

27

sich vom Nationalkomitee „Freies Deutschland" abzuspalten und den Bund Deutscher Offiziere als eine Kastenorganisation aufzubauen, die den Fortbestand der Wehrmacht und ihren zweckdienlichen Einsatz im Interesse Deutschlands sowohl im Verlauf als auch nach Ende des Kriegs sichert. Diese Gruppe lehnte aktive Maßnahmen wie politische Wortmeldungen in Presse und Runkfunk sowie die Verbreitung von Flugblättern an der Front ab. Sie erörterten sogar, daß Überläufer, die freiwillig auf die Seite der Roten Armee übergewechselt sind, nicht in den Bund Deutscher Offiziere aufgenommen werden sollen.

Es wurde entschieden, nicht gegen Oberst van Hooven vorzugehen, der bei vielen gefangenen Offizieren Unterstützung fand. Lediglich Major Helmut Pötsch, Major Eberhard Pohl und Oberleutnant Fritz Milan, die sich besonders aktiv für diese Orientierung des Bunds Deutscher Offiziere eingesetzt hatten, wurden aus der Initiativgruppe ausgeschlossen.

Am 20. August 1943 wurden nach entsprechender Vorbereitung General der Artillerie Walter von Seydlitz, Generalmajor Otto Korfes und Generalmajor Martin Lattmann in das Objekt 15/W gebracht.

Am 23. August schickte der Kommissar der Staatssicherheit Melnikow folgenden Bericht an Lawrenti Berija:

Streng geheim

AN DEN VOLKSKOMMISSAR DES INNERN DER UdSSR
GENERALKOMMISSAR DER STAATSSICHERHEIT
Genossen L. P. Berija

Bericht
Hiermit teile ich Ihnen mit, daß heute drei deutsche kriegsgefangene Generale – Walter von Seydlitz (General der Artillerie, Kommandierender General des LI. Armeekorps der 6. Armee), Martin Lattmann (Generalmajor, Kommandeur der 389. Infanteriedivision) und Otto Korfes (Generalmajor, Kommandeur der 295. Infanteriedivision) ihr prinzipielles Einverständnis erklärt haben, dem „Offiziersbund" beizutreten.

Als General von Seydlitz seine Bereitschaft bekundete, das die politische Plattform des „Offiziersbunds" darlegende Dokument zu unterzeichnen, erklärte er:

28

Im Namen der drei kriegsgefangenen deutschen Generale, die sich hier (in Lunowo bei Moskau) befinden, sowie im Namen der meisten Generale, die sich im Generalslager befinden, erkläre ich meine prinzipielle Bereitschaft, dem „Offiziersbund" beizutreten und ihn zu leiten. Ich denke, daß die meisten kriegsgefangenen deutschen Generale diesem Bund ebenfalls beitreten werden . . .

In den Vorbereitungsgesprächen sowie bei der offiziellen Erklärung, dem Bund beizutreten, machten es alle drei zur Bedingung, daß an der Front unter den deutschen Soldaten keine Flugblätter in ihrem Namen verbreitet werden.

Ich nehme an, daß sie bei der Unterzeichnung des Dokuments noch bestimmte Einwände gegen den Inhalt des Appells des „Offiziersbunds" vorbringen und versuchen werden, gewisse Formulierungen zu verändern. Mit ihnen muß noch gearbeitet werden, doch die Grundlage ist geschaffen.

Ich erbitte Ihre Weisungen.

> *Stellvertreter des Leiters der Verwaltung*
> *für Kriegsgefangene*
> *Kommissar der Staatssicherheit*
> *(N. Melnikow)*

23. August 1943

Damit war die Wahl getroffen.

General von Seydlitz tritt in Aktion

„Mit ihnen muß noch gearbeitet werden, doch die Grundlage ist geschaffen", hatte der Stellvertreter des Leiters der UPWI gemeldet.

Und man machte sich an die Arbeit. So teilte man den Generalen von Seydlitz und Lattmann fast wörtlich ihre Äußerungen über die Hitler-Führung mit, die sie vor dem Stalingrader Kessel und während der Umzingelung gemacht hatten. Die Generale reagierten darauf äußerst betroffen, denn diese Informationen konnten nur von Offizieren stammen, die sie sehr gut kannten. Demnach hatten sich diese Offiziere bereits anders entschieden und beschlossen, ohne sie auszukommen . . . Einen sehr starken Eindruck machte auf von Seydlitz auch das Argument, daß Hitler ihnen Stalingrad niemals vergeben und das deutsche Volk ihnen, den gefangenen Generalen, ihre Haltung der bankrotten und verbrecherischen Hitler-Regierung gegen-

29

über nicht verzeihen wird. Ihnen bleibt daher nur ein Ausweg – für die Sache des Friedens und den Sturz dieser Regierung einzutreten. Jedenfalls erreichte man, daß am 23. August 1943 von Seydlitz, Korfes und Lattmann die Erstentwürfe der beiden Dokumente – „Deklaration der Ziele und Aufgaben des Bunds Deutscher Offiziere" und „Appell an den Reichskanzler, das deutsche Volk und die deutsche Wehrmacht" unterzeichneten.

Der Text dieser Dokumente wurde im ZK der KPdSU(B), im Sekretariat, Dmitri Manuilskis, abgefaßt und dann unter Teilnahme von Erich Weinert redigiert.

In einem Brief an Lawrenti Berija vom 26. August 1943 informierten die Leiter der UPWI, Generalmajor Iwan Petrow, und Kommissar der Staatssicherheit, Nikolai Melnikow:

. . . Die Arbeit lief wie folgt ab:

Nachdem der Text der Dokumente aus Moskau eingetroffen war, bestellte Melnikow die Generale von Seydlitz, Lattmann und Korfes sowie die Oberste Steidle und van Hooven zu sich und erklärte ihnen, daß in den Dokumenten Korrekturen vorgenommen wurden und sie jetzt in einer neuen Fassung vorliegen. Nachdem General der Artillerie von Seydlitz das Dokument „Bund Deutscher Offiziere. Ziele und Aufgaben" gelesen hatte, erklärte der sich sofort zur Unterzeichnung bereit. Die anderen Generale bekräftigten ebenfalls ihre Absicht, das Dokument zu unterzeichnen, und billigten die Korrekturen. Nachdem General von Seydlitz das zweite Dokument gelesen hatte, fragte er jeden Offizier und General nach seiner Meinung, wobei er mit dem rangniedrigsten Oberst Steidle begann. Jeder von ihnen äußerte, welche Änderung er für notwendig hält. Im wesentlichen ging es um folgendes:

General Korfes bat darum, einen Passus über den Frieden und den Erhalt des Heeres aufzunehmen. Oberst van Hooven meinte ebenfalls, daß ein Satz über den Frieden und den Erhalt des Heeres eingefügt werden soll.

Nachdem darauf hingewiesen wurde, daß dieser Gedanke in den Dokumenten enthalten ist, baten die Generale um Zeit für ein sorgfältigeres Studium der Dokumente. Nach einer Beratung von etwa einer Stunde kehrten sie zurück und baten nachdrücklich um Aufnahme der genannten Zusätze. Nach Beratung mit dem Vertreter der Glaw-PUR Gen. Guralski stimmten wir der Aufnahme dieser Zusätze zu. Danach wurde die ganze Initiativgruppe zusammengenommen, die

НАРОДНОМУ КОМИССАРУ ВНУТРЕННИХ ДЕЛ
СОЮЗА ССР

ГЕНЕРАЛЬНОМУ КОМИССАРУ ГОСУДАРСТВЕННОЙ
БЕЗОПАСНОСТИ

товарищу   Л.П. Б Е Р И Я.

Р А П О Р Т.

Представляем составленные военнопленными немецкими генералами фон-ЗЕЙДЛИЦЕМ, ЛАТМАННОМ и КОРФЕСОМ
первичные проекты документов:

1. "Задачи и цели Союза немецких офицеров
   в СССР"

2. "Воззвание к рейхсканцлеру, немецкому наро-
   ду и к немецкой армии".

*Документы по своему содержанию еще неудовлетворитель-
продолжается работа по их исправлению и в основном
редактированию*

Просим Ваших указаний.

Круглов
(КРУГЛОВ)

Петров
(ПЕТРОВ)

Мельников (МЕЛЬНИКОВ)

"26" августа 1943 г.

31

zwei Stunden über die Dokumente diskutierte und dann dem Text zustimmte.

Die versammelten Mitglieder der Initiativgruppe wurden befragt, ob sie ausreichend Zeit für das Studium der Dokumente gehabt hatten, sie mit dem Text einverstanden und bereit sind, die Dokumente zu unterzeichnen. Nachdem sie das bestätigt hatten, wurden sie aufgefordert, diese Dokumente zu unterzeichnen. Sie haben unterschrieben.

Melnikow ging in einer kurzen Rede darauf ein, wie bedeutend ihr Schritt und wie gewichtig die getroffene Entscheidung sind. Von Seydlitz brachte in seiner Rede den gleichen Gedanken und die Hoffnung auf einen erfolgreichen Abschluß des begonnenen Vorhabens zum Ausdruck. Er rief die Generale und Offiziere auf, entschlossen und energisch für die Sache des neuen Deutschlands zu kämpfen.

Nachdem man vereinbart hatte, die organisatorischen Fragen am 29. August zu klären und am 30. August eine Konferenz durchzuführen, begaben sich die Generale und Offiziere in ihre Zimmer.

Am gleichen Tag, am 26. August 1943, sandte Dmitri Manuilski ein Schreiben an den Sekretär des ZK der KPdSU(B), Alexander Stscherbakow, dem der Entwurf eines Briefes beigefügt war, den dieser an Stalin richten sollte:

Genossen J. W. Stalin

Hiermit übersende ich Ihnen den Entwurf des Dokuments, der uns von drei kriegsgefangenen deutschen Generalen (den Generalleutnanten Seydlitz und Korfes und Generalmajor Lattmann) unterbreitet wurde und den eine Gruppe kriegsgefangener deutscher Oberste unterstützte.

Ich lehne dieses Dokument aus folgenden Gründen ab:

1. Die Frage des Friedens, die zentrale Frage in diesem Dokument, wurde von den Autoren falsch gestellt. Da das Dokument auf dem Territorium der UdSSR verfaßt wurde, wird es zweifellos im Ausland als Ausdruck des Standpunktes der Sowjetregierung gewertet werden. Die Veröffentlichung des Dokuments kann daher Anlaß für feindliche Ausfälle gegen die UdSSR in den mit uns verbündeten Ländern sein.

2. Die im Dokument nachdrücklich betonte These, daß eine starke

Wehrmacht erhalten und ihre Auflösung bekämpft werden muß, sowie der Aufruf, die Freundschaft mit der Sowjetunion zu stärken, können im Ausland auch so interpretiert werden, daß wir in Europa einen Block zweier Armeen – der Wehrmacht und der Roten Armee – schaffen wollen.

3. Außerdem lassen einige Formulierungen im Dokument Zweifel aufkommen:

a) Der untertänige Ton gegenüber Hitler;

b) Die Darstellung des Eroberungsfeldzugs gegen Stalingrad als Pflichterfüllung gegenüber dem *Volk* usw.

Die Arbeit mit den Generalen wird fortgesetzt, um ein anderes, für uns akzeptableres Dokument abzufassen. Ich denke, daß es uns in nächster Zeit gelingen wird, dieses Dokument zu erhalten.

A. Stscherbakow

Die allgemeine Leitung der Maßnahmen zur Zersetzung der deutschen Armee erfolgte durch die Abteilungen des ZK der KPdSU(B): Mit der Durchsetzung dieser Maßnahmen waren die UPWI in den Kriegsgefangenenlagern und die 7. Abteilung der Politorgane der Armee an der Front beauftragt. Den Generalen der UPWI ging es allein darum, möglichst schnell den „Offiziersbund" zu gründen und die Arbeit zu beginnen, die sehr perspektivreich erschien. Doch Dmitri Manuilski, der auf diplomatischem Gebiet große Erfahrungen hatte, war sich auch bewußt, daß unüberlegte Formulierungen zu Komplikationen mit Großbritannien, den USA und Frankreich führen können.

Allerdings durfte man den allmächtigen Lawrenti Berija auch nicht verärgern, und so wurde am 26. August 1943 auch an ihn ein Bericht geschickt, den außer Petrow und Melnikow auch Berijas Stellvertreter Sergej Kruglow unterzeichnet hatten:

Hiermit unterbreiten wir die von den kriegsgefangenen deutschen Generalen von Seydlitz, Lattmann und Korfes verfaßten Erstentwürfe von Dokumenten.

1. „Aufgaben und Ziele des Bunds Deutscher Offiziere in der UdSSR"

2. „Appell an den Reichskanzler, das deutsche Volk und die deutsche Wehrmacht"

Wir bitten um Ihre Anweisungen.

Vor dem letzten Satz hatte Kruglow vermerkt: Die Dokumente sind inhaltlich noch nicht befriedigend. Es wird weiter an ihrer Verbesserung und ihrer Endfassung gearbeitet.

Im Unterschied zu Petrow und Melnikow war Kruglow ein erfahrenerer Mitarbeiter, der alle mit dem regelmäßigen Wechsel der Führung des NKWD verbundenen Kollisionen schadlos überstanden hatte. Er wußte genau, wie man einem Dokument mit ein oder zwei Sätzen eine solche Aussage geben kann, daß auch der gefürchtetste Chef an erzielte Erfolge glaubt . . .

BUND DEUTSCHER OFFIZIERE:
AUFGABEN UND ZIELSETZUNG

Tiefes Pflichtbewußtsein und Verantwortungsgefühl gegenüber dem deutschen Volk verlangen von uns, aktiv tätig zu werden, um Deutschland vor der drohenden Katastrophe zu bewahren.

Die seit Beginn dieses Jahres eingetretenen schweren Mißerfolge Deutschlands auf militärischem und politischem Gebiet sowie die stetig zunehmende Verschlechterung der Wirtschaft des Landes lassen uns die ganze Aussichtslosigkeit unserer Lage erkennen. Stalingrad, Kaukasus und Kubangebiet, Afrika und Sizilien, das Scheitern der Sommeroffensive 1943, die Erfolge der Russen bei Belograd, Kursk und Charkow – alle diese Tatsachen führen zu der Einsicht, daß dieser Krieg nicht mehr zu gewinnen ist.

Von gleicher Tragweite sind auch die politischen Ereignisse der jüngsten Zeit: Der Rücktritt Mussolinis, die Auflösung der faschistischen Partei, das bevorstehende Ausscheiden Italiens, Ungarns und Rumäniens aus dem Krieg, die drohende Gefahr auf dem Balkan und der Verlust Norwegens und Finnlands angesichts der Unterbrechung der Verbindungswege über Schweden.

Die Folgen des totalen Luftkriegs, insbesondere für die Frauen und Kinder, verlangen gewaltige moralische Anstrengungen in der Heimat. Die seelischen und materiellen Widerstandskräfte sind nahezu erschöpft.

Diese unwiderlegbaren Tatsachen haben in den letzten Wochen der gesamten Weltlage eine für Deutschland verhängnisvolle Wendung gegeben. Sie werden unweigerlich zum Untergang Deutschlands führen, wenn es nicht gelingt, das Äußerste rechtzeitig zu verhindern.

Andererseits wird die nationalsozialistische Regierung niemals bereit sein, den Weg, der allein alle zum Frieden führen kann, freizugeben. Diese Erkenntnis zwingt uns, alles zu tun, was unserem Vaterland den Frieden und eine glückliche Zukunft sichern kann.

Der Bund Deutscher Offiziere in der UdSSR hat sich folgende Aufgaben und Ziele gestellt:

1. Anschluß an die nationale Bewegung „Freies Deutschland".
2. Forderung nach Rücktritt Hitlers und Bildung einer vom Vertrauen des Volkes getragenen Regierung. Diese Regierung muß zum unverzüglichen Friedensschluß bereit und fähig sein.
3. Verhinderung der Zerstückelung Deutschlands.
4. Erhalt des Heeres für Verteidigungszwecke.
5. Gewissens- und Glaubensfreiheit, Redefreiheit, Schutz des gesetzlich erworbenen Eigentums.
6. Friedliche Zusammenarbeit mit der UdSSR und den anderen Völkern.

APPELL
AN DEN REICHSKANZLER, DAS DEUTSCHE VOLK UND DIE WEHRMACHT

Wir, die Armee von Stalingrad, Generale, Offiziere und Soldaten, wenden uns in heißer Liebe zu unserem Vaterland und aus Verantwortungsgefühl für die Zukunft des deutschen Volkes, mit dem Ziel der schnellstmöglichen Wiederherstellung des Friedens auf Erden, zu Beginn des fünften Kriegsjahres mit diesem Aufruf an Euch, deutsche Frauen und Männer, an Euch, deutsche Soldaten.

Die seit Beginn dieses Jahres eingetretenen schweren Mißerfolge auf militärischem und politischem Gebiet sowie die stetig zunehmende Verschlechterung der deutschen Wirtschaft lassen uns die Aussichtslosigkeit der Lage Deutschlands erkennen.

Stalingrad, Kaukasus, das Kubangebiet, Afrika und Sizilien sowie die gescheiterte Offensive 1943, die Erfolge der Russen bei Belgorod, Kursk und Charkow – alle diese Tatsachen führen zu dem Schluß, daß die Deutschen diesen Krieg militärisch nicht gewinnen können.

Die Armee von Stalingrad hat ihre Treue gegenüber Volk und Vaterland in ausreichendem Maße unter Beweis gestellt und auf Befehl eine so schwere Katastrophe durchgemacht, wie sie noch keine Armee erleben mußte. Die Stalingrader wissen sehr gut, was Vernichtung bedeutet. Deshalb haben die Teilnehmer der Stalingrader Schlacht das Recht, sich in dieser schicksalhaften Stunde mit diesem Appell an das Volk, die Wehrmacht und den Reichskanzler zu wenden.

Die Fortsetzung des Kriegs führt zur Zerstörung all dessen, was wir lieben, all dessen, was erhaben und schön ist und in der Welt Achtung genießt – zur Zerstörung des deutschen Staats, des deutschen Volks und der deutschen Kultur, zur Vernichtung der deutschen Wirtschaft und unserer Heimat, zu noch vielen Bombenopfern unter unseren Frauen und Kindern.

Die Armee von Stalingrad will die unverzügliche Beendigung des Kriegs. Sie kennt die Hauptforderungen des Gegners für einen Friedensschluß. Die Armee von Stalingrad weiß, daß ein ehrenvoller Frieden möglich ist. Wir müssen einen zweiten Versailler Frieden verhindern, der den Keim neuer Kriege in sich trägt. Noch können wir einen solchen Frieden schließen, der eine Zerstückelung Deutschlands ausschließt, es vor Elend bewahrt und damit das Entstehen neuer Kriege verhindert, der seine Wirtschaft und sein Heer für den Schutz der Heimat, für unser Volk und alle Völker der Welt, zum Wohle der ganzen Menschheit bewahrt.

Nicht nur wir, die Soldaten und Offiziere der Armee von Stalingrad, sondern auch unsere Gegner wünschen das Ende des Kriegs. Doch sie lehnen es ab, mit Adolf Hitler und seiner Regierung zu verhandeln oder Frieden zu schließen, denn die Verbrechen der Hitler-Regierung haben den Zorn der ganzen Welt auf das deutsche Volk heraufbeschworen.

Deshalb richten wir an den Reichskanzler und Oberkommandierenden Adolf Hitler unsere kategorische Forderung, mit seiner Regierung zurückzutreten und damit den Weg für die Rettung des deutschen Volkes freizugeben.

Hitler und seine Regierung haben uns am 1. Januar 1943 telegrafiert:

„Sie können ohne Zweifel auf uns hoffen."

Wir haben daran geglaubt und bis zur letzten Minute unsere Pflicht erfüllt.

Heute rufen wir Stalingrader Euch zur Erfüllung Eurer Pflicht auf! Deutsches Volk!

Wir rufen dazu auf, aus bewährten, ehrlichen und zuverlässigen Menschen eine *eigene* machtvolle kompetente Volksregierung zu bilden, die sich für die Beendigung des Kriegs und die Wiederherstellung des Friedens auf Erden einsetzt.

Deutsches Volk!

Hilf der neuen Regierung in dieser schweren Stunde, Deutschland zu retten!

Sichere die Ordnung und die Einheit des Volkes, um Frieden und Freiheit für unser Vaterland zu erringen!

An Euch wendet sich die totgesagte Stalingrader Armee. Sie ist nicht tot! Sie wird auferstehen, um den Frieden auf Erden wiederherzustellen.

Deutsches Volk und Wehrmacht! Helft uns dabei!

Es lebe das freie und unabhängige Deutschland!

Doch am 29. August unterzeichneten die Mitglieder der Initiativgruppe zur Gründung des Bunds Deutscher Offiziere eine neue Fassung des Texts der Dokumente, die die sowjetische Regierung weitgehend zufriedenstellte.

Inzwischen war der Kommandeur der 376. Infanteriedivision Generalleutnant Alexander von Daniels in das Objekt „15/W" nach Lunowo gebracht worden. Da sein Zimmernachbar General Korfes war, ist es nicht verwunderlich, daß General von Daniels bereits am 1. September eine Erklärung, dem Bund Deutscher Offiziere beizutreten und darin aktiv mitzuarbeiten, unterzeichnete:

Ich trete dem Bund Deutscher Offiziere bei.

Ich bin fest überzeugt, daß der Aufruf des Bunds Deutscher Offiziere zum Kampf gegen das Hitler-Regime das deutsche Volk zur schnellstmöglichen Beendigung des Kriegs führen wird.

Ich stimme vollinhaltlich den Zielen und Aufgaben der nationalen Bewegung „Freies Deutschland" zu und trete deshalb dem Bund Deutscher Offiziere bei.

Ich werde meine ganze Kraft einsetzen, um meine heilige Pflicht gegenüber meinem Volk zu erfüllen.

Es lebe das freie, friedliche und unabhängige Deutschland!

Offensichtlich hielt bereits am 27. August 1943 die sowjetische Führung alle organisatorischen Schwierigkeiten für überwunden. An diesem Tag fand in Lunowo eine Vorbesprechung der Initiativgruppe statt, auf der das Präsidium des Bunds Deutscher Offiziere gewählt wurde. Den Vorsitz hatte Oberst van Hooven.

Auf Vorschlag des Vorsitzenden der Versammlung wurden General von Seydlitz zum Vorsitzenden sowie Oberst van Hooven und Oberst Steidle zu Vizepräsidenten gewählt. Der Vorschlag von Oberst Gerlach, zwei Generale und einen Oberst in die Leitung des Präsidiums zu wählen, fand keine Zustimmung.

Als Mitglieder des Präsidiums wurden einstimmig gewählt: General Korfes (Presse und Rundfunk), General Lattmann (Kulturarbeit), Oberst Bredt (organisatorische Arbeit), Oberst Bechly (Kader und Propaganda), Major von Frankenberg (Presse), Major Büchler (organisatorische Arbeit), Major Lewerenz (Sekretär), Major von Knobelsdorff (juristische Beratung), Hauptmann Domaschk (Werbung), Oberleutnant Kirchhofer (Referent für andere Länder), Oberleutnant Trenkmann (Werbung), Oberleutnant Gerlach (Werbung), Leutnant Greifenhagen (Kulturarbeit).

Als Bevollmächtigte des „Bunds" für die Gewinnung neuer Mitglieder wurden gewählt: Major Etzel, Oberstabsarzt (Major des medizinischen Diensts) Baumgärtel, Hauptmann Wende, Oberleutnant Knoll, Leutnant Walder, Leutnant Dr. Arras und die Militärgeistlichen Kayser und Schröder.

Über Major Schulze wurde keine Einigkeit erzielt. Ein Teil der Offiziere war der Ansicht, daß er seine Leute in Stalingrad in einer schwierigen Lage im Stich gelassen hat, andere hielten es für belastend, daß Major Schulze einige Zeit in den USA gelebt hatte. Die Frage wurde vertagt. Die Initiativgruppe hielt sich nicht für kompetent, diese Frage endgültig zu klären.

In Erwartung des 31. Augusts, an dem die Gründungskonferenz stattfinden sollte, vertrieben sich die Delegierten die Zeit. General Korfes, ein bekannter Militärhistoriker, hielt einen Vortrag über den Befreiungskrieg 1806 bis 1813. Wir sind nicht Hitler, sondern dem deutschen Volk gegenüber verantwortlich, sagte der General. Er führte aus, daß im Jahr 1806 Offiziere, die eidbrüchig geworden waren, freiwillig vor Gericht erschienen. Korfes brachte zum Ausdruck, daß die Mitglieder des Bunds Deutscher Offiziere ebenso handeln müssen, und erklärte, daß er Hochachtung für die empfindet, die sich, weil sie sich durch ihren Eid gebunden fühlen, dem

„Bund" nicht angeschlossen haben. Der Vortrag wurde mit Beifall aufgenommen.

Der Erfolg beflügelte Korfes. Im Gespräch mit einem Mitglied des Nationalkomitees „Freies Deutschland" gab er zu verstehen, daß er nicht abgeneigt sei, Ehrenvorsitzender des Nationalkomitees zu werden. Das paßte General von Seydlitz gar nicht und er rief General Korfes zur Ordnung. Doch Korfes beharrte auf seinem Wunsch. Nun traf sich von Seydlitz mit demselben Mitglied des Nationalkomitees und erklärte seine Bereitschaft, dieses Ehrenamt zu übernehmen . . . Es muß gesagt werden, daß die Popularitätskurve des Generals von Seydlitz einen steilen Anstieg verzeichnete.

Sonderführer Wilde von Wildemann erzählte den kriegsgefangenen Offizieren in bestimmter Absicht, daß General von Seydlitz nach der Unterzeichnung der Hauptdokumente kräftig mit der Faust auf den Tisch geschlagen und erklärt hat: Jetzt haben wir die russische Regierung in der Tasche. Jetzt kann der Offiziersbund kühn vorgehen, da die vom Nationalkomitee ausgehende kommunistische Gefahr beseitigt ist . . .

Die kriegsgefangenen Offiziere meinten im vertraulichen Gespräch, General von Seydlitz habe sich nur unter der Bedingung bereit erklärt, dem „Bund" beizutreten, wenn „unsaubere" Elemente – übergelaufene Kommunisten und Antifaschisten – aus ihm entfernt werden. Diese Leute, soll von Seydlitz gesagt haben, gehören vor das Ehrengericht. Wenn die russische Regierung das verhindert, dann werden wir in Deutschland mit ihnen abrechnen.

Noch am 26. August äußerte Major Lewerenz die Meinung, daß General von Seydlitz derart radikal geworden ist, daß er selbst im Rahmen des Bunds der Offiziere schwer zu zügeln sei.

Über Buschfunk verbreitete sich die Information von General Korfes, daß von Seydlitz bereits im Stalingrader Kessel einen Bericht an den Oberbefehlshaber Hitler geschrieben und sich geweigert hat, wegen der aussichtslosen Lage die Befehle auszuführen. General Paulus, dem von Seydlitz diesen Bericht übergeben hatte, sagte ihm, daß er ihn an den Adressaten weitergeleitet hat. Doch von Seydlitz erhielt keine Antwort, worauf er im Januar 1943 einen weiteren Bericht gleichen Inhalts schrieb, der ebenfalls unbeantwortet blieb.

Korfes meinte, daß von Seydlitz bereits damals, vor der Gefangennahme, mit Hitler gebrochen hatte.

Von Seydlitz kamen solche Gespräche sehr gelegen. Einmal erzählte er während des Frühstücks den Generalen Korfes und Lattmann sowie Major Frankenberg, daß er bereits im Winter 1941/42 vorgeschlagen hat, sich von der Lowat zurückzuziehen, doch Hitler hat diesen Vorschlag abgelehnt. Das führte zu großen personellen und materiellen Verlusten. Das gleiche wiederholte sich bei Stalingrad.

Kurz gesagt, die meisten in Lunowo versammelten kriegsgefangenen Offiziere waren überzeugt, daß nur von Seydlitz als Führer des Bunds Deutscher Offiziere in Frage kommt.

Zu der gleichen Auffassung neigte offensichtlich auch die Führung des NKWD, denn sie betrachtete die Hauptarbeit für abgeschlossen und verwehrte völlig überraschend den Vertretern des „Instituts Nr. 99" den weiteren Zutritt zum Objekt „15/W". Am 27. August sandte Dmitri Manuilski einen Brief an Lawrenti Berija, in dem er dagegen protestierte, daß den Mitarbeitern der Redaktion der Zeitung „Freies Deutschland" Rudolf Herrnstadt, Alfred Kurella und Grete Schehring, den Mitarbeitern des Rundfunks des Nationalkomitees Genrich Shiwsnewski und Lidija Kuknowa sowie Abraham Guralski, bekannt auch als Professor Arnold, die Passierscheine entzogen wurden.

Manuilski schrieb: „. . . In Lunowo sind dem NKFD angehörende Kriegsgefangene untergebracht, die in der Zeitungsredaktion mitarbeiten. Ohne Verbindung zu ihnen ist die weitere Herausgabe der Zeitung nicht möglich, weil sie die Artikel schreiben. Da sie aber keine Journalisten sind und nicht formulieren können, müssen die Artikel völlig umgeschrieben und alle Veränderungen mit ihnen abgestimmt werden, weil die Artikel unter ihrem Namen erscheinen . . . Zu den Personen, denen der Passierschein für das Lager entzogen wurde, gehört auch der Aufnahmetechniker Shiwsnewski, der Meinungen von Kriegsgefangenen vor Ort für den Rundfunk aufzeichnet, damit sie nicht ins Studio gebracht werden müssen. Guralski leitet die Hauptarbeit zur Zersetzung einer sehr wichtigen Gruppe kriegsgefangener Offiziere. Ohne seinen Zutritt zum Lager kann die Arbeit nicht weitergeführt werden . . ."

Voller Zuversicht, daß alles nach Plan läuft, schickten Lawrenti Berija und Alexander Stscherbakow am 28. August 1943, am Tag der Einberufung der Gründungskonferenz, Stalin folgende Information:

Genossen Stalin
Hiermit übersenden wir die Dokumente der deutschen Generale
und Offiziere.
1. Bund Deutscher Offiziere, Aufgaben und Zielstellung
2. An die deutschen Generale und Offiziere, an das Volk und die
Wehrmacht.
Die Dokumente haben unterzeichnet: Walter von Seydlitz, General
der Artillerie, Kommandierender General des LI. Armeekorps; Otto
Korfes, Generalmajor, Kommandeur der 295. Infanteriedivision;
Martin Lattmann, Generalmajor, Kommandeur der 14. Panzerdivision, und dreizehn weitere kriegsgefangene deutsche Offiziere.

L. Berija
A. Stscherbakow
28. August 1943"

Alles lief nach Plan . . .

Feldmarschall Paulus bleibt seinen Prinzipien treu

Informationen über die Stimmung der Kriegsgefangenen wurden
ebenfalls nach Plan eingeholt. Am 1. September 1943 meldete die
Leitung der UPWI dem Stellvertreter des Volkskommissars des Innern der UdSSR, Kommissar der Staatssicherheit 2. Ranges Sergej
Kruglow, daß die deutschen Generale die Berichte von der Front sehr
ernst nehmen. Die Einnahme von Charkow hat sie stark beeindruckt,
allerdings kann nicht gesagt werden, daß sie das sehr beunruhigt hat.
Die Generale sind der Ansicht, daß die Deutschen noch einen großen
Teil des sowjetischen Territoriums in der Hand haben, die Wehrmacht noch stark ist und sich die Offensive der Russen wahrscheinlich
aus dem planmäßigen Rückzug der Deutschen erklärt. Diese Version
bekräftigte insbesondere Max Pfeffer, General der Infanterie. General
Roske stimmte ihm zu. Allerdings waren die Generale Vassoll und
Rodenburg anderer Meinung: Die Einnahme Charkows ist ein großer Erfolg für die Russen und eine Niederlage für die Deutschen. Das
wird sich erheblich auf die Moral der Wehrmacht auswirken. Belgorod, Orjol und Charkow nehmen den Soldaten die Zuversicht.

Es lebe das freie, friedliche und unabhängige Deutschland!

"Bund deutscher Offiziere"

Moskau, den 29. August 1943

[handschriftliche Unterschriften]

Zu den Unterzeichnern des Dokuments des BDO „Aufgaben und Zielsetzung" gehören von Seydlitz, Korfes, Lattmann u. a.

42

Lager 27   Den 24. Juli 1943.

    An die
        Deutschen Offiziergefangenenlager
           in der U. d. S. S. R.

Unser Volk ist durch die hemmungslose Politik Hitlers in einen aussichtslosen Mehrfronten-Krieg gegen die stärksten Mächte der Welt, England im Bunde mit Frankreich, die U. d. S. S. R. und die U. S. A. gestürzt worden. Der Hass der ganzen Welt richtet sich heute gegen Deutschland, das sich in diesem Kampfe verbluten wird. Als sein Ende droht der völlige Untergang der deutschen Nation.

Die militärischen Ereignisse der letzten Monate an allen Fronten und die Entwicklung der politischen Lage müssen nunmehr auch den grössten Zweifler zu der Erkenntnis bringen, dass der Verlust des Krieges unvermeidlich ist.

In dieser Lage bedeutet eine weitere Fortsetzung des Krieges ein zweckloses Blutvergiessen, das mit allen Mitteln verhindert werden muss und kann. Dies ist ein sittliches Gebot der Menschlichkeit. Eine Weiterführung des Krieges bis zur völligen militärischen Niederlage führt unvermeidlich zu einer Besetzung und wahrscheinlich auch Zerstückelung Deutschlands, was es abzuwenden gilt. Dies ist ein Gebot der Liebe zu Volk und Heimat.

43

Hitler hat mehrfach erklärt, dass er nie die Waffen strecken, vielmehr bis zum letzten kämpfen werde, komme was da wolle. Von seiner Seite ist daher eine rechtzeitige Beendigung des Krieges nicht zu erwarten. Andererseits haben aber auch die Feindmächte keinen Zweifel daran gelassen, dass sie mit Hitler und seiner Regierung nie über einen Frieden verhandeln werden.

So führt das Fortbestehen der Regierung Hitlers unweigerlich zu weiterem Blutvergiessen und zu einem unheilvollen Ende.

Weite vaterlandliebende Kreise des deutschen Volkes an der Front und in der Heimat sehen dieses Schicksal drohend herannahen und warten auf eine Befreiung von dieser Regierung und Zusammenfassung aller guten Kräfte zum Neubau unseres Reiches.

Wir Offiziere sind verpflichtet, uns für diese hohen vaterländischen Ziele mit aller Hingabe einzusetzen. Uns muss die Pflicht unserem Volke gegenüber höher stehen, als alles andere.

Wir unterzeichneten Offiziere des Lagers 27 schlagen daher vor, zur Unterstützung und Organisierung des Kampfes für den Frieden, die Unabhängigkeit und die innere Freiheit unseres Vaterlandes einen Bund deutscher kriegsgefangener Offiziere in der U.d.S.S.R.

„Freie Deutsche Nation"
ins Leben zu rufen mit folgender Zielsetzung:

1) Gegen die Hitler-Regierung und für die Schaffung einer Volksregierung, die bereit und in der Lage ist, einen sofortigen Friedensschluss herbeizuführen.

2) Wiederherstellung der freundschaftlichen und engen wirtschaftlichen Beziehungen zwischen Deutschland, der U.d.S.S.R. und den mit ihr verbündeten Staaten bei gegenseitiger Achtung der Staatsformen.

..., Oberst. Armee Nachr. Führer 6. Armee ✠

..., Ober.zahlm. Ritter d. Verf...g Nr. xi. A. K.

Bechly, Oberstleutnant, Adjt. 295. Inf. Div.

Schulze, Major, Gren. Rgt. 535, Rgt. Fhr.

Büchler, Major, I Flak. Rgt. 241

..., Major, Kommodore K. G. 51

Gorutschke, Hauptmann, Kdeur. II./Pz. Gren. Rgt. 103

..., Oberleutnant d. L. in V. f. P.

v. Münchhofen, Oberleutnant, R.R. 1/44., 44. J. D.

v. Greifenhagen, Lt. 297. Inf. Div.

_..., Lt. 44. J. D._

..., Saf. (2) v. E.K. 6

Lievreux, Major, Kdr. I./Sturmrgt. 37

Völkel, Lt. 5./II. Art. Rgt. 21.(L)

Faber, Lt. N. 44, IV. A.K.

..., Astrm. Insp. (N) N.44

v. Kopler, Oblt. u. Reg. d.f. S.R. 211 M. Div.

_..., 305. J. D._

Maier von Junikemann, Saf./2/ 376 J. D.

Pynemde Edmund, Staffl. (2) 245 J.D.

Schmidt, Fhr. 44. J. D.

Dr. Otto Baumgärtel, Stabsarzt, 113. J.D.

Reinhold Teysch Lt. 6/J. J. R.

Heintze, Rittmeister Stab 67. J.K.

Kaufmann Vermessltnr. P.R. 52 16. Pz. Div.

Schauer, Lt., J.R. 92 (mot.) 60. J.D.

Schullrich, Hermann, Saf. v. E.K. 6

R. Löffler Max Hauptmann Pi. Rgt. 103/II.

Dr. Weiler, Joachim, Lt., VIII. A. K.

..., Saf. (2) v.E.K.

Generalmajor Dr. Otto Korfes   General Karl v. Rodenburg

Doch am meisten interessierte sich die sowjetische Führung für die Haltung von Generalfeldmarschall Paulus, der folgende Meinung vertrat: Deutschland ist noch stark, es wird erfolgreich kämpfen.

Man interessierte sich auch für die Beurteilungen der Generale. Über Paulus wurde gemeldet: Er ist zu weich und unentschlossen. In letzter Zeit wirkt er sehr nervös und ist so hektisch und nörglerisch geworden, daß viele Generale ihm aus dem Weg gehen. Er hält sich sehr oft in Gesellschaft von Drebber, Strecker, Roske, des italienischen Generals Battisti und des rumänischen Generals Dimitriu auf. Er hofft, daß er die Zeit der Gefangenschaft gut übersteht und ihm dann alles wie ein böser Traum vorkommen wird . . .

Kurz gesagt, die Äußerungen der meisten Generale und ihre Beurteilungen veranlaßten zu der Annahme, daß die Gründung des Bunds Deutscher Offiziere ohne besondere Schwierigkeiten ablaufen wird. Diese Einschätzung teilte auch von Seydlitz, der Melnikow gegenüber geäußert hat, daß die meisten gefangenen Generale seinem Beispiel folgen werden. Es sollte aber anders kommen.

Am 1. September 1943 wurde dem Leiter des Lagers Nr. 48 für

Generalstabsarzt Dr. Renoldi   General Arno v. Lenski

kriegsgefangene Generale eine an die Sowjetregierung gerichtete Erklärung kriegsgefangener Generale übergeben, in der es hieß:

Gefangene deutsche Offiziere, unter ihnen General der Artillerie
von Seydlitz, Generalmajor Lattmann und Generalmajor Korfes, haben
sich bereitgefunden, einen „Bund Deutscher Offiziere" zu gründen,
um für einen für beide Seiten erträglichen Frieden zwischen Deutschland und Rußland zu wirken. Zu diesem Zweck wollen sie in einem
Aufruf an das deutsche Volk und die deutsche Wehrmacht die Ersetzung des deutschen Führers durch eine andere Staatsführung fordern,
weil nur die Entfernung des Führers einen solchen Frieden ermöglicht.

Jeder Deutsche wie jeder Russe und besonders jeder Soldat
wünscht den Frieden herbei. Wir alle hoffen, daß Deutschland und
Rußland künftig nicht nur in Frieden, sondern in Freundschaft miteinander leben werden, und wir glauben, daß gerade die nach dem
Krieg aus beiden Ländern in großer Zahl zurückkehrenden Kriegsgefangenen in ihrer Heimat für die Freundschaft arbeiten werden.

Den Weg aber, den der „Bund Deutscher Offiziere" gehen will,
können wir nur scharf verurteilen. Der Kriegsgefangene kennt, auch

wenn ihm alle vorhandenen Nachrichten ungeschminkt mitgeteilt werden, die Lage seines Landes nicht so genau, daß er beurteilen könnte, was jetzt dort nützen oder schaden muß. Der Kriegsgefangene, der Volk und Wehrmacht gegen ihren Führer aufruft, trägt Zersetzung in ihre Reihen und schwächt sein Volk in schwerster Zeit. Was die im „Bund" vereinigten Offiziere und Generale treiben, ist also Landesverrat. Wir betrachten sie nicht mehr als unsere Kameraden und sagen uns mit aller Bestimmtheit von ihnen los.

Kriegsgefangenenlager 48, 1. September 1943.

Die Erklärung haben unterzeichnet: Paulus, Generalfeldmarschall; Heitz, Generaloberst; Strecker, General der Infanterie; Sixt von Armin, Generalleutnant; Schloemer, Generalleutnant; Vassoll, Generalmajor; Deboi, Generalleutnant; Wulz, Generalmajor; Leyser, Generalmajor; Roske, Generalmajor; Pfeffer, General der Artillerie; Sanne, Generalleutnant; Rodenburg, Generalleutnant; Magnus, Generalmajor; Dr. Renoldi, Generalstabsarzt; von Lenski, Generalmajor; von Drebber, Generalmajor; Adam, Oberst.

Natürlich muß man die Haltung eines kriegsgefangenen Generals, der sich weigert, an der Zersetzung seiner Truppen mitzuwirken und mit allen Mitteln dagegen vorgeht, in jeder Hinsicht achten.

An der Organisation dieser Protestaktion war Generalfeldmarschall Paulus beteiligt. Allerdings darf nicht vergessen werden, daß es gerade General Paulus war, der Ende 1941 noch als Generalquartiermeister des Stabs des deutschen Heeres die Direktive unterzeichnete, „zuverlässige und überprüfte" sowjetische Kriegsgefangene und Einheimische in den Dienst in der Wehrmacht aufzunehmen, um die Truppen und das Hinterland der Roten Armee zu zersetzen. Aber damals machte sich Paulus keine Gedanken darüber, daß er diese Menschen damit zu Landesverrat veranlaßte . . .

Der Erklärung der Generale waren folgende Ereignisse vorausgegangen. In das Lager Nr. 48 für kriegsgefangene Generale waren der Kommissar der Staatssicherheit Melnikow und die Generale von Seydlitz und Lattmann gekommen. Am 30. August fand ein Treffen mit den Lagerinsassen zur Gründung des Bunds Deutscher Offiziere statt. Melnikow hielt eine kurze Rede, die jedoch bei den Teilnehmern wenig Beifall fand. Am Morgen des 1. September, Punkt 11 Uhr, betrat Melnikow das Zimmer von Paulus. Im Zimmer befanden sich noch weitere Generale.

Paulus bat Melnikow, die Hauptthemen seiner Rede vom Vortag zu wiederholen: Mir persönlich ist alles klar, ich habe meinen Standpunkt. Doch es wäre angebracht, sie für die anderen Generale zu wiederholen.

Melnikow schilderte die militärpolitische Lage und sagte: „In Moskau haben sich gerade Delegierte aus den Reihen kriegsgefangener Soldaten und Offiziere versammelt, die aktiv von den Generalen von Seydlitz, Korfes und Lattmann und den Obersten Steidle und van Hooven unterstützt werden. Sie besaßen alle Vollmachten und haben ein Programm ausgearbeitet, das die Konferenz bestätigen sollte. Die Konferenz war für den 30. August angesetzt, doch wir haben sie verschoben und sind hierhergekommen, um darüber zu berichten und den Generalen die Möglichkeit zu geben, nachzudenken, alles ausführlich zu erörtern und zu entscheiden, ob sie abseits stehen oder dem Komitee ihre Stimme geben und es mit allen Mitteln unterstützen wollen . . ."

Nach dem Meinungsaustausch verließ Melnikow das Zimmer.

Von Armin sagte: Ich schlage vor, diesen ehrlosen Vorschlag mit der Begründung abzulehnen, daß wir keine Landesverräter sein wollen, und diese Renegaten, die sich von uns getrennt haben, als Abtrünnige zu behandeln.

Die Versammelten spendeten ihm Beifall. Einer der Generale fügte hinzu: Für mich ist völlig klar, was sich Seydlitz dabei gedacht hat, als er dorthin ging. Er befürchtete, daß ihm der Feldmarschall als Dienstgradältester zuvorkommen könnte. Deshalb hat er, der immer der Erste sein will, sich so beeilt. Das wirkt schon lächerlich.

Die Versammelten spendeten erneut Beifall . . .

Es muß gesagt werden, daß die Familiendevise der alten Adelsfamilie von Seydlitz-Kurzbach, aus der viele hervorragende deutsche Militärs hervorgegangen sind, „Allen voran!" lautet. In dieser Hinsicht hatte der General recht. Doch die Zustimmung des Generals von Seydlitz, im Bund Deutscher Offiziere mitzuarbeiten, ist wohl kaum auf Rivalitätsdenken zurückzuführen. Alles war weitaus komplizierter und gleichzeitig weitaus einfacher, zumal auch die Generale im Grunde genommen eine Mitarbeit von Generalfeldmarschall Paulus im Bund Deutscher Offiziere für möglich hielten. Ihnen ging es nur um die Einhaltung des Vorgesetztenverhältnisses, der Rangordnung . . .

General von Seydlitz widmete sich unverzüglich seiner neuen Auf-

Gefangene deutsche Offiziere, unter ihnen General der Artillerie von Seydlitz, Generalmajor Lattmann und [General ...] Korps, haben sich bereit gefunden, einen "Bund deutscher Offiziere" zu gründen, um für einen für beide Seiten erträglichen Frieden zwischen Deutschland und Rußland zu wirken. Zu diesem Zweck wollen sie in einem Aufruf an das deutsche Volk und die deutsche Wehrmacht die Ersetzung des deutschen Führers durch eine andere [Staatsführung] fordern, weil nur die Entfernung des Führers einen solchen Frieden ermögliche.

Jeder Deutsche wie jeder Russe und besonders jeder Soldat wünscht den Frieden herbei. Wir alle hoffen, daß Deutschland und Rußland künftig nicht nur in Frieden, sondern in Freundschaft miteinander leben werden, und wir glauben, daß grade die nach dem Krieg aus beiden Ländern in großer Zahl zurückkehrenden Kriegsgefangenen in ihrer Heimat für diese Freundschaft arbeiten werden.

Den Weg aber, den der "Bund deutscher Offiziere" will, können wir nur scharf verurteilen. Der Kriegsgefangene kennt, auch wenn ihm alle vorhandenen Nachrichten ungeschminkt mitgeteilt werden, die Lage seines Landes nicht so genau, daß er beurteilen könnte, was dort jetzt nützen oder schaden muß. Der Kriegsgefangene, der Volk und Wehrmacht gegen ihren Führer aufruft, trägt Zersetzung in ihre Reihen und schwächt sein Volk in schwerster Zeit

'Was die im „Bund" vereinigten Offiziere und _____
treiben, ist also Landesverrat. Wir bedauern sehr
daß sie sich dazu hergegeben haben. Wir betracht__
nicht mehr als unsere Kameraden und sagen uns m
aller Bestimmtheit von ihnen los.

Kriegsgefangenenlager 48, 1. September 1943.

gabe. Bereits am 2. September sprach er vor den Soldaten und Unteroffizieren im Lager Nr. 48 und rief sie auf, sich der Bewegung „Freies Deutschland" anzuschließen.

Die Versammlung, an der etwa vierzig Soldaten teilnahmen, stand unter der Losung: „Nieder mit dem Krieg! Nieder mit Hitler! Zurück in die Heimat!" Nach der Rede des Generals von Seydlitz wurde eine Delegation aus fünf Personen gewählt, die zu Paulus geschickt wurde. Der Feldmarschall empfing sie im Beisein von General Rodenburg und Oberst Adam. Er gab sich versöhnlich. Zwar lehnte er die im Manifest des Bunds Deutscher Offiziere dargelegten Ziele nicht ab, doch er stellte den Weg, wie sie erreicht werden können, in Frage.

Der Leiter des Lagers Nr. 48 faßte die Mitteilungen seiner Informationen in einem Bericht an Kommissar Melnikow zusammen:

. . . Er befürchtet, daß ein Appell zur Zersetzung der Wehrmacht und zu einem Bruderkrieg führen kann. Er führt auch einen persönlichen Grund an, indem er sagt, daß er nicht gegen seine Söhne, die sich an der Front befinden, kämpfen kann. Damit blieb die Frage einer Teilnahme von Paulus an der Bewegung offen . . .

Es muß gesagt werden, daß sich die Delegierten mit der Bitte an Paulus gewandt haben, die deutschen gefangenen Soldaten nach Hause zu führen, so wie er sie bisher geführt hat. Mit anderen Worten, es ging darum, daß Paulus den bewaffneten Kampf gegen die faschistische Regierung leiten sollte.

Das Szenario für die Bearbeitung von Paulus war von Experten der UPWI und des „Instituts Nr. 99" unter Mitwirkung des Generals von Seydlitz ausgearbeitet worden.

Ja, die Geisteshaltung des ehemaligen Kommandierenden Generals des LI. Armeekorps hatte sich unglaublich schnell geändert . . .

Währenddessen wurde die Bearbeitung von Feldmarschall Paulus fortgesetzt. Ein leitender Mitarbeiter der UPWI namens Stern wurde hinzugezogen.

Das erste Gespräch zwischen Stern und Paulus fand am 5. September 1943 statt und dauerte ununterbrochen 4 Stunden. Paulus war inzwischen aus dem Lager Nr. 48 in das Objekt „25/W" gebracht worden, das sich bei Moskau in der Ortschaft Saretschje in der Nähe von Krasnogorsk befand.

Stern meldete in seinem Bericht Melnikow, daß sie zunächst über Fragen der Kriegskunst sprachen, Paulus ihn aber dann unverhofft fragte, ob die übrigen Generale auch hierher nachkommen. Er habe darauf geantwortet, daß beschlossen worden ist, die Generale in der Nähe von Moskau unterzubringen. Dann wurde im Gespräch auf die Gründung des Bunds Deutscher Offiziere eingegangen. Paulus erklärte, daß General von Seydlitz und die anderen Generale und Offiziere, die sich dem „Bund" angeschlossen haben, seiner Meinung nach keine unehrenhafte Handlung begangen haben. Sie handeln aus ideologischen, keinesfalls schmutzigen Motiven. Doch er, Paulus, sei es gewohnt, alle Pro und Kontra sorgfältig abzuwägen und erst dann einen Handlungsplan auszuarbeiten. Aber hier, in der Gefangenschaft, stehen ihm nicht alle Angaben zur Verfügung, weshalb er lieber gar nichts tut, als nur aufgrund von Vermutungen zu handeln. Vermutungen sind schließlich keine unwiderlegbaren Fakten.

Vielleicht, sagte Paulus, besitzt von Seydlitz die Fähigkeit, in Vermutungen Fakten zu sehen. Doch er, als Soldat, muß Handlungen zurückweisen, die nur auf Vermutungen beruhen. Es kann sein, daß es für Deutschland noch einen Ausweg aus der entstandenen Lage gibt, oder vielleicht sogar mehrere . . .

. . . Paulus dachte offenbar an gemeinsame Aktionen mit Großbritannien und den USA, doch Stern zerstörte diese Illusionen.

Um Paulus noch mehr aus der Reserve zu locken, erweckte Stern den Anschein, daß er das Gespräch abbrechen will, und er schlug Paulus vor, aus dem Park wieder ins Haus zu gehen. Doch Paulus bat darum, im Park zu bleiben, denn das Gespräch interessierte ihn sehr . . . Paulus sagte: Sie halten mich für den Initiator des Dokuments, das die Generale am 1. September unterzeichneten. Das ist falsch. Im Lager sind viele Generale älter als ich – Heitz, Strecker und Renoldi. Sie haben maßgebend ihre Meinung geäußert, ich habe mich ihnen nur angeschlossen. Das soll nicht heißen, daß ich anderer Meinung bin, doch die Initiative ist nicht von mir ausgegangen.

Offensichtlich befürchtete Paulus Repressalien durch die sowjetischen Behörden. Prinzipien soll man in Ehren halten, doch die eigene Haut muß man nicht unbedingt riskieren.

Wir wollen hier konkret feststellen, daß Generalfeldmarschall Friedrich Paulus, entgegen zahlreichen Gerüchten, in den reichlich zehn Jahren Gefangenschaft keinen einzigen Tag in einer Gefängniszelle verbracht hat. Er lebte die ganze Zeit unter relativ angenehmen Bedingungen – zuerst im Susdaler Lager Nr. 160, dann im Lager Nr. 48 in Iwanowo, in den Objekten „25/W" und „15/W" und dann auf einer Datscha in Tomilino. Es gab eine Zeit, in der ihm wirklich drohte, als Kriegsverbrecher vor Gericht gestellt zu werden. Doch die sowjetische Führung verzichtete darauf . . .

Im Objekt „15/W" kehrte relative Ruhe ein. Der Ausdruck Ruhe ist nicht ganz zutreffend, vielmehr wurden die Vorbereitungen für die Gründungsversammlung des Bunds Deutscher Offiziere abrupt unterbrochen. Die aus allen Teilen Rußlands nach Lunowo gebrachten Delegierten blieben sich selbst überlassen und gingen in dem herrlichen schattigen Park des ehemaligen Ferienheims des NKWD spazieren. Es wurden verschiedene Vermutungen nach den Ursachen für den Aufschub der Versammlung angestellt. Oberst Müller und Oberleutnant Gerlach meinten, daß das mit den Ereignissen an der Front zusammenhängt. Oberleutnant Rückert äußerte die Meinung, daß der Protest Großbritanniens gegen die Gründung des „Bunds" daran schuld ist. Oberleutnant Wilimzig nahm an, daß die Ankunft von Generalfeldmarschall Paulus erwartet wird, der an der Festveranstaltung anläßlich der Gründung des „Bunds" teilnehmen will. Und Oberleutnant Knoll fügte hinzu, daß der Beginn der Konferenz deshalb verzögert wird, weil die Initiativgruppe möglichst viele Generale für den „Offiziersbund" gewinnen will, damit die veröffentlichten Dokumente mehr Bedeutung erlangen.

Es wurden auch Bedenken geäußert. Einige beitrittswillige Offiziere sagten, daß ihnen eine Besetzung Deutschlands durch angloamerikanische Truppen lieber ist als durch die Rote Armee. Sie befürchteten, daß die Kommunisten an die Macht kommen werden. Oberstleutnant Bredt und Oberstleutnant Bechly sowie die Majore Knobelsdorff und Frankenberg brachten ihre Besorgnis zum Ausdruck, als in den Meldungen des Informationsbüros bekanntgegeben wurde, daß die Rote Armee strategisch wichtige Städte und Ortschaften eingenommen hat. Der Wettkampf um die Einnahme Berlins hat begonnen, meinten sie übereinstimmend.

Und erneut kam Feldmarschall Paulus ins Gespräch. Oberstleutnant Bredt, Major Hetz und Oberleutnant Arras sagten, die russische Regierung wünsche die Mitwirkung von Feldmarschall Paulus im Bund Deutscher Offiziere, und deshalb werde die Konferenz verschoben. Doch viele junge Offiziere entgegneten, daß es gar nicht erforderlich sei, Feldmarschall Paulus an die Spitze des „Bunds" zu stellen, denn er genießt nicht das gleiche Ansehen wie von Seydlitz. „Alle Kriegsgefangenen und die Mehrheit des deutschen Volkes wissen, daß Paulus während des Stalingradfeldzugs nicht genug Entschlossenheit gezeigt hat, um die Armee zu retten. General von Seydlitz kann mehr tun und erreichen als Paulus, denn er ist im Volk populärer und in der Armee beliebter", sagten sie.

Am 9. September führte Stern ein weiteres Gespräch mit Paulus.

Als Antwort auf die Erklärung Sterns, daß das Ziel der Offensive der Roten Armee nicht die Dnepr-Linie sei, sondern es um die Vertreibung der Okkupanten vom Territorium der Sowjetunion gehe, erklärte Paulus: „Das ist völlig klar, doch eine Offensive dieses Ausmaßes zermürbt die Kräfte der Roten Armee und die Ereignisse am Dnepr können eine unerwartete Wende nehmen."

„Wir haben noch Reserven im Fernen Osten", antwortete Stern.

„Aber sind denn diese Reserven nicht bereits schon in diese Offensive einbezogen?" fragte Paulus verwundert.

„Nein."

„Dann ist die Lage bedeutend ernster", sagte der Feldmarschall.

Am 11. September schickten Kruglow und Petrow an Berija einen Bericht über die Stimmung der Insassen des Lagers Nr. 48.

Nachdem Melnikow, von Seydlitz und Lattmann ins Lager gekommen waren und mit Paulus und den anderen gefangenen Generalen gesprochen hatten, kam es im Lager zu heftigen Diskussionen. Der Streit über die Lage an der Front und die Gründung des Bunds Deutscher Offiziere artete allmählich in Zank und Zwietracht aus.

Noch mehr Verwirrung rief unter den Generalen die unerwartete Abreise von Feldmarschall Paulus hervor. Keiner zweifelte daran, daß Paulus nach Moskau gebracht und in den Kerker der Lubjanka gesteckt wurde. Die Reaktion der Generale und höheren Offiziere darauf war unterschiedlich.

Der Feldmarschall wurde weggebracht, weil man uns offensichtlich gesondert bearbeiten will. Den Feldmarschall in Moskau und uns hier. Wir müssen darauf vorbereitet sein, daß der russische General (gemeint ist der Kommissar der Staatssicherheit Melnikow – L.P.) ohne den Feldmarschall zurückkommt, äußerte General Roske.

Wenn das der Fall sein wird, dann müssen wir Härte zeigen und dürfen uns auf keinerlei Angebote einlassen. Wir müssen Einigkeit bekunden antwortete General Rodenburg.

Der russische General ist offenbar sehr einflußreich und über die Politik der Russen gut informiert. Doch er kennt den deutschen Offizier nicht. Wir werden niemals zulassen, daß unserer Heimat ein

Dolchstoß versetzt wird. Seydlitz und Lattmann sind Verräter. Das äußerte General Sanne.

Das ist schrecklich. Weshalb hat man den Feldmarschall mitgenommen? Zweifelt man daran, daß er seinem Offizierswort treu bleibt? Ich hatte heute einen Herzanfall und war den ganzen Tag im Bett, sagte mit leidender Stimme Oberst Adam.

Paulus hat einen weichen Charakter. Die Russen können ihn überreden. Das wird für uns ein Skandal, resümierte General Wulf.

Die Generale Vassoll, Wulf, Deboi und Renoldi äußerten sinngemäß, daß man sie als nächste nach Moskau bringen wird. Deshalb begannen sie schon einmal, sich reisefertig zu machen.

In dem an Berija gerichteten Bericht Kruglows und Petrows, der diese Äußerungen enthielt, wurde auch darauf hingewiesen, daß sich einige Generale erstmals Sorgen um ihr Schicksal nach dem Krieg machten, als bekannt wurde, daß die Schuldigen an dem Krieg und den Greueltaten vor ein internationales Gericht gebracht werden. Der Bericht enthält auch diese Äußerungen der Generale:

Roske: Nach dem Krieg werden die Soldaten sofort nach Hause gelassen, doch wir werden wohl nicht so schnell zurückkehren . . . Uns wird man als Kriegsverbrecher betrachten.

Sanne: Zwei Begriffe dürfen nicht durcheinandergebracht werden – Disziplin und Härte. Ich bin für Disziplin, und zu ihrer Durchsetzung für Härte. Was die Greueltaten betrifft, so müssen sich die Russen an die Gestapo wenden.

Deboi: Uns kann man nicht wegen der Erschießung von Juden und Partisanen anklagen. Das war durch den Krieg bedingt, dafür kann niemand gerichtlich belangt werden.

Es wurde auch gemeldet, daß die Stimmung aufgrund der Informationen der sowjetischen Presse über die Kapitulation Italiens umschlug. Die gefangenen Generale, die bis dahin mehr oder weniger eine geschlossene Einheit bildeten, spalteten sich sofort in nationale Gruppen auf. Die Deutschen beschuldigten die Italiener des Verrats, worauf die Italiener, die ihre Feindschaft den Deutschen gegenüber nicht verhehlten, die Lagerleitung baten, sie von den Deutschen zu trennen. Den Italienern schlossen sich auch die rumänischen Generale an . . .

So vergingen zehn Tage.

Feldmarschall Paulus war im Objekt „25/W", und die nunmehr führungslosen Generale widmeten sich ihrem eigenen Schicksal.

56

Gründungsversammlung des BDO am 11./12. September 1943 in Lunjowo bei Moskau. V. l. n. r.: Oberst Steidle, General v. Seydlitz, Oberst van Hooven, Major Lewerenz, Erich Weinert (Präsident des NKFD)

Gründungsmitglieder des NFKD und des BDO, v. l. (sitzend): General v. Seydlitz, Erich Weinert, (stehend): Oberst van Hooven, Leutnant Graf v. Einsiedel, Major Hetz, Gefreiter Zippel, Oberst Steidle, Generalmajor Lattmann, 1943

Gründungsversammlung des BDO, am Rednerpult Erich Weinert. V. l.: Oberst Steidle, General v. Seydlitz, Oberst van Hooven (verdeckt), Major Lewerenz, 11./12. September 1943

Gründungsversammlung des BDO, v. l. n. r.: Generalleutnant Edler v. Daniels, General v. Seydlitz, Oberst van Hooven, Major Lewerenz, Erich Weinert

Gründungsmitglieder des BDO, sitzend v. l. n. r.: N. N., Generalleutnant Edler v. Daniels (Vizepräsident), Oberst Steidle (Vize), General v. Seydlitz (Präsident), Oberst van Hooven (Vize); stehend v. l.: 2. Major Engelbrecht, 6. Major Lewerenz, 7. Generalmajor Lattmann, 8. Oberstleutnant Bechly, 11. Major Bechler; September 1943

Die Generalmajore Otto Korfes (r.) und Martin Lattmann unterzeichnen den „Aufruf an die deutschen Generale und Offiziere! An Volk und Wehrmacht!", September 1943

Auch wenn Feldmarschall Paulus seinen Prinzipien treu geblieben war, stand der Gründungsversammlung des Bunds deutscher Offiziere nichts mehr im Weg.

Das Programm für den ersten Tag der Konferenz, den 11. September 1943, enthielt zehn Punkte:

PROGRAMM
DER GRÜNDUNGSVERSAMMLUNG DES BUNDS DEUTSCHER KRIEGSGEFANGENER OFFIZIERE

Erster Tag – 11. September, von 10 Uhr bis 20 Uhr
1. Eröffnung der Gründungsversammlung und Begrüßung (Oberst Bredt)
2. Referate: Allgemeine Lageeinschätzung (Oberst van Hooven) Schlußfolgerungen aus der Lageeinschätzung (Oberst Steidle)
3. Verlesung des Dokuments „Aufgaben und Zielsetzung des Bunds deutscher kriegsgefangener Offiziere" (Major Lewerenz)
4. Unterzeichnung dieses Dokuments durch die Teilnehmer der Gründungsversammlung
5. Wahl des Präsidenten und der drei Vizepräsidenten des Bunds deutscher kriegsgefangener Offiziere (Oberst Bredt)
6. Wahl der Mitglieder und der Beauftragten des Vorstands des Bunds deutscher kriegsgefangener Offiziere (General von Seydlitz)
7. Verteilung der Aufgaben zwischen den Mitgliedern des gewählten Vorstands (General von Seydlitz)
8. Rede des Präsidenten des Bunds deutscher kriegsgefangener Offiziere (General von Seydlitz)
9. Verlesung des „Aufrufs an die deutschen Generale und Offiziere, an Volk und Wehrmacht!" und der angenommenen Entschließung (General von Seydlitz)
10. Unterzeichnung dieser Dokumente durch die Mitglieder der Gründungsversammlung.

Zweiter Tag – 12. September, von 10 Uhr bis 20 Uhr
1. Referate: „Arbeit auf dem Gebiet der Propaganda, der Presse und des Rundfunks (Leutnant Dr. Greifenhagen)
Die Einbeziehung weiterer Offiziere in den ‚Bund' und die Arbeit mit ihnen" (Oberst Bechly)

„Die geistige Erziehung der Offiziere" (Generalmajor Lattmann)
2. Diskussionsbeiträge: Vertreter des Nationalkomitees „Freies Deutschland":
Vertreter der kriegsgefangenen deutschen Soldaten (Gefreiter Zippel)
Präsident des Nationalkomitees „Freies Deutschland" (Erich Weinert)
3. Abschluß der Gründungsversammlung (General von Seydlitz)

Am Abend des 12. September 1943 beendete der Vorsitzende des Bunds Deutscher Offiziere, General der Artillerie Walter von Seydlitz, die Versammlung.

Bereits am ersten Tag schickten Kruglow, Petrow und Melnikow einen Bericht an Berija:

„Heute wurde in Lunowo das Programm für den ersten Tag der Gründungsversammlung des Bunds Deutscher Offiziere realisiert. Alle vorgesehenen Programmpunkte wurden vollständig und in Einklang mit den von uns ausgearbeiteten Maßnahmen erfüllt.

In das Präsidium wurden gewählt:

Präsident – General der Artillerie von Seydlitz.

Vizepräsidenten: Generalleutnant von Daniels, Oberst van Hooven und Oberst Steidle.

In die Leitung wurden 19 von uns vorher ausgesuchte Personen gewählt . . .

Alle Delegierten unterzeichneten die Dokumente ‚Bund deutscher Offiziere. Aufgaben und Zielstellung‘ und ‚Aufruf an die deutschen Generale und Offiziere, an Volk und Wehrmacht‘.

Die Referate und die Diskussionsbeiträge wurden aufgezeichnet.

Der Verlauf der Versammlung wurde von Gen. Makossejew, Kameramann von SOJUSKINOCHRONIKA, aufgenommen.

Die Gründungsversammlung wird morgen fortgesetzt und beendet. Nach der Versammlung werden die Delegierten zwei Tage lang eingewiesen und kehren dann in die Kriegsgefangenenlager zurück, um die Beschlüsse der Versammlung zu realisieren."

Interessant ist die Beurteilung der Mitglieder der Leitung des Bunds Deutscher Offiziere, die in der UPWI verfaßt wurde.

Präsident – Walter von Seydlitz, geboren 1888 in Hamburg, General der Artillerie, Kommandierender General des LI. Armeekorps der

6. Armee. Ein in Deutschland bekannter und populärer General. Er war einer der ersten, die sich entschlossen, dem Bund Deutscher Offiziere beizutreten und ihn zu leiten. Er besitzt Geltungsbedürfnis und ist sentimental veranlagt.

Vizepräsident – Alexander von Daniels, geboren 1891 in Trier an der Mosel, Generalleutnant, Kommandeur der 376. Infanteriedivision der 6. Armee. Ein in militärischen Kreisen Deutschlands bekannter General, genießt Ansehen unter den Offizieren, trat ohne längeres Zögern dem Bund Deutscher Offiziere bei. Er ist zielstrebig und ehrgeizig. Für das Präsidium wurde er als für uns annehmbarer Kandidat ausgewählt, der stets bereit ist, den Posten des Präsidenten zu übernehmen, falls von Seydlitz im „Bund" unseren Kurs nicht durchsetzt.

Vizepräsident – Luitpolt Steidle, geboren 1898 in Ulm, Oberst, Kommandeur des 767. Grenadierregiments der 6. Armee. Er ist in Deutschland als gläubiger Katholik bekannt und hat persönliche Kontakte zu führenden katholischen Kreisen Bayerns und des Vatikans. Er genießt Einfluß unter den Wehrmachtsoffizieren. Er ist Bayer und separatistisch eingestellt. Er hat konsequent die Generale und schwankenden Offiziere bearbeitet und Oberst van Hooven entgegengewirkt, der in der Gründungsphase des Bunds Deutscher Offiziere versucht hatte, ihn reaktionär zu beeinflussen. Er wurde als besonders aktiver und konsequenter Organisator des „Bunds" in das Präsidium gewählt.

Vizepräsident – Hans-Günther van Hooven, geb. 1896 in Berlin, Oberst, Nachrichtenführer der 6. Armee, hat weitreichende Verbindungen in Offizierskreisen der Wehrmacht. Er versuchte, die Initiativgruppe des „Bunds" reaktionär zu beeinflussen, wurde aber mit Hilfe operativ geschulter Offiziere bearbeitet und tritt jetzt loyal auf. Er wurde für das Präsidium als aktiver Organisator des „Bunds" und Rückendeckung für Steidle gewählt.

Sekretär des Präsidiums – Hermann Lewerenz, geboren 1911 in Grammentin, Major des Generalstabs, Kommandeur des 37. Flakregiments der 6. Armee. Ein einflußreicher und angesehener Offizier und aktiver Mitbegründer des „Bunds".

Leitungsmitglied – Dr. Otto Korfes, geboren 1889 in Balzen (Braunschweig). Bekannt als deutscher Militärhistoriker, einflußreicher General. Er schloß sich als einer der ersten dem „Bund" an und wurde eingesetzt, um Generalleutnant von Daniels für die Mitarbeit im „Bund" zu gewinnen. Er ist für Presse und Rundfunk zuständig.

Leitungsmitglied – Martin Lattmann, geboren 1896 in Freiburg, Generalmajor, Kommandeur der 14. Panzerdivision der 6. Armee. Er war in der Wehrmacht als überzeugter Nationalsozialist bekannt und gehörte zehn Jahre der NSDAP an. In den „Bund" trat er nach langem Zögern ein. Auf der Gründungsversammlung hielt er ein Grundsatzreferat über die antifaschistische Erziehung der Offiziere. Er ist für Bildung und Erziehung zuständig.

Leitungsmitglied – Alfred Bredt, geboren 1881 in Erfurt, Oberstleutnant, Kommandeur der Versorgungstruppe des II. Armeekorps der 6. Armee. Deutscher Nationalist, war Mitglied des „Stahlhelms". Arbeitete in der Initiativgruppe unter großen Vorbehalten mit.

Leitungsmitglied – Gerhard Bechly, geboren 1898 in Berlin, Oberstleutnant, Adjutant der 295. Infanteriedivision der 6. Armee, aktiver Mitbegründer des Bunds der Offiziere.

Leitungsmitglied – Egbert von Frankenberg, geboren 1909 in Straßburg, Kaderoffizier, Major, Kommandeur des 61. Kampfgeschwaders, gefangengenommen im Mai 1943. In den Verhören machte er wertvolle Angaben über die Luftwaffe des Gegners. Ein einflußreicher und angesehener Offizier, aktiver Mitbegründer des „Bunds", in dem er engagiert und nachdrücklich unseren Kurs vertritt.

Leitungsmitglied – Fritz Büchler, geboren 1897 in Hückeswagen am Rhein, Major, Kommandeur des 1. Flakregiments 241 der 6. Armee. Aktiver Mitbegründer des „Bunds".

Leitungsmitglied – Isenhardus von Knobelsdorff, geboren 1902 in Hirschberg (Schlesien), Major, Kriegsgerichtsrat der 295. Infanteriedivision der 6. Armee. Ein angesehener und einflußreicher Offizier. Er hat lange geschwankt, bevor es gelang, ihn für den „Bund" zu gewinnen.

Leitungsmitglied – Erich Domaschk, geboren 1908 in Luckau, Hauptmann, Kommandeur des 2. Bataillons des 103. Regiments der 14. Panzerdivision der 6. Armee. Er hat sehr aktiv in der Initiativgruppe des „Bunds" mitgearbeitet. Karrierist. Er ist nicht prinzipienfest und hat unter dem Einfluß von Oberst van Hooven eine inkonsequente Haltung offenbart.

Leitungsmitglied – Andreas von Kirchhofer, geboren 1903 in Košice, Oberleutnant, Stabsoffizier der 14. Panzerdivision der 6. Armee, aktiver Mitbegründer des „Bunds".

Leitungsmitglied – Heinrich Gerlach, geboren 1908 in Königsberg, Oberleutnant, Chef der Aufklärung der 14. Panzerdivision der 6. Armee. Aktives Mitglied der Initiativgruppe des „Bunds" und dessen Mitbegründer.

Leitungsmitglied – Hans Trenkmann, geboren 1904, Oberleutnant der Luftwaffe, im März 1943 in Gefangenschaft geraten. Er gehört zu den bekanntesten Testfliegern Deutschlands, verfügt über umfangreiche Verbindungen in einflußreichen Luftwaffen-, Militär- und Industriekreisen. Er machte wertvolle Angaben über die deutsche Luftwaffe. Er ist aktives Mitglied der Initiativgruppe und Mitbegründer des „Bunds", in dem er unsere Linie vertritt.

Leitungsmitglied – Dr. Adolf Greifenhagen, geboren 1905 in Königsberg, Leutnant, Stabsoffizier der 297. Infanteriedivision der 6. Armee. Aktives Mitglied der Initiativgruppe des „Bunds".

Leitungsmitglied – Erwin Engelbrecht, geboren 1914 in Erfurt, Major, Adjutant des Stabschefs der 14. Panzerdivision der 6. Armee. Ein angesehener und einflußreicher Offizier.

Leitungsmitglied – Dr. Gert Arras, geboren 1912 in Dresden, Oberleutnant, Adjutant der 297. Infanteriedivision der 6. Armee.

Leitungsmitglied – Bernhard Bechler, geboren 1911 in Lengefeld, Major, Bataillonskommandeur des 29. mot. Schützenregiments der 6. Armee. Ein angesehener und einflußreicher Offizier.

Leitungsmitglied – Karl-Heinz Stolz, geboren 1890 in Breslau, Hauptmann des 129. Artillerieregiments der 6. Armee.

Leitungsmitglied – Ludwig Peter Reckel, geboren 1916, Lehrer, Oberleutnant, Batteriechef des 46. Artillerieregiments der 6. Armee.

Leitungsmitglied – Albert Hünemörder, geboren 1891, Offizier der Reserve, Major, Kommandeur des 305. Infanterieregiments der 6. Armee. Genießt Einfluß und Ansehen unter den Offizieren und bekundet großes Interesse für die Sowjetunion.

Ja, die Zusammensetzung der Leitungsorgane des Bunds Deutscher Offiziere war gut durchdacht. General von Daniels galt als Reservekandidat für von Seydlitz, Oberst Steidle und Oberst van Hooven stärkten sich gegenseitig den Rücken. Somit waren unliebsame Überraschungen wenn auch nicht ganz und gar ausgeschlossen, so doch zumindest auf ein Minimum reduziert. Die prinzipielle Haltung von Generalfeldmarschall Paulus hatte keine wesentliche Bedeutung mehr, doch aus pädagogischen Gründen mußte die Sache zu Ende gebracht werden . . .

Die erste Aktion des Bunds Deutscher Offiziere

Die Gründung des Bunds Deutscher Offiziere war so wichtig, daß Berija am 16. September 1943 dem Staatlichen Verteidigungskomitee der UdSSR – Stalin und Molotow – darüber Bericht erstattete. Laut diesem Bericht war es unter den Offizieren der in Gefangenschaft geratenen deutschen Armee zu einer Differenzierung gekommen und die Bewegung „Freies Deutschland" durch neue, einflußreiche und angesehene Persönlichkeiten verstärkt worden. Nun kam es darauf an, eine Umgruppierung der Kräfte zu erreichen. Am 13. September 1943, einen Tag nach der Gründungsversammlung des Bunds Deutscher Offiziere, ersuchte Manuilski den Sekretär des ZK der KPdSU(B) Alexander Stscherbakow um Weisung zu einigen anstehenden Fragen:
1. Das Nationalkomitee „Freies Deutschland" plant, die Beziehungen zum Bund der Offiziere so zu gestalten, daß er faktisch dem Nationalkomitee angeschlossen wird, und schlägt deshalb vor, folgende zehn Mitglieder des Bunds der Offiziere in seine Reihen aufzunehmen:
1. General der Artillerie von Seydlitz
2. Generalleutnant von Daniels
3. Generalmajor Lattmann
4. Generalmajor Korfes
5. Oberst Steidle
6. Oberst van Hooven
7. Oberst Bechly
8. Major von Frankenberg
9. Major von Knobelsdorff
10. Oberleutnant Gerlach
Um das erforderliche politische Gleichgewicht zu sichern, beabsichtigt das Nationalkomitee gleichzeitig, folgende drei Persönlichkeiten des gesellschaftlichen Lebens aufzunehmen:
1. Matern, früherer Abgeordneter des Preußischen Landtags
2. Theodor Plivier, Schriftsteller
3. Herrnstadt, Publizist
Außerdem teilte Manuilski mit, daß das Nationalkomitee sein Präsidium durch die Vizepräsidenten General von Seydlitz, General von Daniels und Soldat Emmendorf erweitern will. Es wurde vorgeschla-

gen, auch das Arbeitsbüro des Präsidiums durch die Generale Lattmann, Korfes, Oberst Steidle und Oberst van Hooven sowie den Gefreiten Zippel zu erweitern.

Hierzu ist festzustellen, daß General von Seydlitz und seine Kollegen dagegen keine Einwände haben.

Anschließend berichtete Manuilski:

. . . Die Generale und Oberste des Offiziersbunds erachten es als erforderlich, ihre Ansichten unter den deutschen Truppen und der deutschen Zivilbevölkerung mit Nachdruck zu propagieren.

a) Zu diesem Zweck bitten die Generale und Oberste darum, daß Flugblätter mit ihren Ansprachen, Porträts und Unterschriften unter den deutschen Soldaten an der Front verteilt werden. b) Sie sind bereit, persönlich Briefe an einige deutsche Generale und Oberste, Armee- und Divisionskommandeure zu schreiben, in denen sie die ganze Hoffnungslosigkeit des faschistischen Kriegs aufzeigen und zur Unterstützung der Plattform des Nationalkomitees und zum Kampf gegen Hitler aufrufen werden.

Diese Briefe können ihrer Meinung nach durch deutsche Kriegsgefangene, die über die Frontlinie zurückgeschickt werden, zugestellt werden.

c) Die Generale und Oberste schlagen außerdem vor, einzelne deutsche Einheiten aufzufordern, ihre Vertreter zur „Kontaktaufnahme mit dem Offiziersbund und dem Nationalkomitee" zu entsenden. Es ist klar, daß diese Delegierten faktisch als Überläufer gelten und nicht zurückkehren werden.

d) Die gleiche Gruppe bittet um die Möglichkeit, über Funk ihre gegen Hitler gerichteten Ansichten unter den deutschen Truppen und der deutschen Bevölkerung zu propagieren.

Etwas anders wurden die Ereignisse im Sonderbericht der UPWI des NKWD der UdSSR an Lawrenti Berija vom 17. September dargelegt.

VERWALTUNG DES NKWD DER UDSSR FÜR KRIEGSGEFANGENE UND INTERNIERTE OPERATIV-TSCHEKISTISCHE ABTEILUNG

Streng geheim

Genossen L. I. Berija

Leiter der UPWI des NKWD der UdSSR
Generalmajor Petrow

SONDERBERICHT
über die praktische Arbeit der Leitung des Bunds Deutscher Offiziere

Am 14. September d. J. fand in Lunowo die erste Sitzung des Vorstands des Bunds Deutscher Offiziere statt.

Auf dieser Sitzung wurde beschlossen, General Lattmann von der Leitung der Bildungs- und Erziehungsarbeit zu entbinden und ihm die Leitung der Organisationsabteilung zu übertragen. Die Bildungs- und Erziehungsabteilung hat Oberst Steidle übernommen. Diese Umbesetzung wurde damit begründet, daß die wichtigsten Bereiche von Generalen geleitet werden sollen.

Auf der Sitzung wurden die Ergebnisse der Gespräche der Generale Lattmann, Korfes und der Vizepräsidenten des Bunds Oberst Steidle und van Hooven mit dem Bevollmächtigten der Politischen Hauptverwaltung der Roten Armee Professor Arnold und des Präsidenten des Nationalkomitees „Freies Deutschland" Weinert über die Einbeziehung des Leitungsgremiums des Bunds Deutscher Offiziere in das Nationalkomitee erörtert.

Während dieser Gespräche, die in Abwesenheit des Präsidenten des Bunds General von Seydlitz und des Vizepräsidenten General von Daniels stattfanden (beide befanden sich im Objekt ‚25/W'), wurde entschieden, das Nationalkomitee „Freies Deutschland" um zehn Personen zu erweitern, und zwar

1. den Präsidenten des Bunds Deutscher Offiziere von Seydlitz als Präsidiumsmitglied und

2. die Generale Lattmann, Korfes und Daniels, die Oberste Steidle und van Hooven, die Majore Frankenberg und von Knobelsdorff sowie Leutnant Gerlach als Mitglieder.

Die Entscheidung über die Aufnahme des Sekretärs des Bunds Deutscher Offiziere Major Lewerenz wurde bis zur Erörterung seiner Kandidatur auf der Plenarsitzung des Nationalkomitees „Freies Deutschland" am 17. September d. J. vertagt.

Professor Arnold ließ den Sitzungsteilnehmern für die Entscheidung über die Aufnahme der Leitungsmitglieder des Offiziersbunds in das Nationalkomitee ganze 20 Minuten. Die Entscheidung wurde getroffen, doch die von Arnold vorgegebene Zeitspanne rief unter den

Mitgliedern der Leitung des Offiziersbunds Unzufriedenheit hervor, die Oberstleutnant Bredt, Hauptmann Domaschk und Leutnant Greifenhagen zum Ausdruck brachten.

Außerdem wurde die Direktive des Nationalkomitees, die militärischen Abzeichen von der Uniform zu entfernen, mit der Begründung abgelehnt, daß die Uniform erst in einer künftigen Volksarmee durch Sonderbefehl verändert werden kann.

In Zusammenhang mit der Rückreise der Delegierten der Gründungsversammlung in ihre Lager wurde beschlossen, die Verwaltung für Kriegsgefangene zu bitten, den Beauftragten des Vorstands Bescheinigungen auszustellen, die ihnen mit Zustimmung der Lagerleitungen gewisse Handlungsfreiheit in ihrer Arbeit einräumen.

Bezüglich der Verbindung zwischen dem Vorstand und den Lagern wurde beschlossen, bei der Leitung der Verwaltung für Kriegsgefangene zu beantragen, daß der Schriftwechsel zwischen dem Vorstand und seinen Beauftragten in den Lagern nicht überwacht und zensiert wird.

Abschließend wurde beschlossen, auf der Plenartagung des Nationalkomitees „Freies Deutschland" am 17. September d. J. die Bildung gemeinsamer Vertretungen in den Lagern anzuregen. Der Vorstand des Bunds Deutscher Offiziere unterbreitet diesen Vorschlag, um parallele Werbungen zu vermeiden und die etwa 500 Offiziere, die bereits Mitglieder des Nationalkomitees „Freies Deutschland" sind, für den Bund zu gewinnen.

Die Presseabteilungen werden bis zur Rückreise der Bevollmächtigten und Delegierten in ihre Lager Informationsschriften über die Gründung des Bunds Deutscher Offiziere, in denen auch Dokumente der Gründungsversammlung enthalten sind, herstellen.

Die Mitglieder des Bunds Deutscher Offiziere verpflichteten sich, aktiv an der Zeitung „Freies Deutschland" mitzuarbeiten, und baten in diesem Zusammenhang den Vertreter der Politischen Hauptverwaltung der Roten Armee, die Nr. 8 der Zeitung auf sechs bis acht Seiten zu erweitern.

Die Erteilung von Bescheinigungen für die Beauftragten des Vorstands und der unzensierte Schriftverkehr zwischen dem Vorstand und den Lagern wurden nach einem klärenden Gespräch mit dem Präsidium des Bunds abgelehnt.

Stellvertreter des Leiters
der UPRI des NKWD der UdSSR

Kommissar der Staatssicherheit
MELNIKOW

Die ganze Aktion zur Einbeziehung namhafter und angesehener deutscher Generale und Offiziere in die Bewegung „Freies Deutschland" läuft gerade erst zwei Monate. Doch was für ein Gesinnungswandel ist bei den Generalen von Seydlitz, Lattmann und Korfes eingetreten, die zunächst abgelehnt hatten, daß Flugblätter in ihrem Namen unter den deutschen Truppen verbreitet werden. Man muß dem Kommissar der Staatssicherheit Melnikow bescheinigen, daß er gute Arbeit geleistet hat . . .

Allem Anschein nach erreichte die Nachricht über den Sinneswandel der Generale auch Feldmarschall Paulus. Am 27. September 1943 schickte Melnikow einen weiteren Sonderbericht über die Arbeit mit dem kriegsgefangenen Feldmarschall Paulus an das NKWD. In dem Bericht hieß es, daß der im Objekt „25/W" untergebrachte Paulus am 24. September den Wunsch äußerte, sich über die entstandene Lage zu informieren, und darum gebeten hat, für ihn ein Treffen mit einem General des Bunds Deutscher Offiziere zu arrangieren.

Am 25. und 26. September führten Lattmann und von Daniels mehrere Gespräche mit Paulus, die allerdings nicht zu einem positiven Ergebnis führten – Paulus lehnte die Mitarbeit im Bund ab. Gegenüber einem Mitarbeiter der UPWI äußerte Lattmann die Meinung, daß ein völliger Abbruch der Kontakte zu Paulus nicht ausgeschlossen ist, doch von Daniels meinte: Paulus wird auf jeden Fall zu uns kommen, das ist nur eine Frage der Zeit.

Die erste bedeutende Aktion des Bunds Deutscher Offiziere bestand darin, Feldmarschall Paulus für den antifaschistischen Kampf zu gewinnen. Mit dieser Zielstellung waren neben dem „Institut Nr. 99" auch kriegsgefangene deutsche Generale, Kollegen von Paulus, tätig.

Als besonders unangenehm empfand die sowjetische Führung, daß sich durch die gemeinsame Erklärung gefangener Generale vom 1. September, die alle verurteilt, die dem Offiziersbund beigetreten sind, die anderen Generale in ihrem Handeln und ihrer Meinung zum „Bund" gehemmt fühlen. Das erklärte zumindest Melnikow den Generalen bei einem gemeinsamen Abendessen in der Nacht vom 2. zum 3. Oktober 1943.

. . . So hatte Generalmajor Helmut Schloemer, Kommandeur der 3. motorisierten Division der 6. Armee, am 29. September 1943 erklärt, daß er dem Bund Deutscher Offiziere beitritt. In der Erklärung hieß es:

Ich erkläre meinen Beitritt zum Bund Deutscher Offiziere. Ich erkenne die Ziele der Bewegung „Freies Deutschland" in der Form an, wie sie in den Aufgaben und der Zielsetzung des Bunds Deutscher Offiziere und im Manifest des Nationalkomitees dargelegt sind.

Doch in einer Sondermeldung, die Melnikow am 3. Oktober an Berija und Kruglow schickte, wurde darauf hingewiesen, daß Schloemer an den Vorstand des „Bunds" die Bitte richtete, seinen Beitritt zum Offiziersbund erst dann bekanntzugeben, nachdem er einen Brief an seinen Sohn, einen Frontoffizier, abgeschickt hat. Der Bitte wurde stattgegeben, doch wem nützen solche geheimen Verbindungen, wenn das Ziel darin bestand, den Massencharakter der Bewegung und ihre einstimmige Unterstützung durch alle oder zumindest die überwiegende Mehrheit der Kriegsgefangenen aufzuzeigen . . .

Am 3. Oktober sprachen von Seydlitz und Lattmann lange mit Paulus darüber, daß er an die Generale im Lager Nr. 48 einen Brief richten soll, in dem er sie von der kollektiven Boykottierung des Bunds Deutscher Offiziere entbindet.

Am 4. Oktober ließ Feldmarschall Paulus über General Lattmann wissen, daß er ein Treffen mit dem operativen Bevollmächtigten der UPWI Stern wünscht, mit dem er über seinen Brief an die Generale sprechen möchte.

Wie General von Daniels dem Mitarbeiter der UPWI Petrow sagte, hat die Rede Melnikows während des Abendessens Paulus in seiner Entscheidung wesentlich beeinflußt.

Nikolai Melnikows Rede war wirklich sehr beeindruckend, insbesondere die letzten Worte. General Korfes hat davon eine Niederschrift angefertigt:

. . . Generalfeldmarschall Paulus ist nicht nur dem Bund Deutscher Offiziere entgegengetreten, sondern hat einen Schritt unternommen, der bewußt gegen die Regierung der Sowjetunion gerichtet ist.

Ausführungen des Generals Melnikow am 2./3. 10. 43
(zwischen 1 und 2 Uhr nachts)
Er spräche ohne Konzept, unvorbereitet. Er spräche jetzt in amtlicher Eigenschaft und sage die Ansicht der höchsten Stellen der Sowjetunion.

Die Aufgaben und Ziele, die sich der Bund Deutscher Offiziere gesetzt habe, fänden die volle Unterstützung der Sowjetunion. In dem

Ziel, den Krieg zu beenden und das den Frieden verhindernde Hitler-regime zu beseitigen, sei das deutsche Volk mit der Sowjetunion einig. Der Offiziersbund vertrete in diesem Kampf das deutsche Volk und tue die Pflicht seinem Volke gegenüber, die zur Rettung Deutschlands notwendig sei. Der Bund Deutscher Offiziere solle frei und unabhängig gemäß seinen Aufgaben und Zielsetzung arbeiten.

Er sei ausdrücklich ermächtigt, das Folgende zu betonen: Die Regierung der UdSSR wolle ein Deutschland erhalten, das ein Machtfaktor in Europa bliebe. Die Grenzen sollten nach den Interessen des deutschen Volkes geregelt werden. Es solle aber vermieden werden, durch gefährliche Grenzziehung die Keime zu neuen Kriegen zu legen, wie es s.Z. in dem von der UdSSR stets bekämpften sogenannten Versailler Frieden der Fall gewesen sei. Selbstverständlich lehne die Sowjetunion solche Maßnahmen wie etwa die Schaffung eines Korridors ab.

Ausschlaggebend bei der Statuierung des Friedens sei das Bestreben der Regierung der UdSSR, einen Partner für eine friedliche Politik in Europa und in der Welt zu gewinnen. Ein solcher Partner sei nur von Wert, wenn er selbst unabhängig und genügend mächtig sei. In diesen Punkten seien die Interessen beider Länder völlig konform. Ein einmütiges Zusammengehen und politisches Zusammenarbeiten beider Länder garantiere den Frieden in Europa und sei von Einfluß auf die Erhaltung des Friedens in der Welt. Eine enge Freundschaft zwischen beiden Völkern sei der aufrichtige Wunsch des russischen Volkes und der russischen Regierung. Beide Völker seien kulturell und wirtschaftlich, bedingt durch die geographische Lage, aufeinander angewiesen. Es sei daher das natürliche und gemeinsame Interesse, den für solches zukünftige Verhältnis geeigneten und dauerhaften Frieden im gemeinsamen Einverständnis und Zusammengehen zu schaffen. Bei solch weitgehender Übereinstimmung in den Zielen des Friedens könne Deutschland auf die volle Unterstützung der Sowjetunion rechnen. Er sei ermächtigt, diese aufrichtige Ansicht seiner Regierung hier bekanntzugeben.

Treu ihren Prinzipien lehnt die Sowjetunion eine irgendwie geartete Einmischung in die inneren Angelegenheiten anderer Länder und insbesondere Deutschlands ab.

Die Schaffung der sozialen und politischen Struktur des künftigen Deutschlands sei Sache des deutschen Volkes selbst. Das nationalsozialistische System, das Europa mit Krieg überzogen habe, habe und könne das Vertrauen des deutschen Volkes nicht haben. Deshalb müsse es verschwinden. Die Frage der Kriegsverbrecher und ihre Aburteilung sei lediglich die eigene Angelegenheit des deutschen Volkes.

Die Sowjetunion sei an der Beendigung des Krieges und an der Herstellung des Friedens nicht aus Schwäche interessiert. Sie wolle beiden Völkern weitere sinnlose Opfer ersparen. Aber die russische Wehrmacht sei bei Fortsetzung des Krieges des vollen Sieges sicher. Sie könne zu einer Zertrümmerung Deutschlands entscheidend beitragen. Die Sowjetunion wolle aber nicht die Zertrümmerung und Vernichtung Deutschlands, sondern seine Erhaltung. Daher habe sie zur Gründung des Bundes Deutscher Offiziere die Hand gereicht. Diejenigen Generale, die diese Hand ergriffen hätten, hätten in der Stunde größter Gefahr den Mut und die Entschlossenheit aufgebracht, für ihr Volk gegen die eigene Regierung einzutreten. Sie hätten den klaren Blick für die Lage und den Sinn für die Wirklichkeit besessen und bewiesen. Ihnen würde das deutsche Volk einst von Herzen dankbar sein und ihre Tat ehren. Für die Sowjetunion würden sie immer als die verläßlichen Garanten des Zusammengehens beider Völker gelten.

Generalfeldmarschall Paulus habe das Angebot abgelehnt und die Mithilfe zur Rettung seines Volkes verweigert. Sicher werde das deutsche Volk einst eine Rechtfertigung für diese Haltung fordern. Aber es sei Sache jedes einzelnen, nach seinem Gewissen seine Entscheidung zu treffen. Er sei aber weitergegangen und habe die anderen Generale durch eine schriftliche Erklärung festgelegt. Das bedeute nicht nur ein Entgegentreten gegen den Bund der Offiziere, sondern auch einen Schritt, der gegen die Regierung der Sowjetunion gerichtet sei.

Die Informanten Dmitri Manuilskis, die in politischer Hinsicht offensichtlich besser geschult waren, stellten fest, daß es in der Führung des Bunds Deutscher Offiziere zu einer gewissen Verstimmung gekommen ist. Manuilski legte seine Meinung dazu in einem Schreiben vom 7. Oktober 1943 an den Chef der GlawPUR der Roten Armee Generaloberst Alexander Stscherbakow dar:

Streng geheim

An den Leiter der Politischen
Hauptverwaltung der Roten Armee
Generaloberst Gen. A.S. Stscherbakow

Auskunft über einige Stimmungen in der Führung des Bunds Deutscher Offiziere

Nach der Gründungsversammlung des Bunds Deutscher Offiziere wurde bei einigen Generalen und anderen Vertretern der Führung des Bunds Deutscher Offiziere eine gewisse Verschlechterung der Stimmung registriert.

Aus Gesprächen läßt sich schließen, daß dafür hauptsächlich zwei Gründe verantwortlich sind:

1. Die Generale vom Bund Deutscher Offiziere, die Feldmarschall Paulus propagandistisch bearbeitet haben, sind selbst unter seinen Einfluß geraten. Daher führen sie nun häufig bei der Einschätzung der politischen Lage dessen Gegenargumente an.

2. Die Erfolge der Roten Armee und die zunehmende internationale Isolierung Deutschlands riefen Befürchtungen hervor, daß Deutschland nicht in der Lage sein wird, über sein weiteres Schicksal selbst zu entscheiden, so daß es ihrer Meinung nach zu einer Besetzung und Aufteilung Deutschlands kommen wird.

In Zusammenhang damit setzt sich bei den Generalen die Meinung durch, daß sich die Volksmassen in Deutschland dem Kommunismus zuwenden werden. Sie befürchten, daß dann, wie sie es ausdrücken, „Generale nicht mehr gebraucht werden".

Diese Stimmungen kamen in zahlreichen Äußerungen von Generalen und einiger Mitglieder des Bunds Deutscher Offiziere in Gesprächen untereinander zum Ausdruck.

Über die Notwendigkeit, das Hitler-Regime zu stürzen, besteht keinerlei Zweifel. Doch die Fragen der Nachkriegsordnung in Deutschland beunruhigen sie außerordentlich. Insbesondere Korfes und van Hooven äußern verhohlen ihre Befürchtung, daß im Zuge der Nachkriegskrise die preußisch-militärische Grundlage Deutschlands zerstört, im Land eine Revolution ausbrechen und die militärische Führung von der Bühne abtreten wird.

Generalmajor Korfes versuchte, Reyer und andere Offiziere zum Widerstand gegen die Kommunisten zu bewegen. Dabei nutzte er ihre persönliche Unzufriedenheit mit dem Vizepräsidenten des Nationalkomitees Heitz aus. Oberst van Hooven, der allen Angaben nach mit General Korfes konform geht, läßt durchblicken, daß er eine Zwangskollektivierung der Landwirtschaft im künftigen Deutschland befürchtet. Er sagte aber auch, daß er einer Sowjetisierung Deutschlands und der Besetzung des Landes durch die Rote Armee zustimmt. Die letzte Erklärung hat eindeutig provokatorischen Charakter.

Als Schreckgespenst wird immer wieder die Anschuldigung benutzt, daß sich die kommunistischen Mitglieder des Nationalkomitees undemokratischer Arbeitsmethoden bedienen. Außerdem behaupten die Generale von Seydlitz und Korfes, daß sie schlecht informiert werden und sie die Reden von Goebbels, Hitler und anderen nicht lesen dürfen, was sie als Kränkung empfinden. Außerdem fühlen sie sich gekränkt, weil die versprochene Besichtigung Moskaus nicht stattgefunden hat.

Sehr deutlich kamen die Stimmungen der Generale in einem Gespräch zwischen General Lattmann und den Genossen Arnold und Weinert zum Ausdruck.

Nach dem langen Gespräch äußerte General Lattmann, daß er persönlich nicht an der Aufrichtigkeit der Kommunisten zweifelt, jedoch befürchtet, daß sich die Beziehungen zwischen ihnen und den anderen Mitgliedern der Bewegung zuspitzen können.

General Lattmann versprach seinerseits, gegen die antikommunistischen Stimmungen zu kämpfen. Nach vorliegenden Angaben entstand der Eindruck, daß General Lattmanns Äußerungen in jeder Hinsicht aufrichtig waren.

Zu diesen akuten und die Führung des Bund Deutscher Offiziere bewegenden Fragen wurden *Einzelgespräche* geführt. Die kommunistischen Mitglieder des Nationalkomitees wurden gemäß ihren Weisungen nachdrücklich auf die Unzulänglichkeiten undemokratischer Methoden im Umgang mit den Generalen hingewiesen.

D. Manuilski

7. Oktober 1943, Nr. 16/s

Nachdem Manuilski und Stscherbakow die deutschen politischen Emigranten zur Ordnung gerufen hatten und die negativen Stimmungen der Generale lokalisiert worden waren, fuhr Feldmarschall Paulus in das Lager Nr. 48.

Am 14. Oktober 1943 erhielt der Leiter der UPWI das NKWD der UdSSR Generalmajor Iwan Petrow aus Iwanowo, in dessen Nähe sich das Lager befand, eine Sondermeldung:

„Am 12. und 13. Oktober informierte das Objekt die deutschen Generale über den Zweck seiner Ankunft im Lager Nr. 48 und erklärte, daß es um die Rücknahme des Dokuments vom 1. 9. 43 geht. Das jedenfalls wurde dem italienischen General Battisti am 13. Oktober direkt gesagt.

Am 13. Oktober sprach das Objekt individuell mit ihm nahestehenden Personen sowie getrennt mit zwei Gruppen deutscher Generale. Heute morgen berichtete das Objekt:

1. Ein Abschluß der Arbeit ist kaum vor Sonntag, dem 17. Oktober, zu erwarten, weil die Alten behutsam und nicht übereilt bearbeitet werden müssen.

2. Noch heute wird ein Dokument ausgearbeitet, das sowohl uns als auch beide Gruppen von Generalen zufriedenstellen wird. Über die Position von Rodenburg wurde im Objekt ‚25/W' falsch informiert. Rodenburg hat seinen Standpunkt nicht verändert.

Die Stimmung des Objekts ist optimistisch. Einzelnen Äußerungen war der Wunsch zu entnehmen, sich hier nicht besonders lange aufzuhalten und mit Oberst Adam ins Objekt ‚25/W' zurückzukehren . . ."

Unter dem im ersten, zweiten und letzten Absatz dieses Dokuments erwähnten „Objekt" ist Generalfeldmarschall Paulus und unter dem Dokument vom 1. September 1943 die kollektive Erklärung der kriegsgefangenen Generale über ihre Haltung zum Bund Deutscher Offiziere zu verstehen. Paulus war in das Lager gekommen, um die Generale zu bewegen, ihre Unterschriften zu widerrufen.

Am 16. Oktober 1943 erhielten Petrow und Melnikow folgende Meldung:

„Am 16. Oktober 1943 um 12.00 fand ein Gespräch mit dem Objekt statt.

Seine erste Frage war, ob wir die Erklärung von Sixt von Armin erhalten haben. Wir antworteten, daß uns die Erklärung bekannt sei. Auf die Frage des Objekts nach unserer Entscheidung antworteten wir, daß wir auf die Erklärung, die keinerlei Bedeutung hat, nicht reagiert hätten.

Das Objekt war über diese Entscheidung sehr erfreut und ließ uns wissen, daß die Erklärung von Armins ohne sein Wissen geschrieben worden sei. Das Objekt hat erst nach der Übergabe davon erfahren, und unsere Entscheidung komme ihm deshalb sehr entgegen.

Zur Information der Leitung teilte das Objekt mit, daß die Arbeit erfolgreich vorankommt und voraussichtlich bis zum 18. Oktober abgeschlossen wird.

Wie uns bekannt gegeben wurde, wird die am 8.9.[19..] von uns abgegebene gemeinsame Erklärung als ein gegen die Regierung der ¹⁴⁰ Sowjet-Union gerichteter Schritt angesehen.

Da keinesfalls ein solcher Schritt beabsichtigt war, ziehen wir, unbeschadet unserer Einstellung zu den Gesetzen unseres Landes, diese Erklärung gegenüber der Regierung der Sowjet-Union hiermit zurück.

Kriegsgefangenen Lager 45,
den 17. Oktober 1943

[Es folgen zahlreiche handschriftliche Unterschriften mit Rangbezeichnungen:]

Paulus
Generalfeldmarschall

Heitz
Generaloberst

Pfeffer
Gen. d. Inf.

Sixt v. Arnim
Generalleutnant

Schmidt
General d. Inf.

[...]
Generalleutnant

v. Kerstzi
Generalstabsarzt

[...]
Generalmajor

Wulz
Generalmajor

Magnus
Generalmajor

Rassoll
Generalmajor

Roske
Generalmajor

Adam
Oberst

[...]
Generalmajor

Die Rückreise nach Dubrowka ist für den 18. Oktober geplant. Die Stimmung des Objekts ist gut und optimistisch. Die im Gespräch mit Genosse Peters am Vortrag zutage getretenen Unsicherheiten sind überwunden. Heute sind in seinem Verhalten Gewißheit und Überzeugung zu verspüren, daß die Verpflichtungen, die das Objekt Genosse Melnikow gegenüber eingegangen ist, voll und ganz eingehalten werden. Nachstehend der Text der Erklärung von Armins:

Die sowjetische Regierung nimmt allem Anschein nach an, daß wir Generale am 1. September 1943 die Erklärung unter einem gewissen Druck unseres Dienstältesten Generalfeldmarschall Paulus unterschrieben haben. Es war damals faktisch sein Vorschlag, eine gemeinsame Erklärung auf die an uns ergangene Aufforderung abzugeben, dem Bund Deutscher Offiziere beizutreten. Ich dachte, daß das unsere gemeinsame Antwort sein wird, und habe einen Entwurf dieser Antwort verfaßt. Leider hat die Form dieser Antwort Mißfallen erregt. Mir lag es fern, die Maßnahmen der sowjetischen Regierung zu erörtern oder zu verurteilen. Ich habe lediglich über die Mitglieder des Bunds Deutscher Offiziere geurteilt, was ich für notwendig hielt, da ich ja die Weigerung, dem Bund beizutreten, motivieren mußte.

15. Oktober 1943   Generalleutnant Sixt von Armin

16. 10. 43   Oberst Schwez"

Es ist bemerkenswert, daß Paulus über diese Erklärung General von Armins besorgt war. Nach dem Szenario war ein kollektiver Widerruf erforderlich, da genügten von Armins Ausführungen nicht. Vielleicht befürchtete Paulus auch, daß ein weiterer Führer ins Spiel kommt, der das Denken und Handeln der Generale beeinflussen könnte? . . .

Wie dem auch sei, Feldmarschall Paulus löste das Melnikow gegebene Versprechen vorfristig ein. Am 17. Oktober unterzeichneten Generaloberst Heitz, General der Infanterie Strecker, General der Artillerie Pfeffer, Generalleutnant Sanne, Generalleutnant Deboi, Generalleutnant von Armin, Generalleutnant Rodenburg, Generalmajor von Lenski, Generalmajor Vassoll, Generalmajor Leyser, Generalmajor Magnus, Generalmajor Wulz, Generalmajor Roske, Generalstabsarzt Renoldi und Oberst Adam folgende Erklärung:

Wie uns mitgeteilt wurde, wird unsere kollektive Erklärung vom 1. September als gegen die Sowjetunion gerichtete Handlung gewertet.

Da mit unserer Handlung keinesfalls solche Absichten verfolgt wurden, nehmen wir, ohne unsere Auffassung hinsichtlich der Gesetze unserer Heimat zu revidieren, unsere an die Regierung der Sowjetunion gerichtete Erklärung zurück.

Diese Erklärung war von Paulus eigenhändig geschrieben worden, und er hat sie auch als erster unterschrieben.

Einige Tage später, am 22. Oktober 1943, erstatteten die Generale Petrow und Melnikow dem Stellvertretenden Volkskommissar des Innern der UdSSR Sergej Kruglow Bericht:

Generale und höhere Offiziere aus dem Bund Deutscher Offiziere haben sich an uns mit der Bitte gewandt, die Generale Rodenburg und von Lenski in das Objekt Nr. „15/W" zu verlegen, da sie auf den erfolgreichen Abschluß der Arbeit mit ihnen hoffen.

Da wir diesen Vorschlag für zweckmäßig halten, bitten wir um Ihre Weisungen.

Das Eis war gebrochen.

Die erste Aktion des Bunds Deutscher Offiziere zur Zersetzung der Wehrmacht war erfolgreich verlaufen. Die Opposition der Generale war gebrochen, woran die Führung der Opposition selbst aktiv mitgewirkt hatte. Darüber hinaus haben drei Generale – Schloemer, Rodenburg und von Lenski – direkt oder indirekt ihre Absicht erklärt, im „Bund" mitzuarbeiten.

Nun konnten Aufgaben von großer Tragweite in Angriff genommen werden.

2. Der Präsident des Bunds Deutscher Offiziere beginnt zu handeln

Zielrichtung Nordwestfront

Sofort nachdem Nikolai Melnikow das Reuebekenntnis der gefangenen Generale erhalten hatte, schickte er eine Sondermeldung an die Führung des NKWD der UdSSR. Darin heißt es, daß der Präsident des Bunds Deutscher Offiziere General von Seydlitz beabsichtigt, über Rundfunk einen Aufruf an die deutschen Frontkommandeure zu richten, den Befehlen Hitlers nicht länger zu folgen und die Truppen zu den deutschen Grenzen zurückzuziehen. Außerdem war noch von einer anderen Variante zur Herstellung persönlicher Kontakte zur deutschen Truppenführung die Rede: Der Bund Deutscher Offiziere delegiert eine aus fünf bis sechs Personen bestehende Gruppe von Generalen und Offizieren an die Front. Diese Delegation organisiert über die sowjetische Truppenführung, ohne öffentlich in Erscheinung zu treten, daß drei Kriegsgefangene aus letzter Zeit (ein Offizier und zwei Soldaten) zu ihrem früheren Frontabschnitt mit einem Brief zurückkehren, in dem zur Entsendung von Parlamentären für die Aufnahme von Verhandlungen aufgefordert wird. Es wurde vereinbart, daß diese Kriegsgefangenen nicht in die Einzelheiten eingeweiht werden.

Melnikow führte aus, daß General von Seydlitz die Gespräche mit den deutschen Parlamentären führen und auch einen persönlichen Brief an den Kommandeur der deutschen Heeresgruppe richten wird. Im Fall einer positiven Reaktion werden Verhandlungen über den Rückzug der deutschen Truppen zu den deutschen Grenzen geführt.

In dem Schreiben sind diese Grenzen nicht präzisiert.

Der Grund für das Schreiben Melnikows war offensichtlich der Vorschlag, den General von Seydlitz am 21. Oktober 1943 der UPWI unterbreitet hatte:

Bund Deutscher Offiziere
Der Präsident   21. 10. 43

Nachdem sich der Bund Deutscher Offiziere mit der Lage an der Nordwestfront vertraut gemacht hat, unterbreitet er folgende Vorschläge, um weiteres Blutvergießen zu vermeiden und die Ziele des Bunds Deutscher Offiziere zu verwirklichen:

1. An die Nordwestfront werden unverzüglich geschickt:

a) General der Artillerie von Seydlitz, Oberst van Hooven und eine Ordonnanz;

b) wenn möglich, außer den in Punkt a) genannten Personen noch Generalmajor Lattmann.

2. Abreise am 23. 10. 43. Dauer der Reise 10 bis 15 Tage.

3. Ziel der Reise:

a) Erkundung der Lage und der Stimmung in den deutschen Truppenteilen an der Nordwestfront, besonders in der 16. Armee (durch Befragung von Kriegsgefangenen usw.), sowie Austausch der ermittelten Fakten mit der Führung der Roten Armee;

b) Auswahl geeigneter Kriegsgefangener für die Durchführung von Propaganda und Aufklärung, die Weitergabe von Briefen usw. an deutsche Kommandeure,

4. Gegenstand der Propaganda und Inhalt der Briefe sollen folgende Punkte sein:

a) Rückzug der deutschen Truppen zu den deutschen Grenzen, nachdem die Rote Armee über diese Maßnahme in Kenntnis gesetzt wurde;

b) wenn dies nicht möglich ist – Waffenniederlegung nach Verhandlungen mit der Roten Armee;

c) in beiden Fällen soll die deutsche Truppenführung dafür sorgen, daß es zu keinen Zerstörungen kommt, Militärobjekte eingeschlossen.

5. Das Hauptziel der Reise besteht darin, Beziehungen zu den Kommandeuren der Wehrmacht herzustellen, um die unter ihrem Befehl stehenden Truppen für die Verwirklichung der Ziele und Aufgaben des Bunds Deutscher Offiziere und des „Nationalkomitees" einzusetzen.

von Seydlitz
General der Artillerie
Präsident des Bunds Deutscher Offiziere

Совершенно секретно

"УТВЕРЖДАЮ"   "СОГЛАСЕН"
НАРОДНЫЙ КОМИССАР ВНУТРЕННИХ ДЕЛ   НАЧАЛЬНИК ГЛАВНОГО ПОЛИТУПРАВЛЕНИЯ
        С о ю з а С С Р   КРАСНОЙ АРМИИ
Центральный Комиссар Госбезопасности   Генерал-полковник
        (Л.БЕРИЯ)   (ЩЕРБАКОВ)
16 октября 1943 года. Л. Берия

П Р Е Д Л О Ж Е Н И Я

О мероприятиях по обеспечению выезда президента
"Союза немецких офицеров" генерала артиллерии
фон-ЗАЙДЛИЦА на Северо-Западный фронт.

1.

1. Для проведения специальной работы по разложению войск
противника, противостоящих Северо-Западному фронту, считать
целесообразным организацию выезда на место военнопленного генерала фон-ЗАЙДЛИЦА.

2. Заместителю начальника Управления по делам о военнопленных и интернированных НКВД СССР комиссару госбезопасности
тов.МЕЛЬНИКОВУ выехать на Северо-Западный фронт, связаться с
командующим фронтом генерал-полковником т.КУРОЧКИНЫМ и совместно с последним провести следующие мероприятия:

а) Предоставить фон-ЗАЙДЛИЦ возможность произвести в при-
сутствии тов.МЕЛЬНИКОВА выборочный опрос немецких военнопленных и этим путем ознакомиться с положением в германских воин-
ских частях, противостоящих войскам Северо-Западного фронта,
особенно в 16-й немецкой армии;

б) По выяснении обстановки немецких войск на этом участке
фронта, фон-ЗАЙДЛИЦ составляет текст писем, адресованных
командующему 16-й немецкой армии генерал-полковнику БУШ и не-
которым,лично ему известным,командирам дивизий – с призывом
прекратить сопротивление частям Красной Армии, сложить оружие

81

я присоединиться к "Союзу немецких офицеров".

Тов.МЕЛЬНИКОВ, совместно с генерал-полковником т.КУРОЧКИНЫМ, просматривают составленные фон-ЗАЙДЛИЦ письма и в случае необходимости рекомендуют фон-ЗАЙДЛИЦ внести необходимые поправки;

в) Письма фон-ЗАЙДЛИЦ отправляет по назначению через опрошенных и отобранных им при участии тов.МЕЛЬНИКОВА военнопленных;

г) На основе материалов и впечатлений, полученных из бесед с немецкими военнопленными, фон-ЗАЙДЛИЦ разрабатывает текст листовки-обращения к немецким войскам, расположенным против войск Северо-Западного фронта.

Листовка должна носить антифашистский характер и отвечать задачам и целям "Союза немецких офицеров". Листовка выпускается за подписью фон-ЗАЙДЛИЦА;

Тов.тов. КУРОЧКИНУ и МЕЛЬНИКОВУ ознакомиться с текстом листовки-обращения и в случае необходимости порекомендовать фон-ЗАЙДЛИЦУ внести нужные поправки;

д) Организация печатания и распространения листовки-обращения фон-ЗАЙДЛИЦА проводится командованием Северо-Западного фронта.

II.

1. Вместе с фон-ЗАЙДЛИЦ выезжают военнопленный полковник фон-ГООВЕН и военнопленный солдат немецкой армии ординарец фон-ЗАЙДЛИЦА.

2. Выезд из Москвы состоится 24 октября с.г. с расчетом пребывания на месте не более 7 дней.

3. Ответственность за охрану генерала фон-ЗАЙДЛИЦА как в пути следования, так и за время пребывания его на Северо-Западном фронте возлагается на комиссара государственной безопасности тов.МЕЛЬНИКОВА.

Заместителю начальника Главного Управления "Смерш" НКО генерал-лейтенанту тов.БАБИЧ и начальнику войск НКВД по охране

тула Северо-Западного фронта генерал-майору тов.РОГАТИНУ ока-
зывать необходимую помощь тов.МЕЛЬНИКОВУ для осуществления
возложенных на него задач и выполнять его указания.

Ш.

Работу генерала фон-ЗАЙДЛИЦ на фронте проводить с соблю-
дением строгой конспирации и необходимой осторожности. Для чего
тов.МЕЛЬНИКОВУ организовать следующие мероприятия:

а) Ограничить круг лиц, знающих о пребывании и работе
фон-ЗАЙДЛИЦА на Северо-Западном фронте;

б) Для работы и проживания фон-ЗАЙДЛИЦ выделить отдельный
дом,изолированный от войсковых учреждений Северо-Западного
фронта;

в) Место пребывания и работу фон-ЗАЙДЛИЦ обеспечивать
надежной охраной и тщательным наблюдением;

г) Военнопленных, допускаемых к генералу фон-ЗАЙДЛИЦ для
беседы, предварительно тщательно обыскивать во избежание каких
бы то ни было эксцессов;

д) При всех переговорах фон-ЗАЙДЛИЦ с немецкими военнопленными, тов.МЕЛЬНИКОВУ присутствовать лично вместе с оператив-
ными переводчиками и по ходу переговоров принимать соответствую-
щие меры.

О ходе работы тов.МЕЛЬНИКОВУ ежедневно доносить НКВД СССР.

1У.

Заместителю Наркома Внутренних Дел СССР тов.КРУГЛОВУ организовать отправку фон-ЗАЙДЛИЦА на Северо-Западный фронт, выделить необходимые средства транспорта, охрану и обеспечить ма-
териальное снабжение в пути.

(КРУГЛОВ)
(ПЕТРОВ)
(МЕЛЬНИКОВ)

" октября 1943 года.

Es muß gesagt werden, daß Manuilski bereits am 4. Oktober 1943 Melnikow in einem Schreiben gebeten hat, umgehend persönliche Briefe von dem Bund angehörenden Generalen „zu organisieren" und sie an den Kommandeur der 9. Infanteriedivision Generalmajor Jonk, den Kommandeur des 4. Korps Generalleutnant Mitsch, den Kommandeur der 3. Gebirgsdivision Generalmajor Chevallerie, den Kommandeur der 101. Gebirgsdivision Generalmajor Vogel, den Kommandeur der 3. Infanteriedivision Generalmajor Recknagel, den Kommandeur der 336. Infanteriedivision Generalmajor Lucht und den Kommandeur der 78. Infanteriedivision Generalmajor Traut zu schicken. Unter Bezugnahme auf die Bitte der Führung der Süd- und Westfront verwies Manuilski darauf, daß in den Briefen folgende Gedanken zum Ausdruck gebracht werden sollen: Für Deutschland ist der Krieg verloren. Der einzige Ausweg besteht darin, Hitler zu entmachten und die Truppen zu den deutschen Grenzen zurückzuziehen, um den Bestand der Wehrmacht zu erhalten.

Die Führung der UPWI änderte ihre Konzeption in bezug auf die Zersetzung der Wehrmacht, und das nicht ohne Grund. Die Führung der Heeresgruppe Nord erwartete eine Großoffensive der sowjetischen Truppen und unternahm alles, um die Uneinnehmbarkeit ihrer Position zu gewährleisten. Diese sowjetische Offensive wurde tatsächlich vorbereitet, und deshalb mußten zusätzliche Maßnahmen eingeleitet werden, um die Verluste der sowjetischen Truppen möglichst gering zu halten.

General von Seydlitz, der die 12. Infanteriedivision befehligt hatte, war über diesen Frontabschnitt bestens informiert. Außerdem kannte er auch den Führer der 16. Armee Generaloberst Busch, den Führer der 18. Armee Generaloberst Lindemann und den Führer der Heeresgruppe Nord Generalfeldmarschall Küchler gut. Außerdem war von Seydlitz den Soldaten und Offizieren der 16. Armee gut bekannt – die Stoßtruppe „Seydlitz" hatte im März 1942 das umzingelte XI. Korps aus dem Demjansker Kessel befreit. Die Hilfe des Präsidenten des Bunds Deutscher Offiziere bei der Zersetzung der deutschen Truppen an diesem Frontabschnitt war daher von sehr großem Wert. Es ist nicht ausgeschlossen, daß die Initiative bei der Wahl des Orts für diese Aktion des Bunds Deutscher Offiziere von seinem Präsidenten von Seydlitz selbst ausging.

Am 26. Oktober 1943 bestätigten Lawrenti Berija und Alexander Stscherbakow die Vorschläge Melnikows, Petrows und Kruglows.

„Bestätigt"   „Einverstanden"
Volkskommissar des   Leiter der Politischen Haupt-
Innern der UdSSR   verwaltung der Roten Armee
Generalkommissar der   Generaloberst
Staatssicherheit   (Stscherbakow)
(L. Berija)
23. Oktober 1943

VORSCHLÄGE ZU MASSNAHMEN ZUR ABSICHERUNG
DER REISE DES PRÄSIDENTEN DES BUNDS DEUTSCHER
OFFIZIERE GENERAL DER ARTILLERIE VON SEYDLITZ
AN DIE NORDWESTFRONT

I.

1. Für spezielle Aufgaben zur Zersetzung der Truppen des Gegners an
der Nordwestfront wird es für zweckmäßig erachtet, eine Reise des
kriegsgefangenen Generals von Seydlitz zu diesem Abschnitt zu organisieren.

2. Der Stellvertreter des Leiters der Verwaltung für Kriegsgefangene und Internierte des NKWD der UdSSR, Kommissar der Staatssicherheit Gen. Melnikow, soll an die Nordwestfront fahren, mit dem
Befehlshaber der Front Gen. Kurotschkin Verbindung aufnehmen
und zusammen mit ihm folgende Maßnahmen durchführen:

a) von Seydlitz soll die Möglichkeit haben, in Anwesenheit des
Gen. Melnikow eine selektive Befragung von deutschen Kriegsgefangenen vorzunehmen und sich auf diese Weise mit der Lage in den
deutschen Truppenteilen, die den Truppen der Nordwestfront gegenüberstehen, vor allem in der 16. Armee, vertraut zu machen.

b) Nach der Erkundung der Lage der deutschen Truppen an diesem
Frontabschnitt verfaßt von Seydlitz an den Führer der 16. Armee Generaloberst Busch und einige ihm persönlich bekannte Divisionskommandeure gerichtete Briefe, die den Aufruf enthalten, den Widerstand gegen die Truppen der Roten Armee einzustellen, die
Waffen niederzulegen und sich dem Bund Deutscher Offiziere anzuschließen.

Gen. Melnikow überprüft gemeinsam mit Generaloberst Gen. Kurotschkin den Text der Briefe und empfiehlt von Seydlitz erforderlichenfalls notwendige Änderungen.

c) Auf der Grundlage der Materialien und der Eindrücke aus den Gesprächen mit deutschen Kriegsgefangenen verfaßt von Seydlitz ein Flugblatt für die deutschen Truppen, die den Truppen der Nordwestfront gegenüberstehen. Das Flugblatt soll antifaschistischen Charakter haben und den Aufgaben und Zielen des Bunds Deutscher Offiziere entsprechen. Das Flugblatt trägt die Unterschrift des Generals von Seydlitz.

d) Die Genossen Kurotschkin und Melnikow machen sich mit dem Text des Flugblatts vertraut und empfehlen von Seydlitz erforderlichenfalls notwendige Änderungen.

e) Druck und Verbreitung des Flugblatts werden von der Führung der Nordwestfront organisiert.

II.

1. Gemeinsam mit von Seydlitz reisen der kriegsgefangene Oberst van Hooven und ein kriegsgefangener Soldat der Wehrmacht als Ordonnanz des Generals von Seydlitz. Die Abreise aus Moskau erfolgt am 24. Oktober d. J., der Aufenthalt dauert voraussichtlich höchstens 7 Tage.

2. Die Verantwortung für die Sicherheit des Generals von Seydlitz sowohl während der Reise als auch während des Aufenthalts an der Nordwestfront trägt der Kommissar der Staatssicherheit Gen. Melnikow.

Der Stellvertreter des Leiters der Hauptverwaltung SMERSCH des Volkskommissariats für Verteidigung Generalleutnant Gen. Babitsch und der Leiter der Truppen des NKWD für den Schutz des Hinterlands der Nordwestfront Generalmajor Gen. Rogatin sollen Gen. Melnikow bei der Erfüllung der ihm übertragenen Aufgaben die erforderliche Unterstützung gewähren und seine Weisungen erfüllen.

III.

Die Tätigkeit des Generals von Seydlitz erfolgt unter Einhaltung strikter Konspiration und erforderlicher Vorsicht. Zu diesem Zweck hat Gen. Melnikow folgendes sicherzustellen:

a) Beschränkung des Kreises der Personen, die vom Aufenthalt und der Tätigkeit des Generals von Seydlitz an der Nordwestfront Kenntnis haben.

b) Für die Tätigkeit und den Aufenthalt des Generals von Seydlitz ist ein gesondertes Haus, das von den Truppeneinrichtungen der Nordwestfront isoliert ist, bereitzustellen.

c) Der Aufenthaltsort und die Tätigkeit des Generals von Seydlitz sind durch zuverlässigen Schutz und sorgfältige Überwachung abzusichern.

d) Die Kriegsgefangenen, die zu Gesprächen mit General von Seydlitz hinzugezogen werden, sind vorher sorgfältig zu durchsuchen, um mögliche Exzesse zu vermeiden.

e) An allen Gesprächen des Generals von Seydlitz mit deutschen Kriegsgefangenen sollen Gen. Melnikow und operative Übersetzer teilnehmen und während des Gesprächs entsprechende Maßnahmen ergreifen.

Über den Verlauf der Mission hat Gen. Melnikow dem NKWD der UdSSR täglich zu berichten.

IV.

Der Stellvertreter des Volkskommissars des Innern der UdSSR Gen. Kruglow soll die Entsendung des Generals von Seydlitz an die Nordwestfront organisieren, die erforderlichen Transportmittel, den Schutz und die materielle Versorgung unterwegs gewährleisten.

(Kruglow)
(Petrow)
(Melnikow)
23. Oktober 1943

Doch bereits vor der Bestätigung dieses Dokuments waren von Seydlitz und seine Begleiter im Dorf Igoschewo (Rayon Demjansk) eingetroffen. Die Zeit war kostbar.

Streng geheim

Volkskommissar des Innern der UdSSR
Genossen L.P. Berija
Am 25. Oktober d. J. um 12 Uhr traf der Kommissar des Staatssicherheit Gen. Melnikow mit von Seydlitz im Dorf Igoschewo (Rayon Demjansk) ein.
Am 26. Oktober vernahmen von Seydlitz und Gen. Melnikow zwei deutsche Gefreite, die am 17. Oktober d. J. in Gefangenschaft

geraten waren. Beide Kriegsgefangenen gaben ausführlich Auskunft über die schwere Lage in Deutschland und in der Wehrmacht sowie über die schlimmen Folgen der Bombenangriffe auf Westdeutschland. Die Kriegsgefangenen dienten von 1941–1942 in der 8. Infanteriedivision, die zum Korps des Generals von Seydlitz gehörte. Da es am Dislozierungsort des Gen. Melnikow keine neuen Kriegsgefangenen (außer den beiden erwähnten Gefreiten) gab, forderte Gen. Melnikow 15 neue Kriegsgefangene aus dem Lager Nr. 270 in Borowitschi an.

Am 27. Oktober stellte die Aufklärungsabteilung der Nordwestfront zwei Gruppen von Kriegsgefangenen (je 3 Personen) zur Verfügung, die auf eine Entsendung ins Hinterland des Gegners vorbereitet worden waren. Beide Gruppen werden von Gen. Melnikow und General von Seydlitz mit Aufträgen hinter die Frontlinie geschickt.

Auf der Grundlage von Auskünften der Aufklärungsabteilung der Nordwestfront über deutsche Divisionen, die der Nordwestfront gegenüberstehen, werden Briefe an Divisionskommandeure, die von Seydlitz bekannt sind, verfaßt.

Dies geschieht in gemeinsamer Arbeit.

(Kruglow)

27. Oktober 1943

Zwei Obergefreite – Zobel und Kretschmar – beantworteten die Fragen des Generals von Seydlitz. Sie waren auf die Seite der Russen übergelaufen, weil sie nicht für die Naziregierung kämpfen wollten. Auf die Frage, was man in der Heimat über die Niederlage bei Stalingrad redet, antworteten sie: Nichts, nach drei Tagen Trauer waren die Gespräche darüber praktisch verstummt. Und vom Nationalkomitee „Freies Deutschland" hat an der Front niemand etwas gehört . . .

Am 27. Oktober traf sich von Seydlitz mit einer Gruppe deutscher Kriegsgefangener, die ins Hinterland der Wehrmacht geschickt werden sollten. Anfangs fand das Gespräch im kleinen Kreis unter Beteiligung des sowjetischen Hauptmanns Beidin, des Obersten van Hooven und des deutschen Antifaschisten Otto Braig statt. Nachstehend die von Hauptmann Beidin angefertigte Niederschrift des Gesprächs, die in einem Moskauer Archiv aufbewahrt wird.

SEYDLITZ: Herr Braig, wird Ihre Gruppe im Namen des Nationalkomitees „Freies Deutschland" arbeiten oder erfüllen Sie einen Auftrag der Führung der Roten Armee?

BRAIG: Die ganze Gruppe wird im Namen des Nationalkomitees

arbeiten. Unsere Aufgabe besteht darin, die Grundthesen des Komitees und des Bunds Deutscher Offiziere unter den deutschen Soldaten hinter der Frontlinie zu propagieren.

SEYDLITZ: Wurde die Gruppe von Herrn Krummel oder der Führung der Roten Armee gebildet?

BRAIG: Die Gruppe wurde vom Vertreter des Nationalkomitees Herrn Krummel zusammengestellt. Er hat die Gruppe auch auf die bevorstehende Arbeit vorbereitet.

VAN HOOVEN: Haben die Mitglieder der Gruppe selbst den Wunsch geäußert, im Hinterland der Wehrmacht zu arbeiten, oder hat man sie zu dieser Arbeit genötigt?

BRAIG: Die ganze Gruppe besteht aus Freiwilligen.

SEYDLITZ: Wie stellen Sie sich die Arbeit im Hinterland vor?

BRAIG: Unsere Aufgabe besteht darin, den deutschen Soldaten die Existenz des Nationalkomitees „Freies Deutschland" und des Bunds Deutscher Offiziere und deren Aufgaben zu erklären. Dazu wollen wir Flugblätter verteilen und mit deutschen Soldaten sprechen.

VAN HOOVEN: Können Sie sich ohne Lebensgefahr im Hinterland der Wehrmacht frei bewegen und dort arbeiten?

BRAIG: Das Nationalkomitee genießt die umfassende Unterstützung der sowjetischen Regierung. Bei unserer Arbeit werden wir Verbindung zu russischen Partisanen halten, über die wir Lebensmittel, Propagandamaterial und die erforderlichen Dokumente erhalten werden.

SEYDLITZ: Wie wird die Verbindung zu den Partisanen hergestellt, Herr Beidin?

BEIDIN: Die Verbindung der Gruppe des Herrn Braig zu den Partisanen wird über mich als Vertreter der Partisanenabteilungen erfolgen. Ich habe die Aufgabe, der Gruppe bei ihrer Arbeit im Hinterland zu helfen, d. h. die freie Bewegung in der Zone der Kampfhandlungen der Partisanen zu gewährleisten, sowie die Gruppe mit Lebensmitteln, Dokumenten und allen Propagandamaterialien zu versorgen.

VAN HOOVEN: Können Sie Vordrucke aller erforderlichen Dokumente beschaffen?

BEIDIN: Die Gruppe wird mit allen notwendigen Dokumenten ausgestattet.

VAN HOOVEN: Ist das Einsatzgebiet der Gruppe das nahe oder das tiefe Hinterland?

BRAIG: Die Gruppe wird im tiefen Hinterland, im Gebiet der Hauptverbindungslinien der deutschen Truppen, arbeiten.

SEYDLITZ: Es wäre nicht schlecht, wenn Sie zu den Städten vordringen könnten, in denen die Soldaten und Offiziere der Wehrmacht weitgehend konzentriert sind, dort Kader für die Propagierung des Manifests des Nationalkomitees werben und Flugblätter des Nationalkomitees verbreiten würden.

BRAIG: Diese Form der Arbeit ist eine der Hauptaufgaben der Gruppe.

SEYDLITZ: Wie wichtig Ihre Aufgabe ist, Herr Braig, wird dadurch belegt, daß den beiden letzten Überläufern die Existenz des Nationalkomitees und des Bunds Deutscher Offiziere völlig unbekannt ist.

VAN HOOVEN: Meiner Meinung nach ist das Verhalten der beiden Überläufer falsch. Unsere Aufgabe besteht darin, in der Wehrmacht Organisationen zur Bekämpfung des Faschismus, für die schnellstmögliche Beendigung des Kriegs und die Rückkehr der Armee in die Heimat zu schaffen. Unsere Propaganda soll in der Richtung gehen, daß ein freies Deutschland nur dann geschaffen werden kann, wenn die Soldaten und Offiziere mit vereinten Kräften gegen das Hitler-Regime auftreten und die Armee unter dem Druck der Masse der Soldaten und Offiziere in die Heimat zurückgeführt wird.

Sie müssen erklären, daß das Nationalkomitee auf der Grundlage der Vereinigung von Vertretern aller politischen Parteien und deutscher Offiziere gegründet wurde. Die künftige Regierung Deutschlands wird auf der gleichen Grundlage gebildet werden. Sie wird eine wirklich demokratische Regierung sein, die sich auf das ganze deutsche Volk stützt. Von der Herrschaft einer Partei kann in der ersten Etappe des Wiederaufbaus des demokratischen Deutschlands nicht die Rede sein. Diese Partei wäre zum Scheitern verurteilt.

Sie müssen den Soldaten auch erklären, daß das Nationalkomitee in der Sowjetunion vollkommen frei und ohne jeglichen Druck seitens der Sowjets arbeitet, daß die Sowjetunion ebenfalls an der Erhaltung der Unabhängigkeit Deutschlands interessiert ist.

SEYDLITZ: Auf welche Weise wird die Gruppe in das Hinterland gebracht?

BEIDIN: Die Gruppe wird mit Fallschirmen im Aktionsgebiet von Partisaneneinheiten abspringen, die rechtzeitig verständigt werden, daß eine Gruppe deutscher Antifaschisten, Vertreter des Nationalkomitees „Freies Deutschland", abgesetzt wird.

VAN HOOVEN: Welches Propagandamaterial haben Sie, Herr Braig?

BRAIG: Der Vertreter des Nationalkomitees Gefreiter Herr Krummel hat uns mit den wichtigsten Flugblättern des Nationalkomitees und des Bunds Deutscher Offiziere versorgt.

VAN HOOVEN: Meiner Meinung nach sollten die wichtigsten Propagandaschriften das Manifest des Nationalkomitees, der Aufruf des Offizierbunds an die Generale, Offiziere und Soldaten der Wehrmacht und an das deutsche Volk, die Rede des Generals von Seydlitz auf der Gründungskonferenz des Bunds Deutscher Offiziere, die Reden von General Lattmann und Oberst van Hooven und das von General von Seydlitz unterzeichnete Flugblatt an die zuvor von ihm befehligte Division sein.

BRAIG: Herr General, an diesem Frontabschnitt befinden sich viele Offiziere und Generale, die Sie gut kennen. Wenn Sie einem von ihnen einen Brief schreiben, könnte ich ihn persönlich überbringen.

SEYDLITZ: Ich hoffe, die Verbindung zu Offizieren an diesem Frontabschnitt über russische Partisanen herstellen zu können. Aber viele mir bekannte Offiziere wurden entweder von dieser Front abgezogen oder sind gefallen, so daß diese Frage in der ersten Etappe Ihrer Arbeit keine Rolle spielt. Wenn es Ihnen gelingt, Verbindung zu Offizieren aufzunehmen, dann kann ich Ihnen im nachhinein meine Briefe zukommen lassen. Jetzt aber geht es darum, nicht nur Soldaten, sondern auch Offiziere für die Arbeit für das Nationalkomitee zu gewinnen.

VAN HOOVEN: Ich meine, daß Sie für die erfolgreiche Verbreitung der Hauptthesen des Nationalkomitees Verbindung zu an die Front zurückkehrenden Urlaubern herstellen sollten, die die Aufgaben des Nationalkomitees propagieren können.

SEYDLITZ: Wann soll die Gruppe abreisen?

BEIDIN: In drei bis vier Tagen.

SEYDLITZ: Hat die Gruppe Karten des Geländes, in dem sie handeln wird?

BEIDIN: Die Gruppe ist mit Karten ausgerüstet.

Danach beschäftigten sich General von Seydlitz und Oberst van Hooven ausführlich mit allen Mitgliedern der Gruppe. Seydlitz unterhielt sich sehr lange mit dem Antifaschisten Johann, der unter seinem Befehl am Durchbruchkampf zur Befreiung der Demjansker Gruppierung aus der Umzingelung teilgenommen hatte.

Seydlitz ging ausführlich auf den Verlauf der Kämpfe im März/ April 1942 ein und erklärte, daß die Verluste der Wehrmacht gewaltig waren und die eingekesselten Soldaten schreckliche Entbehrungen erleiden mußten. Dann berichtete von Seydlitz der Gruppe ausführlich über die Niederlage der Wehrmacht bei Stalingrad, über die Verluste an Personal und Technik und über den Hunger der bei Stalingrad eingekesselten Soldaten und Offiziere.

Die Geschichte wird offenbaren, wer am Tod der 200 000 Soldaten schuld ist. Das freie Deutschland wird alle Schuldigen an diesem Verbrechen zur Rechenschaft ziehen, sagte von Seydlitz.

Am Schluß des Gesprächs erklärte Seydlitz: Nach dem Krieg wird das freie demokratische Deutschland seine zerstörten Städte und die Industrie neu aufbauen und, was die Hauptsache ist, sehr freundschaftliche Beziehungen zu Sowjetrußland herstellen, ohne die Deutschland nicht erblühen kann.

SEYDLITZ: Über die Arbeit der Gruppe habe ich mit Herrn Braig gesprochen. Ich habe ihm einige Ratschläge gegeben, mit denen er Sie vertraut machen wird.

Am nächsten Tag fand erneut ein Treffen des Präsidenten des Bunds Deutscher Offiziere mit dieser Gruppe von Kriegsgefangenen statt.

SEYDLITZ: Sind Sie sich der Bedeutung Ihrer Aufgabe bewußt, den deutschen Soldaten die Wahrheit über die faktische militärpolitische Lage des deutschen Volkes zu sagen?

ANTWORT: Wir sind uns dessen bewußt.

SEYDLITZ: Haben Sie Ihre Zustimmung freiwillig gegeben?

ANTWORT: Ja.

SEYDLITZ: In welcher Form wollen Sie die Aufgabe erfüllen? Hiermit meine ich in Gruppen oder einzeln.

HUBER: In Form einer Dreiergruppe und einer Zweiergruppe.

SEYDLITZ: Wie stellen Sie sich die Erfüllung der Aufgabe vor?

HUBER: Wir werden in deutscher Uniform, mit Soldbuch und entsprechendem Befehl versehen, so nahe wie möglich an die vorderste deutsche Linie gebracht. Man informiert uns über den Aufbau der deutschen Linie, soweit man davon Kenntnis hat, über Stellungen, Erdhütten, Minenfelder usw. Danach müssen wir nach eigenem Ermessen handeln und uns zu irgendeiner Landstraße im Hinterland der Deutschen durchschlagen.

SEYDLITZ: Dann beginnt natürlich der Hauptteil der Aufgabe. Worin besteht er?

HUBER: Unsere Aufgabe besteht darin, an die deutschen Soldaten Propagandaschriften zu verteilen, die die deutschen Soldaten über die Existenz des Nationalkomitees „Freies Deutschland" und über seine Ziele informieren. Die beste Methode ist, diese Flugblätter in Fahrzeug- und Transportkolonnen zu verbreiten.

SEYDLITZ: Richtig. Sie müssen vor allem versuchen, Fahrzeuge auszuwählen, die in Richtung Front fahren. Sie sind leicht vor Lebensmitteldepots, Krankenhäusern und Bahnhöfen zu finden. Nehmen Sie Flugblätter mit konkreten Weisungen mit, z. B. das „Manifest des Nationalkomitees" über die Gründung des Bunds Deutscher Offiziere, das Flugblatt mit dem Aufruf des Bunds Deutscher Offiziere usw. Knüpfen Sie vorsichtig Gespräche mit Soldaten über die Beendigung des Kriegs und andere Themen an und gehen Sie dann, je nach der Reaktion, zur Propaganda über. Meiden Sie möglichst Patrouillen und, wenn sich das nicht vermeiden läßt, antworten Sie korrekt. Wie steht es mit der Verpflegung? Erhalten Sie Marschverpflegung oder werden Sie dort versorgt?

HUBER: Fürs erste nehmen wir etwas mit. Danach haben wir die Möglichkeit, uns aufgrund des Marschbefehls in deutschen Truppenteilen zu versorgen.

SEYDLITZ: Das ist gut. Sie halten sich also vorwiegend dort auf, wo Soldaten konzentriert sind. Es ist sicherer, Sanitäts- und Evakuierungspunkte, Zahnärzte, Bahnhöfe usw. anzusteuern. Haben Sie Waffen?

HUBER: Jawohl, Herr General. Karabiner, Seitengewehre und Handgranaten.

SEYDLITZ: Wie kommen Sie zurück?

HUBER: Wir haben Karte und Kompaß und werden an einer vereinbarten Stelle erneut die deutsche Verteidigungslinie überschreiten.

SEYDLITZ: Immerhin ist das eine ziemlich gefährliche Aufgabe, doch läßt sich bei gewisser Vorsicht jede Gefahr umgehen.

Nach General von Seydlitz sprach Oberst van Hooven:

Uns nützt es wenig, wenn täglich etwa tausend Soldaten zur Roten Armee überlaufen. Angesichts der Personalstärke der Wehrmacht beeinträchtigt das die Schlagkraft Hitlers kaum. Daher ist es wichtig, daß alle deutschen Soldaten, die den gefährlichen Wahnsinn dieses Hitlerkriegs erkannt haben, genau über die wirkliche Sachlage informiert werden. Sie müssen Instruktionen erhalten, wie sie sich ihren Kameraden gegenüber verhalten sollen. Ihre Aufgabe ist es, diese Menschen zu finden und über die Methoden des Einzelkampfes gegen das Hitlerregime zu instruieren. Wer überzeugt ist, wird zehn andere überzeugen können. Diese zehn werden dann Hunderte überzeugen, schließlich werden Tausende erfaßt und die Bewegung wird immer mächtiger. Es gilt, der Ermordung von Zivilisten, dem Anzünden von Häusern uw., wodurch die Schuld des deutschen Volkes von Tag zu Tag größer wird, entgegenzutreten.

Aber ein Soldat, der erkannt hat, daß er durch seine Handlungen an der Front und in der Wehrmacht generell nur sinnlos Menschen umbringt und Kulturgüter zerstört, aber dennoch unter seinen Kameraden nicht im Sinne der Antikriegsbewegung wirksam werden kann, sollte besser zu uns überwechseln, um hier seine Weisungen entgegenzunehmen und von hier aus entsprechend seinen Fähigkeiten zu arbeiten.

Mit dieser Aufgabe werden Sie zu den deutschen Soldaten geschickt. Sie ist es wert, daß man dafür sein Leben aufs Spiel setzt.

Antifaschistische Schule an der Front

Das Arbeitsprogramm war sehr intensiv. Am 29. Oktober trafen sich von Seydlitz und van Hooven mit dem Beauftragten des Nationalkomitees „Freies Deutschland" für die Nordwestfront, Gefreiten Emil Krummel, der bereits am 14. Juli 1941 bei Kischinjow auf die Seite der Roten Armee übergewechselt war. Krummel berichtete, daß die deutschen Soldaten einigen Anzeichen nach zu urteilen seine Propagandasendungen aufmerksam verfolgen. Zumindest wurde nicht auf ihn geschossen, als er bei Staraja Russa in vorderster Linie über Lautsprecher zu ihnen sprach.

Als er jedoch neue Kriegsgefangene befragte, erklärten sie, seine Sendung niemals gehört zu haben und das Nationalkomitee „Freies Deutschland" für sie kein Begriff sei. In einem Fall hatte aber ein Überläufer verlangt, sofort Krummel treffen zu können.

Der Beauftragte des Nationalkomitees äußerte sich sehr herzlich über die Vertreter der sowjetischen Führung, die ihm bei seiner Arbeit halfen – den Leiter der 7. Abteilung der Politischen Verwaltung der Front Oberstleutnant Dubrowizki und seinen Stellvertreter Major Lew Kopelew. Diese hatten dafür gesorgt, daß sich 17 deutsche Kriegsgefangene in vorderster Front mit Aufrufen an die deutschen Soldaten wenden konnten, indem sie ihnen Lautsprecheranlagen, Transportmittel usw. zur Verfügung stellten. Dann kam das Gespräch auf die fünf kriegsgefangenen deutschen Soldaten, die ins deutsche Hinterland geschickt werden sollten.

SEYDLITZ: Ich denke, daß die fünf Leute noch eine gewisse Einweisung erhalten müssen. Sie müssen besonders gut mit Waffen, Dokumenten, deutscher Bekleidung und Ausrüstung versehen werden. Welche Dokumente gibt man ihnen?

KRUMMEL: Soldbücher von Personen, die schon länger in Kriegsgefangenschaft sind.

SEYDLITZ: Lassen sich vielleicht aus erbeuteten Beständen Stempel und Siegel beschaffen?

STERN: Herr General, Sie können sich darauf verlassen, daß alles Erforderliche beschafft wird. Außerdem wird ein Experte für die Fertigung von Gummistempeln aller Art hinzugezogen.

KRUMMEL: Herr General, solche Stempel und Siegel sind auch für die Post wichtig. Wie Sie bereits wissen, Herr General, beabsichtige ich, Leute in die Heimat zu schicken, damit sie von dort Briefe an die Front senden, und die Absendung von Briefen von der Front in die Heimat organisieren. Dieser Briefwechsel soll im Sinne des Nationalkomitees erfolgen.

VAN HOOVEN: Wie soll das vor sich gehen?

KRUMMEL: Die Personen reisen nach Deutschland, nehmen umfangreiches Propagandamaterial mit und versenden von dort Briefe an entsprechende Feldpostnummern sowie an Adressen innerhalb des Landes. Sie werden auch versuchen, mit diesen Adressaten persönlich Verbindung aufzunehmen.

VAN HOOVEN: Wozu diese ganze Arbeit? Wenn Sie Stempel und Siegel haben, brauchen diese Leute überhaupt nicht nach Deutschland zu reisen. Die Briefe mit den entsprechenden Stempeln können in Briefkästen unmittelbar in Frontnähe eingeworfen werden. In die Umschläge werden Flugblätter mit einem Vermerk gesteckt, daß der Absender das Nationalkomitee „Freies Deutschland" ist, damit der Empfänger keine Befragungen nach dem Absender über sich ergehen lassen muß. Diese Art von Propaganda ist außerordentlich wichtig. Eine Familie, eine Frau braucht nur ein solches Flugblatt zu erhalten, schon wird sie ihrer vertrauenswürdigen Nachbarin unbedingt davon erzählen. Dadurch entsteht „Flüsterpropaganda", die zweifellos gewaltige Ausmaße annehmen wird. Zensurmaßnahmen sind in solchen Fällen unmöglich, es sei denn, jegliche Postverbindung zwischen Front und Hinterland wird unterbrochen. Was sind das für Leute, die für diese Aufgaben gewonnen werden sollen?

KRUMMEL: Es handelt sich um deutsche Kriegsgefangene, die in kleinen Gruppen über die Front geschickt werden. Herr General, halten Sie es für angebracht, diese Gruppen zu verstärken, damit sie sich notfalls verteidigen können?

SEYDLITZ: Natürlich, Herr Krummel, je mehr, um so besser. Aber es müssen verläßliche Leute sein. Lieber einen guten Mann, als zehn schlechte oder fünf mittelmäßige. Die Leute müssen bereit sein, allen Methoden der Gegenpropaganda zu widerstehen, auch der Gestapo und der SS.

KRUMMEL: Ich möchte Herrn General bitten, wenn er es für möglich hält, einige Flugblätter an die ihm früher unterstellten Divisionen zu verfassen.

SEYDLITZ: Sehr gern,

VAN HOOVEN: Wäre es nicht besser, von diesen Flugblättern noch abzusehen, denn die Briefe des Herrn Generals richten sich an die Kommandeure der Wehrmacht, während die Propaganda eigentlich das Ziel verfolgt, den Adressaten langsam, Schritt für Schritt zu beeinflussen.

KRUMMEL: Das steht der Verbreitung der Flugblätter des Generals keinesfalls im Weg. Diese Flugblätter beziehen sich auf Angaben über den vorbereiteten Rückzug der deutschen Truppen am nördlichen Frontabschnitt und verweisen auf mögliche Folgen dieses Rückzugs für die deutschen Soldaten. Es wäre auch gut, wenn Herr General einige Schallplatten besprechen würde.

SEYDLITZ: Sehr gern.

VAN HOOVEN: Für wie lange sind Sie hierher abkommandiert? Gibt es in dieser Hinsicht irgendwelche Weisungen des Nationalkomitees?

SEYDLITZ: Ich meine, daß es am vernünftigsten wäre, wenn sich Beauftragte, die sich mit den örtlichen Bedingungen vertraut gemacht haben, ständig an den entsprechenden Frontabschnitten aufhalten.

Beim Abschied sagte General von Seydlitz zu Krummel, daß die Führung solcher Gruppen deutschen Offizieren übertragen werden sollte, zumal geeignete Kader ausreichend vorhanden sind. (Die Niederschrift des Gesprächs besorgte E. Krummel, die Übersetzung ins Russische – Major Lew Kopelew, 1943 – L.R.)

Am 31. Oktober trafen General von Seydlitz und Oberst van Hooven im Dorf Borok, Rayon Demjansk, ein, in dem die Antifaschistische Schule der Politischen Hauptverwaltung der Nordwestfront disloziert wird. Nachdem die Absolventen den antifaschistischen Schwur gesprochen hatten, fand eine feierliche Versammlung statt. Unter den Gästen waren neun sowjetische Offiziere – Mitarbeiter der Politischen Verwaltung der Front, des Sicherheitsorgans SMERSCH und des NKWD der UdSSR. Im Präsidium saßen der Leiter der Politischen Verwaltung Generalmajor Okorokow, Kommissar der Staatssicherheit Melnikow, Oberstleutnant Dubrowizki, General der Artillerie von Seydlitz, Oberst van Hooven, Gefreiter Krummel und der Mitarbeiter der UPWI Stern.

Die Versammlung wurde vom Schulleiter Leutnant Eder eröffnet. Nach den Ansprachen Krummels und des Schülersprechers Olafson nahm Major Kopelew das Wort, der zu den Lehrkräften der Schule gehörte.

Nachdem Major Kopelew einen Hochruf auf den großen Führer und Lehrer Genossen Stalin ausgebracht und die militärpolitische Lage eingeschätzt hatte, sagte er:

. . . Im deutschen Volk und in der Wehrmacht sind Kräfte des Befreiungskampfes entstanden. Die besten Söhne des deutschen Volkes vereinigen sich zur Rettung Deutschlands, zum Sturz der Hitlertyrannei, zur Verhinderung der drohenden Katastrophe. Es ist keineswegs ein Zufall, daß der erste organisatorische Zusammenschluß neuer Kämpfer für die deutsche Freiheit auf dem Territorium der Sowjetunion, die gegen Deutschland kämpft, erfolgt.

Unsere edle Weltanschauung, die uns in der Großen Sozialistischen Oktoberrevolution vor 26 Jahren leitete, die uns in den Jahren friedlicher Arbeit führte und uns auch in diesem Krieg mit Zuversicht erfüllt, diese auf hohem und echtem Humanismus beruhende Weltanschauung gestattet uns, trotz des natürlichen Haßgefühls unseren gestrigen Gegnern die Bruderhand zu reichen, die den Mut aufgebracht haben, den verbrecherischen Charakter dieses Kriegs zu erkennen und gegen die Kriegstreiber – Hitler und seine Bande – vorzugehen.

Aus diesem Grund fand Ihre Schule, die vom Nationalkomitee gegründet wurde und im Geist seiner Ideen wirkt, derart effektive und uneigennützige Unterstützung durch uns sowjetische Soldaten.

Wir begrüßen Sie herzlich als unsere Waffenbrüder, als Kameraden im gemeinsamen Kampf gegen den gemeinsamen Feind, für die wahren Interessen des deutschen und des russischen Volks. Ich bin kein Diplomat, ich bin Soldat, deshalb kann ich sagen, daß diese Interessen übereinstimmen. Das ist jetzt jedem klar. In diesem Krieg vergießen unsere beiden Völker das meiste Blut, erleiden unsere beiden Länder die meisten Entbehrungen. Deshalb sind die Fortsetzung dieses Kriegs und seine verbrecherische Verlängerung in erster Linie für unsere Völker so belastend. Rußland bringt Opfer für einen Sieg, der bereits feststeht, während Deutschland Blut für die zur Katastrophe führende unvermeidliche Niederlage vergießt. Doch wir sind so wenig wie Sie an der Katastrophe Deutschlands interessiert. Und zwar nicht nur, weil das unserer Weltanschauung und den historischen Traditionen des edlen russischen Volks entspricht. Das verlangen vielmehr auch die realen politischen Interessen unserer Völker. Bismarck hat das sehr gut verstanden. Das verstehen auch die besten Vertreter Deutschlands, die sich in der Bewegung „Freies Deutschland" zusammengeschlossen haben.

Heute schließen Sie sich als aktive Kämpfer dieser Befreiungsbewegung an. Die Jahre werden vergehen, und Sie werden sich stolz an diesen Wendepunkt in Ihrem Leben erinnern. Mit vollem Recht können Sie dann die stolzen Worte des deutschen Dichters und Freiheitsritters Ulrich von Hutten wiederholen: „Ich habe es gewagt."

Heute sind Sie noch wenige, aber Ihr edler Kampf wird zweifellos breiteste Schichten des deutschen Volks und der Wehrmacht erfassen. Auch gegenwärtig sind Sie nicht allein, Ihnen voran gehen die besten und würdigsten Söhne des deutschen Volks. Sie werden von einem Mann geführt, der die besten Tugenden des deutschen Soldaten und preußischen Offiziers verkörpert – General von Seydlitz, dessen ehrwürdiger, vom stolzen Rum der Vorfahren kündender Name im neuen und, ich möchte sagen, noch bedeutsameren historischen Ruhm erstrahlt, der den Weg Ihres Kampfes erhellt.

In dem bevorstehenden großen Kampf sind wir und Sie Waffenbrüder und Kampfgefährten. Treue für Treue! Tapferkeit, Mut und Ausdauer! Der Sieg wird unser sein! . . .

Lew Kopelew glaubte aufrichtig an das, was er sagte. Er blieb seinen Überzeugungen sowohl im Gefängnis als auch in der „Scharaschka" (Sondergefängnis des NKWD) treu, wo er zusammen mit anderen inhaftierten Russen, Deutschen, Polen und Esten an der Entwicklung von operativer Technik für die Staatssicherheitsorgane arbeitete. Seine Waffe im Kampf gegen den Faschismus war die Propaganda . . .

Nach Major Kopelew sprach General von Seydlitz:

Ich danke vor allem und aus tiefstem Herzen der Führung der Roten Armee, die es mir ermöglicht hat, bei Ihnen zu sein. Erstmals habe ich Gelegenheit, mit gleichgesinnten deutschen Soldaten zusammenzutreffen. Ich bin aufrichtig bewegt und gerührt von allen diesen Erlebnissen.

Aus tiefstem Herzen danke ich den Generalen und Offizieren der Roten Armee, die die Gründung dieser Schule erlaubt und ihre Existenz gewährleistet haben, sowie den Lehrkräften der Schule. Ich nutze die Gelegenheit, um auch allen Lehrkräften in Person des hier anwesenden Herrn Achammer für die geleistete ausgezeichnete Arbeit zu danken.

Nachdem ich alle Einzelheiten über die bemerkenswerte Arbeit des Beauftragten des Nationalkomitees, des hier anwesenden Herrn Krummel, erfahren habe, der ebenfalls einen unmittelbaren und effektiven Anteil an der Arbeit der Schule hat, kann ich mich des Gefühls der Befriedigung nicht erwehren. Ich bin Herrn Krummel aufrichtig dankbar.

Meine Kameraden, Ihnen steht ein schwerer Kampf bevor. Ich halte die Arbeit, die an dieser Schule geleistet wurde, für sehr wichtig. Aber ich meine, daß letztendlich nicht gewisse theoretische Lücken, sondern vor allem der Charakter, der Wille zum Kampf und zum Sieg ausschlaggebend sein werden. Wir haben es mit einem starken und grausamen Gegner zu tun. Das Schwierigste steht uns noch bevor. Jeder muß bereit sein, in diesem Kampf alles zu geben und erforderlichenfalls auch sein Leben aufs Spiel zu setzen. Wir müssen uns in unserem Kampf auf harte und gnadenlose Schlachten vorbereiten, denn die Tyrannei Hitlers läßt sich nicht allein durch Reden, durch Propaganda stürzen. Wir werden kämpfen und, wenn es sein muß, auf die Barrikaden gehen, um unser Ziel zu erreichen – die Befreiung unserer

Heimat und unseres Volks von der schändlichen Hitlertyrannei. Das verlangt eiserne soldatische Disziplin und Entschlossenheit, Entbehrungen zu ertragen und Opfer zu bringen.

Über die Ziele unserer Befreiungsbewegung haben hier bereits meine Vorredner gesprochen, und besonders treffende Worte fand Herr Major Kopelew. Ja, die Hitlertyrannei ist in ihrem abscheulichen Wesen, ihrer Grausamkeit und Verlogenheit, die sich auf allen Gebieten zeigt, wirklich beispiellos. Doch wie stark, wie grausam und wie anmaßend die Hitlertyrannei auch ist, ihr muß, wie jeder Tyrannei, ein Ende bereitet werden. Jede Tyrannei hat ihre Grenzen. Eine Garantie hierfür sind für uns die freiheitsliebenden Traditionen unseres Volkes und das große Vermächtnis der besten Denker und Freiheitskämpfer der Vergangenheit, die den wahren Geist Deutschlands verkörpern und mit der Hitlertyrannei unvereinbar sind.

Das Fortbestehen des Hitlersystems ist für das deutsche Volk einfach verhängnisvoll. Als die Hitlerschergen mit verbrecherischem und abenteuerlichem Leichtsinn diesen schicksalhaften, schrecklichen Krieg begannen, haben sie das weise Vermächtnis Bismarcks mißachtet, daß die beiden großen Völker – die Deutschen und die Russen – in Freundschaft leben müssen. Damit haben sie Deutschlands Existenz aufs Spiel gesetzt.

Unsere Aufgabe – der Sturz der Hitlertyrannei – bedeutet gleichzeitig, Deutschland und das deutsche Volk zu retten.

Abschließend möchte ich noch einmal der Führung der Roten Armee für die selbstlose, effektive Unterstützung bei der Ausbildung aktiver deutscher Kämpfer gegen Hitler aus den Reihen der Kriegsgefangenen danken. Die Zusammenarbeit auf diesem Gebiet ist der Garant für die künftigen freundschaftlichen Beziehungen beider Völker.

Es lebe die siegreiche Rote Armee, die ganz Europa, auch unserer gequälten Heimat, Freiheit und Frieden bringt . . .

Die Weltanschauung des Generals von Seydlitz wandelte sich rasant schnell. Jetzt war er auch zum bewaffneten Kampf bereit . . . Doch warten wir die weitere Entwicklung der Ereignisse ab. In dem Bericht über die Versammlung heißt es, daß nach dem Abschluß des feierlichen Teils ein Abendessen gegeben wurde, an dem von Seydlitz, van Hooven, Stern, Krummel und Kopelew teilnahmen.

. . . Das Abendessen begann mit einem Toast Major Kopelews auf die Gesundheit des Generals von Seydlitz:

Erheben wir die Gläser auf die Gesundheit unseres Gasts, des Herrn General von Seydlitz, dessen große Verdienste als Soldat, Mensch und Freiheitskämpfer einer der wesentlichsten Garanten des Sieges der neuen deutschen Befreiungsbewegung und damit auch unseres gemeinsamen Siegs im Kampf gegen die Hitlerbarbarei, für die Freiheit Europas und der Menschheit sind.

In Beantwortung des Toasts sagte General von Seydlitz:

Ich danke für die hohe und liebenswürdige Einschätzung meiner Bemühungen und bitte alle, das Glas auf die künftige Freundschaft des russischen und des deutschen Volks, auf den weiteren Sieg der mächtigen Roten Armee, die Europa und auch unserer gequälten Heimat die Freiheit bringt, auf die Gesundheit des großen Feldherrn und weisen Führers – Herrn Marschall Stalin – zu erheben . . .

Während des ganzen Abendessens sowie während des anschließenden Kulturprogramms unterhielt sich von Seydlitz ungezwungen mit Absolventen der Antifa-Schule und den am Abendessen teilnehmenden Offizieren der Roten Armee.

In der Regel begann von Seydlitz jedes Gespräch damit, daß er nach der Herkunft und der Division des Gesprächspartners fragte, wobei die Fragen mit Bemerkungen über Kampfhandlungen verknüpft waren, die mit der Geschichte des einen oder anderen Kampfverbands zu tun hatten. Abschließend berichtete von Seydlitz etwas aus seinem Leben oder über Erlebnisse während der Stalingrader Schlacht.

Dem Lehrgangsteilnehmer Hellberg erzählte von Seydlitz: Ich wurde 1888, im „Dreikaiserjahr", geboren. In diesem Jahr starb Kaiser Wilhelm I., drei Monate regierte Kaiser Friedrich III. und dann bestieg Kaiser Wilhelm II. den Thron. Ich stamme aus einer alten Offiziersfamilie. Ich kann bereits auf zehn Kriegsjahre zurückblicken – den ganzen Weltkrieg 1914 bis 1918 und den jetzigen. Im 1. Weltkrieg nahm ich als junger Leutnant an den Kämpfen gegen die Russen in Westpreußen teil. Ich wurde damals so schwer verwundet, daß mich meine Eltern, die mich im Lazarett besuchten, nicht erkannten. In diesem Krieg rückte ich als Divisionskommandeur aus Gumbinnen aus, d. h. derselben Stadt, aus der ich im 1. Weltkrieg gegen die Russen auszog . . . In Stalingrad geriet ich wie jeder andere Soldat in Gefangenschaft. Meine ganze Habe befand sich in einem Rucksack. Von den 90 000 Kriegsgefangenen aus dem Raum Stalingrad starben etwa

60 000 in den Lagern an Erschöpfung als Folge der schrecklichen Ereignisse in Stalingrad. Das Massensterben deutscher Soldaten in jenen Tagen bekräftigte mich in meinem Entschluß, gegen Hitler zu kämpfen. Dort erkannte ich, daß das deutsche Volk von der Hitlertyrannei befreit werden muß. Zu dem Lehrgangsteilnehmer Küppers sprach von Seydlitz über die Kämpfe zum Durchbruch der Demjansker Umzingelung. Besonders ausführlich ging er auf die Operation zur Einnahme von Ramuschew ein. Im Gespräch mit ihm äußerte er sich sehr negativ über den Kommandeur des SS-Division Generalleutnant Eyck, der seine Soldaten schonungslos opferte und seine Operation ohne Rücksicht auf Verluste durchführte.

Dem Antifaschisten Achammer (Lehrer an der Schule) erklärte von Seydlitz: Ich geriet immer in Konflikt mit der Obrigkeit, wenn ihr Verhalten meinen Prinzipien widersprach. Als man uns am 24. November in Stalingrad umzingelt hatte, protestierte ich gegen den Befehl Hitlers, Stalingrad zu halten. In meinem Protest erklärte ich, daß die Armee ihre Pflicht nicht gegenüber Hitler, sondern gegenüber dem Volk zu erfüllen hat, und forderte, unverzüglich einen Durchbruch nach Westen zu unternehmen. Damit riskierte ich meinen Kopf . . . Und aus Protest gegen Hitler begab ich mich auch in Kriegsgefangenschaft.

Im Gespräch mit Major Kopelew sagte von Seydlitz unter anderem: Es heißt, daß aller guten Dinge drei sind. Ich hatte dreimal mit Umzingelung zu tun. Das erste Mal befreite ich die umzingelte 16. Armee in Demjansk. Dann schlug ich mich zu unseren Divisionen durch, die Timoschenko im Mai 1942 im Dorf Ternowaja umzingelt hatte. Das dritte Mal geriet ich selbst in Umzingelung, so daß ich jetzt als Spezialist für Umzingelungen gelten kann . . . Ich bin einfach erstaunt und verwundert, wie gut Sie, russische Offiziere, uns kennen und wie objektiv und klug Sie die Kampffähigkeit unserer Divisionen und die Eigenschaften der einzelnen Kommandeure einschätzen. Ich war gerührt, als ich erfuhr, wie hoch Sie meine 12. Infanteriedivision bewerten, und ich befand echte Befriedigung, als ich erfuhr, daß Ihnen meine Sorge um die Soldaten und mein Bestreben bekannt sind, die Verluste möglichst gering zu halten. Ihr Flugblatt, in dem ein Vergleich zwischen mir und Eyck angestellt wurde, hat mich tief bewegt. Ihre Einschätzungen einzelner Verbände der 16. Armee sind einfach hervorragend. In allem zeigt sich eine hohe militärische Kultur, die wir bei Ihnen leider nicht vorausgesetzt hatten, obwohl wir versuchten, unseren starken Gegner objektiv einzuschätzen.

Zum Abschluß des Abendessens brachte von Seydlitz noch einen längeren Toast aus:

Ich bin sehr glücklich über dieses Treffen in ungezwungener kameradschaftlicher Atmosphäre mit Ihnen, meine Kampfgefährten und ehemaligen Gegner, mit denen ich noch vor kurzem die Klinge kreuzte, die ich aber schon damals als ehrenwerte Gegner achten gelernt hatte und in denen ich heute liebenswerte und in Freundschaft verbundene Mitkämpfer gewonnen habe. Von besonderer Bedeutung für mich ist, daß dieses Treffen hier auf den Waldaihöhen stattfindet. Es heißt, daß aller guten Dinge drei sind. Ich bin nun das dritte Mal auf den Waldaihöhen. Zum erstenmal kam ich hierher als Kommandeur meiner stolzen 12. Infanteriedivision. Es war bereits Herbst, die Zeit der unbefahrbaren Wege. Zu den Regimentern konnte ich im günstigsten Fall zu Pferd, sonst nur zu Fuß durch tiefen Schlamm gelangen. Doch auch damals, unter schwierigen Bedingungen, konnte ich voller Stolz sagen, daß ich eine ständige, kampferprobte und kameradschaftliche Verbindung zu meinen Soldaten hatte und volles gegenseitiges Verständnis herrschte. Damals wurde ich in die Reserve des Führers abkommandiert, wo ich acht Tage blieb. Als alarmierende Meldungen über die Umzingelung des II. Armeekorps im Gebiet Demjansk eintrafen, wurde mir die Führung der Stoßgruppe zur Befreiung der Eingeschlossenen übertragen. Am 20. März begann die Offensive aus dem Raum Staraja Russa zum Fluß Lowat. In diesen schweren Tagen mußte ich viele Gefahren bestehen. So gerieten wir einmal, als wir mit einer „Storch" von der 8. Division zur 5. Division flogen, in eine Gruppe von neun russischen Kampfflugzeugen. Der Pilot landete sofort auf dem Schnee. Wir verließen schnellstens das Flugzeug und entfernten uns. Zu meinem Glück schenkten uns die russischen Flugzeuge keine Beachtung. Ich hatte schon gedacht, meine letzte Stunde habe geschlagen.

Nachdem ich die mir gestellte Aufgabe erfüllt hatte, wurde ich erneut in die Reserve des Führers versetzt. Bereits damals legte ich Hitler meine Meinung dar, daß der von mir geschaffene Korridor genutzt werden muß, um die Truppen aus dem Raum Demjansk auf das Westufer des Lowat zu verlegen. Ich sagte ihm, daß meine Auffassung von einer Reihe angesehener Militärexperten geteilt wird. Darauf erwiderte mir Hitler, daß er wiederholt erfolgreich den Ratschlägen von

Militärexperten zuwider gehandelt hat, wie z. B. im Fall Guderian. Deshalb beabsichtigt er nicht, den Abzug der Truppen aus Demjansk zu erlauben. Bekanntlich mußten die Truppen im Februar 1943 abgezogen werden, allerdings nach schweren und sinnlosen Verlusten. Und auch der Abzug selbst erfolgte unter neuen schweren Verlusten und wesentlich ungünstigeren Bedingungen als der von mir im Frühjahr vorgeschlagene Rückzug.

Jetzt bin ich zum dritten Mal auf den Waldaihöhen. Ich sehe hierin einen gewissen Fingerzeig des Schicksals. Die Waldaihöhen wurden gewissenmaßen meine zweite Heimat. Und ebenso wie früher habe ich hier glücklich alle Gefahren und Schwierigkeiten überlebt. So hoffe ich auch diesmal, daß mir das Glück in dem bevorstehenden Kampf gegen die Hitlertyrannei treu bleiben wird.

Ich bitte Sie, meine Freunde, die Gläser auf unseren bevorstehenden Sieg und auf unsere edlen Kampfgefährten, die ruhmreichen Offiziere und Soldaten der siegreichen Roten Armee, zu erheben.

Während der Vorführung des Films „Suworow" nach dem Kulturprogramm, in den Pausen zwischen den Filmrollen, entspann sich folgendes Gespräch zwischen General von Seydlitz und dem Beauftragten des Nationalkomitees Herrn Krummel:

SEYDLITZ: Meine Division, die ich zu Kriegsbeginn befehligte, hatte die alte Devise meiner Adelsfamilie „Allen voran!" als Leitspruch übernommen. Übrigens ist die Geschichte dieses Leitspruchs sehr interessant. Er war auch vom Kreuzer „Seydlitz" übernommen worden, der sich bekanntlich im letzten Krieg heldenhaft geschlagen hat. Trotz schwerer Beschädigung hat ihn die Mannschaft in den Hamburger Hafen zurückgebracht. Vom Kreuzer ist dieser Leitspruch auf meine Division übergegangen.

KRUMMEL: Herrn General, vielleicht will es das Schicksal, daß dieser Leitspruch ein drittes Mal zur Geltung kommt, wenn Sie ein drittes Mal Truppen führen werden, doch diesmal in entgegengesetzter Richtung, für die Befreiung Deutschlands.

SEYDLITZ: Das ist möglich.

KRUMMEL: Gestatten Sie, Herr General, in diesem Zusammenhang eine Bitte an Sie zu richten?

SEYDLITZ: Welche?

KRUMMEL: Für die große Sache muß ein Grundstein gelegt werden. Wenn wir eine Kompanie aufstellen, die mit der Waffe in der Hand gegen den Faschismus kämpft, dürfen wir dann dieser ersten

Abteilung deutscher Freiheitskämpfer Ihren Namen, den Namen General von Seydlitz, geben? Würden Sie Ihre Zustimmung erteilen?

SEYDLITZ: Von ganzem Herzen, Herr Krummel. Doch dann muß die Devise dieser Kompanie „Allen voran!" lauten.

KRUMMEL: Herr General, das paßt hervorragend. Diese Devise wird wie keine andere dem Geist der Kompanie entsprechen. Gleichzeitig wird Ihr Name nicht nur die ruhmreichen Traditionen Ihrer Vorfahren symbolisieren, sondern uns auch gewissermaßen mit der deutschen Kriegsmarine verbinden. Die erste Abteilung deutscher Freiheitskämpfer wird mit Ihrem Namen die besten Kräfte der Wehrmacht für sich gewinnen. Von nun an, Herr General, werde ich keine Sekunde ruhen, bis die erste Kompanie der deutschen Befreiungsarmee aufgestellt ist.

Nach der Filmvorführung, als sich General von Seydlitz und Oberst van Hooven von den Teilnehmern des Abends verabschiedeten, informierte Krummel alle Anwesenden über dieses Gespräch und beendete seine Mitteilung mit dem Hochruf: Es lebe UNSER General, es lebe die erste Kampfabteilung der deutschen Freiheit – die Kompanie „Seydlitz", deren Leitspruch lauten wird: „Allen voran!"

Die Mitteilung wurde von allen Antifaschisten mit stürmischem Beifall und Hochrufen begrüßt.

Nach der Verabschiedung des Generals und des Obersten wurde das Kulturprogramm der Laienkünstler fortgesetzt, es wurde getanzt und gesungen. Der Abend klang mit der spontan angestimmten „Internationale" aus.

Am letzten Tag des Aufenthalts der Vertreter des Bunds Deutscher Offiziere schickte die Führung der Nordwestfront an Lawrenti Berija, diesmal als Mitglied des Staatlichen Komitees für die Verteidigung, des höchsten Exekutivorgans des Landes, einen Bericht über die Ergebnisse des Aufenthalts des Generals der Artillerie von Seydlitz und des Obersten van Hooven an der Nordwestfront.

MITGLIED DES STAATLICHEN KOMITEES
FÜR VERTEIDIGUNG DER UdSSR
Genossen L. P Berija

Hiermit berichte ich über die Ergebnisse des Aufenthalts des Präsidenten des Bunds Deutscher Offiziere General der Artillerie von Seydlitz und des Vizepräsidenten van Hooven an der Nordwestfront vom 25. Oktober bis 3. November.

Auf der Grundlage des von Ihnen bestätigten Maßnahmeplans wurde während des achttägigen Aufenthalts des Generals von Seydlitz und van Hoovens folgende Arbeit geleistet:

1. Abfassung von Briefen an den Führer der 16. Armee Generalfeldmarschall Busch, den Befehlshaber der Heeresgruppe Nord Generalfeldmarschall Küchler und den Führer der 18. Armee Generaloberst Lindemann.

2. Formulierung von Flugblättern für die Offiziere und Soldaten der 16. Armee, die Offiziere der 18. Armee und der 12. Infanteriedivision.

3. Besprechung von Schallplatten mit zwei Texten – an die Offiziere und Soldaten der 16. Armee und die Offiziere der 18. Armee.

4. Gespräche mit Kriegsgefangenen.

5. Einweisung von drei Gruppen von Kriegsgefangenen, die ins Hinterland des Gegners geschickt werden (insgesamt 18 Personen).

6. Gespräch mit dem Beauftragten des Nationalkomitees für die Westfront Gefreiten Krummel und dessen Einweisung in die weitere Arbeit.

7. Von Seydlitz und van Hooven nahmen an der Abschlußfeier der Antifa-Schule teil und sprachen ausführlich mit Absolventen.

8. Aufnahme zahlreicher Fotos mit von Seydlitz und van Hooven (Gespräche mit Gefangenen, Empfänge, beim Schreiben usw.).

9. Der Aufenthalt des Generals von Seydlitz und van Hoovens wurde auf Film aufgenommen.

Alle Gespräche, die von Seydlitz und van Hooven führten, wurden protokolliert.

Am 27. Oktober wurden General von Seydlitz und Oberst van Hooven vom Stabschef der Nordwestfront Generalleutnant Gen. Bogoljubow empfangen, und am 1. November von mir. Bei den Empfängen wurde über den Plan und die Ergebnisse des Aufenthalts an der Nordwestfront, Maßnahmen zur weiteren Arbeit sowie über allgemeine und militärpolitische Themen gesprochen.

Der Inhalt der von General von Seydlitz und van Hooven verfaßten Briefe und Flugblätter stellt einen beträchtlichen Fortschritt in ihrer politischen Tätigkeit dar. In diesen Dokumenten forderten sie die Offiziere und Soldaten sowie das Oberkommando der 16. Armee, der 18. Armee und der Heeresgruppe Nord zu praktischen Schritten auf: Organisation von Gruppen des Nationalkomitees „Freies Deutschland" und des Bunds Deutscher Offiziere, Entsendung von Vertretern über die Front zur Kontaktaufnahme mit dem Nationalkomitee und dem Offiziersbund.

Von Seydlitz und van Hooven erachteten es als legitim, daß deutsche Soldaten die Front überschreiten, um Verbindung zum Nationalkomitee und zum Offiziersbund aufzunehmen. Sie betrachten diese nicht mehr als Überläufer, die die Disziplin verletzen und die Wehrmacht zersetzen.

Von Seydlitz und van Hooven erachten es als angebracht, aus Kriegsgefangenen Einheiten des Nationalkomitees „Freies Deutschland" aufzustellen.

In Flugblättern und Reden riefen von Seydlitz und van Hooven die Soldaten und Offiziere der 16. Armee auf, keine Gewalttaten und Zerstörungen auf dem von der Wehrmacht okkupierten Territorium zu begehen. Gleichzeitig erklärten sie, daß Deutschland den den Völkern der UdSSR zugefügten Schaden kompensieren muß und daß sie es persönlich für ihre Pflicht halten, auf den gebührenden Wiederaufbau des Zerstörten zu achten.

Während des Aufenthalts an der Nordwestfront haben sich von Seydlitz und van Hooven wiederholt befriedigt über die Reise geäußert und die Unterstützung der Roten Armee für die Bewegung für ein freies und unabhängiges Deutschland hervorgehoben.

Die Entsendung des Generals von Seydlitz und des Obersten van Hooven an die Nordwestfront ergab wertvolles Material für die weitere Zersetzung der Truppen des Gegners. Der vorgegebene Arbeitsplan wurde vollständig erfüllt.

Für die nächste Zeit sind folgende Maßnahmen geplant:

1. Entsendung von Antifaschisten über die Frontlinie, um die Briefe an Busch, Küchler und Lindemann zuzustellen.

2. Verbreitung der von General von Seydlitz für die 16. Armee sowie die Offiziere und die 12. Infanteriedivision verfaßten Flugblätter.

3. Übertragung der von General von Seydlitz auf Schallplatten gesprochenen Aufrufe über Lautsprecheranlagen.

4. Entsendung einiger Gruppen von Antifaschisten, die von General von Seydlitz und van Hooven instruiert wurden, ins Hinterland des Gegners, um unter den Truppen des Gegners das Programm des Nationalkomitees „Freies Deutschland" und des Bunds Deutscher

Offiziere zu verbreiten sowie aktive Gruppen des Nationalkomitees und des Bunds Deutscher Offiziere zu organisieren.

Kommandeur der Truppen	Mitglied des Militärrats
der Nordwestfront	der Nordwestfront
Generaloberst (Kurotschkin)	Generalleutnant (Bokow)

Leiter der Politischen Verwaltung
der Nordwestfront

Generalmajor (A. Okorokow)

2. November 1943

Die Reise des Generals von Seydlitz hatte keine spürbaren Ergebnisse gebracht. Doch es kamen gewisse Hoffnungen auf, daß die Zersetzung der Wehrmacht durch die Treffen an der Nordwestfront ein höheres Niveau erlangt.

„Deutsche Befreiungsarmee"

Am 5. November 1943, sofort nach der Abreise des Generals von Seydlitz, bestätigte der Kommandeur der Nordwestfront Generaloberst Pawel Kurotschkin den Maßnahmeplan zur Zersetzung der Armee des Gegners.

Es wurde geplant, das Flugblatt des Generals von Seydlitz für die Soldaten und Offiziere der 16. Armee in 300 000 und das Flugblatt für die 12. Infanteriedivision in 50 000 Exemplaren zu drucken. Bis zum 25. November 1943 sollten diese Flugblätter durch Abwurf aus Flugzeugen, über Partisanen und ins Hinterland des Gegners geschickte deutsche Kriegsgefangene unter den deutschen Truppen verteilt werden.

Die Briefe, die General von Seydlitz an Generalfeldmarschall Busch und Generaloberst Lindemann bzw. General Lattmann an Generalfeldmarschall von Küchler geschrieben hatten, sollten den Adressaten durch mit Fallschirm im Raum der Befehlsstände abgesetzte Einsatzgruppen aus jeweils einem Offizier und zwei Soldaten zugestellt werden. Die Offiziere sollten in Moskau (auf dem Rand des

Plans ist vermerkt „Meldung an Gen. Melnikow" – L. R.) und die Soldaten aus den Teilnehmern der Antifa-Schule durch die Politische Verwaltung der Front und die Verwaltung der Abwehr SMERSCH ausgewählt werden.

Den Brief an Generalfeldmarschall Busch sollten der Absolvent der Moskauer Antifa-Schule Tilschner in Fähnrichsuniform und der Absolvent der Schule der Politischen Verwaltung der Front Juli in Soldatenuniform überbringen. Für die Zustellung des Briefs an General Küchler waren der Lehrgangsteilnehmer der Schule der Politischen Verwaltung der Front Schmidt in Fähnrichsuniform und der Absolvent der Moskauer Schule Fromm in Soldatenuniform vorgesehen.

Die Originale der Briefe sollten den Offizieren ausgehändigt werden, die sie dann persönlich übergeben. Es wurde vorgeschlagen, einem der Soldaten einen Umschlag mit einer Fotokopie des Briefs und ein von Krummel unterzeichnetes Begleitschreiben auszuhändigen:

Aufgrund der Schwierigkeiten bei der direkten Zustellung des Originals des Briefs, den General der Artillerie von Seydlitz an Sie geschrieben hat, übersende ich Ihnen eine Fotokopie des Briefs.

Dem zweiten Soldaten sollten analoge Umschläge ausgehändigt werden. Einen sollte er mit der Feldpost und den anderen mit der Dienstpost absenden.

Alle Personen, die ins Hinterland geschickt werden, sind mit vom Vertreter des Nationalkomitees Emil Krummel ausgestellten Passierscheinen sowie den erforderlichen deutschen Personal- und Reisedokumenten zu versehen.

Und schließlich sollten zwei speziell für die Arbeit im tiefen Hinterland ausgebildete Absolventen der Moskauer Schule – Radtke und Spielmann – unbedingt klären, ob die Briefe ihre Adressaten erreicht haben.

Es war geplant, die ganze Operation bis zum 15. November 1943 abzuschließen.

Anzunehmen ist, daß dieser Plan, wenn schon nicht unter Mitwirkung des Generals von Seydlitz, so doch zumindest unter Berücksichtigung seiner Ratschläge und Empfehlungen ausgearbeitet wurde. Zumal von Seydlitz am 6. November 1943, praktisch zeitgleich mit der Bestätigung des Plans, Nikolai Melnikow Vorschläge unterbreitete, wie die Propaganda an der Front verstärkt werden kann, um die Ziele des Nationalkomitees und des Offiziersbunds allgemein be-

kannt zu machen. Unter Bezugnahme auf seine Erfahrungen, die er
während seiner Reise in den Waldai gesammelt hat, schlug der General vor, an jede der Fronten einen Beauftragten des Nationalkomitees
zu schicken, dem mindestens drei starke Propagandagruppen zur Verfügung stehen sollen. In jedem Frontauffanglager für Kriegsgefangene
sollten „Lagergruppen" geschaffen werden, um von den Gefangenen
Informationen erhalten und Anhänger der Bewegung „Freies
Deutschland" gewinnen zu können. Nach dem Plan von General von
Seydlitz sollten die Frontbeauftragten auch für die Bildung von
„Kampfgruppen" verantwortlich sein, die hinter die Frontlinie geschickt werden.

Aufgaben der „Kampfgruppen" waren die Lageerkundung und
die Organisation der Verbindung zur Truppenführung der Wehrmacht, die Bildung von Offizierszellen, die Herstellung der Verbindung zum Nationalkomitee, die Feststellung der Namen von Kommandeuren und ihrer Reputation sowie die Klärung der Stimmung
des Personals.

Die „Kampfeinheiten" sollten auf von Partisanen kontrolliertem
Territorium abgesetzt werden, damit sie auf deren Hilfe zurückgrei-
fen können. In diesen bewaffneten Formationen sollten weitgehend
kriegsgefangene Offiziere eingesetzt werden.

Dieser Vorschlag war natürlich ein weiterer wesentlicher Schritt
auf dem Weg der Zersetzung der Wehrmacht. Diese Formationen,
die von Seydlitz „Kampfgruppen" nannte, konnten mühelos in Di-
versions- und Aufklärungsgruppen umgewandelt werden, deren Einsatz spürbare Ergebnisse bringen würde.

Wenn vor der Front oder im Hinterland überraschend fremde Soldaten auftauchen, die deutsche Uniformen tragen und deutsch sprechen, dann kann das schon verheerende Folgen haben. Übrigens waren diese Vorschläge des Generals von Seydlitz nichts Neues. Schon in
den ersten Kriegstagen handelten derartige Gruppen, die aus sowjetischen Überläufern und deutschen Wehrmachtsangehörigen bestanden, im Hinterland der sich zurückziehenden Roten Armee, um Pa-
nik hervorzurufen, Kommandeurskader zu vernichten und Aufklä-
rungsinformationen zu beschaffen . . .

Nur wenige wußten, daß sich General von Seydlitz bereits am
17. September 1943, vier Tage nach der Gründungsversammlung des
Bunds Deutscher Offiziere und noch vor der Reise an die Front, mit
Nikolai Melnikow getroffen und mit ihm eine Reihe von Fragen

erörtert hat. An diesem Tag schickte Melnikow Lawrenti Berija eine Sondermeldung „Über den Arbeitsplan des Bunds Deutscher Offiziere im Kampf gegen die Hitlerregierung":

VERWALTUNG DES NKWD DER UdSSR FÜR
Kriegsgefangene und Internierte
Operativ-tschekistische Abteilung

Streng geheim

Gen. L. P. Berija
Leiter der UPWI des NKWD der UdSSR
Generalmajor (Petrow)

SONDERMELDUNG
über den Arbeitsplan des Bunds Deutscher
Offiziere im Kampf gegen die Hitlerregierung

In einem Gespräch mit dem Präsidenten des Bunds Deutscher Offiziere General von Seydlitz, das heute am 17. September stattfand, wurden Maßnahmen für die Arbeit hinter der Frontlinie und in Deutschland erörtert.

Von Seydlitz unterbreitete den Plan, ein Korps aus dem Kontingent der Kriegsgefangenen der 6. Armee aufzustellen, das aus drei Divisionen mit einer Personalstärke von 30 000 Mann besteht.

Nach dem Plan des Generals von Seydlitz soll dieses Korps als Stütze der neuen Regierung nach dem Sturz Hitlers dienen.

Seiner Meinung nach soll die neue Regierung vom deutschen Nationalkomitee und vom Bund Deutscher Offiziere gebildet werden.

Von Seydlitz schlägt vor, mit der Aufstellung des Korps nach Abschluß der Werbung neuer Mitglieder für den Offiziersbund in den Lagern zu beginnen (d. h. Anfang Oktober), die unbewaffneten Divisionen an drei verschiedenen Standorten außerhalb der Lager zu dislozieren, die Divisionsstäbe und den Stab des Korps zu bilden und in den Einheiten Ausbildungs- und Erziehungsarbeit im Geist der Befreiungsbewegung „Freies Deutschland" zu leisten.

Nach dem Meinungsaustausch versprach von Seydlitz, am 20. September einen detaillierten Maßnahmeplan mit folgenden Zielrichtungen zu unterbreiten:

1. Propaganda hinter der Frontlinie durch Presse und Rundfunk.

2. Entsendung von Personen ins deutsche Hinterland, um Verbindung zur Führung großer Truppenteile aufzunehmen und diese für gemeinsame Handlungen gegen die Hitlerregierung zu gewinnen.
3. Aufstellung eines Korps aus deutschen Kriegsgefangenen der 6. Armee.
4. Auswahl von kriegsgefangenen Kommandeuren für die Bildung von Stäben.

Von Seydlitz hält sich für einen Kandidaten für die Stellung des Oberkommandierenden der Streitkräfte des künftigen freien Deutschlands.

In Zusammenhang mit der Tätigkeit des Bunds Deutscher Offiziere im deutschen Hinterland nannte von Seydlitz als persönliche gute Freunde und Hitlergegner den Befehlshaber der Zentralfront von Kluge und General Thomas, Chef für Bewaffnung im Hauptquartier.

Stellvertreter des Leiters der Verwaltung
des NKWD der UdSSR für Kriegsgefangene
und Internierte
Kommisar der Staatssicherheit
(Melnikow)
17. September 1943

General von Seydlitz sah sich offenbar bereits schon als künftigen Befehlshaber der Streitkräfte des freien Deutschlands. Davon zeugt die Mitteilung eines Informanten, der an der Ausarbeitung der von Melnikow erwähnten Pläne beteiligt war:
Am 16. 9. 43 kehrte General von Seydlitz aus Dubrowka zurück und teilte mir in seinem Zimmer unter vier Augen mit, daß er General Melnikow im Gespräch seine Gedanken über die Aufstellung deutscher Truppenteile aus dem Kontingent kriegsgefangener Soldaten und Offiziere unterbreitet hat, die nach Abschluß eines Waffenstillstands zwischen Deutschland und Rußland zum Einsatz kommen sollen.

Von Seydlitz betonte kategorisch, daß dieser Plan geheim ist, und nahm mir das Versprechen ab, darüber zu schweigen. Er sagte mir, daß nur vier unserer Generale und zwei Oberste sowie einige Mitglieder der sowjetischen Regierung davon wissen.

Von Seydlitz notierte auf einem Blatt Papier, was zu tun ist:

- Bildung des Stabs Oberkommando der Streitkräfte Deutschlands;
- Bildung des Stabs des Oberkommandos der Landstreitkräfte;
- Bildung des Armeestabs;
- Bildung des Korpsstabs;
- Bildung von drei Divisionsstäben sowie einer Flak- und Fliegertruppe.

Er beauftragte mich, bis zum 22. 9. 43 einen Plan für die Aufstellung von Fliegerverbänden auszuarbeiten.

Außerdem sollte ich Major Lewerenz darüber informieren, daß er seinerseits zum gleichen Termin einen Plan für die Aufstellung von drei Flakverbänden ausarbeiten soll. Wir sprachen noch darüber, daß das ganze Kontingent auf dem Luftweg nach Deutschland, vielleicht nach Berlin, verlegt werden soll.

Der General fügte hinzu, daß in diese Truppenteile nur Soldaten und Offiziere aufgenommen werden, die Mitglied des Bunds Deutscher Offiziere oder des Nationalkomitees sind.

Bereits an diesem Abend kamen mir Zweifel, ob diese Operation technisch durchführbar ist, doch angesichts der späten Stunde äußerte ich sie nicht. Am nächsten Tag informierte ich Major Lewerenz über das Gespräch mit von Seydlitz. Dieser akzeptierte sofort freudig den Plan. Wir tauschten unsere Meinung darüber aus, wie er verwirklicht werden kann. Am gleichen Tag sprach ich noch einmal mit General von Seydlitz, der mir sagte, daß es um die Aufstellung von vier Divisionen mit vier Flakverbänden geht. In diesem Zusammenhang wies ich darauf hin, daß eine Verlegung der Truppen auf dem Luftweg aus rein technischen Gründen schwierig ist. Er erwiderte, daß es Sache der Russen sei, diesen Aspekt des Plans zu klären. Wir müssen uns jedenfalls dieses Ziel setzen. Er betonte nochmals, daß alles bis Mittwoch fertig sein muß, damit der Plan General Melnikow unterbreitet werden kann.

Am Freitagabend, dem 17. September, fand eine Beratung über den Plan und seine Realisierung statt, an der die Generale Lattmann und Korfes, Major Lewerenz, Oberst van Hooven und ich teilnahmen.

Alle waren einstimmig der Meinung, daß das Ziel zweifellos real ist, wenn die sowjetische Regierung dabei hilft. Aber General Korfes stellte fest: Es ist utopisch zu glauben, daß alle Truppen auf dem Luftweg verlegt werden können. Seiner Meinung nach wird ein russischer

Fliegergeneral diesen Vorschlag analysieren, der dann völlig berechtigt feststellen wird, daß den deutschen Generalen der Sinn für die Realität abgeht.

Ich unterbreitete den von mir entworfenen Plan der Truppenverlegung.

General Lattmann einigte sich mit Major Lewerenz darüber, daß die Flakverbände nicht nach dem Prinzip der Luftverteidigung, sondern als Kampfgruppen aufgebaut sein müssen, falls bewaffneter Widerstand geleistet wird.

Am Sonnabend und Sonntag habe ich mit Major Lewerenz die Arbeit am Plan für die Aufstellung unserer Truppen abgeschlossen. Am Montag, nach der Rückkehr der Generale und Obersten, sprach General von Seydlitz erneut mit mir und deutete an, daß diese Truppen für die Machtergreifung eingesetzt werden können. Doch er machte dazu nur unklare Angaben.

Er betonte außerdem, daß er auf die hundertprozentige Unterstützung der sowjetischen Regierung hofft und davon ausgeht, daß sie in allen mit der Vorbereitung verbundenen Fragen Vertrauen bekundet.

Am Abend nach der Filmvorstellung kritisierte General Korfes den Plan der Verlegung auf dem Luftweg erneut aus technischen Gründen und meinte, daß der Plan so utopisch sei, daß sie sich lächerlich machten.

Davon ausgehend und hauptsächlich auf Lattmanns Forderung wurde beschlossen, den Plan der Truppenaufstellung nur in allgemeinen Zügen zu unterbreiten und die Verlegung auf dem Luftweg nicht zu erwähnen. Oberstleutnant Bechly, der als ehemaliger Adjutant von General Korfes hinzugezogen wurde, schrieb dann den Plan mit Schreibmaschine ab.

Kurze Zeit später wurde auch ein Plan für die Aufstellung von Fliegerverbänden entworfen. Es stellte sich heraus, daß der Bund Deutscher Offiziere gar nicht über die erforderliche Zahl von Piloten verfügte. Und auf die Hilfe der sowjetischen Führung war hierbei offensichtlich auch nicht zu hoffen . . .

Angaben für die Verlegung auf dem Luftweg entsprechend dem Plan vom 22. 9. 43:
Vorgesehen:
4 Divisionen zu je 10 000 Mann
1 Flakregiment, 4 Abteilungen, 4000 Mann
1 Fliegerverband, ca. 1000 Mann = 45 000 Mann

Für den Transport von je 12 Mann in Transportflugzeugen mit dreiköpfiger Besatzung, einschließlich leichten Waffen und Ausrüstung sind 3750 Flugzeuge erforderlich, d. h. es werden 11 250 Mann Flugpersonal gebraucht. Für den Start eines Transportgeschwaders von jeweils etwa 100 Flugzeugen sind ungefähr 40 Einsatzflugplätze erforderlich.

Funkverbindung ist nicht möglich, weil die Rufzeichen der entsprechenden deutschen Flugplätze und die Wellenlängen ihrer Sender nicht bekannt sind. Für den Flug in den Raum Berlin sind folgende im Umkreis Berlins liegende Flugplätze zu berücksichtigen:

1. Jüterbog   7. Brandenburg
2. Damm   8. Werder
3. Elsgrund   9. Gatow
4. Staaken   10. Johannisthal
5. Tempelhof   11. Adlershof
6. Schönwalde

Das bedeutet, daß bei nur 11 Landeflugplätzen 341 Flugzeuge auf jeden Flugplatz entfallen. Wenn als zusätzliche Landeplätze

12. Stendal   15. Prenzlau
13. Frankfurt/Oder   16. Stettin
14. Finsterwalde

hinzukommen, dann müssen auf jedem Flugplatz 234 Flugzeuge landen. Außerdem sind die Anflugwege unbekannt. Um die auf jedem einzelnen Flugplatz eingetroffenen Soldaten der gelandeten 234 Flugzeuge abzutransportieren, müssen 140 Lastkraftwagen bereitgestellt werden, was sich illegal nicht organisieren läßt.

Die Verlegung auf dem Luftweg soll tagsüber, und zwar während der Waffenstillstandsverhandlungen erfolgen, um Gegenmaßnahmen der deutschen Luftverteidigung (Fliegerabwehr, Jagdflieger usw.) auszuschließen.

Andere kriegsgefangene deutsche Offiziere vertraten nicht weniger radikale Auffassungen. Kriegsgerichtsrat von Knobelsdorff sagte:

Bund deutscher Offiziere

Betr.: Aufstellung eines Inf.Btl.

Anlagen: -3-

Lunowo, den 20.11.43

          Herrn   General   M e l n i k o w .

     Beiliegend werden 2 Vorschläge für Gliederung eines Inf.Btl.
und ein Offizier-Stellenbesetzungs-Vorschlag überreicht.
     Vorschlag 1 zeigt die gedachte Gliederung eines motorisierten
Inf.Btl. mit einer Gesamtstärke von:
          25 Offz. u. Beamten, 180 Unteroffz., 878 Mannschaften
          sowie 246 Kraftfahrzeuge (Kfz.) (Einzelheiten in Anlage 1).
     Vorschlag 2 wird eingereicht für den Fall, daß die Kfz. für ein
mot.Btl. nicht zur Verfügung gestellt werden können. Der Vorschlag
zeigt ein bespanntes Inf.Btl. mit einer teilmotorisierten schweren
Kompanie. - Gesamtstärke des Btl.:
          25 Offz. u. Beamte, 166 Unteroffz., 781 Mannschaften,
          274 Pferde sowie 25 Kfz. (Einzelheiten in Anlage 2).
     Unter den gegebenen Verhältnissen kommt wohl nur ein Mot.Btl
infrage.
     Die Gliederungen sind nur als Anhalt gedacht. Kleine Änderungen
werden sich je nach der Art der Geräte- und Waffenausstattung ergeben.

                         v. Seydiy

116

. . . Trotz unserer intensiven Propaganda lassen sich keinerlei bedeutsame Erfolge erkennen. Es ist daher erforderlich, ein deutsches Freiwilligenkorps aus Kriegsgefangenen aufzustellen, es zu bewaffnen und mit der Losung „Hier stehen Deutsche" an die Front zu schicken. Das Korps würde in der Front eine Bresche schlagen und damit die deutschen Truppen zum Handeln veranlassen.

Unter Berücksichtigung dieser Stimmungen hat General von Seydlitz offensichtlich den Gedanken unterbreitet, zumindest ein deutsches Infanteriebataillon aufzustellen.

Bund Deutscher Offiziere   Lunowo, den 20. 11.43
Betr.: Aufstellung eines Inf. Btl.

Anlage: -3-
Herrn General Melnikow

Beiliegend werden zwei Vorschläge für Gliederung eines Inf. Btl. und ein Offizier-Stellenbesetzungs-Vorschlag überreicht.

Vorschlag 1 zeigt die gedachte Gliederung eines motorisierten Inf. Btl. mit einer Gesamtstärke von

25 Offz. u. Beamten, 180 Unteroffz., 878 Mannschaften, sowie 246 Kraftfahrzeuge (Kfz) (Einzelheiten in Anlage 1).

Vorschlag 2 wird eingereicht für den Fall, daß die Kfz für ein mot. Btl. nicht zur Verfügung gestellt werden können. Der Vorschlag zeigt ein bespanntes Inf. Btl. mit einer teilmotorisierten schweren Kompanie. Gesamtstärke des Btl.:

25 Offz. u. Beamte, 166 Unteroffz., 781 Mannschaften, 274 Pferde sowie 25 Kfz (Einzelheiten in Anlage 2).

Unter den gegebenen Verhältnissen kommt wohl nur ein <u>Mot.</u> Btl. in Frage.

Die Gliederungen sind nur als Anhang gedacht. Kleine Änderungen werden sich je nach der Art der Geräte- und Waffenausstattung ergeben.   von Seydlitz

. . . Die Aufstellung der „Deutschen Befreiungsarmee" stand auch später noch häufig zur Debatte. Am 4. Februar 1944 wandte sich General von Seydlitz erneut an Melnikow mit einem Bericht über die Aufstellung eines deutschen Truppenteils.

Bund Deutscher Offiziere   *Geheim*
Der Präsident   4. Februar 1944
Herrn General Melnikow

Betrifft.: Aufstellung eines Truppenteils

I. Gründe für bisher ausbleibende Erfolge der Bewegung „Freies Deutschland"
Die Gründung des Nationalkomitees „Freies Deutschland" und des
Bunds Deutscher Offiziere sowie die Tätigkeit dieser Organisationen
führten bisher noch nicht zu den erwarteten Ergebnissen. Aus der Gegenpropaganda des Oberkommandos der Wehrmacht ist ersichtlich,
daß die Bewegung „Freies Deutschland" Gegenstand ernster Besorgnis der deutschen Behörden ist.
Das Ausbleiben von wesentlichen Erfolgen hat verschiedene Ursachen. Die geringe Neigung der Deutschen zu Revolutionen, das System polizeilicher Gewalt und vollständiger Unterdrückung anderer
Meinungen, das Fehlen einer kampffähigen Organisation, die allgemeine Angst vor einer Niederlage und ihren Folgen, die seit langem
geschürte Furcht vor dem Bolschewismus, die weitgehend unzuläng-
liche Reichweite der Propaganda und, was besonders wichtig ist, die
fehlende reale Kraft des Nationalkomitees. Nicht von ungefähr fragt
das Oberkommando des Heeres in einer Sonderausgabe der „Nachrichten für das Offizierskorps", welche Kraft das Nationalkomitee hat,
um seine Forderungen zu verwirklichen.
Diese Frage trifft wirklich einen Schwachpunkt unserer Tätigkeit.
Denn solange sich das Nationalkomitee nicht auf eine Massenbewegung stützen kann, wird es kein entscheidendes Mittel haben, um sein
Ziel – die Befreiung Deutschlands vom Hitlerregime – zu erreichen.
Ohne diese Kraft wird die Gegenpropaganda erfolgreich sein und unsere Propaganda nur sehr langsam greifen.

II. Aufrufe zum Überlaufen auf die Seite des Nationalkomitees
   und ihre Bedeutung
Die Mittel des Nationalkomitees reichen gegenwärtig nicht aus, um
eine einflußreiche Massenbewegung ins Leben zu rufen, die zu einem
Faktor im Kampf gegen Hitler wird.
Der Aufruf an deutsche Truppenverbände, auf die Seite des Nationalkomitees überzuwechseln, ist so lange wenig überzeugend, wie die
deutschen Einheiten befürchten, nach der Waffenniederlegung als
Kriegsgefangene zu gelten. Aber gerade der Übertritt ganzer Truppenteile wäre das wirksamste Mittel.
Ähnlich wie 1812 die russische Regierung die deutschen Offiziere
und Soldaten aufforderte, die napoleonische Armee zu verlassen, in-

dem sie ihnen die Aufnahme in die „deutsche Legion" anbot und ihnen damit die Angst vor der Gefangenschaft nahm, so ist es jetzt angebracht, den deutschen Verbänden zu garantieren, daß sie sich mit dem Übertritt auf die Seite des Nationalkomitees einer Armee anschließen, die entschlossen gegen Hitler kämpft. Wenn die deutschen Truppenverbände wissen, daß der Übertritt nicht freiwillige untätige Gefangenschaft, sondern den Beginn entschlossener nationaler Handlungen zum Wohl des deutschen Volks bedeutet, dann fällt ihnen die entsprechende Entscheidung leichter.

Die Möglichkeit, einem deutschen Truppenverband beizutreten, kann nur dann zugesichert werden, wenn zumindest ein derartiger Truppenverband besteht. In diesem Fall können wir in der Wehrmacht erfolgreicher wirksam werden, und das Nationalkomitee hat eine feste Grundlage. Wenn es sich vertrauensvoll auf diese Verbände stützt, kann es eindringlicher mit dem deutschen Volk und der Wehrmacht sprechen. Mit dieser Kraft kann es beweisen, daß seine Absichten ernst gemeint sind. Wenn das Nationalkomitee über eine reale Kraft verfügt, wird man glauben müssen, daß es seine Ziele nicht nur verwirklichen will, sondern auch kann. Damit erhöht sich sein Ansehen und nimmt der Zustrom neuer Mitglieder zu.

Außerdem braucht das Nationalkomitee die reale Kraft, um sein Versprechen einzulösen, das deutsche Volk vor dem Untergang zu retten und ihm eine sichere Zukunft zu garantieren. Es muß die Möglichkeit haben, nicht nur mündlich und schriftlich, sondern auch durch entschiedene Handlungen für den Sturz Hitlers und seines Regimes zu kämpfen. Das Nationalkomitee braucht die bewaffnete Kraft für die Zerschlagung der feindlichen Elemente, die die Schaffung einer demokratischen Einheitsfront verhindern, sowie für die Unterstützung und Stärkung der demokratischen Regierung.

III. Aufstellung der deutschen Befreiungsarmee
Aufgrund dieser Erwägungen ist es erforderlich, einen deutschen Truppenverband zu schaffen. Bisher ist noch keine größere Einheit in vollem Bestand auf unsere Seite übergewechselt. Nach der Entwicklung der allgemeinen Lage zu urteilen, ist das gegenwärtig auch nicht zu erwarten, so daß es keinen anderen Ausweg gibt, als damit zu beginnen, die deutsche Befreiungsarmee aus dem Kontingent der Kriegsgefangenen aufzustellen, die sich der Bewegung „Freies Deutschland" angeschlossen haben.

Die Entwicklung der militärischen und politischen Lage und der fortschreitende Zerfall der Macht Hitlers verlangen offensichtlich, möglichst schnell mit der Aufstellung eines Truppenverbandes zu beginnen. Unvorhergesehene Ereignisse können bald ein schnelles Handeln erforderlich machen. Für die Aufstellung von kampffähigen, politisch zuverlässigen und um ihre Kommandeure zusammengeschlossenen Verbänden sind unter normalen Bedingungen ungefähr zwei Monate erforderlich, wenn sich Waffen, persönliche Ausrüstung und Bekleidung, Transportmittel und andere erforderliche Dinge in der Nähe des Aufstellungsorts befinden. Größere Entfernungen und damit verbundene Transportschwierigkeiten sowie andere Hindernisse verlängern möglicherweise die Zeit, die zur Aufstellung des Truppenverbands bis zur vollen Kampfbereitschaft gebraucht wird, bis zu drei Monate.

Die deutsche Befreiungsarmee soll ausschließlich aus Freiwilligen bestehen. Die Zahl der aufgestellten Truppenverbände hängt von der Zahl der Freiwilligen – Offiziere und Soldaten – ab. Anfangs sollen es jedoch nicht mehr als 3 bis 4 Divisionen sein, denn die ersten Erfahrungen bei der Aufstellung können zu neuen Vorschlägen führen. Es muß eingeräumt werden, daß die weiteren neuen Aufgaben, die sich mit der Zeit ergeben, offensichtlich beträchtlich umfangreichere Kräfte erforderlich machen werden. Wenn diese Kräfte nicht durch den künftigen Übertritt ganzer Verbände auf unsere Seite gewonnen werden, dann sind wir gezwungen, sie aus dem Kontingent der Kriegsgefangenen aufzufüllen.

Wir beabsichtigen, die Truppenteile nach dem Muster deutscher Infanteriedivisionen aufzustellen. In diesem Fall besteht die Division aus etwa 10 000 Mann. In Anbetracht bevorstehender Kämpfe muß jeder Division ein Panzerbataillon zugeteilt werden. Die Frage, ob und in welcher Zahl die Bildung höherer Stäbe erforderlich ist, kann später entschieden werden. Bei prinzipieller Zustimmung zu diesem Vorschlag werden Einzelheiten der Gliederung der Verbände, Listen der erforderlichen Ausrüstung, Offiziersstellenbesetzungspläne usw. unterbreitet.

IV. Aufgaben der deutschen Befreiungsarmee und ihr Einsatz
In Übereinstimmung mit den der deutschen Befreiungsarmee übertragenen Aufgaben – als Stütze der Macht des Nationalkomitees zu dienen, die Hitlerregierung zu stürzen, die Grundlagen eines neuen

demokratischen Deutschlands zu schaffen und dieses Deutschland zu schützen – kann die deutsche Befreiungsarmee für folgende Aufgaben eingesetzt werden:

a) An der Front für den Kampf gegen Hitler, sobald dafür die politischen und psychologischen Voraussetzungen geschaffen werden, d. h. größere deutsche Truppenverbände bereit sind, sich der deutschen Befreiungsarmee anzuschließen, wobei es natürlich zum bewaffneten Kampf gegen Widerstand leistende Gruppen von Hitler- Anhängern kommen wird.

b) Aktives Eingreifen in den Kampf gegen Hitler bei beginnender Zersetzung der Wehrmacht und der Gefahr des Ausbruchs eines Bürgerkriegs, um alle gegen Hitler kämpfenden Kräfte zu unterstützen.

c) Aktives Handeln zur Bildung einer demokratischen Regierung und Annahme einer demokratischen Verfassung und, erforderlichenfalls, Kampf gegen die Anhänger des Hitlerregimes und die reaktionäre Regierung, die sich Rußland gegenüber feindselig verhält.

d) Bekämpfung von Bewegungen, die gegen die demokratische Regierung gerichtet sind.

e) Der Einsatz der deutschen Befreiungsarmee erfolgt in jedem Fall in engem Kontakt mit der russischen Regierung und auf Befehl des Nationalkomitees.

Der Präsident
General der Artillerie
von Seydlitz

Das Dokument erfordert keinen Kommentar, doch es muß erwähnt werden, daß Ähnliches auch auf der anderen Seite der Front zustande kam. Auf jeden Fall erinnert der letzte Satz des Dokuments sehr an den Befehl des Oberkommandierenden des Heeres über die Aufstellung der 600. (russischen) Infanteriedivision, die uns auch als 1. Division der Russischen Befreiungsarmee bekannt ist. Natürlich besteht keine politische Identität zwischen von Seydlitz und Wlassow, zwischen dem Bund Deutscher Offiziere und dem Komitee für die Befreiung der Völker Rußlands, doch die Methode der Organisation und des praktischen Einsatzes haben viel Gemeinsames.

Die Gespräche über die Aufstellung der „Deutschen Befreiungsarmee" dauerten fast bis Kriegsende an. Die Generale und Offiziere vom Bund Deutscher Offiziere waren sich darüber im klaren, daß die Aufstellung von deutschen nationalen Formationen auf sowjetischer Seite die Erfüllung der Ziele und Aufgaben, die sich der Bund gestellt hatte, in vieler Hinsicht unterstützen würde. Doch die sowjetische Regierung, die die Aufstellung von polnischen, tschechoslowakischen, rumänischen und jugoslawischen Truppenteilen und des französischen Fliegerregiments „Normandie-Njemen" auf sowjetischem Territorium zugelassen hatte, konnte sich nicht zur Aufstellung einer deutschen nationalen Formation entschließen.

Hierbei handelte es sich offensichtlich nicht um die Einhaltung der Genfer Konvention, die solche Aktionen verbot. Man befürchtete wohl mehr unangenehme Überraschungen.

So beschränkte sich alles auf die Bildung kleiner bewaffneter Gruppen, die Propaganda-, Aufklärungs- und Diversionsaufträge erfüllten und in einigen Fällen, z. B. während der Krimoperation (Frühjahr 1944), auch an Kämpfen gegen deutsche Truppen teilnahmen.

Viele deutsche Kriegsgefangene wurden mit sowjetischen Kampforden geehrt. Nachstehend ein Schreiben des Ausbildungsleiters einer Kriegsgefangenenschule Nikolai Janzen, sowjetischer Offizier deutscher Nationalität, an Georgi Dimitroff:

. . . Werter Georgi Dimitroff! Gegenwärtig befinden sich an der Schule fünf Frontrückkehrer. Sie haben sich an der Front bewährt und verdienen Vertrauen. Drei von ihnen sind Ordensträger.

Ich halte es für falsch, daß Frontrückkehrer erneut als Kriegsgefangene mit allen damit verbundenen Folgen hinsichtlich Verpflegung und Bewegungsfreiheit eingestuft werden. Doch ohne spezielle Weisung des Gen. Berija können die Bestimmungen für solche Personen, wenn sie wieder ins Lager oder an die Schule zurückkommen, nicht geändert werden.

Für frühere Schüler, die sich als zuverlässig erwiesen und in der Arbeit bewährt haben, sollten Sonderregelungen gelten:

1. Sie erhalten Verpflegung entsprechend den Normen für das Lagerpersonal.

2. Der Schulleiter hat das Recht, ihnen in Begleitung einer Lehrkraft Kino- und Theaterbesuche sowie Spaziergänge außerhalb der Lagerzone zu gestatten.

3. Sie erhalten Bekleidung und Bettwäsche wie das Lagerpersonal.

4. Ordensträger werden grundsätzlich aus der Gefangenschaft entlassen.

122

Ich halte die Beibehaltung der bestehenden Vorschriften für schädlich für die Ausbildung antifaschistischer Kader . . .

Vielleicht wurden die Vorschläge Nikolai Janzens irgendwie berücksichtigt, doch über Massenentlassungen deutscher Kriegsgefangener aus der Gefangenschaft ist nichts bekannt.

Allerdings wurden in Erfüllung der Beschlüsse des Staatlichen Komitees für Verteidigung seit 1942 kriegsgefangene Soldaten der deutschen Armee – Polen und Tschechen – für die Auffüllung der „ausländischen Truppenverbände in der UdSSR" freigelassen. Zur Auffüllung des Tschechoslowakischen Korps wurden gefangene Slowaken
und zur Aufstellung der rumänischen Divisionen – Rumänen und
Moldawier geschickt. Dem ging allerdings stets eine strenge Überprüfung und Auswahl voraus. Deutsche wurden nicht in diese Truppenteile aufgenommen . . .

Von Seydlitz und seine Kollegen beschränkten sich nicht auf die
Ausarbeitung von Vorschlägen für die Aufstellung der deutschen Be-
freiungsarmee. Im Februar 1944 unterbreiteten der Leiter der UPWI
General Petrow und der Chef der Aufklärung des NKWD Kommis-
sar der Staatssicherheit dritten Ranges Fitin dem Volkskommissar des
Innern Lawrenti Berija und dem Volkskommisar für Staatssicherheit
Wsewolod Merkulow „Vorschläge für den Einsatz des Komitees
‚Freies Deutschland' und des Bunds Deutscher Offiziere für nachrich-
tendienstliche Aufträge im Ausland" zur Bestätigung. Das Dokument
beginnt wie folgt:

Das Präsidium des Bunds Deutscher Offiziere in Person der Generale von Seydlitz, von Daniels und Lattmann sowie des Obersten Czimatis hat dem NKWD der UdSSR vorgeschlagen, die Arbeit des
Bunds Deutscher Offiziere und des Komitees „Freies Deutschland"
auf deutschem Territorium und in neutralen Ländern zu aktivieren,
wobei es mit der Unterstützung der sowjetischen Aufklärung bei dieser Arbeit rechnet.

Angesichts der guten Verbindungen der obenerwähnten Personen
und anderer Mitglieder des Bunds Deutscher Offiziere sowie des Komitees „Freies Deutschland" zu industriellen, militärischen und politischen Kreisen sowohl in Deutschland als auch in neutralen Ländern
erscheint es angebracht, diese Vorschläge zu nutzen . . .

Einen Monat später, im April 1944, schickte ein operativer Mitarbeiter der UPWI einen Bericht an seinen Vorgesetzten:

In Übereinstimmung mit Ihren Weisungen unterbreite ich den

Entwurf eines Vorschlags für den Einsatz des Bunds Deutscher Offiziere zur Zersetzung der Wehrmacht und die Organisation von Aufklärungsresidenturen.

1. Der Bund Deutscher Offiziere ist ein Zentrum, um das sich nicht nur antifaschistische Kräfte, sondern auch unzufriedene und vom Hitlerregime enttäuschte Offiziere konzentrieren.

2. Nach einer gewissen Bearbeitung in Objekten und Lagern kann ein Teil von ihnen für aktive Propaganda und die Bildung entsprechender Gruppen nicht nur in den Lagern in der UdSSR, sondern auch hinter der Frontlinie in den Reihen der Wehrmacht und in Deutschland selbst eingesetzt werden.

3. Es ist anzunehmen, daß die Kriegslage und die internationale Lage defätistische antifaschistische Propaganda unter dem Deckmantel der „patriotischen" Bewegung des Bunds Deutscher Offiziere begünstigen.

4. Die hinter die Front geschleusten, speziell ausgewählten und überprüften Agenten der UPWI können in drei Richtungen eingesetzt werden:

a) als Organisatoren von Zellen des Bunds Deutscher Offiziere;

b) als Aufklärungsresidenten, die gleichzeitig Zersetzungsarbeit leisten oder sich auf reine Aufklärungsaufgaben beschränken;

c) als Perspektivagenten für die Friedenszeit, die bereits jetzt beauftrag werden, in die für uns interessanten Organisationen einzudringen (dann illegale faschistische Organisationen, die nach dem Krieg wahrscheinlich wiedererstehende Schwarze Reichswehr usw.).

5. Voraussichtlich wird ein Teil der eingeschleusten Personen umkommen und ein Teil von der deutschen Aufklärung übergeworben werden. Nur ein relativ geringer Teil wird die gestellten Ziele erreichen.

Dennoch muß berücksichtigt werden, zumal das uns zur Verfügung stehende Material sehr wertvoll ist, daß selbst eine geringe Erfolgsquote die vorgeschlagene Maßnahme rechtfertigt.

6. Die Maßnahme wird organisatorisch und operativ von der UPWI vorbereitet. Die Schleusungen werden in Zusammenarbeit mit der GRU der Roten Armee und den entsprechenden Frontstäben organisiert.

7. Zur Sicherung der Konspiration soll niemand außer dem Präsidenten des Bunds Deutscher Offiziere von Sydlitz und dem Mitglied des Bunds General Lattmann von dieser Arbeit wissen, die der Bund

hinter der Frontlinie durchführt. Die Auswahl der Personen erfolgt durch die Operativ-tschekistische Abteilung der UPWI . . .

Es ist schwer zu sagen, inwieweit dieser Vorschlag realisiert wurde. Die Planung solcher Operationen war immer das größte Geheimnis der Geheimdienste jedes Landes, unabhängig von seiner politischen Ordnung. Es steht jedoch außer Zweifel, daß General von Seydlitz keine keine Hindernisse sah, Mitglieder des Bunds Deutscher Offiziere auch für diese Form des Kampfes gegen den Faschismus einzusetzen.

Unsere Arbeit ist sehr schwierig

Das Interesse des NKWD für das Leben und die Stimmungen der kriegsgefangenen deutschen, italienischen und rumänischen Generale ließ nicht nach. Am 2. November 1943 schickte der Leiter der UPWI Iwan Petrow einen Bericht an Berija, in dem es im einzelnen heißt:

Entsprechend Ihren Weisungen habe ich vom 25. Oktober bis 2. November den Zustand des Lagers Nr. 48 für kriegsgefangene Generale überprüft und folgendes festgestellt:

Die Bewachung des Lagers ist durch eine gut ausgebildete Kompanie Begleittruppen und das Wachkommando vollkommen gewährleistet.

Das Lager ist ausreichend materiell versorgt und auf den Winter vorbereitet.

Der sanitäre Zustand des Lagers ist gut.

Die kriegsgefangenen Generale werden entsprechend den Weisungen des NKWD der UdSSR behandelt.

Sie erhalten frisches, schmackhaftes Essen entsprechend den Verpflegungsnormen, benutzen die Bibliothek, informieren sich anhand der „Iswestija" und der Meldungen des Sowinformbüros . . .

. . . Aus persönlichen Gesprächen mit den Generalen kann geschlossen werden, daß sich in der Gruppe der deutschen Generale alles um Paulus konzentriert. In seiner Abwesenheit übt Generaloberst Heitz die Funktion des Ranghöchsten aus. Die Generale halten der Hitlerregierung die Treue. Individuelle Vorladungen und Trennungen versetzen sie in Schrecken.

Die italienischen Generale solidarisieren sich mit der neuen Politik Italiens. Die rumänischen Generale halten sich neutral . . .

Das Leben der Generale im Lager war also ziemlich erträglich. Körperliche Arbeit beschränkte sich auf die Beschäftigung im Gemüsegarten und in den Blumenanlagen. Sie litten unter Langeweile, denn die Bibliothek war mit ideologisch ausgewählten Büchern ausgestattet und das Filmrepertoire ließ sehr zu wünschen übrig. Eine gewisse Abwechslung boten Schach und Kartenspiele.

Aus Langeweile beschäftigten sie sich mit verschiedenen Basteleien. General Strecker fertigte aus einer Konservendose zwei kleine gekreuzte Marschallstäbe, das Rangabzeichen eines Generalfeldmarschalls, und schenkte sie Paulus zum Geburtstag. Dieser befestigte das Geschenk auf seinen Schulterstücken, denn in Kriegsgefangenschaft war er mit drei Sternen auf jedem Schulterstück, dem Rangabzeichen eines Generalobersten, geraten.

Politische Gespräche waren aus der Mode gekommen. Alle erinnerten sich noch an die Rede des Generals Melnikow. Die Generale fühlten, daß sie beobachtet und beurteilt wurden . . .

Anders war die Situation im Objekt „15/W" in Lunowo. Außer den Kriegsgefangenen gab es hier noch Emigranten, die im Nationalkomitee „Freies Deutschland" arbeiteten. Ein Informant meldete:

. . . Zwischen den Generalen und den deutschen Kommunisten – den Mitgliedern des Nationalkomitees – gibt es Widersprüche. Die Kommunisten gehen davon aus, daß die Lage der Wehrmacht hoffnungslos ist, sich in ihr Zersetzung breitmacht, sie zerfallen und auseinanderlaufen wird, wenn sie nicht umgehend zu den deutschen Grenzen zurückgezogen wird. Sie stützen sich dabei auf Aussagen kriegsgefangener Soldaten und der Frontbeauftragten des Komitees.

Die Generäle schätzen die Kampfkraft und die Disziplin der Wehrmacht sehr hoch ein. Sie stützen sich auf die Aussagen kriegsgefangener Offiziere und Meldungen des Sowinformbüros.

Die Kommunisten wollen die Propaganda anheizen, während die Generale den Wunsch haben, ruhig, ernst und würdevoll zu sprechen . . .

Vom 19. bis 30. Oktober 1943 fand in Moskau eine Konferenz der Außenminister der UdSSR, der USA und Großbritanniens statt.

Einige Tage später, am 3. November 1943, trat in Lunowo die Arbeitskommission zusammen, der nun sowohl Vertreter des Bunds Deutscher Offiziere als auch Vertreter des Nationalkomitees „Freies

Deutschland" angehörten. Wie ein Informant mitteilte, kam es auf der Sitzung zu einer „gründlichen und sachlichen" Erörterung aller Fragen des Kommuniques der Moskauer Konferenz. Die Meinung des rechten Flügels wurde von General Korfes, die Meinung des linken Flügels von Ulbricht und Weinert vertreten. Unter Berücksichtigung des Kommuniques wurden neue Thesen für die weitere Arbeit angenommen:

1. Das deutsche Volk kann nicht auf einen Kompromiß- oder Separatfrieden hoffen. Die demokratischen Mächte werden geschlossen bis zur vollständigen Vernichtung des Hitlerregimes kämpfen.

2. Deutsches Volk! Du kannst trotz Kapitulation deine Freiheit und Unabhängigkeit wahren, wenn du dem Beispiel Italiens folgst und selbst mit dem Krieg und der Hitlerdiktatur Schluß machst, wenn du selbst für Frieden und Demokratie eintrittst.

3. Deutscher Soldat und Offizier! Begehe keine Verbrechen. Nach dem Krieg wirst du sonst ausgeliefert und am Ort des Verbrechens bestraft.

4. Bisher war unsere Propaganda hauptsächlich an die Generale, Offiziere und die führenden Industriekreise unter der Losung „Revolution von oben!" gerichtet. Jetzt muß sie sich an die Soldaten und die breite Masse der Werktätigen unter der Losung „Revolution von unten!" wenden.

5. Es hat keinen Sinn, Propaganda für die Erhaltung einer starken Wehrmacht bis zum Abschluß eines förderlichen Friedens zu betreiben. Es muß im Gegenteil davon gesprochen werden, daß das deutsche Volk nur auf einem Weg zu einem förderlichen Frieden gelangen kann. Das ist der Sturz des Hitlerregimes durch das deutsche Volk selbst. Nur so kann es sich das moralische Recht auf einen förderlichen Frieden erwerben.

General Lattmann unterbreitete noch den Vorschlag, die sowjetische Führung zu bitten, das Nationalkomitee „Freies Deutschland" offiziell als Vertreter des antifaschistischen Teils Deutschlands anzuerkennen.

Die Erörterung dieses Vorschlags wurde auf den 7. November 1943, bis zur Veröffentlichung der Rede Stalins anläßlich des 26. Jahrestags der Großen Sozialistischen Oktoberrevolution, vertagt. An diesem Tag wurden wichtige Erklärungen zur Außenpolitik erwartet.

Am 8. November 1943 schickte von Seydlitz an Melnikow einen Brief:

8. 11. 1943

Der Präsident
Bund Deutscher Offiziere

Herrn
General Melnikow

Die Erklärung der drei Mächte veranlaßt mich zu der Anfrage, ob die
Grundlagen, auf die sich die Ziele und Aufgaben des Bunds deutscher
Offiziere stützen und die die Basis meines Beitritts und meiner Mitar-
beit im Bund deutscher Offiziere sind, nach wie vor gelten und in der
Arbeit und Propaganda des Bunds der Offiziere beibehalten werden
können.

Zur Unterstützung und Erleichterung unserer Werbetätigkeit in
den Lagern und insbesondere für die Durchsetzung der im Manifest
dargelegten Forderungen in der Armee und im Land bitte ich, folgende Punkte zu überprüfen und Klarheit in diesen Fragen zu schaffen, denn diese Klarheit wird dazu beitragen, die Argumente unserer
Gegner unter den kriegsgefangenen Generalen und Offizieren zu widerlegen:

1. Der Rückzug des Ostheeres zu den Reichsgrenzen, der Sturz des
Hitlerregimes und die Bildung einer neuen Regierung, die sich auf das
Vertrauen des deutschen Volkes stützt, sind die bedingungslosen Vor-
aussetzungen für die Einstellung der Kampfhandlungen.

Nachdem das deutsche Volk alle in Punkt 1 aufgeführten Bedingungen erfüllt hat, werden ihm keine Forderungen nach bedingungs-
loser Kapitulation gestellt.

2. Mit der Regierung, die auf der Grundlage der Prinzipien des Manifests gebildet wurde und das Vertrauen des deutschen Volks genießt, wird Frieden geschlossen.

3. Eine Okkupation des deutschen Territoriums erfolgt nur dann,
wenn Deutschland die Friedensbedingungen verletzt und übernom-
mene Verpflichtungen nicht erfüllt. Eine Okkupation erfolgt nur
nach Vereinbarung der drei verbündeten Mächte.

Nach Erfüllung der in Punkt 1 dargelegten Voraussetzungen können der Bund deutscher Offiziere und das Nationalkomitee auf die
Unterstützung der UdSSR rechnen, daß sie auf diplomatischem Weg
einer möglichen Okkupation deutschen Territoriums durch angloamerikanische Streitkräfte entgegenwirken wird.

Die UdSSR will Deutschland als souveränen Staat erhalten.

5. Das Nationalkomitee und der Bund Deutscher Offiziere verstehen unter „Souveränität" auch das Recht, die Freiheit und Unabhängigkeit, die eigenen Grenzen mit einer Armee zu verteidigen, die über dafür ausreichende Stärke verfügt.

6. Deutschland soll nicht geteilt werden. Seine Grenzen sind so festzulegen, daß keine neuen Kriegskeime und -anlässe entstehen, wie es bei der Abfassung des Versailler Vertrags der Fall war (Polnischer Korridor) und womit sich die UdSSR niemals einverstanden erklärt hatte.

7. In Gestalt des neuen Deutschlands, das auf dem Prinzip des Manifests beruht, will die UdSSR einen Verbündeten für die Friedenspolitik in Europa gewinnen.

8. Die enge Gemeinschaft des neuen Deutschlands und der UdSSR ist der aufrichtige Wunsch des russischen Volks und der russischen Regierung.

9. Das Nationalkomitee und der Bund Deutscher Offiziere unterstützen aktiv die Schaffung der Voraussetzungen für das neue Deutschland. Die UdSSR betrachtet das Nationalkomitee und den Bund Deutscher Offiziere als offizielle Vertreter des neuen Deutschlands, das auf dem Prinzip des Manifests beruht. Die UdSSR lehnt jede Einmischung in die inneren Angelegenheiten des neuen Deutschlands ab, es sei denn, daß im Manifest festgelegte Punkte verletzt werden.

Das Nationalkomitee und der Bund der Offiziere verpflichten sich, gegenwärtig und in Zukunft alle ihre Kräfte für die Verwirklichung der Politik der Völker der UdSSR und des deutschen Volks einzusetzen.

von Seydlitz

Aber das Nationalkomitee „Freies Deutschland" wurde nie diplomatisch anerkannt. Die Frage wurde wiederholt angesprochen, zum letzten Mal im März 1944. General der Artillerie Walter von Seydlitz, Präsident des Bunds Deutscher Offiziere und Vizepräsident des Nationalkomitees „Freies Deutschland", übergab Nikolai Melnikow ein Memorandum, das dieser an Lawrenti Berija weiterleitete.

Der zuständige Mitarbeiter des „Instituts Nr. 99" schrieb:

... Nach unseren Angaben sind die eigentlichen Inspiratoren dieses Dokuments die Kriegsgefangenen General Rodenburg und Oberst van Hooven. Die meisten Mitglieder des Bunds Deutscher Offiziere sind mit diesem Dokument nicht einverstanden, da es eine Revision der politischen Richtlinien enthält, die in den Gründungsmanifesten des Nationalkomitees „Freies Deutschland" und des Bunds Deutscher Offiziere festgeschrieben sind.

Dieses Dokument, das sehr hinterhältig abgefaßt ist, beinhaltet praktisch einen plumpen Provokationsversuch, die sowjetische Regierung zu Schritten zu veranlassen, die unsere Beziehungen zu unseren Verbündeten verschärfen würden.

Es steht außer Zweifel, daß die offizielle Anerkennung des Nationalkomitees durch die sowjetische Regierung in Großbritannien und in den USA eine Kampagne auslösen würde, die der Sowjetunion eine deutschlandfreundliche Politik unterstellt, die das Bestreben Englands und Amerikas vereitelt, den Krieg gegen Deutschland bis zum siegreichen Ende zu führen. Die Autoren des Memorandums wollen die „sowjetische Karte" ausspielen, um Deutschland den Weg zu einem Abkommen mit Großbritannien zu ebnen. Außerdem besteht kein Zweifel daran, daß hinter dem Vorschlag des Generals von Seydlitz, das Nationalkomitee zu erweitern, die Absicht deutscher Generale steckt, das Nationalkomitee an sich zu reißen und einen Kurs einzuschlagen, der nicht auf die Bildung einer demokratischen Regierung in Deutschland, sondern auf die Diktatur der Generale, die das faschistische Regime ablösen sollen, gerichtet ist.

Besonders beachtenswert in diesem Memorandum ist auch der Verweis der Autoren, daß die deutsche Bevölkerung große Angst vor dem Bolschewismus hat und die sowjetische Regierung daher Schritte unternehmen soll, die den Deutschen zeigen, daß die Sowjetunion nicht beabsichtigt, Deutschland zu bolschewisieren. Nach allen von der sowjetischen Regierung abgegebenen Erklärungen schien diese Frage gelöst zu sein. Doch die Autoren des Memorandums beschwören das Schreckgespenst einer Bolschewisierung Deutschlands herauf, um eine „Amnestie" für alle Verbrechen, die das Hitlerregime auf sowjetischem Territorium begangen hat, zu erhalten. Die Furcht vor der verdienten Strafe ersetzen die Verfasser dieses Dokuments heuchlerisch durch Phrasen wie „Angst vor dem Bolschewismus".

Ich denke, daß wir dieses Dokument nicht unbeachtet lassen dürfen. Die Mitarbeiter des NKWD, die für das Nationalkomitee und den Bund Deutscher Offiziere zuständig sind, müssen angewiesen werden, durch eine feste politische Linie in ihrer Arbeit mit den deutschen Offizieren und Generalen derartige Meinungsäußerungen, die der Sowjetunion nur schaden können, zu unterbinden.

Gesagt sei, daß die auf der Moskauer Konferenz der drei Außenminister angesprochene Frage der persönlichen Verantwortung der Wehrmachtsangehörigen für die begangenen Kriegsverbrechen die Kriegsgefangenen in den Lagern bedeutend mehr bewegt als die Frage der künftigen Staatsordnung Deutschlands. Dazu gibt es eine Sondermeldung aus dem Objekt „15/W". Die Informanten teilten mit: Alle Offiziere sind vom Charkower Prozeß tief erschüttert. Die Offiziere sind sehr betroffen darüber, wozu sich Deutsche hinreißen ließen. Alle Verbrecher, die solche Greueltaten begangen haben, müssen gefunden und vernichtet werden, denn für sie ist in der menschlichen Gesellschaft kein Platz. Die Mehrheit der Offiziere ist fest davon überzeugt, daß diese Leute an den Verbrechen nicht selbst schuld sind, sondern auf Befehl handelten, den letzten Endes Hitler und seine Clique erteilt haben.

Während des Charkower Prozesses äußerte General Schlemmer beim Mittagessen: Es ist einfach unglaublich, was diese Leute getan haben. Sie sind keine Menschen mehr, das sind wilde Tiere.

General Korfes fügte hinzu: Die Strafe für die Verbrecher ist viel zu mild. Die Russen sind zu gutmütig. Wir würden mit ihnen kurzen Prozeß machen.

Leutnant Graf von Einsiedel sagte am Schluß des Gesprächs: Das ist das Ergebnis der militärischen und geistigen Erziehung der Deutschen. Allen Deutschen wurde die räuberische Ideologie eingeimpft. Hier wurden nur einige kleine Verbrecher aufgehängt. Ich hoffe, daß wir die Möglichkeit haben werden, die großen selbst aufzuknüpfen.

Oberstleutnant Bredt äußerte in einem Gespräch mit einer Gruppe von Offizieren am 25. Dezember: Der Charkower Prozeß zieht immer größere Kreise. Der Stab der 6. Armee ist offensichtlich auch betroffen. Mir ist bekannt, daß viele Regiments- und Divisionskommandeure von der Tätigkeit der geheimen Feldgendamerie wußten und dagegen beim Kommando des Heeres protestierten. Als Antwort darauf wurde nur mit den Achseln gezuckt und erklärt, daß dies der Befehl des Oberkommandos sei. Die Schuld von Paulus besteht darin, daß er unentschlossen war. Die Hauptschuld trägt General Schmidt, der sehr oft eigenmächtig und ohne Wissen von Paulus gehandelt hat. Schuldig sind auch andere, z. B. Oberstleutnant Kunowski. Wir selbst müssen verlangen, daß diese Leute zur Rechenschaft gezogen werden.

Der bei diesem Gespräch anwesende General von Seydlitz sagte: In nächster Zeit gebe ich unseren Kriegsgerichtsräten den Befehl, kriegsgefangene Offiziere zu verhören, damit solche Verbrechen enthüllt und die Schuldigen zur Verantwortung gezogen werden.

Oberst van Hooven äußerte zu dem Prozeß in einem Gespräch mit einer Gruppe von Offizieren am 23. Dezember: Wir müssen alle an Verbrechen Beteiligte bestrafen bzw. ausliefern. Wenn wir keine radikale Säuberung vornehmen, werden wir keine Ruhe haben.

Major Lewerenz sagte zu dem Prozeß in einem Gespräch mit Offizieren am 26. Dezember: Wir müssen in Deutschland schonungslos gegen diese Verbrecher auftreten. Allein schon deshalb ist es erforderlich, daß wir mit dem Heer nach Deutschland zurückkehren, um sofort entschiedene Maßnahmen gegen diese Leute ergreifen zu können.

Die Informanten berichteten allerdings auch über Äußerungen anderer Art:

Leutnant Wilimzig sagte am 22. Dezember: Das ist ein typischer Schauprozeß. Die Angeklagten müssen zu diesen Aussagen gezwungen worden sein.

Sonderführer Wilde von Wildemann meinte am 21. Dezember: Dieser Prozeß erinnert stark an den Trotzki-Prozeß. Ich kann nicht glauben, daß sich die Angeklagten bei gesundem Verstand derart selbst belasten konnten. Man hat ihnen was gegeben, um ihre Zunge zu lösen.

Neben dieser Äußerung steht am Rand die mit Bleistift geschriebene Anmerkung: Was für ein Schuft!! N. M.

Der Bericht endet mit der Äußerung des Kriegsgerichtsrats von Knobelsdorff: Aus meiner Praxis weiß ich, daß ein Angeklagter alles gesteht, wenn er weiß, daß sowieso alles verloren ist. Ich halte alles für wahr, was dieser Prozeß aufdeckt.

Die Mitglieder des Bunds Deutscher Offiziere erörterten dieses aktuelle Thema lebhaft. Offenbar begriffen sie alle innerlich, daß die beim Charkower Kriegsverbrecherprozeß ermittelten Fakten nicht der Einbildung sowjetischer Propagandisten entsprangen. Noch am 8. November 1943, sofort nach der Veröffentlichung des Kommuniques der Moskauer Konferenz der Außenminister der drei Mächte, wandte sich der Präsident des Bunds Deutscher Offiziere General von Seydlitz mit folgender Erklärung an den Kommissar der Staatssicherheit Melnikow:

Nach Kenntnis des in der Deklaration der drei Mächte enthaltenen Beschlusses, Verbrecher und Schuldige an Greueltaten sowie die Verantwortlichen zu bestrafen, richtet der Bund Deutscher Offiziere an Sie folgende Bitte: Ist es möglich, in Ausnahmefällen strafmildernde Umstände zu gewähren, wenn sich Schuldige der Bewegung „Freies Deutschland" anschließen und ihre Schuld durch besondere Aktivität im Kampf gegen das Hitlerregime sühnen? Die Fälle der Schuldigen, die sich der Bewegung „Freies Deutschland" bereits angeschlossen haben, sollen gesondert untersucht werden.

Der Bund Deutscher Offiziere ist der Meinung, daß wir dadurch in unserer Propaganda an der Front die gewünschten Ergebnisse erzielen können.

von Seydlitz

Auf der Kopie dieses Dokuments ist der Vermerk von Nikolai Melnikow: Erledigt. Offensichtlich war die Antwort des Kommissars der Staatssicherheit zufriedenstellend ausgefallen, denn noch am gleichen Tag erhielt er weitere Vorschläge zur Aktivierung der Arbeit des Bunds Deutscher Offiziere.

Auf das Thema der Schuld an Kriegsverbrechen kehrten der Offiziersbund und sein Präsident wiederholt zurück. Etwa ein Jahr nach den beschriebenen Ereignissen wandte sich von Seydlitz an die Leitung der UPWI des NKWD mit einer Erklärung zum Schicksal der kriegsgefangenen Generale Traut und Klammt.

Bund Deutscher Offiziere
Der Präsident   28. Oktober 1944
               Herrn Oberst SCHWEZ

In sowjetischen Presseveröffentlichungen werden als Verantwortliche für Verbrechen, die im Raum Minsk begangen wurden, u. a. auch die Generale Traut und Klammt genannt.

Beide Offiziere wurden in den Bund Deutscher Offiziere aufgenommen, bevor die gegen sie erhobenen Anschuldigungen bekannt geworden sind.

Ich kenne beide Generale persönlich und halte es für unmöglich, daß mit ihrem Wissen oder auf ihren Befehl hin Verbrechen gegen die Gesetze der Kriegführung begangen wurden. General Klammt, der sich hier in der Nähe im Lager Nr. 20 befindet, hat in einer Erklärung versichert, daß er niemals im Raum Minsk war und ihm nichts über Verbrechen durch Truppen, die er befehligte, bekannt ist. Er hat seinerzeit sofort darum ersucht, diesen Fall zu untersuchen. Der Bund der Offiziere unterstützte seine Bitte. Gleichzeitig hat der Bund beschlossen, die Frage der Mitgliedschaft der Generale Traut und Klammt so lange offen zu lassen, bis dieser Fall in den entsprechenden Instanzen entschieden ist.

Angesichts der die Generale geistig und moralisch außerordentlich belastenden Anschuldigungen bitte ich erneut, eine Untersuchung zu veranlassen und diese Frage zu klären, die sowohl für die Generale als auch für die Bewegung „Freies Deutschland" gleichermaßen wichtig ist.

Der Bund Deutscher Offiziere kann in seinen Reihen keine Offiziere dulden, auf denen ein derart schwerer Verdacht ruht. Andererseits hält er es für seine Pflicht, so schnell wie möglich Klarheit in dieser Frage zu schaffen, denn die in der Presse veröffentlichten Anschuldigungen sind möglicherweise in beiden Fällen falsch. Unter den Mitgliedern der Bewegung „Freies Deutschland" herrscht die Meinung, daß allein schon die Anschuldigung eine Strafe nach sich ziehen muß.

Gestatten Sie, nochmals darauf zu verweisen, daß die Propagandatätigkeit des Nationalkomitees stark kompromittiert wird, wenn Generalen, Offizieren und Soldaten, die zum Sturz Hitlers aufrufen und von der nationalsozialistischen Regierung deshalb zu Verbrechern erklärt werden, auch von der Sowjetunion Verbrechen angelastet werden.

Ich bitte Sie, sich in unsere Lage zu versetzen, die mich veranlaßt, Sie nochmals zu ersuchen, die Untersuchung des Falls der Generale Klammt und Traut zu beschleunigen.

General der Artillerie
von Seydlitz

Zu dieser Zeit begann der Stern des Präsidenten des Bunds Deutscher Offiziere bereits langsam zu verblassen. Das Gesuch des Bunds Deutscher Offiziere blieb unbeantwortet . . .

Doch Ende 1943 befand sich Seydlitz immer noch auf Höhenflug. Offensichtlich sah er sich schon als Oberbefehlshaber des neuen deutschen Heeres, als zweiter, wenn nicht gar erster Mann im Staat.

deutscher Offiziere.   den 23. 11. 43.   64

Der Präsident.
                                                                      8

              Herrn

              General M e l n i k o w .

Betrifft : Lehrgang für neue qualifizierte Mitarbeiter.

    Die aktiven engeren Mitarbeiter der Leitung des Bundes deutscher
Offiziere wurden aus den besten Kräften ausgewählt, die bei der Gründung des Bundes zunächst zur Verfügung standen. Für die heutige und
in der nächsten Zeit ständig wachsende Arbeit genügt ihre Zahl nicht mm
mehr.
    Die Offiziere der anderen Lager sind für die Arbeit und für die
Propaganda zur Zeit ohne Wert. Nur die lebendige Verbindung mit unserer
Gedanken und Absichten, die Fühlung mit den massgebenden amtlichen sowjetrussischen Stellen und mit dem Nationalkomitee befähigen zu erfolgreicher Arbeit.
    Die Zeit drängt. Je tatkräftiger der Bund deutscher Offiziere ar-
beiten kann, um so stärker und umfassender werden seine Bemühungen .
auch den mit der UdSSR gemeinsamen politischen Zielen gerecht werden
können.
    Es gibt zahlreiche Aufgaben, die zur Zeit aus Mangel an Kräften
nicht durchgeführt werden können:
        1.) Die Aktivierung und Verbreiterung der Propaganda. Für manche
Arbeiten fehlen die Fachleute oder es fehlt den wenigen vorhandenen
Kräften dafür die Zeit, z. B. für die politische Aufklärung des deutschen Heimatgebietes, Fragen der Demokratie, Erfassung aller Berufs -
und sozialen Gruppen der deutschen Bevölkerung, Intensivierung der
Frontpropaganda und anderes mehr.
        2.) Die Tatsache, dass immer die gleichen wenigen Namen in den
Flugblättern, in Presse und Rundfunk erscheinen, birgt die Gefahr in
sich, dass in Deutschland und im Ausland die Träger der antifaschistischen Bewegung als kleine Splittergruppen unter den deutschen Kriegsgefangenen betrachtet werden.
        3.) Die lebendige, schnelle und dauernde Verbindung mit den Be-
auftragten an der Front ist zur Zeit völlig ungenügend. Wir brauchen
viel mehr aktuelle Unterrichtung über die Wirkungen der Propaganda ,
mehr Kriegsgefangenenaussagen, wir brauchen mehr Erfahrungen über die
Arbeit an der Front.
        4.) Für kommende neue Aufgaben (Aufstellung einer " Legion " ,
Bearbeitung neuer Sachgebiete) müssen geschulte und politisch als
zuverlässig erprobte Kräfte schon jetzt bereit stehen.

                                                            135

Grundsätzlich ist daher erforderlich, dass rechtzeitig neue und fähige Kräfte ausgesucht werden.

Der Bund deutscher Offiziere macht daher folgenden Vorschlag :

Eine Anzahl von Offizieren, die der Bund deutscher Offiziere als geeignet betrachtet, werden in einem Sonderlehrgang unterrichtet und geprüft. Für Unterkunft und Arbeit wird gebeten, ein Haus in der Nähe von Moskau mit vorteilhaften äusseren Verhältnissen zur Verfügung zu stellen. Es ist unbedingt erforderlich, während dieses Lehrganges die teilnehmenden Offiziere völlig von anderen Offizieren und von den Lagern zu trennen, um jede Ablenkung oder Störung zu verhindern.

Dauer des Lehrganges : Etwa 14 Tage. Mehr ist bei planmässiger und intensiver Arbeit nicht erforderlich und im Hinblick auf die gebotene Eile nicht zweckmässig.

Leitung : Ein deutscher General oder Oberst, dem ein oder zwei andere besonders geeignete Offiziere zugeteilt werden.

Teilnehmer : Es werden für den ersten Lehrgang vorgeschlagen:

Oberst Herrmann, Kommandeur der Gren. Regt. 516. (295. Inf. Div.)
Oberst Ludwig, Kommandeur A.R.4 (14. Panzer Division)
Oberst Schildknecht, Chef des Gen. Stabes VIII. A.K.
Oberst d. R. Erler, Kommandeur eines Inf. Regts.
Oberst Dissel, I a der 295. Inf. Division.
Oberstarzt Kayser, Korpsarzt IV. A.K.
Oberstarzt Dr. Reimer, Divisionsarzt 295. Inf. Division.
Oberkriegsgerichtsrat Henning, XI. A.K.

Oberstleutnant Paltzo, I a 305. Inf. Division.
Oberstleutnant Stübichen, I a 60. mot. Division.
Oberstleutnant Henkel, I a 100. Jägerdivision.
Oberstleutnant Senfft. von Pilsach, Regimentskommandeur in der 60. Div.
Oberstleutnant von Kunowski, Quartiermeister der 6. Armee.
Oberstleutnant Schmoll, I a XIV. Panzerkorps.
Oberstleutnant von Below, I a 71. Inf. Division.
Oberstleutnant Weber, I a 297. Inf. Division.
Oberstleutnant Danklmeyer, I a 389. Inf. Division.
Major Maltzahn, Regimentskommandeur in der 389. Inf. Division.
Major Lüben, I b 389. Inf. Division.
Major Thevsen, I a XI. Armeekorps.
Major d. R. Wevl, Dienststelle nicht genau bekannt.

Die Arbeitseinteilung : Muss sorgfältig vorbereitet sein: Vorträge über die politischen Ziele der Bewegung, Einführung in bisher geleistete Arbeit, Presse- und Rundfunktätigkeit, Unterrichtung über die politische und wirtschaftliche Notwendigkeit einer engen Zusammenarbeit mit Sowjetrussland auf lange Sicht, Diskussionen, eigene schriftliche Arbeiten der Teilnehmer. Es wird besonders wertvoll sein, dass einige Herren der deutschen Emigration Vorträge und Diskussionen abhalten, zum B. die Herren Weinert, Pieck, Florin, Bredel.

 Vor allem kommt es auf die richtige geistige und politische Erziehung an. Am Schluss werden diejenigen ausgewählt, die für unsere Arbeit besonders fähig und bereitwillig sind und in ihrer inneren Einstellung zuverlässig.

 Wenn sich diese Massnahme beim ersten Mal bewährt, bittet der Bund deutscher Offiziere, die Gelegenheit zur Fortsetzung dieser Schulungs- und Auswahlarbeit zu geben.

Der Präsident :

v. Seydlitz

General der Artillerie.

Zeitgenossen behaupten, daß von Seydlitz bei allen seinen positiven Eigenschaften sentimental, übermäßig redselig und beifallsüchtig war. Solche Menschen erleben, wenn sie die Sympathie anderer verspüren, einen Energiezustrom, der ihnen hilft, Berge zu versetzen. Doch wenn sie allein und ohne Unterstützung sind, verfallen sie leicht in Depression.

Im Jahr 1943 hat man von Seydlitz Hilfe gewährt, weil man ihn brauche.

Am 23. November unterbreitete von Seydlitz, offensichtlich mit Hilfe seiner Kollegen vom Offiziersbund und des Nationalkomitees „Freies Deutschland", Melnikow einen Plan für die Ausbildung eines neuen Kontingents von Funktionären für den Bund Deutscher Offiziere.

Bund Deutscher Offiziere
Der Präsident   den 23. 11. 43
                          Herrn General Melnikow
Betrifft: Lehrgang für neue qualifizierte Mitarbeiter.

Die aktiven engeren Mitarbeiter der Leitung des Bunds Deutscher Offiziere wurden aus den besten Kräften ausgewählt, die bei der Gründung des Bundes zunächst zur Verfügung standen. Für die heutige und in der nächsten Zeit ständig wachsende Arbeit genügt ihre Zahl nicht mehr.

Die Offiziere der anderen Lager sind für die Arbeit und für die Propaganda zur Zeit ohne Wert. Nur die lebendige Verbindung mit unseren Gedanken und Absichten, die Fühlung mit den maßgebenden amtlichen sowjetrussischen Stellen und mit dem Nationalkomitee befähigen zu erfolgreicher Arbeit.

Die Zeit drängt. Je tatkräftiger der Bund Deutscher Offiziere arbeiten kann, um so stärker und umfassender werden eine Bemühungen auch den mit der UdSSR gemeinsamen politischen Zielen gerecht werden können.

Es gibt zahlreiche Aufgaben, die zur Zeit aus Mangel an Kräften nicht durchgeführt werden können:

1. Die Aktivierung und Verbreitung der Propaganda. Für manche Arbeiten fehlen die Fachleute oder es fehlt den wenig vorhandenen Kräften dafür die Zeit, z. B. für die politische Aufklärung des deut-

schen Heimatgebietes, Fragen der Demokratie, Erfassung aller Berufs- und sozialen Gruppen der deutschen Bevölkerung, Intensivierung der Frontpropaganda und anderes mehr.

2. Die Tatsache, daß immer die gleichen wenigen Namen in den Flugblättern, in Presse und Rundfunk erscheinen, birgt die Gefahr in sich, daß in Deutschland und im Ausland die Träger der antifaschistischen Bewegung als kleine Splittergruppe unter den deutschen Kriegsgefangenen betrachtet werden.

3. Die lebendige, schnelle und dauernde Verbindung mit den Beauftragten an der Front ist zur Zeit völlig ungenügend. Wir brauchen viel mehr aktuelle Unterrichtung über die Wirkungen der Propaganda, mehr Kriegsgefangenenaussagen, wir brauchen mehr Erfahrungen über die Arbeit an der Front.

4. Für kommende neue Aufgaben (Aufstellung einer „Legion", Bearbeitung neuer Sachgebiete) müssen geschulte und politisch als zuverlässig erprobte Kräfte schon jetzt bereit stehen.

Grundsätzlich ist daher erforderlich, daß rechtzeitig neue und fähige Kräfte ausgesucht werden.

Der Bund deutscher Offiziere macht daher folgenden Vorschlag:

Eine Anzahl von Offizieren, die der Bund Deutscher Offiziere als geeignet betrachtet, werden in einem Sonderlehrgang unterrichtet und geprüft. Für Unterkunft und Arbeit wird gebeten, ein Haus in der Nähe von Moskau mit vorteilhaften äußeren Verhältnissen zur Verfügung zu stellen. Es ist unbedingt erforderlich, während dieses Lehrgangs die teilnehmenden Offiziere völlig von anderen Offizieren und von den Lagern zu trennen, um jede Ablenkung und Störung zu verhindern.

Dauer des Lehrgangs: Etwa 14 Tage. Mehr ist bei planmäßiger und intensiver Arbeit nicht erforderlich und im Hinblick auf die gebotene Eile nicht zweckmäßig.

Leitung: Ein deutscher General oder Oberst, dem ein oder zwei andere besonders geeignete Offiziere zugeteilt werden.

Teilnehmer: Es werden für den ersten Lehrgang vorgeschlagen:
Oberst Herrmann, Kommandeur des Gren.-Regt. 516. (295. Inf.-Div.).
Oberst Ludwig, Kommandeur A. R. 4 (14. Panzer-Division).
Oberst Schildknecht, Chef des Gen.-Stabes VIII. A. K.
Oberst d. R. Erler, Kommandeur eines Inf.-Regts.
Oberst Dissel, I a der 295. Inf.-Division.

Oberstarzt Kayser, Korpsarzt IV. A. K.
Oberstarzt Dr. Reimer, Divisionsarzt 295. Inf.-Division.
Oberkriegsgerichtsrat Hennig, XI. A. K.
Oberstleutnant Paltzo, I a 305. Inf.-Division.
Oberstleutnant Stübichen, I a 60. mot. Division.
Oberstleutnant Henkel, I a 100. Jägerdivision.
Oberstleutnant Senfft von Pilsach, Regimentskommandeur in der 60. Div.
Oberstleutnant von Kunowski, Quartiermeister der. 6. Armee.
Oberstleutnant Schmoll, I a XIV. Panzerkorps.
Oberstleutnant von Below, I a 71. Inf.-Division.
Oberstleutnant Weber, I a 297. Inf.-Division.
Oberstleutnant Danklmeyer, I a 389. Inf.-Division.
Major Maltzahn, Regimentskommandeur in der 389. Inf.-Division.
Major Lüben, I b 389. Inf.-Division.
Major Thevsen, I a XI. Armeekorps.
Major d. R. Wevel, Dienststellung nicht genau bekannt.

Die Arbeitseinteilung: Muß sorgfältig vorbereitet sein: Vorträge über die politischen Ziele der Bewegung, Einführung in die bisher geleistete Arbeit, Presse- und Rundfunktätigkeit, Unterrichtung über die politische und wirtschaftliche Notwendigkeit einer engen Zusammenarbeit mit Sowjetrußland auf lange Sicht, Diskussionen, eigene schriftliche Arbeiten der Teilnehmer. Es wird besonders wertvoll sein, daß einige Herren der deutschen Emigration Vorträge und Diskussionen abhalten, zum Beispiel die Herren Weinert, Pieck, Florin, Bredel.

Vor allem kommt es auf die richtige geistige und politische Erziehung an. Zum Schluß werden diejenigen ausgewählt, die für unsere Arbeit besonders fähig und bereitwillig sind und in ihrer inneren Einstellung zuverlässig.

Wenn sich diese Maßnahme beim ersten Mal bewährt, bittet der Bund Deutscher Offiziere, die Gelegenheit zur Fortsetzung dieser Schulungs- und Auswahlarbeit zu geben.

Der Präsident:
von Seydlitz
General der Artillerie

Bund deutscher Offiziere   29.12.43.
   Der Präsident.
_____

         Herrn
         G e n e r a l   M e l n i k o w .
Betr.:Verpflegung in Lunowo.

         Nachdem jetzt der gesamte Verpflegungsempfang für die
im Hause anwesenden deutschen Offiziere und Soldaten durch
einen deutschen Koch erfolgt,und damit die zugewiesenen
Mengen laufend bekannt werden,hat sich einwandfrei ergeben,
dass die jetzige Verpflegungsnorm für die mit geistigen Arbeiten stark belasteten Herren unzureichend ist.

         Es wäre dringend erwünscht,wenn für die in Lunowo ar-
beitenden Mitglieder des National-Komitees und des Offizier-
bundes eine Verpflegungsnorm genehmigt werden könnte,die der
Arbeitsleistung dieser Herren entspricht.Es kann kein Zweifel
darüber bestehen,dass sie eine viel schwerere und verantwortungsvollere Arbeit zu leisten haben als alle anderen deutschen
Kriegsgefangenen in der UdSSR.

         Ich wäre Ihnen,Herr General,sehr dankbar,wenn Sie sich
dieser Frage persönlich annehmen würden.

                         Der Präsident:

                         General der Artillerie.

141

Kurz gesagt, die ganze Führung des Bunds Deutscher Offiziere war mit intensiver ideologischer und organisatorischer Arbeit beschäftigt. Doch der Mensch braucht mehr als nur geistige Nahrung. Auch der Körper verlangt sein Recht . . .

In einem der regelmäßigen Berichte über die Stimmung der in Lunowo lebenden Offiziere und Generale wurde die Meldung eines Informanten über die Verpflegung im Lager erwähnt:

Gestern abend wurde im Zusammenhang mit der zum Abendessen ausgegebenen kleinen Essensration über die Verpflegung diskutiert. Oberstleutnant Bechly sagte, daß es bedauerlich sei, daß diese Frage bisher nicht geklärt wurde und wir immer wieder darauf zurückkommen müssen, obwohl wir genug andere Dinge im Kopf haben.

Schuld daran sind nach Meinung der Offiziere die unzuverlässig arbeitende Küche und die fehlende Kontrolle. Von den 46 Gramm Butter, die nach Verpflegungsnorm zustehen, werden zum Frühstück nicht mehr als 25 Gramm ausgegeben. Es sollten 40 Gramm Butter auf einmal ausgegeben und die restlichen 6 Gramm zum Kochen verwendet werden. Die Offiziere erhalten auch nicht das nach Verpflegungsnorm zustehende Trockenobst und die vom Chefarzt verordneten frischen Möhren. Die zustehende Ration Kascha bekommen die Offiziere nur, wenn sich der Chefarzt einschaltet.

Hauptmann Hadermann meint, daß die Verpflegungsnorm der Offiziere erhöht werden muß. In den Kriegsgefangenenlagern erhalten nichtarbeitende Offiziere die gleiche Norm wie hier, arbeitende Offiziere erhalten 25 Prozent zusätzlich. Da wir hier als arbeitende Offiziere anzusehen sind, denn wir leisten viel geistige Arbeit, sollte unsere Norm um 25 Prozent erhöht werden . . .

Am 29. Dezember wandte sich General von Seydlitz mit einem Schreiben betreffs der Verpflegung in Lunowo an Melnikow:

Bund Deutscher Offiziere
Der Präsident   29. 12. 43
                    Herrn General Melnikow
Betr.: Verpflegung in Lunowo.

Nachdem jetzt der gesamte Verpflegungsempfang für die im Hause anwesenden deutschen Offiziere und Soldaten durch einen deutschen Koch erfolgt, und damit die zugewiesenen Mengen laufend bekannt werden, hat sich einwandfrei ergeben, daß die jetzige Verpflegungsnorm für die mit geistigen Arbeiten stark belasteten Herren unzureichend ist.

Es wäre dringend erwünscht, wenn für die in Lunowo arbeitenden Mitglieder des Nationalkomitees und des Offiziersbundes eine Verpflegungsnorm genehmigt werden könnte, die der Arbeitsleistung dieser Herren entspricht. Es kann kein Zweifel darüber bestehen, daß sie eine viel schwerere und verantwortungsvollere Arbeit zu leisten haben als alle anderen deutschen Kriegsgefangenen in der UdSSR.

Ich wäre Ihnen, Herr General, sehr dankbar, wenn Sie sich dieser Frage persönlich annehmen würden.

Der Präsident
von Seydlitz
General der Artillerie

Natürlich hat jeder das Recht, auf seine Arbeit stolz zu sein. Doch beim Holzeinschlag, beim Bau von Bergwerken, Fabriken und Wohnhäusern arbeiteten Tausende von kriegsgefangenen deutschen Soldaten. Dort, in den entlegenen Lagern, ging es oft nicht um eine zusätzliche Portion Butter, sondern um ein etwas größeres Stück Brot, Fisch, auch um Tabak . . .

Um die Verbesserung ihrer Lage hat sich der Präsident allerdings nicht gekümmert.

143

3. Zwei Jahre Krieg

Das Streben nach diplomatischer Anerkennung

Von der Nordwestfront kehrte der Präsident des Bunds Deutscher Offiziere in Hochstimmung zurück. Nachdem ihm das Frontkommando und die Leitung der UPWI so viel Achtung gezollt hatten, fühlte er sich offensichtlich in seinem Geltungsbedürfnis bestärkt. Seine erste Sorge galt nun der Erweiterung des Bundes.

Sofort nach seiner Rückkehr nach Lunowo unterbreitete von Seydlitz Nikolai Melnikow einen Vorschlag:

BUND DEUTSCHER OFFIZIERE
HERRN GENERAL MELNIKOW   25. November 1943
Betr.: Gottesdienst in den Kriegsgefangenenlagern
Die Abhaltung von Gottesdiensten in den Kriegsgefangenenlagern wird sehr unterschiedlich gehandhabt. In einigen Lagern finden regelmäßig Gottesdienste statt, in anderen sind sie generell verboten. Seit einigen Monaten werden von Geistlichen des Nationalkomitees jeden Sonntag Gottesdienste abgehalten, die über Rundfunk übertragen werden. Es besteht die Gefahr, daß die Beibehaltung dieser Praxis den Eindruck von Unaufrichtigkeit hervorruft, d. h. daß der Gottesdienst und die Geistlichen nur für Propagandazwecke genutzt werden.

Einige Offiziere und Soldaten christlichen Glaubens würden sich der Bewegung „Freies Deutschland" wahrscheinlich eher anschließen, wenn sie sehen, daß die religiösen Bedürfnisse der Kriegsgefangenen berücksichtigt werden. Das Nationalkomitee hat nichts gegen Gottesdienste, wenn sie auf freiwilliger Grundlage stattfinden.

Um jeden aufkommenden Verdacht auszuschließen, daß die Gottesdienste für andere Ziele genutzt werden, wird die Genehmigung von Gottesdiensten den Mitgliedern der Bewegung „Freies Deutschland" überlassen.

Die bevorstehende Advents- und Weihnachtszeit weckt bei den Kriegsgefangenen zweifellos ein starkes Bedürfnis nach religiösen Bräuchen, die mit diesem Fest verbunden sind.

Ich bitte daher, diese Frage möglichst schnell zu entscheiden.

Präsident des Bundes deutscher Offiziere
von Seydlitz
General der Artillerie

Die Vorschläge des Präsidenten enthielten nichts Neues. Die Haager Konvention von 1907 über Gesetze und Gebräuche eines Landkriegs, die von der sowjetischen Regierung ratifiziert worden war, sah vor, daß in den Kriegsgefangenenlagern religiösen Bräuchen nachgegangen werden darf. Doch die Lageradministration sah darin etwas Neues und tat sich mit der Genehmigung schwer . . .

General von Seydlitz machte sich Gedanken darüber, wie die Maßnahmen des Bundes deutscher Offiziere und des Nationalkomitees „Freies Deutschland" zur Zersetzung der Wehrmacht und des Hinterlandes effektiver gestaltet werden können. Am 2. Dezember 1943 wandte er sich an Melnikow mit einem weiteren Schreiben:

Bund Deutscher Offiziere
Der Präsident   2. Dezember 1943
              Herrn General Melnikow
Das stärkste Argument, mit dem Hitler unser Volk zum Durchhalten aufputscht, ist der Hinweis auf den absoluten und totalen Vernichtungswillen unserer Gegner. Die Angst des Volkes vor dem Ende, vor dem Bolschewismus und vor einem Betrug wie 1918 erschwert es an eigenem Handeln gegen Hitler.

Die Propaganda des Bunds Deutscher Offiziere und des Nationalkomitees behauptet, daß Deutschland erträgliche Bedingungen erhalten wird, wenn es Hitler beseitigt und den Krieg liquidiert. Da wir keine „Macht" sind, wird uns unsere Behauptung nicht geglaubt, da sie vor allem in den Erklärungen der Feindbundstaaten keine Unterstützung findet. Ich verweise z. B. auf die „amtliche Stellungnahme" des Londoner Rundfunks vom 28. 11., in der es zum Schluß heißt:

„Angesichts dieses diplomatischen Spiels (Besuch von Cramms und des Fürsten Bismarck in Schweden) ist es am Platze festzustellen, der Krieg und alles, was mit ihm zusammenhängt, kann nur ein Ende haben: *Die bedingungslose Kapitulation Deutschlands.* Bis zu diesem Zeitpunkt, an dem Deutschland bedingungslos kapituliert, werden die Luftangriffe in voller Stärke weitergehen, denn sie sind ein wesentliches Kampfmittel zur Zerstörung der deutschen Kriegsmaschine."

Die Hinzufügung dieses einen Satzes *„Nur die sofortige Beseitigung der Hitlerregierung und die Beendigung des Krieges durch das deutsche Volk würde eine neue Lage schaffen"* würde unserem Volk den Weg weisen, der zu einem erträglichen Frieden führt, uns die Angst nehmen und *unsere Propaganda von autoritativer Seite unterstützen.*

Ich bitte daher, daß wenigstens die UdSSR in geeigneter Form diesen Gedanken an das deutsche Volk heranträgt. Ich bin überzeugt, daß ein solcher Schritt Erfolg haben würde. Er gibt uns vor allem die Möglichkeit, in unserer Propaganda eine sehr entschiedene und klare Sprache zu sprechen.

Gegensätze zu England und Amerika können meines Erachtens bei einer so vorsichtigen Formulierung nicht entstehen, zumal sie nur das enthalten würde, was uns gegenüber immer betont worden ist und was letzten Endes aus der Deklaration 2 „über Italien" herausgelesen werden kann. Man darf aber nicht annehmen, daß das deutsche Volk den Wortlaut dieser Deklaration kennt und in der Lage ist, den gleichen Sinn aus ihr herauszulesen.

Der Präsident
von Seydlitz
General der Artillerie

Bund deutscher Offiziere.   den 2. Dezember 1943.
Der Präsident.

        Herrn

                General M e l n i k o w .'

        Das stärkste Argument, mit dem Hitler unser Volk zum Durchhal-
ten aufputscht, ist der Hinweis auf den absoluten und totalen Vernichtungswillen unserer Gegner. Die Angst des Volkes vor dem Ende, vor dem Bolschewismus und vor einem Betrug ähnlich 1918 erschwert es an eigenem Handeln gegen Hitler.

        Die Propaganda des Bundes deutscher Offiziere und des Nati-
nalkomitees behauptet, dass Deutschland erträgliche Bedingungen
erhalten wird, wenn es Hitler beseitigt und den Krieg liquidiert.
Da wir keine "Macht" sind, wird uns unsere Behauptung nicht geglaubt, da sie vor allem in den Erklärungen der Feindbundstaaten
keine Unterstützung findet. Ich verweise z.B. auf die " amtliche Stellungnahme " des Londoner Rundfunks vom 28.11., in der
es zum Schluss heisst : " Angesichts dieses diplomatischen
Spiels (Besuche von Cramm s und des Fürsten von Bismark in
Schweden) ist es am Platze festzustellen, der Krieg und alles,
was mit ihm zusammenhängt, kann nur ein Ende haben : Die bedingungslose Kapitulation Deutschlands. Bis zu diesem Zeitpunkt, an
dem Deutschland bedingungslos kapituliert, werden die Luftangriffe in voller Stärke weitergehen, denn sie sind ein wesentliches
Kampfmittel zur Zerstörung der deutschen Kriegsmaschine. "
        Die Hinzufügung dieses einen Satzes : " Nur die sofortige
Beseitigung der Hitlerregierung und Beendigung des Krieges durch
das deutsche Volk würde eine neue Lage schaffen" würde unserem
Volk den Weg weisen, der zu einem erträglichen Frieden führt,
ihm die Angst nehmen und unsere Propaganda von autoritativer Seite unterstützen.

        Ich bitte daher, dass wenigstens die UdSSR in geeigneter
Form diesen Gedanken an das deutsche Volk heranträgt. Ich bin
überzeugt, dass ein solcher Schritt Erfolg haben würde. Er gibt
uns vor allem die Möglichkeit, in unserer Propaganda eine sehr
entschiedene und klare Sprache zu sprechen.

        Gegensätze zu England und Amerika können meines Erachtens
bei einer so vorsichtigen Formulierung nicht entstehen, zumal
nur das enthalten würde, was uns gegenüber immer betont werden
und was letzten Endes aus der Deklaration ? " über Italien "
ausgelesen werden kann. Man darf aber nicht annehmen, dass das
deutsche Volk den Wortlaut dieser Deklaration kennt und in der
Lage ist, den gleichen Sinn aus ihr herauszulesen.

                                        Der Präsident :

                                        O. Seyb

                                        General der Artillerie.

148

Wir verweisen darauf, daß dieses Schreiben bereits den ersten Hinweis auf die Notwendigkeit enthält, die Führung des Bundes Deutscher Offiziere und des NKFD als „Macht" anzuerkennen. Am 9. Dezember teilte ein Informant mit, daß Oberst van Hooven den Präsidenten des NKFD Erich Weinert ständig drängt, der sowjetischen Regierung folgende Vorschläge zu unterbreiten:

1. Dem NKFD werden Interwiews mit Vertretern der angloamerikanischen Presse und Vertretern der Presse neutraler Länder erlaubt.
2. Das NKFD wird wie das Nationalkomitee „Freies Frankreich" diplomatisch anerkannt.

Der Informant erklärte weiter, daß van Hooven das alles damit motiviert, daß das NKFD nur im Ergebnis der offiziellen Anerkennung durch die Sowjetunion die erforderliche Legitimation sowohl in Deutschland selbst als auch in der ganzen Welt erlangen wird. Aber, fügte der Informant hinzu, das Hauptmotiv ist hierbei der persönliche Ehrgeiz van Hoovens.

Etwas später teilte derselbe Informant mit, daß es die überwiegende Mehrheit der Offiziere noch für zu früh hält, die diplomatische Anerkennung des Nationalkomitees zu verlangen. Zuerst müssen große politische Erfolge erzielt und die Führungsposition in der Opposition in der Wehrmacht und in Deutschland übernommen werden. Der Informant führte eine Äußerung von Major Hetz an, der zur Führung des Nationalkomitees gehört:

Die diplomatische Anerkennung des Nationalkomitees läßt sich gegenwärtig nicht erreichen, denn die Sowjetunion verhält sich England gegenüber sehr vorsichtig. Die Führer der UdSSR wissen sehr gut, daß sie den Krieg allein nicht gewinnen können. Deshalb wollen sie England nicht verärgern . . .

Major Hetz dachte weitaus realistischer als von Seydlitz.

Das zweitwichtigste Gesprächsthema sowohl der Sitzungen als auch der Kriegsgefangenen war die Frage der Frontbesuche.

Im Unterschied zum Präsidenten des Bundes Deutscher Offiziere hatten die Leutnants und Majore eine sehr skeptische Meinung zu solchen Reisen.

Major Büchler äußerte sich wie folgt:

Die Russen lassen uns nur deshalb nicht an die Front, weil sie uns mißtrauen. Wir sind immerhin gestandene Soldaten und können an der Front Dinge sehen, die wir nicht sehen sollen. An die Front fahren nur Absolventen der Antifa-Schulen, wir jedoch sitzen hier untätig rum. Sie halten uns in Reserve, weil wir noch gebraucht werden können, vielleicht für einen Waffenstillstand oder für die Aufstellung eines Truppenteils. Auf jeden Fall werde ich persönlich nichts mehr unternehmen. Ich bin lediglich Kriegsgefangener und habe mich damit abgefunden.

Oberleutnant Trenkmann sagte:

Ich weiß, daß nur der an die Front geschickt wird, der die Sanktion Ulbrichts hat. Er hält uns für unzuverlässig, deshalb schickt man uns nicht an die Front.

. . . Major Büchler hatte recht. Kriegsgefangene deutsche Offiziere, die sich als Beauftragte des Nationalkomitees „Freies Deutschland" an der Front aufhielten, konnten manchmal Sachen sehen, die vor dem sowjetischen Volk sorgsam geheimgehalten wurden.

Am 7. April 1945 schickten der Leiter der Hauptverwaltung des NKWD für Kriegsgefangene und Internierte Generalleutnant Kriwenko und sein Stellvertreter Kommissar der Staatssicherheit dritten Ranges Kobulow an Lawrenti Berija und Sergej Kruglow ein Schreiben, in dem unter Bezugnahme auf einen Informanten berichtet wurde:

Der Vizepräsident des Nationalkomitees „Freies Deutschland" Heinrich Graf von Einsiedel war im Auftrag des Komitees an die sowjetisch-deutsche Front gereist. Nach seiner Rückkehr berichtete er folgendes: Die Beaufragten des NKFD, die sich mit der Roten Armee auf deutschem Territorium aufhielten, waren vollkommen erschüttert und erschlagen von dem, was sie dort gesehen haben. Dörfer und Städte, die den Russen unversehrt in die Hände gefallen waren, waren niedergebrannt worden. So wurde die Stadt Allenstein, die die Russen nahezu unzerstört eingenommen hatten, einige Tage später in Brand gesteckt. Die hier verbliebenen Deutschen werden vollständig ausgeplündert. Was die als erste eingetroffenen Einheiten noch nicht geraubt haben, nehmen sich die nachfolgenden. Wenn sich die Frauen beklagen, daß man ihnen alles wegnimmt, werden sie geschlagen und erschossen.

Die Russen sind auf Wodka und Alkohol aller Art geradezu versessen. Im betrunkenen Zustand vergewaltigen sie dann Frauen und zünden Häuser an. Ich habe mit einer Buchhalterin aus Elbing gesprochen, die von Rotarmisten vergewaltigt worden ist. Sie hat es mir selbst erzählt. An der Front werden viele Gefangene einfach erschossen. Nach meiner Schätzung mindestens 20 Prozent. Kurz gesagt, man darf sich keinen Illusionen hingeben. Die Rote Armee geht sehr grausam und schlimmer vor als beispielsweise die Wehrmacht in Frankreich seinerzeit.

Andere Frontbeauftragte, die in Ostpreußen waren, berichteten übereinstimmend von Vergewaltigungen, Plünderungen und noch Schlimmerem, was ich nicht wiederholen kann. Die Menschen waren moralisch vollkommen gebrochen, sie weinten wie kleine Kinder.

Natürlich werden die Sympathien der Deutschen auf der Seite der Engländer und Amerikaner sein, die offensichtlich anders handeln.

Mit seiner Schilderung rief Graf von Einsiedel im Nationalkomitee Unruhe und Besorgnis hervor . . .

Weder Kriwenko und Kobulow noch Graf von Einsiedel wußten, daß der Leiter der Hauptverwaltung der Abwehr SMERSCH Viktor Abakumow am 29. März 1945 an Josef Stalin folgenden Bericht geschickt hat:

Ich halte es für erforderlich, Ihnen zu berichten, daß der Schriftsteller Ilja Ehrenburg in letzter Zeit in seinen öffentlichen Vorträgen über seine Reiseeindrücke von Ostpreußen die Rote Armee verleumdet hat.

Am 21. März d. J. erklärte Ehrenburg vor dem Leitungskollektiv der Frunse-Militärakademie vor etwa 150 Personen, daß die Kultur unserer in Ostpreußen kämpfenden Truppen sehr niedrig ist, sie politisch schlecht geschult und nicht in der Lage sind, Ordnung zu schaffen, wodurch es zu Eigenmächtigkeiten der Armeeangehörigen kommt.

Ehrenburg sagte: Militärisch waren wir auf den Einmarsch in deutsches Territorium gut vorbereitet, in politischer Hinsicht jedoch schlecht. Wir waren nicht in der Lage, dort Ordnung zu schaffen, vor allem nicht schnell. Die Truppen handeln vor Ort eigenmächtig.

. . . Die Kultur unserer Truppen ist niedrig. Die Soldaten stehlen alles, was ihnen unter die Finger kommt, dabei nicht einmal Wertsachen, sondern Ramsch und Plunder.

. . . In den besetzten Städten und Gebieten werden unnötig Eigentum, Lebensmittel und Vieh vernichtet, gleichsam aus einem „Gefühl blinder Rache" heraus.

... Es ist uns gelungen, in unseren Soldaten Haß und nicht Verachtung gegenüber den Deutschen zu erwecken, wobei die Deutschen an diesem Haß weitestgehend selbst schuld sind, d. h. sie haben ihn uns eingeimpft, nicht wir haben unseren Menschen den Haß anerzogen.

Den Truppen ist die deutsche Kultur fremd, sie haben Schwierigkeiten, sich in die Gedankenwelt der deutschen Zivilisation zu versetzen ...

Ehrenburg hatte bereits am 5. März d. J. in der Redaktion der Zeitung „Krasnaja Swesda" einen Vortrag über seine Eindrücke von der Reise durch Ostpreußen gehalten, wobei er ebenfalls abwertende Worte über die Rote Armee äußerte.

Ehrenburg sagte, daß sich die Etappenverbände der Roten Armee fast schon im Zustand der Zersetzung befinden, plündern, stehlen, zerstören, saufen und sich mit deutschen Frauen einlassen.

Ehrenburg führt einige Beispiele an:

Ein Soldat schlitzt mit einem Messer den Lederbezug eines Sofas auf. Ein General sieht das und weist ihn zurecht: „Was tust du da? Das Sofa soll nach Rußland transportiert werden, und deine Frau bekommt es." Darauf antwortete der Soldat dem General: „Vielleicht deine Frau, meine jedenfalls ganz sicher nicht." Und er setzte sein Zerstörungswerk fort.

In einem Fall hat ein betrunkener Soldat eine Apotheke mit wertvollen Medikamenten nur deshalb zerstört, weil für ihn dort nichts zu holen war.

Was die Schaffung von Ordnung in Ostpreußen betrifft, so hat Ehrenburg gesagt, daß in den deutschen Städten systemlos Personen zu Stadtkommandanten ernannt werden, die nicht in ihre Aufgaben eingewiesen wurden und daher nur damit zu tun hatten, Eigentum zu konfiszieren, Alkohol zu beschaffen und zu saufen.

Gleichzeitig erklärte Ehrenburg, daß die Mitglieder der Militärräte nichts unternehmen, um Ordnung zu schaffen, und versuchen, die Truppen mit der Nachricht zu erschrecken, daß die Deutschen den Alkohol vergiftet haben. Mehr wird in dieser Hinsicht nicht unternommen. Die Politleiter wissen nicht, wie sie sich verhalten sollen, und einige von ihnen gehen den Soldaten mit schlechtem Beispiel voran ...

Die Offiziere der Roten Armee, die an den Vorträgen Ehrenburgs teilgenommen haben, hegten Zweifel an seinen Ausführungen und hielten sie für politisch schädlich, doch keiner von ihnen trat gegen diese Äußerungen Ehrenburgs auf . . .

Einige Tage später erschien in der „Prawda" ein Artikel des angesehenen Parteifunktionärs G. Alexandrow „Genosse Ehrenburg simplifiziert", in dem er den bekannten Schriftsteller beschuldigte, Haß gegen die Deutschen zu schüren. Die Zeitung mit diesem Artikel wurde umgehend in die Kriegsgefangenenlager geschickt. In dem Bericht an Lawrenti Berija führten die Leiter der GUPWI Auskünfte von Informanten über die Reaktion gefangener deutscher Offiziere und Generale auf diesen Artikel an.

Wie die Informanten mitteilten, sagte General von Seydlitz: Endlich gibt es wieder einen Lichtblick in diesen traurigen Tagen. Man konnte schon in Verzweiflung geraten. Jahrelang haben wir nichts außer zunehmenden Haß gegenüber Deutschland erlebt. Diesen Artikel werte ich als kleine Anerkennung der Arbeit unserer Bewegung. Den Russen wird deutlich gemacht, daß Hitler und das deutsche Volk nicht ein und dasselbe sind, und wir werden unsererseits alles tun, dies zu beweisen.

Leutnant Wilms, Frontbeauftragter des Nationalkomitees „Freies Deutschland", erklärte: Ich habe an der Front jede Woche die Artikel Ehrenburgs gelesen und mit russischen Offizieren darüber gesprochen. Sie treten entschieden gegen diese Artikel auf und halten sie für politisch falsch.

Die Aussagen von Graf Einsiedel und Ilja Ehrenburg bestätigten, daß Büchler die Lage richtig beurteilt hat. Doch das zeigte sich erst später, im Jahre 1945, als bis zum Kriegsende nur noch wenige Wochen blieben . . .

1943, als der Krieg noch auf sowjetischem Territorium tobte, bestand die Hauptsorge der Leitung des „Instituts Nr. 99" darin, daß deutsche Kriegsgefangene versuchen könnten, zu den eigenen Truppen überzulaufen.

Da der erste Frontbesuch des Generals von Seydlitz und Oberst van Hoovens aussichtsreich gewesen zu sein schien, wurde beschlossen, diese Praxis fortzusetzen. Natürlich mit gewissen Vorsichtsmaßnahmen . . .

BESTÄTIGT
Stellvertreter des Volkskommissars
des Innern der UdSSR
Kommissar der Staatssicherheit
zweiten Ranges
Kruglow   15. Dezember 1943

MASSNAHMEPLAN
des Oberleutnants der Staatssicherheit Safronow zur Absicherung der
Arbeit einer Gruppe des Bundes Deutscher Offiziere an der Belorussi-
schen Front.
In Zusammenarbeit mit Vertretern der PUR und der Abwehr
SMERSCH sind alle erforderlichen Bedingungen für die erfolgreiche
Arbeit einer Gruppe des Bundes Deutscher Offiziere zur Zersetzung
der deutschen Truppen zu schaffen.
Hierfür sind erforderlich:
1. Auf der Fahrt zur Front ist die sorgfältige Beobachtung der
kriegsgefangenen Offiziere zu gewährleisten.
2. Nach dem Eintreffen an der Front ist die erforderliche Verbindung zu den Organen der Abwehr SMERSCH herzustellen und sind
die erforderlichen Bedingungen für die Unterbringung und Bewachung der kriegsgefangenen Offiziere zu organisieren.
3. Gemeinsam mit den Organen der PUR und von SMERSCH ist
ein Arbeitsplan der Gruppe auszuarbeiten, wobei die Bewachung der
kriegsgefangenen Offiziere und ihr Begleitschutz bei Fahrten zu den
einzelnen Frontabschnitten zu gewährleisten sind.
4. Die Teilnahme an allen Beratungen und Gesprächen der kriegsgefangenen Offiziere mit neuen Kriegsgefangenen ist zu gewährleisten, wobei diese Kriegsgefangenen vorher zusammen mit den Organen der PUR und von SMERSCH auszuwählen sind.
5. Besondere Aufmerksamkeit ist darauf zu richten, daß Exzesse gegenüber den kriegsgefangenen Offizieren verhindert werden.
6. Die Kopien aller Dokumente über die Arbeit der kriegsgefangenen Offiziere, einschließlich der Fotos, sind zu systematisieren.
7. Über die Stimmungen und die Tätigkeit der Gruppe ist anhand
von Beobachtungen und Mitteilungen von Informanten Tagebuch
zu führen.

154

Leiter der 1. Abteilung
Major der Staatssicherheit
Schirin

EINVERSTANDEN
Stellvertreter des Leiters
der UPWI des NKWD der UdSSR
Kommissar der Staatssicherheit
Melnikow

Das Jahresende 1943 war reich an Ereignissen. Anfang Dezember erfuhren die Insassen von Lunowo von den Ergebnissen der Teheraner Konferenz der Staatschefs der Sowjetunion, der USA und Großbritanniens. Am 10. Dezember berichtete ein Informant über ein Gespräch zu diesem Thema, an dem die Generale von Seydlitz, Korfes, von Daniels und Lattmann, Oberst van Hooven und Oberst Steidle teilgenommen hatten. General von Seydlitz sagte:

Das einzige Gute, was ich der Erklärung der Teheraner Konferenz entnehmen konnte, war, daß man bisher noch von der Erhaltung Deutschlands ausgehen kann, obwohl unsere Wehrmacht vernichtet wird. Doch aus Meldungen des Londoner Rundfunks geht hervor, daß alles noch nicht entschieden ist . . .

Darauf antwortete ihm General Korfes: Die „Times" schreibt, daß niemand darauf hoffen soll, nach dem Krieg in Deutschland Zuflucht zu finden und von dort einen neuen Krieg vorbereiten zu können. Damit sind wir gemeint − die Generale. Wir werden noch für unsere Ideen kämpfen müssen, doch das ist nicht so leicht, dafür brauchen wir Kanonen und Soldaten.

Der an dem Gespräch teilnehmende General Schloemer erklärte: Es muß ein für allemal geklärt werden, was die bedingungslose Kapitulation bedeutet und welche Position Rußland in dieser Frage bezieht.

Seydlitz antwortete: General Schloemer, setzen Sie sich mit Korfes zusammen und arbeiten Sie konkrete Fragen aus, die wir den russischen Instanzen unterbreiten können. Wenn der Londoner Rundfunk Ansichten der Polen, wie Deutschland nach dem Krieg aussehen wird, verbreitet, dann erhebt sich die Frage, wie die anderen darüber denken . . .

Der Präsident des Bundes Deutscher Offiziere hatte offensichtlich den Wunsch nach diplomatischer Anerkennung noch nicht aufgegeben . . .

Generalmajor Korfes (l. stehend) und General v. Seydlitz im Gespräch mit deutschen Gefangenen aus dem Kessel von Korsun, Februar 1944

Generalleutnant Alexander Edler v. Daniels

Doch die Leiter der UPWI und des „Instituts Nr. 99" erhielten keine diesbezügliche Weisung und arbeiteten in gewohnter Weise weiter.

Mitte Dezember 1943 verfaßte Nikolai Melnikow einen weiteren Sonderbericht für die Leitung des NKWD der UdSSR:

... Die räumliche Trennung zwischen der sowjetischen Führung, dem Präsidium des Nationalkomitees „Freies Deutschland", dem Präsidenten des Bundes Deutscher Offiziere und der Redaktion der Zeitung „Freies Deutschland" erschwert die Arbeit, weil ein schneller Meinungsaustausch nicht möglich ist, was die Entscheidung von Fragen verzögert.

Die Arbeit wird auch durch unzuverlässige und inaktive (unzufriedene und unfähige) Personen behindert. Mit seinem gegenwärtigen Mitarbeiterstab ist General von Seydlitz nicht ausreichend arbeitsfähig.

Außerdem gehen keine präzisen und schnellen Informationen von den Frontbeauftragten ein. Es gibt keine zentrale Leitung für die Werbung neuer Mitglieder in den Kriegsgefangenenlagern.

In den veröffentlichten Propagandamaterialien fehlen Namen von hochrangigen Vertretern der Bewegung, vor allem von Generalstabsoffizieren. Das kann von der deutschen Propaganda genutzt werden, um das Nationalkomitee und den Offiziersbund als unbedeutende und vereinzelte Gruppen hinzustellen.

Die Einbeziehung neuer Kräfte in das Nationalkomitee „Freies Deutschland" und den Bund Deutscher Offiziere ist auch im Hinblick auf die mögliche Aufstellung der Legion erforderlich.

Es ist notwendig, neue Offiziere zu gewinnen und sie in speziellen Kurzlehrgängen (sechs bis acht Tage) für die künftige Tätigkeit in Leitungspositionen im Nationalkomitee und in der Legion politisch zu schulen. Dazu sind die Offiziere von den übrigen getrennt in der Umgebung Moskaus unterzubringen ...

Eine erste Delegation für die Werbung neuer Mitglieder für den Offiziersbund, der General Lattmann, Major Hünemörder, Hauptmann Domaschk, Hauptmann Stolz und Leutnant von Einsiedel angehörten, wurden nach Jelabuga geschickt.

... Das Jahr 1944 begann.

Am 5. Januar fand eine Plenarsitzung des Nationalkomitees „Freies Deutschland" statt, auf der beschlossen wurde, die Losung „Rückzug der deutschen Truppen zur Grenze Deutschlands" durch die Losung „Die deutschen Soldaten müssen die Waffen niederlegen und organisiert dem Banner des Nationalkomitees folgen" zu ersetzen.

General Lattmann sagte in seiner Rede auf der Plenarsitzung:

Es geht nicht an, die deutschen Soldaten aufzufordern, die Waffen niederzulegen, und ihnen dafür das Leben zu versprechen. Dadurch werden nur Feiglinge auf unsere Seite überwechseln. Ihnen muß gesagt werden: Legt die Waffen nieder, vereint euch mit uns unter dem Banner des Nationalkomitees, um für die Rettung des deutschen Volkes zu kämpfen. Das ist eine ehrenvolle Losung.

Zum Waffenniederlegen soll nur dort aufgerufen werden, wo die Lage der Wehrmacht hoffnungslos ist . . .

Die Informanten teilten mit, daß die meisten Offiziere optimistisch gestimmt sind. Einige meinen, daß der Krieg im Frühjahr oder Sommer 1945 mit einer Niederlage Hitlers enden wird. Daher wird viel über die Rückkehr in die Heimat und darüber gesprochen, was sie in Deutschland erwartet.

Als Beispiel wurde eine Äußerung von General Korfes angeführt:

Wenn wir nach Deutschland zurückkehren, müssen wir unverzüglich handeln. Wir dürfen uns nicht verteidigen, wir müssen unsere Gegner vielmehr sofort angreifen. Wir müssen alle Generale zur Verantwortung ziehen, die Hitler bis zum Schluß unterstützt haben. Wir müssen die Polizei in unsere Hand bekommen. Ich bin überzeugt, daß die sowjetische Regierung verlangen wird, daß General von Seydlitz die Führung der demokratischen Streitkräfte übernimmt. Dann haben wir eine sehr stabile politische Stellung in Deutschland. Wir müssen auch sofort gegen das Großkapital vorgehen, damit es nicht die Presse und die Streitkräfte gegen uns mobilisieren kann. Wir müssen unsere Außenpolitik eindeutig auf den Osten orientieren. Ich bin überzeugt, daß die Zusammenarbeit mit der Sowjetunion sehr nützlich und erfolgreich sein wird . . .

In diesem Sinne äußerte sich auch Major Lewerenz:

Ich hoffe, daß die sowjetische Regierung sofort nach Friedensschluß die Führung des Nationalkomitees und des Bundes Deutscher Offiziere nach Deutschland schicken wird, damit wir dort eine linksgerichtete und außenpolitisch auf den Osten orientierte Demokratie schaffen . . .

Im großen und ganzen lagen sie mit ihrem Urteil richtig – sowohl was den Zeitpunkt des Kriegsendes als auch die weiteren Ereignisse betrifft. Nur hinsichtlich des Schicksals des Generals von Seydlitz irrte sich General Korfes. Darauf komme ich noch zu sprechen . . .

Großes Interesse bekundeten die gefangenen deutschen Offiziere auch für die „polnische Frage", genauer gesagt für die Frage der polnischen Westgrenzen.

Ein Informant, der gute Verbindungen hatte und das Vertrauen vieler in Lunowo untergebrachter Offiziere genoß, teilte mit:

Hauptmann Domaschk und Hauptmann Stolz sehen in der Deklaration zu den künftigen Grenzen Polens eine Vereinnahmung Ostpreußens. Sie meinen, daß die vorgesehenen Grenzen Polen veranlassen werden, im weiteren auch auf Pommern bis hin zur Oder, wo im Mittelalter Slawen siedelten, Anspruch zu erheben. Außerdem leiten die vorgesehenen Grenzen eine Zerstückelung Deutschlands ein, weil sie den anderen Nachbarn Deutschlands als Anregung für territoriale Ansprüche dienen. Polen braucht keinen Zugang zum Meer, das hat die Geschichte belegt.

In Anwesenheit von Major Kirchhofer äußerten sie, daß eine Zustimmung zu dieser Grenzänderung Verrat an der Heimat bedeuten würde. Als Major Hetz und Gefreiter Zippel davon erfuhren, ersuchten sie General Lattmann um eine Klärung, doch Domaschk und Stolz behaupteten, daß Kirchhofer sie falsch verstanden hat.

General Lattmann erwartet von sowjetischer Seite eine Klarstellung der Grenzfrage. Er ist der Meinung, daß die Deklaration im Widerspruch zum Manifest des Nationalkomitees steht, und hofft, daß die UdSSR eine für Deutschland annehmbare Position beziehen wird. Er meint, daß solche Fragen erörtert werden müssen, denn sonst spielt der Bund Deutscher Offiziere nur die Rolle einer billigen Propagandamaschine für die Rote Armee, womit er nicht einverstanden sein kann. In solchen Grenzänderungen sieht er den Keim eines neuen Kriegs. Wenn aus den Erklärungen der sowjetischen Seite hervorgeht, daß es die UdSSR für möglich hält, Deutschland unter Verletzung der Gerechtigkeit und der Selbstbestimmungsprinzipien der Nation Bedingungen zu diktieren, dann lehnt er die weitere Mitarbeit im Offiziersbund ab . . .

General von Seydlitz äußert keine eigene Meinung, er orientiert sich in dieser Frage völlig auf Lattmann . . .

Die Erklärung der sowjetischen Seite ließ nicht lange auf sich warten. Darüber berichtete ein anderer Informant:

General Melnikow bearbeitete die Generale wie Schüler, und die

Generale verhielten sich wie Schüler. Ihnen ging es um die politische Macht, und sie versagten als Diplomaten . . . Jetzt werden die Generale gefügig sein, denn sie haben ihre Unfähigkeit und ihre diplomatische Schwäche gespürt . . . Über die „polnische Frage" werden unter den Offizieren keine weiteren Gespräche geführt . . .

Der Informant, der über die Reaktion der Offiziere auf die „polnische Frage" berichtete, verwies auch darauf, daß sich in letzter Zeit der Einfluß von General Rodenburg auf die Führung des Bundes Deutscher Offiziere verstärkt hat. Diesem Einfluß unterliegen vor allem die Generale von Seydlitz, Schloemer und Daniels, die in ihrem Verhalten nicht mehr die frühere Selbständigkeit bekunden.

Die Leitung der UPWI war natürlich nicht daran interessiert, daß von Seydlitz und seine Kollegen unter irgendeinen unkontrollierten Einfluß geraten. General Rodenburg wurde daraufhin aufmerksam überwacht, und schon am 30. Januar teilte ein angesetzter Informant mit:

Am 26.1.44 lud mich General Rodenburg zu einem Gespräch in sein Zimmer ein. Das Gespräch dauerte von 17 Uhr bis 1 Uhr nachts und berührte zwei Fragen – erstens meine Reise an die Front und zweitens die Gründe, warum er bisher noch nicht dem Bund Deutscher Offiziere beigetreten ist. Zuerst berichtete ich ihm von meinen Eindrücken an der Front, von meinem Auftrag, von der Roten Armee, ihrer Stimmung, Siegeszuversicht und gewaltigen Überlegenheit an Waffen, Personal und Kriegsgerät. Mein Bericht hat ihn zweifellos beeindruckt, denn er sagte buchstäblich folgendes: Für mich ist sehr wichtig, daß Sie mir das sagen, denn ich weiß, daß Sie nicht die Absicht haben, mich zu überreden.

Nachdem ich meinen Bericht beendet hatte, sprach er von sich: Als ich hierher kam, waren Sie bereits da. Ich habe damals keine Achtung für Sie empfunden, denn ich konnte das Verhalten des Generals von Seydlitz und der anderen Offiziere nicht verstehen. Doch dann überzeugte ich mich davon, daß der Bund Deutscher Offiziere aus ehrlichen und edlen Motiven handelt. Ich hatte, wie Sie wissen, an der Plenarsitzung des Nationalkomitees teilgenommen und meine Ansichten eindeutig dargelegt. Schon damit habe ich die Heimat verraten. In den Hauptfragen stimme ich Ihnen vollkommen zu. Hitler muß entfernt und der Krieg beendet werden. Er ist hoffnungslos verloren. Doch ich will Ihnen auch sagen, warum ich Ihnen noch nicht helfen kann. Ich habe darüber auch immer wieder mit Herrn Stern gesprochen. Ich habe drei Gründe: erstens die Frontpropaganda, zweitens die polnische Frage und drittens der unkontrollierte Einfluß der Propaganda hier im Nationalkomitee. Gegenwärtig geht es darum, die Menschen zu retten. Doch wenn Sie Propaganda betreiben, dann rufen Sie dadurch Desorganisation und Durcheinander hervor, wodurch mehr Menschen umkommen, als Sie vielleicht durch deren Übertritt zum Nationalkomitee retten können. Außerdem sind die Russen überhaupt nicht in der Lage, die Versorgung großer Truppenteile (von Kriegsgefangenen – L.R.) abzusichern, wie wir in Stalingrad gesehen haben. Ich will damit nicht sagen, daß sie schuld am Tod so vieler Menschen sind, doch es ist klar, daß die Versorgung von zehn- oder zwanzigtausend Menschen nicht von heute auf morgen gesichert werden kann. Sie müssen auch an die anderen Fronten denken. Wenn dort aufgrund Ihrer Propaganda ein Truppenteil ausfällt, dann werden andere vernichtet und das Chaos wird noch größer. Lassen Sie die Fronten in Ruhe, damit die Generale dort handeln können. Sie hätten das natürlich schon lange tun können, noch bevor die Dnepr-Linie verlorenging. Wenn aber ein Artikel wie der von Einsiedel veröffentlicht wird, dann sagen die Generale, daß sie mit diesen Leuten nichts zu tun haben wollen. Einsiedel ist ein sehr netter Kerl, doch wenn er mein Sohn wäre, würde ich ihn zurechtweisen. Ja, wenn das ein Oberst oder General geschrieben hätte. Bei den Generalen haben Sie bisher keinen Erfolg gehabt, und das wird Ihnen in den nächsten zwei Monaten auch bei den jungen Offizieren nicht gelingen, die Sie jetzt dazu aufrufen, die Generale zu beseitigen. Danach wird die Propaganda dazu auffordern, die Offiziere zu beseitigen, und dann haben Sie das Chaos.

Ich antwortete darauf: Das wird nicht eintreten. Außerdem können Sie, Herr General, Ihren Einfluß in dieser Frage geltend machen, wenn Sie im Offiziersbund mitwirken. Das alles sind nur taktische Fragen, die sich ändern können. Der Artikel Einsiedels ist sachlich und richtig, die Generale tun wirklich nichts, obwohl sie handeln könnten.

Danach ging Rodenburg zur polnischen Frage über: Im November wurde von der russischen Seite eine vollkommen eindeutige Erklärung zur polnischen Frage abgegeben, doch dann erschien die TASS-Meldung. Die Generale waren sehr verwirrt und baten die russische Seite um Klärung einiger Fragen, erhielten jedoch ausweichende Antworten. Die fünf Generale gaben sich damit zufrieden, und die polnische Frage galt als geklärt. Die Russen sind sehr schlau. Sobald sich die polnische Regierung in London etwas ändert, werden sie diese anerkennen, mit ihr verhandeln und sie unterstützen. Denn sie müssen unbedingt die Schwierigkeiten überwinden, die sie zweifellos mit den Engländern haben werden. Sie wollen auf alle Fälle die guten Beziehungen zu ihnen erhalten. Ich sage Ihnen, spätestens in 14 Tagen erkennen die Russen die polnische Regierung in London an.

Ich antwortete ihm: Das glaube ich nicht, in 14 Tagen werden ich Sie daran erinnern. Der Herr General muß sich darüber klar sein, daß die Fortsetzung des Krieges alles nur noch schlimmer macht. Außerdem kann man die Deklaration zur polnischen Frage unterschiedlich betrachten, man darf sie nicht so eng sehen. Gegenwärtig können wir jedoch keine Forderungen stellen.

Rodenburg sagte weiter: Ich möchte Sie darauf hinweisen, daß hier willkürlich und eigenmächtig gehandelt wird. Ich weiß von Gerlach, daß in der Zeitung erneut ein Artikel erschienen ist, der überhaupt nicht erörtert wurde. Warum machen die Kommunisten das? Diese Beispiele zeigen, daß sie eines schönen Tages Chaos hervorrufen wollen. Ich habe mit Pleck, Weinert und vielen anderen gesprochen. Ich will glauben, daß ihre Absichten ehrlich sind, doch bin mir dessen nicht sicher.

Hierauf antwortete ich: Die von Ihnen, Herr General, angeführten Gründe sind nur taktische und organisatorische Fragen, die sich jeden Tag ändern können. Deshalb ist mir das Verhalten des Herrn Generals nicht verständlich, da es um unser Volk geht.

Rodenburg: Auch mich bedrückt die Lage sehr. Ich möchte gern helfen und die Sache voranbringen, doch ich kann nicht gegen meine Überzeugung handeln. Außerdem bin ich mir nicht sicher, ob uns die Russen nicht ausnutzen. In Wirklichkeit verachten sie uns, weil wir kollaborieren und unseren Eid brechen.

Am 28. 1. 44 sprach ich erneut mit General Rodenburg. Zufällig kam das Gespräch auf die Ereignisse in Stalingrad. Rodenburg sagte: Wir befanden uns damals in der Nähe eines Lagers russischer Kriegsgefangener. Es ist möglich, daß mir die Russen die Sachen mit diesen Kriegsgefangenen anlasten werden.

Wir erörterten auch die polnische Frage noch einmal, wozu Rodenburg sagte: Warum wird plötzlich die Frage der Erschießungen in Katyn wieder hochgespielt? Das soll doch nur eine Basis für Verhandlungen mit der polnischen Regierung und ihre Anerkennung schaffen. Das ist auch so eine undurchsichtige Sache. Es ist noch nicht bewiesen, wer sie erschossen hat. Ich kann mir nicht vorstellen, warum die Deutschen die Polen erschossen haben sollten. Sie waren ja Rußland keineswegs freundlich gesinnt. Das ist schwierig zu begreifen . . .

Das Leben ging weiter, und jeder Tag brachte neue Überraschungen. Doch eines stand fest – zur diplomatischen Anerkennung des Nationalkomitees wird es nicht kommen . . .

Im Haus kam Unruhe auf . . .

Ende Februar 1944 wurde dem Leiter der UPWI General Petrow ein Observationsbericht über die Stimmungen und Äußerungen der Bewohner des „Hauses" unterbreitet – so nannten die kriegsgefangenen deutschen Offiziere und Generale den Gebäudekomplex in Lunowo, in dem sich die Führung des Bundes Deutscher Offiziere und des Nationalkomitees „Freies Deutschland" befand. Den Mitteilungen der Informanten war zu entnehmen, daß sich im Haus etwas ereignet, was sich den Augen Uneingeweihter entzieht. Doch wie bei einem Puzzle, bei dem Teilchen für Teilchen aneinandergelegt werden, konnte sich General Petrow anhand der eingehenden Informationen ein Bild des Geschehens machen . . .

Nachdem Petrow die Information gelesen hatte, daß General Rodenburg vorschlägt, die Struktur des Nationalkomitees „Freies Deutschland" und des Bundes Deutscher Offiziere zu reorganisieren, um Parallelarbeit zu vermeiden, vermerkte er auf dem Bericht: Muster für die künftige Verwaltung des künftigen Deutschlands.

Rodenburg schlug folgende Struktur vor: Führung, Exekutivorgan und Gesetzgebungsorgan. Die Führung soll seiner Meinung nach ein kollektives Gremium sein – ein Präsidium aus fünf bis sechs Mitgliedern, dem Pieck, Weinert, Florin, General von Seydlitz und noch ein bis zwei Personen angehören. Der Führung ist das Exekutivorgan unterstellt – eine Kommission, die in Ressorts unterteilt ist: Innere und Auswärtige Angelegenheiten, soziale und kulturelle Fragen, Arbeit und Landwirtschaft. Das Bindeglied zwischen der Führung und der Kommission bildet das Gesetzgebungsorgan – das Parlament, das aus Vertretern des Bundes Deutscher Offiziere und des Nationalkomitees besteht, die sich zusammengeschlossen haben.

Was sollte General Petrow oder jemand anders an diesem Vorschlag wohl auszusetzen haben . . .

Doch dann kam es zu Spannungen, als General von Seydlitz erklärte, daß er beabsichtigt, das Leitungsorgan des Bundes Deutscher Offiziere – den Vorstand – von 25 auf 40 Mitglieder zu vergrößern. Er wurde in seinem Vorsatz von General von Daniels, General Korfes und Oberst van Hooven bestärkt, während Major Lewerenz, Hauptmann Domaschk und andere Offiziere Einwände erhoben. Seydlitz erklärte, daß es durch diesen Schritt möglich wird, den Einfluß des Offiziersbundes bei der vorgesehenen Vereinigung mit dem Nationalkomitee zu verstärken und die Führung der Bewegung zu übernehmen. Der Informant, der dies mitteilte, behauptete, die Idee, den Vorstand des Bundes Deutscher Offiziere zu vergrößern, stamme von General Rodenburg.

Auf diesem Bericht vermerkte General Petrow: Zu viel. Möglich ist eine Erweiterung um 3 bis 4 Mitglieder.

Wie immer wurde heftig darüber gestritten, wie die Propaganda am effektivsten gestaltet werden kann. Die Position des Generals von Seydlitz, die auch von Daniels, Rodenburg, Korfes, von Knobelsdorff, Huber und Hadermann vertraten, bestand in folgendem:

Die Propaganda muß auf der an der Front wie auch im Hinterland zu verbreitenden Meinung aufbauen, daß die Führung der Bewegung „Freies Deutschland" ein ernst zu nehmender Faktor ist und diese Organisation Vertrauen erweckt und verdient.

Die Schaffung dieser Vertrauensbasis wird jedoch dadurch behindert, daß die Deutschen die Bedeutung und die Stellung des Nationalkomitees nicht kennen. Erneut ist festzustellen, daß die Propaganda viele unwahre und leicht zu durchschauende Angaben enthält, maßlos übertreibt, durch Angriffe auf einzelne Personen und Gruppen einen unseriösen Eindruck macht und die Denkweise an der Front und im Hinterland psychologisch falsch einschätzt.

Doch auch wahrheitsgetreue Propaganda, sagte von Seydlitz, wird nicht akzeptiert, wenn es der Bewegung nicht gelingt, ihre Bedeutung nachzuweisen und eine Vertrauensbasis zu schaffen.

Hierzu vermerkte General Petrow: Gen. Manuilski informieren! (Dimitri Manuilski war für Propaganda zuständig.)

Am 24. Februar 1944 wurde eine Vorstandssitzung des Bundes Deutscher Offiziere einberufen. Der wichtigste Tagesordnungspunkt war der Bericht des Präsidenten über seine Reise an die 1. Ukrainische

Front, in den Raum Korsun-Schewtschenkowski, wo eine größere Gruppierung deutscher Truppen eingekesselt worden war.

General von Seydlitz zeigte auf der Karte die Lage des Kessels und einzelne Phasen seiner Liquidierung und erklärte, daß die deutschen Truppen mit ihren Gegenangriffen den Kessel nicht aus der Umzingelung befreien konnten, die deutsche Propaganda und der Londoner Rundfunk aber gemeldet hatten, daß bis zu 4000 Mann aus dem Kessel ausgebrochen sind.

Es besteht kein Zweifel, sagte der Präsident, daß die Generale Leeb, Hille und Degrelle aus der Umzingelung herausgekommen sind. Allem Anschein nach war ihnen das nachts gelungen, indem sie mit Hilfe von Panzern und motorisierten Einheiten eine Bresche schlugen, die am Tag wieder geschlossen wurde. Möglicherweise hat sich das in der darauffolgenden Nacht wiederholt. Die Russen reden nicht darüber, daher wissen wir nicht, wie wir darauf in unserer Propaganda reagieren sollen. Ich habe einen Brief an General Melnikow geschrieben und ihn gebeten, eine vertrauliche Information zu dieser Frage zu übermitteln.

Deshalb kann nicht behauptet werden, wie es Major Büchler in seiner Rundfunkansprache getan hat, daß die Generale desertiert sind oder feige waren, denn wenn sie den Befehl zum Durchbruch hatten und dieser gelang, dann war das zweifellos ein militärischer Erfolg. Eine andere Frage ist, daß sie dem deutschen Rundfunk Grund zu der Behauptung gegeben haben, der ganze Kessel sei befreit. Das ist eine infame Lüge. Wir müssen uns möglichst schnell einschalten und dagegen auftreten . . .

Außerdem sagte General von Seydlitz: Unsere Propaganda hatte wenig Erfolg, man kennt uns in den deutschen Truppen zu wenig. Die Hauptaufgabe besteht jetzt deshalb darin, die Propaganda zu verstärken und sie wahrheitsgemäßer zu gestalten. Die weitere Entwicklung an der Front wird in den Kämpfen entschieden. Der Aufruf, auf die Seite des Nationalkomitees überzugehen, ist Unsinn. Das ist eine Utopie, und wenn wir daran glauben, dann geben wir uns großen Illusionen hin. Wir müssen den Menschen immer mehr die Angst vor dem Bolschewismus nehmen, ihnen sagen, wer wir sind und was wir wollen. Davon hängt alles ab. Wir werden eine neue Linie in der Arbeit mit dem Nationalkomitee ausarbeiten. Wenn das nicht geschieht, werde ich nicht weiter mitarbeiten . . .

Die Informanten teilten auch mit, daß in der Nacht vom 22. zum

23. Februar eine geheime Beratung der „zuverlässigsten" Mitglieder des Bundes Deutscher Offiziere stattgefunden hatte. Auf ihr wurde eine schriftliche Erklärung an General Melnikow erörtert, in der es um die Veränderung der Propagandataktik und die Erweiterung des Vorstands ging. Darin wurden auch Kandidaten für den Vorstand vorgeschlagen – General Rodenburg, Oberst Czimatis und Leutnant Wilimzig. Alle Anwesenden bestätigten diese Vorschläge. Unstimmigkeiten gab es bei der Kandidatur von Major Homann. Einige Anwesende meinten, daß er die Politik der „anderen Seite", d. h. des Nationalkomitees „Freies Deutschland" vertreten wird. Ein Teilnehmer der Beratung sagte: Wir brauchen im Offiziersbund keinen Spaltpilz . . . Schließlich einigte man sich auf die Kandidatur von Oberleutnant Huber und Oberstleutnant Matzmor.

Am Schluß der Beratung erinnerte Major Frankenberg General Seydlitz daran, daß im Haus niemand etwas von den gefaßten Beschlüssen erfahren soll. Seydlitz stimmte sofort zu: Ja, richtig, fast hätte ich das vergessen. Meine Herren! Es ist selbstverständlich, daß im Haus unter keinen Umständen darüber gesprochen werden darf, bevor die Sache endgültig entschieden ist. Überhaupt müssen wir erst die Meinung von Herrn Stern einholen . . .

Wolf Stern, der Bevollmächtigte der UPWI für operative Aufgaben, war der eigentliche Führer und Mentor des Bundes Deutscher Offiziere . . . Das war ein sehr wichtiger Aspekt, denn im Nationalkomitee „Freies Deutschland" war man sich über die „Innenpolitik" nicht einig. Während Wilhelm Pieck die Positionen der Generale vom Offiziersbund unterstützte, stand Friedrich Wolf auf der Seite der gegen die Generale gerichteten Opposition.

Doch im „Institut Nr. 99" war man anderer Auffassung. Anfang April 1944 wurde dort das Memorandum „Zur Linie des Nationalkomitees ‚Freies Deutschland' und des Bundes Deutscher Offiziere" ausgearbeitet:

Sowohl im NKFD als auch im Bund Deutscher Offiziere ist entschieden gegen die Versuche Rodenburgs vorzugehen, die Grundprinzipien dieser beiden Organisationen, die in den Gründungsmanifesten und in allen nachfolgenden Dokumenten verankert sind, zu revidieren. Es ist daher taktisch angebracht, Seydlitz von den eigentlichen Inspiratoren der Zersetzungstätigkeit – Rodenburg und van Hooven – zu trennen und die gegen sie gerichtete Kritik zu verstärken.

Für unsere Aufklärungsarbeit in dieser Frage ist besonders wichtig:

a) den Nachweis zu erbringen, daß hinter dem Vorschlag Rodenburgs, das Nationalkomitee zu erweitern und seine politische Orientierung zu revidieren, in Wirklichkeit die Absicht steckt, die Hegemonie der Generale im Nationalkomitee, dem Leitungsorgan der Bewegung „Freies Deutschland", zu erreichen;

b) zu zeigen, daß die ganze politische Konzeption Rodenburgs und van Hoovens darauf gerichtet ist, in Deutschland anstelle einer wirklich demokratischen Regierung eine Diktatur der Generale zu errichten;

c) die ganze Aussichtslosigkeit des Versuchs Rodenburgs und van Hoovens aufzuzeigen, die Widersprüche zwischen den Verbündeten auszunutzen, wobei darauf verwiesen wird, daß solche Versuche nur zur Schwächung des Kampfes gegen Hitler und zur politischen Diskreditierung des Bundes Deutscher Offiziere führen können;

d) entschieden zu betonen, daß die früheren Losungen des Nationalkomitees und des Bundes Deutscher Offiziere in Kraft bleiben – hinsichtlich der Wehrmacht der Aufruf zur Einstellung der Kampfhandlungen und zum Übertritt auf die Seite des Nationalkomitees „Freies Deutschland", und hinsichtlich des deutschen Hinterlandes – der Aufruf zu aktiven Handlungen der Bevölkerung gegen Hitler und sein Regime, für die sofortige Beendigung des für Deutschland verlorenen Kriegs.

Das Nationalkomitee appelliert nach wie vor an die deutschen Soldaten und Offiziere: Wenn die Generale nicht die Initiative ergreifen, um den verlorenen Krieg zu beenden und die Kampfhandlungen einzustellen, dann müssen die deutschen Soldaten selbständig ohne und gegen sie handeln. Gleichzeitig erhebt das Nationalkomitee keinen Einwand, wenn der Bund Deutscher Offiziere in seinem Namen nur zum gemeinsamen Handeln von Generalen, Offizieren und Soldaten für die Beendigung des Kriegs und den Sturz des Hitlerregimes aufruft, selbständiges Handeln der Offiziere und Soldaten ohne und gegen die Generale jedoch nicht propagiert;

e) keinen Einwand dagegen zu erheben, daß sorgfältig ausgewählte Vertreter des Bundes Deutscher Offiziere an die Front geschickt werden, um unter den deutschen Truppen Propagandaarbeit zu leisten.

Offenbar waren die deutschen politischen Emigranten in der Führung des NKFD fest entschlossen, nicht auf ihre Positionen in der Führung des künftigen demokratischen Deutschlands zu verzichten.

Dabei konnten sie zuversichtlich mit der Unterstützung der sowjetischen Führung rechnen. Die Mitglieder des Bundes Deutscher Offiziere wurden nur als qualifizierte Fachleute gebraucht, die unter strenger Kontrolle handelten . . .

Anfang Mai berichtete ein Informant über ein Gespräch General Lattmanns mit Oberst van Hooven, in dem davon die Rede war, daß sich General Rodenburg dem ganzen Haus gegenüber lächerlich macht und er nicht ernst genommen wird, weil er heute so und morgen so redet. Van Hooven beschwerte sich, daß Rodenburg es abgelehnt hat, ihn auf eine Reise an die Front mitzunehmen. Er sagte: Mein lieber van Hooven, Sie kommen dafür nicht in Frage. Ich gestatte nicht, daß man mir jemand zur Kontrolle mitgibt . . .

Der Informant teilte auch mit, daß Rodenburg in einem Gespräch gesagt hat: Ich weiß, daß man in diesem Haus keine objektive Kritik an den Geschehnissen hören will, weil das den Kommunisten nicht paßt. Ich weiß, daß man mich als Vertreter der Reaktion betrachtet . . . Der Informant nahm an, daß dahinter Hauptmann Hadermann steckt, der in einem Gespräch mit Rodenburg über eine Reise an die Front ablehnend reagierte: Ich halte diese Reise für sinnlos, denn die Kommunisten wollen nur hören, was ihrer Propaganda dient. Ich will auch deshalb nicht fahren, weil ich hier als Reaktionär gelte. Wenn ich mit Ihnen fahre, dann wird man mich dort nur schief ansehen . . .

Wie der Informant berichtete, erzählt Major Homann bereits allen unter dem Siegel der Verschwiegenheit, Herr Stern habe zu ihm gesagt, daß er, weil man sich auf ihn verlassen kann, unbedingt mit Rodenburg an die Front fahren muß, damit dieser keine Dummheiten macht. Der Informant erklärte, daß Rodenburg, wenn er davon erfährt, was in diesem Haus leicht möglich ist, noch mißtrauischer werden wird. Rodenburg hat sich beschwert, daß die jungen Offiziere und vor allem die Soldaten jede Gelegenheit nutzen, um sich hinter dem Deckmantel von Demokratie und Redefreiheit den höheren Offizieren gegenüber taktlos und ungehörig zu benehmen. Das ist besonders schmerzlich, sagt Rodenburg, weil einige von ihnen Vollidioten sind und man sich nur wundern kann, daß sie ins Nationalkomitee gewählt wurden. So denken auch viele andere Offiziere und Generale, die sich bisher noch nicht der Bewegung angeschlossen haben . . .

Vielleicht hätte die ganze Sache eine andere Wendung genommen, wenn der Kommissar der Staatssicherheit Nikolai Melnikow, einer der Mitbegründer des Nationalkomitees „Freies Deutschland" und des Bundes Deutscher Offiziere, noch am Leben gewesen wäre. Aber Nikolai Melnikow hat am 7. April 1944 Selbstmord verübt – „aus persönlichen Motiven", wie es in der Mitteilung über seinen Tod hieß. Zur Arbeit mit den neuen Kriegsgefangenen wurden neue Leute herangezogen . . .

Am 25. Mai 1944 schickte Dimitri Manuilski an Generaloberst Alexander Stscherbakow, Leiter der GlawPUR der Roten Armee, ein Schreiben folgenden Inhalts:

Zur Lage im Bund Deutscher Offiziere
1. Auf Ersuchen der Politischen Verwaltung der Leningrader Front hat die 7. Abteilung der Politischen Hauptverwaltung der Roten Armee (GlawPURKKA) auf Empfehlung des Präsidenten des Nationalkomitees „Freies Deutschland" und in Abstimmung mit der Operativ-tschekistischen Abteilung des NKWD für Kriegsgefangene am 28. April d. J. drei Mitglieder des Bundes Deutscher Offiziere – Major Büchler, Hauptmann Stolz und Leutnant Wilhemczik – an die Leningrader Front geschickt, wo sie als Frontbeauftragte des NKFD tätig werden sollen. Bei ihrer Ankunft in der Politischen Verwaltung der Leningrader Front weigerten sich die deutschen Offiziere, die Aufträge auszuführen, und motivierten diese Weigerung damit, vom Präsidenten des Bundes Deutscher Offiziere General Seydlitz den Auftrag erhalten zu haben, an der Front nur kurzfristig als Delegation des Bundes Deutscher Offiziere zu arbeiten. An die Politische Verwaltung der Leningrader Front wurde daraufhin ein Telegramm geschickt, in dem den Offizieren die direkte Weisung des Präsidenten des Nationalkomitees Weinert erteilt wurde, den Auftrag des Nationalkomitees zu erfüllen, d. h. als Frontbeauftragte zu arbeiten. Nach Eingang dieses Telegramms machte sich Major Büchler an die Arbeit, während sich Hauptmann Stolz und Leutnant Wilimzig weigerten, die Weisung Weinerts zu befolgen. Die Politische Hauptverwaltung der Roten Armee beorderte sie daraufhin sofort von der Front zurück. Sie wurden bis zur Klärung der Gründe ihrer Arbeitsverweigerung in einem isolierten Raum im Haus des NKFD untergebracht.
2. An der Untersuchung des Vorfalls beteiligten sich außer dem Leiter und dem Stellvertreter des Leiters der 7. Abteilung der GlawPURKKA auch der Stellvertreter des Leiters der Operativ-tschekisti-

schen Abteilung Oberst Schwez, seitens des Nationalkomitees Weinert und Ulbricht und seitens des Bundes Deutscher Offiziere die Generale Seydlitz und Lattmann. Bei den Anhörungen am 13. und 15. Mai machten beide Offiziere einen beherrschten und loyalen Eindruck, doch ihre Aussagen waren eindeutig unaufrichtig und hatten rein formalrechtlichen Charakter. Nach der Anhörung am 15. Mai wurde die Untersuchung formal mit der Feststellung eingestellt, daß die beiden Offiziere die Disziplin des Nationalkomitees „Freies Deutschland" verletzt haben und über ihre Bestrafung auf der Sitzung des Exekutivkomitees des Nationalkomitees entschieden werden soll. Da sich die beiden Offiziere jedoch unaufrichtig verhalten und verdächtig gemacht hatten, wurde beschlossen, sie noch zwei Tage in dem isolierten Raum festzuhalten, um ihre Teilnahme an der Sitzung des Exekutivkomitees zu verhindern.

Am 16. Mai spät abends baten die Offiziere Stolz und Wilimzig Weinert zu sich und gestanden ihm, daß sie in ihren Aussagen das Wichtigste verschwiegen hatten: Sie sind Mitglieder einer illegalen faschistischen Organisation im Bund Deutscher Offiziere. Aufgrund dieses Eingeständnisses wurden die beiden Offiziere auf Weisung der Operativ-tschekistischen Abteilung verhaftet, und eine neue Untersuchung wurde eingeleitet.

3. Laut Informationen des Stellvertreters des Leiters der Operativ-tschekistischen Abteilung Oberst Schwez wurde im Untersuchungsverfahren gegen die Offiziere Stolz und Wilhemczik folgendes ermittelt:

a) Der illegalen faschistischen Organisation innerhalb des Bundes Deutscher Offiziere gehört auch Oberleutnant Huber an, der sofort verhaftet wurde und seine Schuld eingestand.

b) Die Abfassung des „Seydlitz-Memorandums" war keine zufällige Handlung, sondern eine vorsätzliche Provokation der faschistischen Gruppe innerhalb des Bundes Deutscher Offiziere.

c) Mit dieser Gruppe ist unmittelbar General Rodenburg verbunden, der dem Bund Deutscher Offiziere mit provokatorischen Absichten beigetreten ist.

d) Die faschistische Gruppe innerhalb des Bundes Deutscher Offiziere versuchte über Stolz und Wilimzig, Verbindung zur deutschen militärischen Führung herzustellen, um Instruktionen für die Arbeit und die Organisation von Diversionshandlungen einzuholen.

Ich habe angewiesen, sofort alle Vertreter des Bundes Deutscher

Offiziere von den Fronten abzuberufen. Am 25. Mai kam Major Büchler von der Leningrader Front zurück. In den nächsten Tagen kommen Major Engelbrecht und Oberleutnant Abel von der 1. Ukrainischen Front zurück.

Da außer Zweifel steht, daß sich die illegale faschistische Organisation innerhalb des Bundes Deutscher Offiziere nicht auf drei Offiziere beschränkt, halte ich es für erforderlich, die Ermittlung im Fall der Offiziere Stolz und Wilimzig zu erweitern, um das Ausmaß und den Charakter der Tätigkeit der faschistischen illegalen Gruppe im vollem Maß zu ermitteln und vor allem alle aktiven Mitglieder dieser Gruppe festzustellen . . .

Das Memorandum Dmitri Manuilskis blieb nicht ohne Folgen. Oberst Schwez, der Stellvertreter Nikolai Melnikows, arbeitete einen Maßnahmeplan aus, um General Rodenburg aus dem Bund Deutscher Offiziere auszuschließen. Ein Punkt dieses Plans sah vor, die kriegsgefangenen Generale, die dem Bund nicht beigetreten waren, auf die Bekanntgabe des Ausschlusses Rodenburgs vorzubereiten. General von Lenski verfaßte Briefe an die Generale Leyser, Strecker, Vassoll und Sanne, an Oberst Adam und Oberst Schildknecht. Sie alle stellten, als sie die Briefe erhielten, ein und dieselbe Frage: Wie geht es General Rodenburg und wo befindet er sich?

Alle erhielten ein und dieselbe Antwort: Rodenburg wirbt aktiv für den Bund Deutscher Offiziere. Das letzte Mal fuhr er deshalb nach Kiew. Doch er ist sehr ehrgeizig und verhält sich daher eines Offiziers unwürdig – mal widmet er sich ganz der Arbeit, dann wieder bläst er Trübsal und beginnt grundlos zu stänkern. Im Bund besteht daher die Auffassung, Rodenburg auszuschließen, wenn er nicht einen klaren Entschluß faßt und sich weiterhin zwiespältig verhält . . .

Der Informant teilte mit, daß General Leyser in einem Gespräch mit General Deboi dazu folgendes gesagt hat:

Natürlich ist das nicht ehrenhaft. Rodenburg muß ja oder nein sagen. Wenn er der Meinung ist, daß sein Beitritt zum Bund ein Fehler war, dann muß er das offen sagen und austreten. Das wäre für den Bund und die Russen eine Ohrfeige. Wenn Rodenburg aus dem Bund ausgeschlossen wird, dann werden nicht der Bund und die hinter ihm stehenden Herren kompromittiert, sondern dann trifft die Ohrfeige Rodenburg, denn er hat sich von uns entfernt und wird von diesen

Herren verstoßen. Seine Lage ist dann nicht beneidenswert, und für uns ist das peinlich. In den Augen der Russen haben wir verloren. Es wäre gut, wenn er selbst aus dem Bund austritt . . .

General Korfes hat eine interessante Beurteilung der Teilnehmer aller dieser Ereignisse gegeben:

Als der Bund Deutscher Offiziere ins Leben gerufen wurde und seine Vertreter dem Nationalkomitee beitraten, arbeiteten dort neben den deutschen emigrierten Kommunisten auch Offiziere und Soldaten mit, die dem Nationalkomitee bereits seit seiner Gründung angehörten. Von den Soldaten waren einige – Zippel, Sinz u. a. – bereits in Deutschland aktive Mitglieder der KPD. Die anderen Soldaten waren zwar keine KPD-Mitglieder, hatten aber Antifa-Schulen durchlaufen. Die Offiziere hatten sich dem antifaschistischen Kampf des Nationalkomitees angeschlossen, was jedoch nicht bedeutete, daß sie den Kommunismus akzeptierten. Es gelang nicht, zu den Offizieren und Soldaten des Nationalkomitees umgehend die gleichen offenen und vertrauensvollen Beziehungen herzustellen, wie sie zwischen den emigrierten Kommunisten und den Vertretern des Bundes Deutscher Offiziere von Anfang an bestanden. Eine Ausnahme bildeten Hauptmann Hadermann und Hauptmann Fleischer, die beide, wenn auch auf verschiedenen Wegen, aus rein ideologischen Motiven zur Bewegung „Freies Deutschland" gekommen waren. Dasselbe traf auf Leutnant Graf von Einsiedel zu, dessen ungezwungenes und offenes Wesen den Umgang mit ihm leicht machte. Zur Gruppe der Majore im Nationalkomitee – Homann, Hetz und Stößlein – konnten lediglich freundliche und höfliche, nicht aber vertrauensvolle Beziehungen hergestellt werden. Die Vertreter des Bundes Deutscher Offiziere hatten von Anfang an den Eindruck, daß diese Gruppe sie als Eindringlinge in ein Gebiet betrachteten, auf dem sie bis dahin das Sagen hatten. Die Gruppe der Majore befürchtete, daß die Vertreter des Bundes Deutscher Offiziere ihnen die besten Posten im Nationalkomitee streitig machen werden. Dieses Gefühl kam in unterschiedlicher Form zum Ausdruck: Kontrolle der Gespräche und Äußerungen besonders der Generale, Vorbereitung einer organisierten Opposition der Offiziere und Soldaten des Nationalkomitees gegen die Generale und Offiziere des Bundes Deutscher Offiziere usw.

Aufgrund dieser Lage kam es zu ständiger ernster Spannung in den Beziehungen zwischen beiden Gruppen, die sich einige Male bei relativ unbedeutenden Meinungsverschiedenheiten offen äußerte. Auch auf die Gruppe der Soldaten wirkten sich die gespannten Beziehungen aus, wenn die Widersprüche auch in Anbetracht der Dienstgrad- und Altersunterschiede nicht so offen zum Ausdruck kamen. Doch die Soldaten handelten immer nach den Weisungen der Majore. Der anerkannte Führer dieser Gruppe ist Zippel, dem sich Klein, Kertzscher und Sinz unterordnen. Achilles und Eschborn beziehen neutrale Positionen. Es ist schwer zu sagen, wer die Gruppe der Majore führt, Stößlein ist der Klügste und Fähigste von ihnen.

Homann gehörte, wie auch Stößlein, einer Studentenverbindung an, war früher Jurist, dann Angehöriger der SS und Berufsoffizier des Heeres, hat gute Charaktereigenschaften, ist aber übermäßig ehrgeizig und gefühlskalt.

Hetz besitzt ebenfalls gute intellektuelle Fähigkeiten, hat aber einen krankhaften Geltungsdrang.

Zippel ist zweifellos intelligent, doch wenig gebildet, energisch und entschlossen, ein überzeugter Kommunist, der in Zukunft noch viel leisten kann. Klein und Kertzscher haben Hochschulbildung. Sie haben sich erst in der Gefangenschaft mit den Ideen des Kommunismus vertraut gemacht und schwanken offensichtlich noch.

Sinz ist langjähriger Anhänger der KPD, verschlossen, sehr belesen, neigt zu Melancholie, fügt sich leicht in die Gemeinschaft ein und verlangt für sich keine besonderen Privilegien.

Trotz der gespannten Beziehungen und der gelegentlichen Meinungsverschiedenheiten ist es möglich geworden, im Haus gemeinsam zu leben und zu arbeiten, weil Selbstbeherrschung und Disziplin bei den Streitfragen stets die Oberhand gewannen.

Das zurückhaltende und höfliche Auftreten von General von Seydlitz, die ehrlichen Absichten der meisten Offiziere, die gute Erziehung aller Hausbewohner, besonders das offene und direkte Verhalten General Lattmanns, der Verstand und das Geschick von Oberst van Hooven, die Zuvorkommenheit von Oberst Steidle, die Selbstbeherrschung der Majore Stößlein und Homann und die Disziplin von Zippel – alles das hat dazu beigetragen.

Doch die Spannung in den Beziehungen, die nicht beigelegt ist, könnte jederzeit wieder akut werden.

Ein Symptom dafür ist die Kritik der Majore an dem an sich harmlosen und keineswegs politisch motivierten Kulturabend.

Wenn die Geschlossenheit zwischen dem Bund Deutscher Offiziere und den alten Vertretern des Nationalkomitees wirklich größer gewesen wäre, dann hätte dieser Versuch (die Organisation des Abends) der Festigung des gegenseitigen Vertrauens dienen müssen. Zunächst wurden erst einmal, um frühere Versäumnisse auszugleichen, Major Hetz und Hauptmann Hadermann in den Vorstand des Bundes Deutscher Offiziere gewählt. Ob dieser Versuch von Erfolg gekrönt sein wird, läßt sich schwer sagen . . .

Allmählich kehrte im Haus Ordnung ein, doch die Leitung der UPWI beschloß, den Generalen des Offiziersbundes mehr Aufmerksamkeit zu schenken.

Am 25. April schickten Generalleutnant Petrow und Oberst Schwez einen Bericht an den Stellvertreter des Volkskommissars des Innern der UdSSR Sergej Kruglow:

Die Präsidiumsmitglieder des Bundes Deutscher Offiziere haben wiederholt um die Möglichkeit gebeten, regelmäßig Theater zu besuchen und die Sehenswürdigkeiten Moskaus kennenzulernen.

Der Besuch von Theatern, Museen und der Metro wäre unserer Meinung nach eine gute Methode, sowohl Mitglieder des Offiziersbunds als auch Personen, die für den Beitritt geworben werden, zu bearbeiten.

Die Kriegsgefangenen können dann in Gruppen von zwei bis drei Personen, in Zivilkleidung und in Begleitung unserer operativen Mitarbeiter und Offiziere, die Objekte verlassen.

Als erste Maßnahme ist vorgesehen, daß die Generale von Seydlitz und Lattmann und der für den Offiziersbund geworbene General von Lenski eine Aufführung von „Wilhelm Tell" im Bolschoi-Theater besuchen . . .

Auf dem Bericht steht der Vermerk „Nicht genehmigt". Von Seydlitz hat Moskau dennoch gesehen, allerdings bedeutend später – im Jahr 1955 . . .

Inzwischen rückte der 1. Mai näher. Zu diesem Feiertag wurde traditionsgemäß der von Oberbefehlshaber Josef Stalin unterzeichnete Tagesbefehl für die Rote Armee veröffentlicht.

Ein Informant teilte mit, daß viele Offiziere nach Kenntnis dieses Befehls niedergeschlagen waren, denn sie hatten erwartet, daß das Kriegsende noch im Jahr 1944 in Aussicht gestellt wird. Die Offiziere erörterten, ob die Rote Armee in der Lage ist, die Deutschen ohne zweite Front zu schlagen, denn in Stalins Befehl hieß es, daß nun die schwerste Zeit angebrochen ist und für den Sieg alle Anstrengungen der Verbündeten vereint werden müssen. Einige Offiziere verwiesen auf die Verschärfung der politischen Lage, denn zum erstenmal unterschied Stalin nicht mehr zwischen den Anhängern des Faschismus und dem deutschen Volk. Nach allgemeiner Auffassung drückt der Befehl die Zuversicht aus, daß Hitler unabhängig von der Eröffnung der zweiten Front vernichtet wird. Alle waren sich darin einig, daß der Krieg erst 1945 enden wird.

Ein anderer Informant berichtete, daß Oberst van Hooven empört war, weil in der Zeitung „Freies Deutschland" ein Zitat aus dem Befehl Stalins zum 1. Mai veröffentlicht wurde, in dem von der Vernichtung der „faschistischen Bestien" die Rede war. Van Hooven fragte Major Frankenberg: Wie konnten Sie es zulassen, daß dieser Absatz in die Zeitung kam? Das ist unerhört. Schließlich sind wir Deutsche. Man muß sich einmal vorstellen, welchen Eindruck das auf der anderen Seite der Front hervorruft. Stalin hat das zwar richtig formuliert, aber in unserer Zeitung darf das nicht zitiert werden . . .

Die Stimmung der Bewohner von Lunowo besserte sich nach dem 10. Mai 1944.

Bereits am 21. Februar 1944 hatte sich der Botschafter der UdSSR in den USA Andrej Gromyko an Präsident Roosevelt mit der Bitte gewandt, dem katholischen Geistlichen Orlemanski, der polnische Patrioten in der UdSSR aufsuchen und Oskar Lange, Professor der Universität Chicago und der Columbia-Universität, der die UdSSR „in polnischen Angelegenheiten" besuchen wollte, bei der Beschaffung eines Visas für die Ausreise aus den USA in die UdSSR behilflich zu sein. Zur Frage ihrer Reise als Privatpersonen hatten auf Initiative Josef Stalins bereits zwischen dem 25. und 28. März d. J. ein Schriftwechsel zwischen ihm und Präsident Roosevelt stattgefunden.

Am 8. Mai unterbreiteten der Leiter der UPWI Generalleutnant Petrow und der Leiter der 2. Verwaltung des NKWD Kommissar der Staatssicherheit dritten Ranges Fedotow dem Stellvertreter des Volkskommissars des Innern Sergej Kruglow „Vorschläge zur Gestaltung des Treffens des polnischen gesellschaftlichen Vertreters Professor Lange mit Vertretern des Nationalkomitees ‚Freies Deutschland'":

In Übereinstimmung mit den Weisungen des Volkskommissars Genossen L.P. Berija ist geplant:

1. Das Treffen findet vom 9. bis 12. Mai d. J. statt. Ort des Treffens ist das Sonderobjekt Nr. „25/W" der Operativ-tschekistischen Abteilung der UPWI des NKWD der UdSSR.

2. Von polnischer Seite nimmt Professor Lange teil.

3. Von seiten des Nationalkomitees nehmen teil:
Präsident des Nationalkomitees Gen. Weinert: Kommunist
Vizepräsident von Seydlitz kriegsgef. General
Mitglied des Vorstands des Offiziersbundes Lattmann: kriegsgef. General
Redakteur der Zeitung „Freies Deutschland" Herrnstadt: Kommunist
Katholischer Geistlicher Kayser: kriegsgef. Major
Mitglied des Offiziersbundes Kügelgen: kriegsgef. Oberstltn.
Sekretär des Nationalkomitees Zippel: kriegsgef. Gefreiter
4. Vorbereitung der Vertreter des Nationalkomitees auf das Treffen:
   a) Vorbereitung der Kommunisten – Gen. Manuilski
   b) Vorbereitung der Kriegsgefangenen – Gen. Oberst Schwez
5. Von der Verwaltung des NKWD der UdSSR für Kriegsgefangene nehmen an dem Gespräch teil: Gen. Oberst Schwez und Gen. Major der Staatssicherheit Parparow.
Die Teilnahme der Vertreter des Nationalkomitees wurde mit Gen. Manuilski abgesprochen . . .

Am 10. Mai erhielt Sergej Kruglow einen Sonderbericht über dieses Treffen, der von General Iwan Petrow und Oberst Schwez unterzeichnet war:
Am 10. Mai d. J. um 19 Uhr fand im Sonderobjekt Nr. „25/W" der Verwaltung des NKWD der UdSSR für Kriegsgefangene ein Treffen Professor Langes mit Mitgliedern des Nationalkomitees „Freies Deutschland" und des Bundes Deutscher Offiziere statt.
Von der Verwaltung des NKWD der UdSSR für Kriegsgefangene nahmen an diesem Gespräch Gen. Oberst Schwez und Gen. Major der Sicherheit Parparow teil.
Die Teilnahme von Vertretern des Nationalkomitees wurde mit Gen. Manuilski abgesprochen.
Aus den von Professor Lange gestellten Fragen ist ersichtlich, daß er sich im einzelnen für die Organisation des Nationalkomitees und des Bundes Deutscher Offiziere sowie für die Parteizugehörigkeit der Mitglieder dieser Organisationen interessiert.
Während des Gesprächs bekundete Professor Lange besonderes Interesse dafür, inwieweit sich das Nationalkomitee mit Fragen der

Staatsordnung Deutschlands nach dem Krieg beschäftigt. Entsprechend unseren Weisungen gaben die Mitglieder des Nationalkomitees und des Offiziersbundes darauf Antworten, aus denen hervorging, daß das Nationalkomitee und der Offiziersbund nur Organe der antifaschistischen Propaganda sind.

Als Professor Lange die Mitglieder des Nationalkomitees und des Offiziersbundes über die Haltung der amerikanischen Öffentlichkeit zur Bewegung „Freies Deutschland", die zweite Front und die deutsche Emigration in den USA informierte, hob er bewußt die antisowjetischen Strömungen der deutschen und polnischen Emigration in den USA und deren aktive Tätigkeit zur Schaffung eines künftigen Deutschlands und Polens als „Cordon sanitaire" gegen die UdSSR hervor.

In seinen Ausführungen über die zweite Front äußerte sich Professor Lange dahingehend, daß die öffentliche Meinung Amerikas den Krieg in Europa nicht als „amerikanischen Krieg" betrachtet, die Teilnahme der USA als Hilfe anzusehen ist und die Amerikaner nicht an einer schnellen Beendigung des Kriegs in Europa interessiert sind.

Damit im Zusammenhang interessierte sich Professor Lange für die Meinung der Generale von Seydlitz und Lattmann hinsichtlich einer möglichen Kapitulation Hitlers oder der deutschen Generalität im Westen, um den Krieg gegen die UdSSR fortzusetzen.

Nachdem die Generäle dies verneint hatten, betonte Professor Lange nochmals, daß diese Möglichkeit als Garantie gegen den Bolschewismus in Europa nicht auszuschließen ist . . .

Am 12. Mai 1944 lagen auf dem Schreibtisch des Leiters der UPWI die ersten Berichte, in denen dieses Treffen ausgewertet wurde. Ein Informant teilte mit, daß der Präsident des NKFD Erich Weinert nach dem Vortrag von Professor Arnold die Mitglieder des Komitees über das Treffen mit Professor Lange informiert hat. Leutnant Graf von Einsiedel fragte, warum die Mitglieder des Komitees nicht vorher über dieses Treffen und die Teilnahme von Oberstleutnant Kügelgen und des Geistlichen Kayser informiert wurden. Weinert antwortete, daß das Treffen auf Initiative der sowjetischen Regierung stattgefunden hat und daher keine Möglichkeit bestand, alles vorher zu besprechen. Oberst van Hooven erklärte, daß es nicht gut sei, wenn Informationen über das Nationalkomitee über einen Polen in die USA gelangen, denn die Beziehungen zwischen Polen und Deutschland sind sehr schlecht und diese Form der Weitergabe von Informationen kann das Nationalkomitee diskreditieren. Van Hooven fragte auch, warum es nicht möglich ist, die Verbindung zu deutschen Kreisen über das Ausland (USA, England, Schweden) herzustellen, was von großer Bedeutung wäre.

Ein anderer Informant berichtete über eine Äußerung von General Korfes:

Es ist sehr gut, daß wir endlich Verbindung zu ausländischen Vertretern haben. Ich setze darauf sehr große Hoffnungen, denn der Bericht von Professor Lange in Amerika macht für uns gute Propaganda. Es ist interessant, daß er wissen wollte, ob wir Deutschland bolschewisieren wollen. Offensichtlich fürchtet Amerika Rußland, deshalb waren unsere Vertreter sorgfältig ausgesucht, auch wenn einige im Haus darüber unzufrieden sind und sich beschweren, daß darüber vorher nichts bekannt war und die Vertreter nicht gewählt wurden . . .

Derselbe Informant berichtete auch über eine Äußerung von Oberstleutnant Bredt: Professor Lange hat zur Kenntnis genommen, daß wir Deutschland nicht bolschewisieren wollen. Der Westen wird uns nun mehr Vertrauen entgegenbringen. Vielleicht wurde Lange geschickt, um unsere Stimmung zu erkunden, denn die westlichen Länder fürchten die UdSSR.

Es wurde auch mitgeteilt, daß van Hooven, Frankenberg, Lewis-Litzmann, Knobelsdorff, Huber, Gerlach und Arras äußerten, dieses Treffen sei der Beginn der internationalen Anerkennung. Der Geistliche Kayser sagte:

General von Seydlitz und General Lattmann sind über das Treffen sehr erfreut. Sie sind der Meinung, daß dies erst der Anfang ist und ihnen von nun an mehr Aufmerksamkeit geschenkt wird. Ich glaube jedenfalls, daß die Russen uns mehr als den Polen vertrauen . . .

Die Bewohner des Hauses fühlten sich in ihrem Selbstbewußtsein bestärkt und begannen, sich gewisse Freiheiten herauszunehmen. In einem Gespräch mit Dr. Baumgärtel erklärte van Hooven:

Der deutsche Soldat hat bewiesen, daß er der beste in der Welt ist. Er fühlt auch jetzt als Einzelkämpfer seine Überlegenheit gegenüber den Russen, die nur als Masse siegen. Das trifft sowohl auf die Infanterie als auch auf die Fliegertruppe zu. Aufgrund seiner Erziehung besitzt der Deutsche individuelle Qualitäten und beherrscht die Technik. Der im Geiste des Kollektivismus erzogene Russe entwickelt keine Eigeninitiative, ist mit der Technik weniger vertraut usw. Die Russen können nicht verstehen, daß unsere Jagdflieger jeder 150

Flugzeuge des Gegners abschießen, während ihre Jagdflieger Held der Sowjetunion werden, wenn sie maximal zwanzig Flugzeuge abgeschossen haben. Als Major Frankenberg in Gefangenschaft geriet, fragten ihn die Russen: Erklären Sie uns, warum Ihre Flieger unseren überlegen sind? Frankenberg antwortete darauf: Ich kann nur eines sagen. Ihre Flieger sind große Feiglinge. In einer Höhe von über 3000 Meter greifen sie unsere Bomber nicht mehr an. Und auf Einzelkämpfe lassen sich Ihre Jagdflieger überhaupt nicht ein, während einzelne deutsche Jagdflieger jederzeit sowjetische Gruppen angreifen. Die englischen Jagdflieger sind den russischen ebenfalls überlegen und den deutschen gleichwertig . . .

Diese Äußerungen müssen van Hooven und Frankenberg wohl schon vor ihrem Gewissen verantworten. Aber was sagt man nicht alles, wenn man aufgeregt ist.

Die Vorentscheidung des Kriegsausgangs

Die zweite Jahreshälfte 1944 war von zwei Ereignissen gekennzeichnet – dem Attentat auf Hitler am 20. Juli 1944 und der Liquidierung des Minsker Kessels.

Die Nachricht vom Attentat auf Hitler gelangte sofort in die Lager der deutschen Kriegsgefangenen. Allerdings entsprachen die ersten Informationen nicht ganz der Wahrheit, so wurde auch Generalfeldmarschall Keitel als einer der Verschwörer genannt. Die Leitung der UPWI reagierte sofort auf die Nachricht vom Attentat. Am 24. Juli 1944 schickten Generalleutnant Petrow und Oberst Schwez an den Stellvertreter des Volkskommissars des Innern der UdSSR, Kommissar der Staatssicherheit zweiten Ranges Sergej Kruglow eine dienstliche Meldung:

Im Zusammenhang mit den Ereignissen in Deutschland sind die kriegsgefangenen deutschen Generale im Lager Nr. 48 äußerst nervös. Besonders Feldmarschall Paulus haben die Ereignisse sehr mitgenommen. Die Informationen, daß sich Brauchitsch, Keitel und von Bock gegen Hitler gestellt haben, wurden zunächst angezweifelt. So hat Paulus wiederholt erklärt:

Wenn die Nachrichten von der Haltung Brauchitschs den Tatsachen entsprechen, dann ist die Lage in Deutschland äußerst schwer, denn Brauchitsch genießt großen Einfluß. Das kann nicht sein. Ich kenne Brauchitsch gut und kann nicht glauben, daß er diesen Schritt getan hat . . .

Analog haben sich auch die Generale Deboi, Magnus und Leyser geäußert.

Deboi meint, daß die Teilnahme Brauchitschs der Aktion gegen Hitler vollen Erfolg garantiert.

Im Gespräch mit dem Leiter der Operativen Abteilung des Lagers erklärte Paulus am 24. Juli d. J.:

Es fällt mir schwer, meine Meinung zu den Ereignissen in Deutschland zu bilden, weil ich nicht genügend Informationen habe.

Wenn Brauchitsch, von Bock und Keitel wirklich am Aufstand gegen Hitler teilnehmen, dann sicherlich aus der Erkenntnis des Handlungsbedarfs.

Ich habe mich von Anfang an entschlossen, mich nicht am politischen Leben zu beteiligen, solange ich in Kriegsgefangenschaft bin. Ich beabsichtige auch jetzt, im Zusammenhang mit den Ereignissen in Deutschland, nicht, meinen Entschluß zu revidieren.

Meine Reise nach Moskau ändert nichts an meiner Entscheidung.

Die der Führung des Offiziersbundes angehörenden Generale von Seydlitz, Lattmann und Lenski sind über die Anti-Hitler-Aktionen in Deutschland sehr erfreut.

Unabhängig davon, welches Programm Brauchitsch, Keitel und von Bock verfolgen, sind gemeinsame Handlungen der Generale des Bundes Deutscher Offiziere in zweierlei Hinsicht möglich und wünschenswert:

a) für den Sturz Hitlers;

b) für den Friedensschluß.

Seydlitz, Lattmann und Lenski sind der Meinung, daß Brauchitsch und die anderen Generale im weiteren Verlauf die Thesen des Manifests des Nationalkomitees „Freies Deutschland" anerkennen werden.

Um das gemeinsame Auftreten aller kriegsgefangenen Generale in der UdSSR gegen Hitler zu organisieren und auch Feldmarschall Paulus zu gewinnen, halten die Generale des Offiziersbundes folgendes für angebracht:

1. Paulus ist sofort in das Objekt Nr. „25/W" zu bringen, wo er mit den neuen kriegsgefangenen Generalen bearbeitet wird, die sich in der Presse gegen Hitler gewandt haben und zu weiteren Stellungnahmen bereit sind (Hofmeister, Müller, Völkers u. a.)

Generalleutnant Hofmeister   General Vincenz Müller

2. Unabhängig davon, welche Entscheidung hinsichtlich Paulus getroffen wird, ist ein Treffen der Generale von Seydlitz, Lattmann und Lenski mit den neuen Generalen zu organisieren.

Alle Wortmeldungen der neuen Generale in der Presse und im Rundfunk sind gemeinsam mit den Generalen des Offiziersbundes zu gestalten, was für Deutschland größere Bedeutung haben wird als von den Generalen des Offiziersbundes isolierte Auftritte, ganz zu schweigen von der damit verbundenen beträchtlichen Stärkung der Autorität des Bundes Deutscher Offiziere.

Wir halten es für angebracht, unsere Vorhaben mit den Vorschlägen des Bundes Deutscher Offiziere abzustimmen. Die neuen Generale (7 bis 8 Personen) sind, damit mit ihnen gearbeitet werden kann, im Objekt Nr. „35/W" unterzubringen . . .

Offensichtlich akzeptierte Kruglow diesen Vorschlag, denn noch am selben Tag wurde ihm ein Maßnahmeplan für die Arbeit mit den kriegsgefangenen Generalen zur Bestätigung unterbreitet.

BESTÄTIGT
Stellvertreter des Volkskommissars
des Innern der UdSSR
Kommissar der Staatssicherheit
zweiten Ranges
Kruglow

PLAN

für die Arbeit mit den kriegsgefangenen deutschen Generalen
1. Durchführung einer Beratung mit den Generalen des Offiziersbundes, auf der ermittelt wird, was sie von den neuen kriegsgefangenen Generalen wissen, und praktische Hinweise für die Arbeit in Übereinstimmung mit unserem Maßnahmeplan gegeben werden. Die Beratung wird am 24. Juli 1944 durchgeführt.
2. Verlegung von Oberst Adam, Adjutant des Generals Paulus, aus dem Lager Nr. 27 in das Objekt Nr. „25/W" (Dubrowo), wo ihn von Seydlitz, von Lenski und Lattmann bearbeiten sollen. Vollzugstermin: 24. Juli 1944
3. Verlegung von Feldmarschall Paulus aus dem Lager Nr. 48 in das Objekt Nr. „25/W". Termin 25. Juli 1944. Für die Arbeit mit Paulus bleiben von Seydlitz, von Lenski und Lattmann im Objekt Nr. „25/W".
4. Die neuen kriegsgefangenen Generale werden nach der Erfassung im Aufnahmelager in den Objekten Nr. „20/W" (Planernoje) und Nr. „15/W" (Lunowo) untergebracht.
Die Generale Korfes und Daniels werden für ständig in dieses Objekt verlegt, um dort zu arbeiten.
Deutsche Offiziere, insgesamt 16 aktive Mitglieder des Offiziersbundes, wurden im Objekt Nr. „20/W" auf die Arbeit mit den neuen Generalen vorbereitet und agenturmäßig ausreichend unterstützt.
5. Die neuen kriegsgefangenen Generale, die bereit sind, dem Bund Deutscher Offiziere beizutreten, werden nach und nach in das Objekt Nr. „35/W" (Osery) verlegt, wo ihre weitere Bearbeitung durch von Seydlitz, von Lenski und Lattmann erfolgt.
Zu dieser Arbeit werden auch Oberst von Beaulieu und Oberst Czimatis hinzugezogen.
6. Treffen zwischen Paulus und den neuen kriegsgefangenen Generalen finden nach entsprechender Vorbereitung im Objekt Nr. „25/W" (Dubrowo) statt.
7. Die kriegsgefangenen Generale im Objekt Nr. 48, die sich nicht

der Bewegung „Freies Deutschland" angeschlossen haben, werden aus diesem Lager in andere Objekte verlegt, nachdem die Hauptgruppe der neuen kriegsgefangenen Generale bearbeitet wurde. Der Leiter der operativen Abteilung des Lagers Nr. 48 wird angewiesen, die Arbeit unter den alten kriegsgefangenen Generalen im Lager Nr. 48 im Geiste der Erklärung der 17 neuen kriegsgefangenen Generale zu organisieren.

Generalleutnant I. Petrow
Oberst   L. Schwez

24. Juli 1944

Die Liquidierung des Minsker Kessels war im vollen Gange. Die Führung der UPWI bereitete sich auf die entsprechende Aufnahme eines neuen Kontingents von Gefangenen vor. Auch wenn der Kriegsausgang bereits vorentschieden war, trägt die personelle Verstärkung des Bundes Deutscher Offiziere durch neue Mitglieder dazu bei, die deutschen Truppen zu zersetzen, den Widerstand der deutschen Soldaten und Offiziere zu schwächen und damit die Verluste der sowjetischen Truppen zu reduzieren. So dachten zumindest jene, die sich dienstlich mit der Zersetzung der Truppen und des Hinterlandes der Wehrmacht beschäftigen.

Das neue Kontingent von Kriegsgefangenen ließ nicht lange auf sich warten.

Genossen L. P. Berija
Genossen S. N. Kruglow
Leiter der UPWI des NKWD der UdSSR
Generalleutnant I. Petrow   27. Juli 1944
SONDERMELDUNG
über die Arbeit mit neuen kriegsgefangenen Generalen
Am 27. Juli d. J. hat die Aufklärungsverwaltung des Generalstabs der Roten Armee im Gefängnis Butyrka kriegsgefangene deutsche Generale übernommen:

Fritz Gollwitzer, General der Infanterie, Kommandeur des LIII. A.K.

Hermann Böhme, Generalleutnant, Kommandeur der 73. Inf.-Div.

Walter Heine, Generalleutnant, Kommandeur der 6. Inf.-Div.
Alfons Hitter, Generalleutnant, Kommandeur der 206. Inf.-Div.
Herbert Michaelis, Generalmajor, Kommandeur der 95. Inf.-Div.
Alexander Konradi, Generalmajor, Kommandeur der 36. Inf.-Div.
Am 27. Juli haben wir von der Hauptverwaltung der Abwehr SMERSCH Generalleutnant Hofmeister übernommen.

Am 24. Juli wurde Generalleutnant Wilhelm Oxner aus Minsk nach Moskau verlegt und von uns im Lazarett des Krasnogorsker Lagers Nr. 27 übernommen.

Die Erklärung der 16 Generale haben von den acht übernommenen Generalen nur Gollwitzer und Hofmeister, Michaelis und Konradi unterzeichnet.

Von den 16 Generalen beziehen wir Gollwitzer und Hofmeister in die Arbeit mit Paulus ein. Beide wurden am 27. Juli im Sonderobjekt Nr. „25/W" (Dubrowo) untergebracht.

Im Gespräch mit Gollwitzer und Hofmeister, das anfangs gesondert und dann gemeinsam mit von Seydlitz stattfand, wurde festgestellt, daß sie entschiedene Gegner Hitlers sind und für antifaschistische Stellungnahmen und die Arbeit zur Zersetzung der Wehrmacht eingesetzt werden können. Hofmeister ist sehr aktiv, während Gollwitzer sich zurückhält und um das Schicksal seiner Familie sorgt.

Sie werden in die Arbeit mit Paulus einbezogen, nachdem wir sie darauf vorbereitet und die Generale des Offiziersbundes mit ihnen gearbeitet haben.

Die Übernahme der übrigen kriegsgefangenen Generale von der Aufklärungsverwaltung der Roten Armee, darunter die Generale Völkers, Müller und Lützow, die wir für die persönliche Bearbeitung von Paulus benötigen, erfolgt am 28./29. Juli d. J.

Die Generale, die zur Gruppe der 16 Unterzeichner der Erklärung gehören, aber von uns nicht für die Arbeit mit Paulus eingesetzt werden, sowie die Generale, die sich geweigert haben, die Erklärung zu unterzeichnen, werden im Objekt Nr. „20/W" (Planernoje) untergebracht.

Oberst L. Schwez

Die nächste Gruppe kriegsgefangener Generale traf einige Tage später bei der UPWI ein.

Genossen L. P. Berija

Genossen S. N. Kruglow
LEITER DER UPWI DES NKWD DER UdSSR
Generalleutnant I. Petrow   31. Juli 1944
        SONDERMELDUNG
über die Arbeit mit neuen kriegsgefangenen Generalen der Wehrmacht

Am 29. Juli d. J. hat die Aufklärungsverwaltung des Generalstabs der Roten Armee folgende Generale in das Gefängnis Butyrka überstellt:

1. Paul Völkers, geb. 1891, General der Infanterie, Kommandeur des XXVII. A.K.
2. Vincent Müller, geb. 1894, Generalleutnant, Kommandeur des XII. A.K.
3. Kurt Lützow, geb. 1892, Generalleutnant, Kommandeur des XXXV. A.K.
4. Hans Traut, geb. 1895, Generalleutnant, Kommandeur der 78. Inf.-Div.
5. Adolf Trowitz, geb. 1893, Generalmajor, Kommandeur der 57. Inf.-Div.
6. Gustav Gier, geb. 1894, Generalmajor, Kommandeur der 707. Inf.-Div.
7. Friedrich von Steinkeller, geb. 1896, Generalmajor, Kommandeur der 60. Inf.-Div.
8. Günter Klammt, geb. 1898, Generalmajor, Kommandeur der 260. Inf.-Div.
9. Joachim Engel, geb. 1897, Generalmajor, Kommandeur der 45. Inf.-Div.

Alle neun von uns übernommenen Generale haben den Aufruf der 16 Generale unterzeichnet.

Wir haben die Generale Völkers, Müller und Baron von Lützow im Objekt Nr. „25/W" (Dubrowo) untergebracht, um sie auf die Arbeit mit Paulus vorzubereiten.

Nach einem Gespräch mit uns wurde Müller am 30. Juli d. J. in das Objekt Nr. „35/W" (Osery) gebracht, wo für ihn ein Treffen mit Paulus organisiert wurde.

Im Gespräch mit uns offenbarte Müller eine hitlerfeindliche Position und bekundete den Wunsch, eine aktive Tätigkeit gegen Hitler zu organisieren.

Die anderen kriegsgefangenen Generale sind im Objekt Nr. „20/W" (Planernoje) untergebracht.

Die Generale vom Bund Deutscher Offiziere von Seydlitz, Lenski und Lattmann halten es für notwendig, alle neun Generale, die die Erklärung der 16 unterzeichnet haben, als Mitglieder für den Bund Deutscher Offiziere zu gewinnen.

Ich halte es für angebracht, die neuen kriegsgefangenen Generale in den Offiziersbund aufzunehmen.

Wir erbitten Ihre Weisungen.

Oberst L. Schwez

Trotz der für Deutschland schwierigen militärisch-politischen Lage waren die Generale, die bei Minsk gefangengenommen wurden, keinesfalls niedergeschlagen.

GENOSSEN W. W. TSCHERNYSCHEW
Generalleutnant
I. Petrow   17. August 1944
SONDERMELDUNG
über die Stimmung der kriegsgefangenen deutschen Generale

Unter den kriegsgefangenen deutschen Generalen (im Sonderobjekt Nr. „20/W") wurden agenturmäßig folgende Stimmungen und Äußerungen erfaßt:

Die Lage an der Front wird von einigen Generalen nicht als katastrophal bewertet (das deutsche Hinterland ist stabil, die zweite Front hat keine wesentliche Bedeutung usw.).

Solche Äußerungen sind besonders für die Generale Heine und Trowitz charakteristisch.

Heine ist vom Sieg Deutschlands überzeugt. Deutschland kann 60 bis 70 neue Divisionen aufstellen. Die materiellen Reserven reichen vollkommen aus. Die Lage in Frankreich ist sehr günstig – die Engländer haben drei Viertel der Landungsschiffe verloren, und ihr Versuch, im Seine-Delta zu landen, ist fehlgeschlagen. Der Hafen Cherbourg kann nicht genutzt werden, denn die Hafenschleusen sind zerstört, so daß der Hafen nur bei Flut angelaufen werden kann.

Die Stimmung in Deutschland ist gut. Das deutsche Volk atmete erleichtert auf, als der Versuch der Engländer und Amerikaner, die zweite Front zu eröffnen, faktisch scheiterte . . .

General Trowitz: Meine Position ist vollkommen klar. Es ist bei weitem noch nicht alles entschieden. Die Heimat hat ihre letzten Möglichkeiten noch nicht erschlossen. Unsere Industrie arbeitet noch auf dem Stand von 1939. Die Russen werden durch ihre Initiative ausgeblutet, und dann ergreifen wir erneut die Initiative.

Die Generale Konradi, Böhme u. a. erklären, daß ihre Äußerungen in unserer Presse entstellt und tendenziös wiedergegeben wurden.

Die Generale Klammt, Gier, Konradi und Traut schätzen die Lage nüchtern ein.

General Traut: Jetzt nützt gar nichts mehr. Der Krieg ist verloren. Ich bin voller Hoffnung, daß ich das kommende Weihnachten daheim verbringen werde.

Die letzten Nachrichten aus Deutschland über die Hinrichtung Generalfeldmarschall Witzlebens und anderer durch den Strang rief unter den kriegsgefangenen Generalen große Empörung hervor.

General Klammt: Das ist unerhört. So etwas hat es noch nie gegeben.

General Traut und andere: Das hat es in Deutschland noch nie gegeben. Das hat uns schwer erschüttert.

Die Generale Hitter, Engel und Heine verhalten sich gegenüber der Bewegung „Freies Deutschland" und dem Bund Deutscher Offiziere ablehnend. Sie versuchen, die Generale Seydlitz, Korfes und Daniels zu diskreditieren. Charakteristisch sind folgende Äußerungen:

General Hitter: Der Offiziersbund ist ein seltsamer Haufen. Wie kann sich ein deutscher Offizier an einer solchen Sache beteiligen?

General Engel: Mir war es peinlich, als mich Seydlitz zur Begrüßung umarmte. Das ist in Rußland üblich, aber nicht in Deutschland.

General Heine: Sie selbst (der Offiziersbund) sind sich ihrer Sache nicht sicher und versuchen, möglichst viele Anhänger zu gewinnen, um dann amnestiert zu werden, denn Deutschland wird siegen. Die Generale Daniels und Korfes sind hier, um uns zu beobachten.

Bisher sind die Generale noch immer sehr empört darüber, daß sie im Gefängnis sitzen mußten. Besonders Trowitz, Steinkeller und Konradi regen sich schrecklich darüber auf.

General Trowitz: Beim nächsten Krieg gegen Rußland sperre ich alle gefangenen russischen Generale ein, und als Aufseher setze ich die schlimmsten Leuteschinder ein.

General Steinkeller: Das ist schon keine Gemeinheit mehr, sondern Niedertracht, deutsche Generale ins Gefängnis zu stecken.

General Konradi ist über die Inhaftierung empört und betrachtet es als ein Zeichen von Armut, daß einen Monat lang keine Zahnbürste besorgt werden konnte.

Oberst L. Schwez

Es ist festzustellen, daß die „alten" kriegsgefangenen Generale und Offiziere im Unterschied zu General Heine und General Trowitz die Lage anders einschätzten.

Genossen L. P. Berija
Genossen S. N. Kruglow
Generaloberst Petrow   24. Juli 1944

SONDERMELDUNG
Meinungsäußerungen kriegsgefangener Generale und Offiziere der Wehrmacht über die Perspektiven des Kriegs
Die Offensive der Roten Armee ist eine neue Form der Kriegführung. Die Rote Armee führt jetzt einen Blitzkrieg wie die Deutschen im Jahr 1941 – einen Schlag in die Tiefe mit Panzern und motorisierten Verbänden, große Einkesselungen und Isolierung höchster befehlsgebender Instanzen.

Die Kommandeure der Roten Armee haben viel gelernt, der Kampfgeist der Wehrmacht ist gesunken und die deutschen Soldaten haben weniger Angst vor russischer Kriegsgefangenschaft. Die Propaganda zeigt ihre Wirkung.

Hitler wird den Krieg auf dem Territorium Deutschlands fortsetzen. Er wird zum Krieg zur Verteidigung des Vaterlands aufrufen. An der Landesgrenze wird sich der moralische Widerstand der deutschen Truppen noch einmal entfachen.

Was das Widerstandspotential Hitlers betrifft, so sind alle der Meinung, daß es im Herbst zur Katastrophe kommen wird.

Die Rote Armee kann bis zum Herbst zur Linie Danzig–Weichsel-Grenze Ostschlesien vordringen.

Früher wurde angenommen, daß die Deutschen versuchen werden, die Linie Riga–Westliche Dwina–Baranowitschi–Minsk–Kovel-Karpaten zu halten, d. h. die im Ersten Weltkrieg verteidigte Linie.

Jetzt nimmt man an, daß Hitler versuchen wird, nochmals Widerstand an den Grenzen Deutschlands von 1939 zu leisten – Ostpreußen, Bug und Karpaten, indem er dort Truppen aus dem Baltikum, Dänemark und vom Balkan zusammenzieht.

Die Möglichkeit, diese Position zu halten, wird sehr skeptisch eingeschätzt. Der von der deutschen Propaganda so gelobte „Ostwall" war nur schwach ausgebaut.

Die Bestigungsanlagen befinden sich nicht an der Grenze Ostpreußens, sondern in der Tiefe des Landes bei Lötzen, im stark befestigten Dreieck Heilsberg, an der Weichsel und der Oder.

Zur voraussichtlichen Widerstandslinie gehen die Meinungen auseinander. Einige Offiziere vermuten, daß diese Linie über Tilsit-Kowno–Grodno–Bialystok–Brest–Lwow (Befestigungsstreifen entlang des Njemen) verläuft.

General von Seydlitz und andere denken, daß die Hauptverteidigungslinie Insterburg-Angerburg-Lötzen-Ostrolenka-Lublin ist.

Von Seydlitz ist der Meinung, daß nach einem Durchbruch dieser Verteidigungslinie wohl kaum Widerstand am alten Befestigungswall geleistet wird, der in den Jahren 1935 bis 1939 östlich von Stolp, Schneidemühl, Meseritz, Schwiebus, Grünberg, Glogau, Preußisch-Eylau/Kreuzburg errichtet wurde.

Die Generale erwarten in nächster Zeit eine Großoffensive der Roten Armee aus Galizien in Richtung Slowakei, Ungarn und Oberschlesien. Nach ihrer Meinung wäre es die bedeutendste Operation und der entscheidende politische Erfolg, wenn es der Roten Armee gelänge, durch Ungarn vorzustoßen und sich mit Hilfe der jugoslawischen Befreiungsarmee mit der Südarmee der Alliierten zu vereinen.

Der „Wunderwaffe" im Westen wird wenig Bedeutung beigemessen. Die gegenwärtigen Kämpfe in der Normandie werden als Sondierung der deutschen Front vor der Großoffensive gewertet. Man glaubt, daß es den alliierten Truppen bestenfalls gelingen wird, bis zum Herbst bis zum „Westwall" vorzudringen.

Die Front in Italien wird als sekundär angesehen. Es wird angenommen, daß der Truppenvormarsch noch gewisse Zeit bei der Linie Pisa-Florenz-Rimini aufgehalten wird und die Truppen dann über den Po (wo es erneut zu einer Verzögerung kommen wird) zu den Alpen vorrücken werden. Die Alliierten werden die Alpen nicht überschreiten, aber sie können sich über die Adria mit der jugoslawischen Armee und danach vielleicht sogar mit der Roten Armee vereinigen.

Generalfeldmarschall Paulus unterzeichnet den Aufruf an die Generale und Offiziere der Heeresgruppe Nord. Dahinter v. l.: Generalleutnant Vincenz Müller, N. N., Oberst Ludwig, Generalmajor v. Lenski, Oberst van Hooven, General v. Seydlitz, August 1944

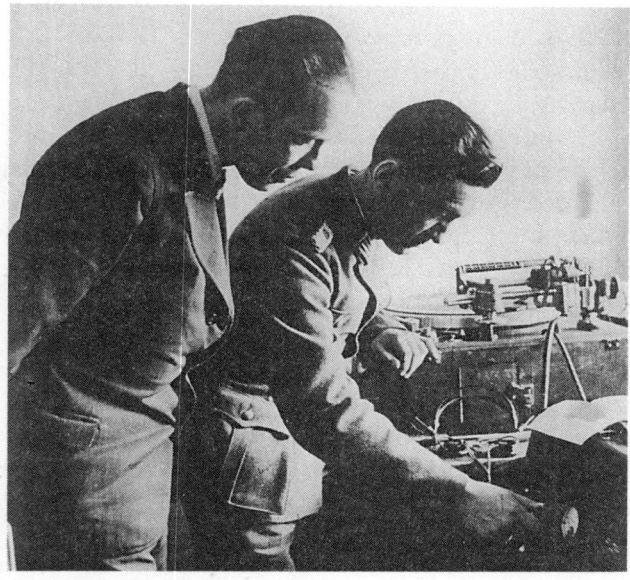

Die Mitglieder des NKFD Hans Mahle und Major Stößlein im Rundfunksender „Freies Deutschland" in Moskau, Mai 1944

190

Alle sind davon überzeugt, daß es zur Katastrophe an der Ostfront kommen wird, bevor die anglo-amerikanischen Truppen zum Rhein vordringen werden. Es besteht allgemein der Wunsch, daß die Rote Armee möglichst viel deutsches Territorium besetzt und den Alliierten zuvorkommt.

22./24. Juli 1944   Oberst L. Schwez

Die sowjetische Führung schenkte Generalfeldmarschall Friedrich Paulus nach wie vor große Aufmerksamkeit. Im September 1943 hatte General von Daniels erklärt: Paulus wird sich uns anschließen, das ist nur eine Frage der Zeit. Gegenwärtig hofft er immer noch, daß Deutschland nicht verloren ist . . .

Nun schien dieser Zeitpunkt gekommen zu sein, zumal für seine Bearbeitung sehr effektive Kräfte eingesetzt wurden. Am 14. August 1944 wurde mitgeteilt, daß Feldmarschall Paulus dem Bund Deutscher Offiziere beigetreten ist. Einer der erfahrensten deutschen Generale hatte begriffen, daß die Vorentscheidung des Krieges gefallen war . . .

Genossen W. W. Tschernyschew
Generalleutnant
I. Petrow   14. August 1944
                        SONDERMELDUNG
Im Ergebnis unserer Arbeit ist am 14. August d. J. der kriegsgefangene deutsche Feldmarschall Fritz (so im Original – L.R.) PAULUS dem Bund Deutscher Offiziere beigetreten.

Gleichzeitig erklärte der kriegsgefangene Generalmajor Hans Leyser, Kommandeur der 29. motorisierten Division der Armeegruppierung Stalingrad, seinen Beitritt zum Offiziersbund.

                                                  Oberst L. Schwez

Am nächsten Tag unterzeichnete Generalfeldmarschall Paulus mit anderen Generalen einen Aufruf an die Generale und Offiziere der Heeresgruppe Nord.

Genossen W. W. Tschernyschew
Generalleutnant
I. Petrow   18. August 1944
SONDERMELDUNG
über die Unterzeichnung eines Aufrufs an die Heeresgruppe Nord
durch Paulus und 29 weitere Generale
Auf Ersuchen des Genossen Generaloberst A. S. Stscherbakow haben wir die Abfassung eines Aufrufs kriegsgefangener deutscher Generale an die Generale und Offiziere der Heeresgruppe Nord, die im Baltikum abgeschnitten ist, organisiert und realisiert.

Am 15. August d. J. wurde dieser Aufruf von Paulus und 29 weiteren Generalen unterzeichnet und nach Bearbeitung am 17. August an die Politische Hauptverwaltung der Roten Armee weitergeleitet.

Außer dem Appell haben die Generale des Offiziersbundes 11 persönliche Briefe an maßgebende deutsche Offiziere der Heeresgruppe Nord geschrieben, in denen sie die Lage erklären und ihnen empfehlen, die Waffen niederzulegen und den Widerstand gegen die Rote Armee einzustellen . . .

Oberst L. Schwez

Eine Woche später unterzeichnete Feldmarschall Paulus den im „Institut Nr. 99" verfaßten Aufruf „An die Wehrmacht". Während den vorangegangenen Aufruf 29 gefangene deutsche Generale unterzeichnet hatten, standen unter diesem bereits 40 Unterschriften.

Genossen W. W. Tschernyschew
Leiter der UPWI des NKWD der UdSSR
Generalleutnant
I. Petrow   26. August 1944
SONDERMELDUNG
über den Aufruf von Paulus und kriegsgefangener deutscher Generale
an die Wehrmacht
Auf Ersuchen des Gen. Generaloberst A. S. Stscherbakow haben wir die Abfassung des Aufrufs kriegsgefangener deutscher Generale „An die Wehrmacht" realisiert.

Den Aufruf haben Generalfeldmarschall Paulus, der Präsident des Bundes der Deutschen Offiziere von Seydlitz sowie 31 Generale und 8 Oberste, insgesamt 41 Personen, unterzeichnet.

Am 26. August d. J. wurde der Aufruf an Gen. Stscherbakow weitergeleitet.

Oberst Schwez

Doch bei weitem nicht alle Mitglieder des Bundes Deutscher Offiziere
waren optimistisch gestimmt. In Auswertung der Lage zog Oberstleutnant Bredt in einem Brief an Major Frankenberg den Geisteszustand
des Präsidenten des Offiziersbundes in Zweifel. Der Brief war so pessimistisch gehalten, daß sich die Zensur näher damit befaßte.

Lunowo, den 29. September 1944
Werter Frankenberg!
Ich nutze die Gelegenheit, um Ihnen und anderen Freunden einen
herzlichen Gruß und einen kleinen Brief aus Lunowo zu übermitteln.
Die Lage hier wird immer unerfreulicher. Von Seydlitz hat sich an
seinem Geburtstag in seiner Berichterstattung auf der Plenarsitzung
sehr geringschätzig über den Bund Deutscher Offiziere geäußert, was
schon nahezu einem Grabgesang ähnelte. Außerdem machte er zyni-
sche Bemerkungen über Vorstandsmitglieder, vor allem abwesende.
Diese Äußerungen lassen sich nur als unnormalen Geisteszustand
erklären, zu dem es offensichtlich dadurch gekommen ist, daß weder
der Bund noch das Nationalkomitee ihr Ziel erreicht haben und ihr
Stellenwert daher in den Augen der Russen verloren hat. Deshalb
wurde das Nationalkomitee auch nicht international anerkannt, womit sich die weitgehenden Hoffnungen einiger Leute zerschlugen.
Leider besteht kein Zweifel mehr daran, daß Sie nicht hierher zurückkehren werden.
Engelbrecht und ich haben auf der letzten Vorstandssitzung einen
Vorstoß in dieser Frage unternommen, so daß nun vollkommene Klarheit besteht.
Ich denke, daß ich Ihnen nach all den Ereignissen hierzu nur gratulieren kann. Sie leisten dort eine sehr erfolgreiche Arbeit, während man
hier, wo jede Möglichkeit, etwas wirklich Wertvolles zu leisten und
sich damit abzulenken, fehlt, täglich nur immer mehr an den Menschen verzweifeln, mit denen man notgedrungen zusammen ist.
Da empfinde ich auch keine Befriedigung darüber, daß sich meine
pessimistischen Voraussagen bestätigt haben.

193

Nun, die Rettung nähert sich mit Siebenmeilenstiefeln. Das kann als Trost dienen.
Mit Betrübnis habe ich gehört, daß Sie mehrfach krank waren. Ich hoffe, daß es Ihnen nun endgültig besser geht.

Mit besten Wünschen
Ihr ergebener Bredt
Einen Gruß auch an Major Schulze, ebenso herzliche Grüße an alle anderen von Engelbrecht.

Zwei Wochen später verfaßte ein Informant, offensichtlich ein Leitungsmitglied des Bundes Deutscher Offiziere, einen Bericht, in dem er gewisse Befürchtungen wegen der Generale Strecker und Hofmeister äußerte.

11. Oktober 1944
Ich möchte Sie über folgendes informieren:
General Strecker verhält sich in letzter Zeit sehr zurückhaltend unseren Generalen und vor allem Seydlitz gegenüber. Aus Gesprächen mit ihm und General Hofmeister geht hervor, daß sie enttäuscht darüber sind, daß General Seydlitz sie, ihrer Meinung nach, unzulänglich über die Ereignisse im Nationalkomitee und im BDO auf dem laufenden hält und, wenn sie auf das Problem der Zukunft Deutschlands zu sprechen kommen, einem Meinungsaustausch ausweicht.
Dr. Korfes hat in einem Gespräch mit Generaloberst Strecker, in dem es um die Bewertung hervorragender deutscher Persönlichkeiten – Bismarck, Liebknecht und Bebel – ging, ersteren ziemlich negativ eingeschätzt, während er letztere, nach Meinung Streckers, sehr lobte. Da diese Einschätzung auch dem Rundfunkvortrag von Dr. Korfes zugrunde lag, nimmt Strecker offensichtlich an, daß alle (Seydlitz, Korfes und Lenski) seit langem Kommunisten sind. Nach den Worten von General Hofmeister hat das auf Strecker befremdend gewirkt, daß er sich möglicherweise mit dem Gedanken trägt, aus dem Bund auszutreten.
Ich habe Seydlitz sofort darüber informiert. Er wird die bei Strecker aufgekommenen Zweifel zerstreuen. Seydlitz und ich halten es für undenkbar, daß sich Strecker vom Bund lossagt. Ich denke, daß diese Gedanken des Generalobersts Rückfälle sind, die bereits morgen be-

hoben sein können. Außerdem kann General Hofmeister sie überbewertet haben, zumal Hofmeister selbst gegenwärtig außerordentlich bedrückt wirkt. Er hat sich gegenwärtig so in seine Überzeugungen verbohrt, daß er lebensfremd geworden ist.

Er ist der Meinung, daß die Bemühungen der Bewegung „Freies Deutschland" dem deutschen Volk nicht helfen werden, weil die Alliierten und die linken Radikalen im deutschen Volk mit der Bekämpfung und Beseitigung des Nationalsozialismus auch die ganze deutsche Bourgeoisie vernichten wollen und werden.

Ich habe energisch versucht, ihm seine Ansichten auszureden, doch er hat sie nicht völlig aufgegeben. Ich empfehle Ihnen oder Herrn Oberst Schwez, in Dubrowo in Anwesenheit von General Hofmeister auf diese Gedanken näher einzugehen.

Was General Strecker betrifft, so schlage ich vor, ihn sonntags nicht mehr in Lunowo zu lassen oder ihn sogar gegen seinen Willen nach Dubrowo mitzunehmen, denn dort hat er beste Möglichkeiten für Gespräche mit Seydlitz und anderen Generalen.

Ansonsten gibt es nichts Neues . . .

Am Tag nach dem Eingang dieses Berichts schickte der Leiter des Objekts Nr. „15/W" Oberst Schostin an der Leiter der UPWI General Petrow die Sondermeldung „Fakten von Desorganisation der Arbeit des Bundes Deutscher Offiziere im Objekt Nr. ‚15/W‘". Oberst Schostin berichtete, daß sich unter den reaktionärsten Generalen und Offizieren des Objekts eine Opposition unter Leitung von Generaloberst Strecker, Generalleutnant Hofmeister und Oberstleutnant Bredt herausbildet, und nannte auch die Ziele dieser Opposition: Entfernung der Generale von Seydlitz, Korfes und von Lenski aus der Führung des Bundes, Übergabe der Führung an General Lattmann und Aufnahme der Generale Strecker und Hofmeister in das Präsidium des Bundes. Wie er informierte, ist die Opposition der Meinung, daß die Generale von Seydlitz, von Lenski und Korfes unter dem starken Einfluß russischer und deutscher Kommunisten stehen und deren Aufträge ausführen.

Es wurden Beispiele oppositioneller Tätigkeit angeführt. Die Generale Strecker und Hofmeister hatten, nachdem sie in der Zeitung „Freies Deutschland" den Artikel über die faschistischen Greueltaten im Konzentrationslager Dachau gelesen hatten, ein prinzipielles Ge-

195

spräch mit den Generalen von Seydlitz und von Lenski, in dem sie nachzuweisen versuchten, daß das „russische Propaganda ist, die von der Zeitung ‚Freies Deutschland‘, dem Organ des Nationalkomitees, unterstützt wird."

Nachden die Generale Strecker und Hofmeister den Artikel von General Korfes gelesen hatten, in dem er die reaktionären Aspekte der Politik Bismarcks kritisierte und die progressiven Ansichten Bebels hervorhob, erklärten sie, daß sie Korfes für „einen Deutschen halten, der sein Gewissen verloren hat und den man zurechtweisen muß".

Oberstleutnant Bredt hat zwei Stunden mit General Strecker darüber gesprochen, daß von Seydlitz entfernt werden muß.

Es wurde festgestellt, daß die Opposition von den Majoren Hetz und Stößlein unterstützt wird, die ständig versuchen, General von Seydlitz wegen seiner konsequenten Haltung zu kompromittieren.

Nach den Worten von Oberst Schostin ist der weitere Aufenthalt der Oppositionellen im Objekt nicht erforderlich: Strecker leistet in der Bewegung keinerlei praktische Arbeit, Hofmeister ist morphiumsüchtig, unausgeglichen und gedrückter Stimmung. Bredt arbeitet ebenfalls im Bund nicht mit und hat sich kein einziges Mal in der Presse oder im Rundfunk für die Sache eingesetzt.

Um mögliche Exzesse zu vermeiden, wurde vorgeschlagen, Strecker, Hofmeister und Bredt in ein anderes Objekt zu verlegen.

Drei Tage später schickte Oberst Schwez an General Petrow einen Bericht:

In Anbetracht dessen, daß die kriegsgefangenen Generale Strecker und Hofmeister sowie Oberst Bredt durch ihre negativen Stimmungen die sachliche Atmosphäre im Bund Deutscher Offiziere im Objekt Nr. „15/W" beeinträchtigen, halte ich folgende Maßnahmen für zweckmäßig:

1. Paulus wird darauf hingewiesen, daß das Verhalten Streckers unzulässig ist. Ihm wird vorgeschlagen, Strecker zu sich in das Objekt Nr. „35/W" zu nehmen und ihn entsprechend zu belehren.

2. Vor dem Präsidium des Offiziersbundes muß zur Sprache gebracht werden, daß Hofmeister und Bredt im Objekt oppositionelle Propaganda gegen den Bund und Seydlitz persönlich betreiben. Dem Präsidium wird vorgeschlagen, hinsichtlich Hofmeister die entsprechenden Schlußfolgerungen zu ziehen, Bredt aber aus dem Objekt zu entfernen und in ein Lager nach unserem Ermessen zu verlegen.

3. Mit . . . wird vereinbart, unsere dem Präsidenten des Bundes un-

terbreiteten Vorschläge zu unterstützen und das Verhalten Hofmeisters und Bredts auf der Vorstandssitzung des Bundes und der Plenarsitzung des Nationalkomitees „Freies Deutschland" zu verurteilen.
Ich bitte um Bestätigung.
16. Oktober 1944   Oberst L. Schwez

Der Ausgang des Kriegs war vorentschieden, deshalb versagten bei vielen die Nerven . . .

Das Jahr 1945

Ende Januar 1945 teilte der neue Stellvertreter des Leiters der Hauptverwaltung des NKWD für Kriegsgefangene und Internierte (GUPWI des NKWD der UdSSR), Kommissar der Staatssicherheit dritten Ranges Amajak Kobulow, Lawrenti Berija mit, daß der kriegsgefangene General der Artillerie von Seydlitz, Präsident des Bundes Deutscher Offiziere, im Zusammenhang mit der Offensive der Roten Armee darum bittet, eine Rundfunkansprache des kriegsgefangenen Feldmarschalls Paulus zu organisieren, in der er die Wehrmacht aufruft, den Widerstand einzustellen und die Waffen niederzulegen. Kobulow ersuchte um diesbezügliche Weisungen.
General von Seydlitz befand sich erneut in einer komplizierten Lage. Die kriegsgefangenen Generale und Offiziere waren sich bewußt, daß der Krieg bald zu Ende sein wird, und verlangten, nachdrücklicher darauf hinzuwirken, daß die Sowjetunion das Nationalkomitee „Freies Deutschland" und den Bund Deutscher Offiziere als gleichberechtigte Partner anerkennt. Die Aufnahme von Feldmarschall Paulus in den Bund Deutscher Offiziere hatte die Führungsrolle von General von Seydlitz untergraben, was auch die sowjetische Führung in gewisser Hinsicht beunruhigte. Am 26. Januar 1945 schickten die Generale Iwan Petrow und Amajak Kobulow an Lawrenti Berija einen Lagebericht:
Unter den kriegsgefangenen deutschen Generalen machen sich negative Stimmungen und Nervosität in Zusammenhang mit der neuen Lage an der Front und der sich abzeichnenden Lösung der polnischen Grenzfrage breit.

Besonders enttäuscht und unzufrieden waren die kriegsgefangenen Generale nach der Rede Churchills im Unterhaus am 15. Dezember 1944, in der er erklärte:
Stalin und ich haben uns auch über die notwendige Kompensation für Polen auf Kosten Deutschlands im Norden und Westen geeinigt . . .
Die deutschen Generale sahen in der beabsichtigten Kompensation Polens auf Kosten Ostpreußens und anderer deutscher Gebiete die Ursache eines neuen Kriegs.
Feldmarschall Paulus äußerte hierzu folgende Meinung:
Man will uns Ostpreußen nehmen. Wir können doch nicht erklären – hier ist es, nehmt es euch! Wenn wir das tun, dann sind die Nazis in dieser Hinsicht besser als wir, denn sie halten am deutschen Territorium fest und bemühen sich, seinen Bestand zu sichern . . . Wenn deutsche Gebiete an Polen abgegeben werden müssen, dann kommt es zu einem neuen Krieg.
Generaloberst Strecker äußerte sich in einem Gespräch mit von Seydlitz und Paulus noch schroffer:
Als Strafe soll uns Deutsche Territorium weggenommen werden, noch dazu Ostpreußen! Wenn sie uns Ostpreußen nehmen, dann kann ich jedem Russen einzeln versichern, daß dies zu einem neuen Krieg führen wird. Die Schuld wird dann erneut dem deutschen Volk gegeben. Doch das ist vollkommen ungerechtfertigt, denn bereits jetzt zeichnet sich die Ursache des Kriegsausbruchs ab. Dieser Krieg läßt sich bereits jetzt verhindern, wenn die Russen es wollen . . .
Auch General von Seydlitz bekundet Unzufriedenheit, allerdings gemäßigter.
Wenn eine Nachkriegsordnung zur Friedenssicherung geschaffen wird, dann ist es nicht gerechtfertigt, deutsche Gebiete loszutrennen, um die strategische Sicherheit zu gewährleisten . . .
Eine andere Ursache für Enttäuschung und Unzufriedenheit ist die Rolle des Bundes Deutscher Offiziere. Während in der Anfangsphase noch Hoffnungen bestanden, daß der Bund im Nachkriegsdeutschland eine politische Rolle spielen wird, müssen sich die gefangenen Generale jetzt auf eine weitaus kompliziertere Perspektive einstellen, die mit der unvermeidlichen Okkupation Deutschlands und einer fehlenden politischen Aufgabenstellung für den Bund verbunden ist.
Zu dieser Frage sagte Paulus im Gespräch mit General von Seydlitz am 21. Januar d. J. folgendes:

Die Erfolge der Russen in Ostpreußen sind offensichtlich. Zweifellos wird ihnen auch weiterhin Erfolg beschieden sein. Vielleicht kommt der Augenblick, da das deutsche Volk sie und ihre Armee anerkennen wird. Interessant ist, was sie dann tun werden. Werden sie dann unsere Unterstützung in Anspruch nehmen oder ihre bisherige Tour fortsetzen und uns die Rolle unbeteiligter Beobachter zuweisen? Ehrlich gesagt, ist es mir zuwider, wie sie mich behandeln – wie einen Kanarienvogel oder vielmehr einen Papagei. Wenn sie mich brauchen, öffnen sie den Käfig und lassen mich etwas sagen. Doch dann wird der Käfig wieder verschlossen, bis der sprechende Vogel wieder einmal benötigt wird.

Seydlitz erklärte darauf: Die Russen unterstützen uns allseitig in unserer Politik, die auf den Sturz Hitlers und die Befreiung unseres Volkes von seinen Fesseln gerichtet ist. Die Russen werden auch weiterhin an dieser Politik festhalten.

Hierauf erwiderte Paulus erregt: Sie sollen nur nicht denken, daß wir ihre Zwangsjacke für immer anbehalten. Wir verfolgen gegenwärtig zwar die gleiche Politik wie sie, aber nur, solange wir gemeinsame Ziele haben.

Aus diesen Stimmungen heraus tendierten die Generale dazu, Wege zu suchen, um den Einfluß des Bundes zu verstärken und die gegenwärtige Führung abzulösen.

Das kommt vor allem in den Äußerungen von Paulus zum Ausdruck:

Leider haben wir niemand, der sich an die Spitze unserer ganzen Arbeit stellen kann. Gebraucht wird ein Diplomat und Politiker, ein fähiger Führer, der die militärpolitische und wirtschaftliche Lage Deutschlands versteht. Diesen gibt es leider nicht.

Hierzu meinte der General der Infanterie Buschhagen zu Paulus:

Die ganze Organisation beschäftigt sich mit Propaganda, die hauptsächlich den Russen dient. Der Bund Deutscher Offiziere ist Amboß, nicht Hammer. Von ihm geht keine Initiative aus . . . Seydlitz und Lattmann sind keine Führungspersönlichkeiten. Die Führung des Bundes hat keine Autorität, an der Spitze müßte ein Feldmarschall stehen.

Paulus bemerkte daraufhin: Ich beteilige mich bewußt nicht an der Führung, denn so bleibe ich selbständig und unabhängig.

Noch krasser äußerte sich Oberst Czimatis im Gespräch mit Oberst Adam, dem Adjutanten von Paulus:

Wir verplempern uns mit Kleinigkeiten und vergessen die Fragen der großen Politik. Wir dürfen uns nicht nur auf Zeitungsartikel und Berge von Papier beschränken, sondern müssen dem außerordentlich wichtigen historischen Moment, den wir gegenwärtig durchleben, gerecht werden. Das habe ich tausendmal gesagt und wiederhole es: Es reicht, nun muß gehandelt werden!

Wann werden die Herren Generale endlich verstehen, wie schädlich diese Passivität für uns und wie vorteilhaft sie für die Russen ist? Die lassen sich die Gelegenheit natürlich nicht entgehen.

Ich verstehe Seydlitz nicht. Auf ihm ruht die ganze Verantwortung, aber er nimmt sie nicht wahr!

Ich sage Ihnen ganz offen, Adam: Seydlitz hat keine Willenskraft. Deshalb sind ihm die Russen so gewogen . . .

Seydlitz ist einfach ratlos, was in seiner Äußerung zum Ausdruck kommt: Mich bedrückt die schreckliche Sorge, ob unser Weg richtig ist.

Das derzeitige Regime und Hitler werden von Paulus und den anderen Generalen eindeutig abgelehnt.

Auf eine Bemerkung von General Weinknecht, woran Hitler wohl gegenwärtig denkt, antwortete Paulus:

Seine ganze Sorge ist, wie das Volk noch zu Opfern motiviert werden kann. Niemals zuvor in der Geschichte wurde die Lüge derart als Instrument der Diplomatie und Politik eingesetzt. Wir Deutschen wurden auf gemeinste Weise von einem Mann betrogen, der die Macht usurpiert hat. Sollen wir denn auf die Möglichkeit verzichten, offen gegen ihn zu kämpfen?

Generaloberst Strecker fügte hinzu:

Womit hat sich Deutschland Gottes Zorn zugezogen, daß er uns Hitler schickte? Ist das deutsche Volk wirklich so schlecht, daß es diese Strafe verdient?

Gegenwärtig sind Paulus, Seydlitz, Lattmann, Leyser und Oberst von Beaulieu damit beschäftigt, den Text eines Rundfunkaufrufs von Paulus „An Volk und Wehrmacht" auszuarbeiten.

Hier eine kurze Inhaltsangabe des Entwurfs des Aufrufs von Paulus:

Seit der Katastrophe von Stalingrad sind zwei Jahre vergangen. Heute ist ganz Deutschland zu einem gigantischen Stalingrad geworden. Die russischen Truppen sind in urdeutsche Gebiete vorgerückt – Ostpreußen und Schlesien.

Das deutsche Oberkommando täuscht das Volk weiter.

In dieser Stunde versichere ich euch: Deutschland wird nicht untergehen, auch wenn Hitler den Krieg verlieren wird. Wir werden gemeinsam brüderlich Not und Leid überwinden und eine neue herrliche Heimat aufbauen.

Wir werden uns nicht mehr von falschen Propheten betrügen lassen. Man wird unserem geliebten Vaterland vergeben, es wird seinen gleichberechtigten Platz unter den Völkern einnehmen.

Als deutscher Feldmarschall in russischer Kriegsgefangenschaft, in der sich Menschen aller Berufe und Klassen zu einer großen Einheitsfront zum Kampf zusammengeschlossen haben, rufe ich euch auf:

Nehmt euer Schicksal in die eigenen Hände! Stürzt Hitler! Beendet den sinnlosen und verbrecherischen Krieg! Rettet, was noch zu retten ist!

Herr Feldmarschall von Rundstedt, stellen Sie die Kampfhandlungen ein! Das Volk wird Ihnen folgen und dankbar sein.

Deutsche! Schließt euch der großen vaterländischen Front „Freies Deutschland" an!

Das russische Volk will das deutsche Volk nicht versklaven und vernichten, sondern nur Hitler und seine Clique beseitigen.

Nachdem Hitler beseitigt ist, eröffnet sich dem deutschen Volk der Weg zu gleichberechtigter gemeinsamer Arbeit mit den anderen Völkern der Welt . . .

Der Schlußteil des Textes, der das russische Volk betrifft, wurde angesichts der Lage, in der sich der Bund befindet, als notwendig erachtet und nach sorgfältiger Erörterung hinzugefügt.

Zu diesem Zusatz sagte Paulus: Irgendwie ist es schon lächerlich, daß ich hier als Protagonist sowjetischer Politik auftrete . . .

Die gespannte Lage spitzte sich von Tag zu Tag noch mehr zu. Vom 4. bis 11. Februar fand in Liwadija bei Jalta die Krimkonferenz der Regierungschefs der drei Großmächte statt, die den Status des besiegten Deutschlands festlegte. Die Generale vom Bund Deutscher Offiziere nahmen die Beschlüsse der Konferenz sehr feindselig auf. In einem Bericht an Sergej Kruglow, den neuen Leiter der GUPWI, führten General Kriwenko und sein Stellvertreter Amajak Kobulow Äußerungen der Generale an. Wir zitieren aus diesem Dokument:

General von Seydlitz, Präsident des Bundes Deutscher Offiziere:
Ich verstehe die Politik der Sowjetunion wirklich nicht mehr. Wo sind jetzt die unverbrüchlichen Prinzipien und das Selbstbestimmungsrecht der Völker geblieben? Die Russen haben nicht das Recht, den Polen „Lebensraum" zu schenken, den sie uns wegnehmen. Zur Gewährleistung von Sicherheit wäre eine Okkupation ausreichend gewesen. Das ist Gewaltpolitik. In Deutschland werden wir noch viel über leninistisch-stalinistischen „Humanismus" erfahren.

General Lattmann:
Ich habe nichts anderes erwartet. Diese großen territorialen Ansprüche sind gewissermaßen „roter Imperialismus". Die Sowjetunion verfolgt ihre eigenen Ziele und ist bereit, dafür ihre eigenen Prinzipien, wie das Selbstbestimmungsrecht der Völker, zu opfern. Wenn uns außer den landwirtschaftlichen Gebieten auch noch die Industriegebiete genommen werden, dann muß das Volk einfach verhungern.

Oberst van Hooven, Vizepräsident des Offiziersbunds:
Ich möchte nur wissen, wo eigentlich die Grenze zwischen Versklavung und Wiedergutmachung verläuft. Hitler wird es nicht schwerfallen, zum Kampf bis zum Letzten aufzurufen, denn im Kommunique der Krimkonferenz wird nichts Positives für das deutsche Volk gesagt.

In Anbetracht der Beschlüsse der Krimkonferenz blicken die Generale pessimistisch in die Zukunft und machen sich Gedanken über ihre Mitwirkung in der Bewegung „Freies Deutschland" und unsere Haltung zu dieser Organisation.

General von Seydlitz:
Wer sind wir jetzt eigentlich, nachdem das alles geschehen ist und von Deutschland wenig übrigbleibt. Man wird uns schwere Vorwürfe machen. Die Beziehungen zwischen den Russen und dem Nationalkomitee sind merklich abgekühlt. Wir haben unser Ziel nicht erreicht. Jetzt bekunden die Russen für uns beträchtlich weniger Interesse. Warum gestattet man uns nicht, auf dem von der Roten Armee okkupierten Gebiet politisch zu arbeiten? Wer weiß, was dort vorgeht?

General von Bogen:
Die Geschichte mit dem Nationalkomitee war einfach ein großer Betrug. Es wurde von den Russen einzig und allein deshalb gegründet, um die eigenen Verluste an der Front zu verringern. Uns Generale hat man ebenfalls für diesen Zweck genutzt.

202

Was den Einfluß der Sowjetunion auf den Ausgang der Krimkonferenz betrifft, so schätzen die Generale und Offiziere das Kräfteverhältnis in den Vereinten Nationen wie folgt ein: ? ? ? ?

General Lattmann:
Der wichtigste Punkt der Krimkonferenz ist, daß sich die Kommission für Reparationsleistungen in Moskau befinden wird. Auf diese Weise können die Russen die Kontrolle der deutschen Industrie entscheidend beeinflussen. Ob das Zugeständnis der Russen Polen und Jugoslawien gegenüber nur Taktik oder Zeichen der Stärke Englands ist, läßt sich gegenwärtig schwer sagen, doch in diesen Ländern geschieht nur das, was die Sowjetunion will.

General Hofmeister:
Alle Beschlüsse wurden nach dem Wunsch der Russen gefaßt, England und Amerika haben sich nicht engagiert.
Einige Kriegsgefangene sind der Auffassung, daß die Sowjetunion und England nach dem Krieg um den Einfluß auf Deutschland kämpfen werden, und sie räumen England dabei die größeren Chancen ein.

General von Seydlitz:
Ich befürchte, daß die Russen bei uns nicht den richtigen Weg einschlagen werden. Die Russen verstehen unsere Mentalität nicht, sie werden mit dem deutschen Volk falsch umgehen. Die Engländer geben in Aachen bereits neue Schulbücher heraus, während sich die Russen für diese Frage überhaupt nicht interessieren. Mit ihrer Bürokratie werden die Russen das deutsche Volk niemals für sich gewinnen.

General Ludwig Müller:
Natürlich sind sich die Russen und Engländer gegenwärtig über die Zerschlagung Deutschlands einig. Aber die Gespräche über Zusammenarbeit nach dem Krieg sind einfach lächerlich. In einigen Jahren wird es zu Differenzen zwischen der Sowjetunion und England kommen. Die Sowjetunion hat jetzt zwei Möglichkeiten, sich in Deutschland durchzusetzen – entweder mit Gewalt oder sie versucht, das deutsche Volk durch gute Behandlung und Überzeugung zu gewinnen. Die russische Propaganda findet bei uns keinen fruchtbaren Boden, für die englische Propaganda ist das deutsche Volk aber empfänglich. Bei Kriegsende werden die materiellen Vorteile für die Orientierung des deutschen Volkes ausschlaggebend sein. Für uns wäre es besser, wenn ganz Deutschland von der Roten Armee okkupiert wäre, dann bliebe Deutschland ein einheitlicher Wirtschaftsme-

chanismus. Doch dazu wird es nicht kommen. Auf dem von der Roten Armee okkupierten Territorium werden maximal 10 Prozent der Bevölkerung leben. Wie den russischen Zeitungen zu entnehmen ist, wird das deutsche Volk von den Russen schlechter als von den Westmächten behandelt. Damit wird das deutsche Volk erneut gegen die Sowjetunion aufgebracht. Aber vielleicht sollen die Zeitungsartikel der Russen die Engländer auch täuschen, und die Haltung der Russen wird dann großmütiger als erwartet sein.

Es wurden auch positive Aussagen zu den Beschlüssen der Krimkonferenz registriert.

General Vinzenz Müller:
Unsere Generale haben keine Lehren aus den Ereignissen in der Welt gezogen und nichts daraus gelernt. Man muß der Sowjetunion vertrauen.

General von Lenski:
Man muß der Sowjetunion vertrauen und wissen, daß es die sowjetische Regierung nicht zulassen wird, daß dem deutschen Volk die elementaren Existenzbedingungen genommen werden . . .

Noch am selben Tag wurde ein entsprechender Bericht an Lawrenti Berija geschickt.

Am 29. März 1945 fand in Lunowo die turnusmäßige Tagung des Nationalkomitees „Freies Deutschland" statt. Daran nahmen 44 Kriegsgefangene unter Führung von General Seydlitz und General Lattmann sowie 13 politische Emigranten, darunter Wilhelm Pieck und Walter Ulbricht, teil.

Der Präsident des NKFD Erich Weinert sprach in seinem Bericht über die Propagandaarbeit aus der Sicht der Beschlüsse der Krimkonferenz.

Auszüge aus dem Bericht Weinerts wurden Sergej Kruglow übermittelt.

Ich muß leider feststellen, daß seit unserer letzten Tagung bereits viele Wochen vergangen sind. Das war durch die jüngsten Ereignisse bedingt. Wir haben von der sowjetischen Regierung bestimmte Direktiven für unsere weitere Arbeit erwartet, sie jedoch nicht erhalten. Wir haben gehofft, daß nach der Krimkonferenz auch uns betreffende Entscheidungen getroffen werden. Aber bisher wurde über unser Schicksal nicht entschieden . . .

Die Rote Armee und auch die Alliierten haben keine genauen Richtlinien, wie die administrative und politische Arbeit in Deutschland gestaltet werden soll, und erst in den letzten Tagen beginnt sich ein möglicher Modus der gegenseitigen Beziehungen abzuzeichnen. Es war nicht bekannt, wie sich die Bevölkerung zur Roten Armee verhalten wird und wie sie auf das Hitlerregime und die faschistische Propaganda während der Okkupation reagiert . . . Der Umstand, daß das faschistische Deutschland mit fremden Waffen und nicht durch die Kräfte und den Willen des deutschen Volkes vernichtet wird, ist sehr schmerzlich. Gegenwärtig erleben wir die schlimmste Zeit in der Geschichte des deutschen Volkes . . . Wir haben stets zwischen Hitler und seinen Helfershelfern einerseits und der Armee und dem Volk andererseits unterschieden . . . Zur Abtrennung Ostpreußens und eines Teils Oberschlesiens sagen wir: Das sind deutsche Gebiete. Wie kann man sie von Deutschland abtrennen? Wie werden sie fortan existieren? . . . In dem Bericht wird festgestellt, daß sich die anwesenden Kriegsgefangenen in der Diskussion sehr zurückhielten – insgesamt meldeten sich nur drei zu Wort. Die Generale und Offiziere erkannten als erste, daß es nichts mehr zu besprechen gab – alles war bereits entschieden . . .

Am 6. April 1945 schickten Kriwenko und Kobulow einen weiteren Bericht an Berija:

Unter den Führern des Bundes Deutscher Offiziere wird weiter die „ungewisse Haltung der sowjetischen Seite" gegenüber dem Nationalkomitee „Freies Deutschland" erörtert. Der Präsident des Bundes General von Seydlitz ist einem Nervenzusammenbruch nahe. General Lattmann sagte, daß sich die Nerven von Seydlitz in einem schrecklichen Zustand befinden und Seydlitz in einem Gespräch mit ihm zu weinen angefangen hat.

Wie General Lattmann im Gespräch mit unserem Informanten mitteilte, läßt sich Seydlitz leicht beeinflussen und manipulieren. Durch seine absolut apolitische und fast mythische Denkweise braucht er ständig Führung.

Oberst van Hooven, der Vizepräsident des Bundes, äußerte im Gespräch mit den Generalen Lattmann und Hofmeister und Major von Frankenberg über Seydlitz: Ich weiß nicht, was mit ihm ist, er hat das Gefühl, daß alles, was mit dem Offiziersbund geplant war, ein Fehler ist. Die Russen sollten mit ihm sprechen und ihn beruhigen. Er hatte schon früher oft eine Krise, doch jetzt steht es vollkommen schlecht um ihn.

Ein akutelles Gesprächsthema ist die Rückkehr nach Deutschland. Über einige Äußerungen zu diesem Thema, die in Gesprächen der Generale Lattmann und Hofmeister mit Major Frankenberg sowie von Feldmarschall Paulus mit den Generalen Strecker und Weinknecht gefallen sind, wird berichtet:

General Hofmeister:
Es besteht Grund zu der Annahme, daß wir selbst ein Jahr nach Kriegsende noch nicht nach Deutschland zurückkehren werden. Wenn der letzte Schuß gefallen ist, werden die Russen bestimmt nicht zu uns sagen: Bitte fahren sie nach Hause.

Major von Frankenberg:
Aber wir können doch ein Jahr nach dem Krieg nicht immer noch in Moskau sitzen und Propaganda treiben.

General Lattmann:
Ja, dann müssen wir die Arbeit im Nationalkomitee eben einstellen.

General Strecker (zu Paulus):
Ich kann mich in Deutschland nach dem Krieg gut einrichten. Die Sache sieht jedoch anders aus, wenn man mich nach Stalingrad schickt und sagt: Hier ist ihr Arbeitsgebiet, arbeiten sie! Mich empört die Aussicht, nach dem Krieg in Gefangenschaft zu bleiben. Ich bin kein Kriegsverbrecher, ich bin ein anständiger Soldat!

Auf die Bemerkung von General Weinknecht, daß die Russen gebildete Menschen nicht für körperliche Arbeit einsetzen werden, antwortete Paulus: Es ist ein großer Unterschied, ob ich nach dem Krieg in mein Vaterland gelangen oder in Rußland bleiben werde. Was ist das für ein Leben, wenn ich dazu verurteilt werde, eine Ewigkeit in Rußland zu verbringen. Die Russen haben jedes Interesse an den deutschen Generalen verloren. Was könnten diese drei Dutzend Generale erreichen, wenn sie die Möglichkeit hätten, sich zu versammeln und die Lage zu erörtern.

Die Generale waren große Realisten, doch sie konnten nicht ahnen, welchen Verlauf die Ereignisse nehmen werden.

Der Krieg war verloren, um die Zugänge nach Berlin wurde gekämpft. Die Zersetzungsarbeit in den deutschen Truppen spielte keine große Rolle mehr. Die Führer des Bundes Deutscher Offiziere waren sich selbst überlassen und schlenderten ziellos durch das Objekt Lunowo. Am meisten litt General von Seydlitz darunter ...

Am 8. April 1945 schickte der Leiter der Operativabteilung des Objekts Lunowo Hauptmann Schulshenko einen Bericht an Amajak Kobulow:
Ich teile Ihnen mit, daß der Präsident des Bundes Deutscher Offiziere General der Artillerie von Seydlitz heute zu mir gekommen ist und mir unter Tränen gesagt hat (ich zitiere seine Worte):
Ich möchte mit Ihnen vollkommen offen über die Beziehungen der russischen Seite zu uns sprechen. In letzter Zeit hat sich die Haltung der Russen uns gegenüber stark verändert. Niemand kommt mehr zu uns, niemand bespricht mit uns prinzipielle Fragen, unsere Bitten bleiben unbeantwortet und wir können in letzter Zeit Dubrowo nicht mehr besuchen. Ich möchte gern wissen, welche Verbrechen wir gegen die Russen begangen haben. Oder begehen wir in unserer Arbeit irgendwelche Fehler, über die mit uns nicht gesprochen wird? Auf mich persönlich als Präsidenten des Bundes Deutscher Offiziere wirkt das alles sehr niederdrückend. Ich bin an die gemeinsame Arbeit mit den Russen und an ihre Hilfe gewöhnt . . .
Ich versuchte, General von Seydlitz zu beruhigen, und sagte ihm, daß im Zusammenhang mit den großen Offensivoperationen der Roten Armee täglich eine große Zahl Kriegsgefangener erfaßt werden muß und unsere Genossen in Moskau gegenwärtig mit der Unterbringung der neuen Kriegsgefangenen stark beschäftigt sind.
Nach dem Gespräch mit mir beruhigte sich General von Seydlitz etwas.
Ich erwarte Ihre Weisungen . . .
Darauf wurde umgehend reagiert. Im Auftrag von Lawrenti Berija, der über den Vorfall ebenfalls unterrichtet wurde, traf sich Amajak Kobulow am 17. April 1945 mit von Seydlitz. Als Geste guten Willens wurde versprochen, daß zwischen dem Lager Nr. 48 für die Generale im Dorf Woikowo, Gebiet Iwanowo, und der Residenz der Bewegung „Freies Deutschland" in der Ortschaft Lunowo eine reguläre ständige Verbindung organisiert wird. Als Kuriere wurden die Generale von Daniels und Schloemer benannt . . .
Am 20. April 1945 wandte sich General von Seydlitz an Amajak Kobulow mit der Bitte, in Zusammenhang mit der Einnahme der Stadt Verden an der Aller und Blankenburg im Harz durch englische Truppen etwas über das Schicksal seiner Familie, die in Verden lebte, und der Familie des Generals Korfes, die in Blankenburg lebte, in Erfahrung zu bringen. Da sowohl von Seydlitz als auch Korfes vom

Reichsgericht in Abwesenheit zum Tod verurteilt worden waren, befürchtete von Seydlitz, daß auch ihre Familien aufgrund der Sippenhaft zu Schaden gekommen sind, und bat deshalb Kobulow, Auskünfte über das Schicksal ihrer Familien über die englische oder amerikanische Botschaft einzuholen.

Bis zum Kriegsende blieben nur noch wenige Tage, und den Berufssoldaten war klar, daß die letzten Tage noch mit maximalen Härten verbunden sind.

... In den letzten Apriltagen 1945 war die Aufmerksamkeit der Bewohner Lunowos, wie übrigens aller auf beiden Seiten der sowjetisch-deutschen Front, auf die Schlacht um Berlin konzentriert.

Am 2. Mai 1945 fiel Berlin.

Am 8. Mai 1945 schickten die Leiter der UPWI einen Bericht an das NKWD der UdSSR.

... Als die Zeitung mit dem Befehl des Oberbefehlshabers über die Einnahme Berlins eintraf, las Oberst von Beaulieu diesen Befehl dem anwesenden Feldmarschall Paulus, Generaloberst Strecker und General Leyser vor. Nachdem Paulus den Befehl gehört hatte, erhob er sich, wünschte allen Anwesenden gute Nacht und ging. Strecker und Leyser folgten ihm schweigend.

Später sagte Paulus in einem Gespräch mit General Weinknecht: Schrecklich! Das Brandenburger Tor steht noch und darauf weht nun die rote Fahne. Wir hatten niemals Fahnen darauf. Die Reichskanzlei ist abgebrannt! Zum Teufel!

General von Seydlitz: Nach dem Fall Berlins ist in den nächsten Tagen die endgültige Katastrophe zu erwarten. Damit ist jede Stunde zu rechnen. Dönitz wird im Namen Deutschlands kapitulieren.

Oberst van Hooven: Der schnelle Fall von Berlin ist gewissermaßen den Widerstandsaktionen gegen Hitler, zu denen es in Berlin gekommen ist, zu verdanken. Die Russen können dies gegenwärtig zwar nicht sagen, aber sie geben es stillschweigend zu. Jedenfalls wurde dort mehr getan als in Wien.

General Bammler, der frühere Stellvertreter des Abwehrchefs: Die Russen machen jetzt viel Aufhebens wegen der Einnahme Berlins, doch aus militärischer Sicht hat das keine Bedeutung, denn Berlin ist ein Trümmerhaufen. Berlin war in letzter Zeit nicht mehr das Zentrum. Es gab keine Garnison, keinen Eisenbahnknotenpunkt und keinen Fliegerstützpunkt mehr – dort war praktisch nichts. Wenn sie angenommen haben, dort Hitler und seiner Umgebung habhaft zu werden, dann konnten sie sich nun von ihrem Irrtum überzeugen. Die Eroberung von Berlin bedeutet noch nicht, daß sich Deutschland in ihrer Hand befindet. Wir standen 1941 schließlich auch vor Moskau und was ist aus uns geworden?

Oberst Pflugrat: Die Einnahme Berlins durch die Bolschewisten ist für mich, wie für alle Deutschen, erschütternd. Das ist bei weitem schlimmer als der Tod Hitlers. Einige Generationen werden zu tun haben, um Berlin wiederaufzubauen. Das ist die Schuld der Amerikaner und Engländer. Die Russen sprengen in ihrem Haß auf die Deutschen nicht nur die letzten Ruinen, sondern vernichten auch die unglückliche Bevölkerung gnadenlos. Ich stelle mir vor, was sie gegenwärtig in Berlin anrichten. Jeder Zivilist wird verhaftet, weil sie ihn für einen getarnten Angehörigen der Fünften Kolonne halten. Und wir Kriegsgefangenen werden Deutschland niemals wiedersehen.

Oberstleutnant Lewes-Litzmann: Die energischen Maßnahmen des Stadtkommandanten von Berlin zeugen davon, daß sich die Russen dennoch ernsthaft um die Bevölkerung kümmern. Es ist wirklich hervorragend, daß die Versorgung mit Gas, Strom und anderem so schnell wiederhergestellt wird.

So haben die Bewohner des bei Moskau gelegenen Lunowo den Fall Berlins aufgenommen. Aber sie mußten noch eine andere bittere Erfahrung machen.

In ihrem Bericht an Lawrenti Berija teilten die Leiter der UPWI General Kriwenko und der Kommissar der Staatssicherheit dritten Ranges Kabulow mit:

Zur bedingungslosen Kapitulation der deutschen Truppen wurde folgende Äußerung der Führer des Bundes Deutscher Offiziere und anderer Kriegsgefangener registriert:

Feldmarschall Paulus: Ich bin verwundert, daß die Kapitulationsurkunde von Keitel, einem erwiesenen Kriegsverbrecher, unterzeichnet wurde.

Als Paulus die Kapitulationsbedingungen mit General Weinknecht erörterte, sagte er: Das ist keine Unterzeichnung in einem Eisenbahnwaggon im Wald. (Paulus meinte damit die Unterzeichnung der Kapitulation Frankreichs im Wald von Compiègne − L. R.) Gott sei Dank, daß nun alles vorbei ist! Doch eines möchte ich sagen: Wäre ich aufgefordert worden, in Berlin die Kapitulationsurkunde zu unterzeichnen, hätte ich es vielleicht auch getan, mich aber nicht so zur Schau gestellt. Wozu dieses Spektakel? Ich verstehe Keitel nicht . . .

Oberst van Hooven, der Oberst Steidle und anderen Offizieren schilderte, wie die Unterzeichnung der Kapitulation abgelaufen ist, sagte: Die Amerikaner und die Engländer sind von Natur aus Soldaten, auch wenn ihnen der Geist des Militarismus fremd ist. Ich kann mir gut vorstellen, daß ihnen die ganze Prozedur mit den Unterschriften, die ganze Geschichte mit der Kapitulation zuwider war. Und Shukow hat nach Abschluß der Zeremonie gesagt: Die Delegation Deutschlands kann jetzt gehen. Meiner Meinung nach war das einfach erniedrigend.

General von Seydlitz: Gott sei Dank! Endlich ist Schluß. Feldmarschall Jodl und andere sind nach Reims gefahren, weil sie nur vor den Westmächten kapitulieren wollten. Die Idioten glaubten wirklich, die Alliierten gegeneinander ausspielen zu können. Es ist gut, daß Keitel und andere Banditen dieses schmachvolle Dokument unterzeichnet haben. Damit dokumentierten sie vor der ganzen Welt und vor allem vor dem deutschen Volk ihre Verbrechen in diesem Krieg.

Zur absehbaren Zukunft Deutschlands sagte Seydlitz: Eine Zeitlang wird es in der Alliierten Kommission keine Vertreter Deutschlands geben. Aber das wird sich bald ändern, weil sonst die Reparationsleistungen nur schleppend erfüllt werden. Die Alliierten werden bestimmt bald viele Deutsche in die exekutiven Organe einbeziehen. Das betrifft alle Strukturen bis hin zur höchsten Macht, denn ohne Einrichtungen wie das Finanzministerium ist kein geregeltes Wirtschaftsleben vorstellbar. Jetzt werden die Alliierten das Wirtschaftsleben Deutschlands schnell wieder in Gang bringen, bedeutend schneller als wir glauben. Ich denke, daß gerade die Russen in Berlin ein Zeichen setzen werden.

General Lattmann: Alles ist so ehrlos untergegangen, wie sie es verdient haben. Diese Leute werden niemals aus dem Nationalsozialismus ein Heldenepos machen können. Das ist vorbei! Und die meisten Generale haben sich mit Schande bedeckt. Leute, die früher andere belehrt haben, daß ein Feldherr nach einer verlorenen Schlacht nur den Tod suchen kann, gehen jetzt in Gefangenschaft, als sei nichts gewesen. Es ist eine Schande, daß eine so hervorragende Armee wie die deutsche Wehrmacht derart mißbraucht wurde. Das trifft einen Soldaten, der sich seinem Beruf mit Leib und Seele verschrieben hat, mitten ins Herz. Und wir sind einmal vertrauensvoll dieser Bande gefolgt! . . .

Die Generale erörterten die Zeremonie der Kapitulation, das Verhalten von Keitel und der anderen Teilnehmer. Sicherlich war jeder von ihnen innerlich froh, daß nicht er Deutschland bei diesem historischen Akt vertreten hat . . .

Der Präsident tritt zurück

Der Krieg ist zu Ende. Das Siegessalut und der Klang der Gläser auf den Siegesbanketts sind verhallt. Die Menschen warteten auf die Rückkehr ihrer Lieben – derer, die den Krieg überstanden hatten. Auch die deutschen Kriegsgefangenen hofften auf eine baldige Rückkehr in die Heimat. Aber . . .

Am 26. Mai 1945 teilte Amajak Kobulow Lawrenti Berija mit, daß der Präsident des Bundes Deutscher Offiziere General von Seydlitz und einige andere Offiziere die Frage nach der Auflösung des Bundes aufgeworfen haben, da der Bund keinerlei Einfluß ausübt und das Nationalkomitee hier im Lager sitzt und nicht in Berlin arbeitet.

Kobulow teilte auch mit, daß die meisten Mitglieder des Offiziersbundes, in erster Linie seine Führer, gehofft hatten, daß das NKFD und der BDO die Basis für die neue Regierung Deutschlands bilden und die kriegsgefangenen Generale und Offiziere eine führende Stellung einnehmen werden.

Es wurde auch eine Äußerung von Feldmarschall Paulus angeführt, die aus einem Gespräch mit den Generalen von Seydlitz, Lattmann, Strecker, Leyser und Weinknecht vom 15. April 1945 stammte:

Ich denke, daß wir die Bewegung erhalten müssen und das Nationalkomitee als Grundlage für die Bildung der Regierung dienen kann. Es muß entweder als Zentrum der Bewegung „Freies Deutschland" oder als Regierungsorgan weiterbestehen. In diesem Fall ist sein Platz in Ostpreußen.

Kobulow berichtete von seiner Begegnung mit von Seydlitz am 21. Mai und über dessen Stimmung. Von Seydlitz nahm Bezug auf Rundfunk- und Pressemeldungen und stellte mit Befriedigung fest, daß sich die Führung der Roten Armee um die Bevölkerung kümmert.

Kobulow machte seinerseits von Seydlitz darauf aufmerksam, daß sich Anastas Mikojan für die Versorgung der Bevölkerung Berlins und Dresdens mit Lebensmitteln eingesetzt hat.

General von Seydlitz verlieh der Hoffnung Ausdruck, daß die Mitglieder des BDO bald nach Deutschland zurückkehren werden, wobei er sich darauf bezog, daß eine Reihe politischer Emigranten, z. B. Pieck, Ulbricht und Ackermann sowie die Kriegsgefangenen Zippel, Büchler, Sinz und andere bereits in der Heimat sind.

Als Kobulow von Seydlitz nach Wünschen in bezug auf die Arbeit des Offiziersbundes fragte, verneinte von Seydlitz. Doch am folgenden Tag berief der Präsident, wie Kobulow berichtete, eine Beratung des Führungsorgans des Bundes ein, um die Frage seines Weiterbestands zu erörtern.

Eine solche Entscheidung war jedoch keineswegs im Sinne Kobulows. Dafür war die Sanktion der „Instanz", d. h. des Politbüros des ZK der KPdSU(B), erforderlich. Kobulow konnte diese Frage nicht selbständig entscheiden.

Ein Informant aus der Führung des Bundes erhielt den Auftrag, auf der Sitzung zu verlangen, daß diese Frage erst nach Absprache mit der russischen Seite erörtert wird.

Dieser Auftrag wurde erfüllt. Der Bund Deutscher Offiziere stellte sich eine neue Aufgabe – die Werbung und Schulung kriegsgefangener Offiziere und Aufklärungsarbeit in Deutschland.

. . . Jeder Tag brachte nun neue Nachrichten. Als Feldmarschall Paulus von der Erklärung der vier Mächte über die Niederlage Deutschlands und der Übernahme der Oberhoheit durch sie erfuhr, sagte er: Was für ein Unglück für das deutsche Volk! Furchtbar! Ihm bleibt auch nichts erspart!

Oberst von Beaulieu erwiderte darauf: So ist es besser, Herr Feldmarschall. Es wird zweifellos zu Meinungsverschiedenheiten kommen. Je mehr Meinungsverschiedenheiten zwischen ihnen entstehen, desto besser für uns . . .

Am 24. Juni 1945 fanden die Siegesparade in Moskau und die anschließende Demonstration der Einwohner der Hauptstadt statt. Es regnete den ganzen Tag, die Marschkolonnen der Demonstranten zogen im strömenden Regen durch das Zentrum der Stadt. Gegen Mittag rief die Miliz die Bürger über Lautsprecher auf, die Demonstration wegen des schlechten Wetters abzubrechen und nach Hause zu gehen. Doch keiner folgte dem Aufruf . . .

An diesem Tag fand ein Gespräch zwischen General von Seydlitz und Feldmarschall Paulus statt. Über die Siegesparade sagte von Seydlitz:

Das ist die größte und beeindruckendste Parade, die Moskau je erlebt hat. Alle Marschälle haben teilgenommen. Diese Siegesparade haben die Völker der Sowjetunion als offizielles Ende des Kriegs begangen. Sowjetrußland hat allen Grund, diesen Tag mit berechtigtem Stolz als Sieg über Deutschland und sein Regime zu feiern. Außerdem hat die Sowjetunion in den vier Jahren mehr politische Erfolge erzielt als andere Länder.

Paulus antwortete: Sie haben recht. Die russischen Paraden, die ich im Film gesehen habe, gefallen mir vor allem wegen ihres friedfertigen Charakters. Die Truppen geben sich bei den Paraden nicht militaristisch. Im Gegensatz dazu marschieren bei uns die Truppen immer mit Stahlhelm und in endlosen Kolonnen schwerer Waffen und Panzer zur Parade auf. Wir waren bemüht, den offensiven Charakter unserer Armee zu betonen.

General Lattmann sagte, als er davon erfuhr, daß bei der Parade eroberte deutsche Truppenfahnen vor dem Mausoleum abgelegt wurden:

Ja, das gehört auch zu einer Siegesparade. Die Schuld daran können wir uns nur selbst zuschreiben. Aber es wäre falsch, deshalb in Verzweiflung zu verfallen. Wenn man diesen ganzen Krieg noch einmal an sich vorüberziehen läßt, dann wird immer klarer, daß das deutsche Volk selbst an allem schuld ist, auch wenn einzelne Personen große Verantwortung tragen. Wir müssen uns von der Vergangenheit frei machen, unseren Blick in die Zukunft richten und aus den Fehlern lernen. Vielleicht hilft diese totale Niederlage dem deutschen Volk, zur Besinnung zu kommen und alle seine reaktionären Gefühle auszumerzen. Wie schwer die Niederlage auch ist, sie bietet uns Deutschen die Möglichkeit, den Weg des Fortschritts einzuschlagen.

Die Teilnahme der Mitglieder der Bewegung „Freies Deutschland" am politischen Leben Deutschlands wurde sehr heftig diskutiert. General Lattmann sagte:

Leute, die sich öffentlich überhaupt nicht engagiert haben und deren Familien keinerlei Repressalien ausgesetzt waren, sind bereits wieder in Deutschland. Hauptmann Markgraf beispielsweise ist schon wieder in Berlin. Ich habe den Eindruck, daß die Russen nur interessiert, was ihnen im Augenblick nützt. Es wäre wünschenswert, wenn

213

sich die Russen zumindest bemühen würden, das Schicksal unserer Familien zu klären, vor allem der Familie des Generals von Seydlitz, der in Abwesenheit zum Tode verurteilt wurde. Aber unser Schicksal interessiert sie nicht, deshalb ist von Seydlitz enttäuscht.

Oberst van Hooven unterstützte ihn in seiner Meinung:

Wenn man die Berliner Zeitung liest, dann staunt man, wie viele Antifaschisten dort plötzlich aufgetaucht sind. Wenn die Russen für uns in Deutschland keine Arbeit haben, dann sollten sie uns zumindest als Privatpersonen nach Hause lassen. Wir streben ja nicht nach hohen Posten.

Am Gespräch beteiligte sich auch der Militärgeistliche Major Krummacher:

Es ist leicht möglich, daß in protestantischen Kreisen eine politische Partei gebildet wird. Es wäre zweckdienlich, wenn wir darauf entsprechenden Einfluß nehmen könnten, denn in diesen Kreisen ist die Orientierung auf den Westen stärker als das Vertrauen in die Sowjetunion. Außerdem wird man uns zweifellos fragen, wo wir geblieben sind, nachdem wir lange im Rundfunk antifaschistische Reden gehalten haben.

Der General der Infanterie Ludwig Müller resümierte zum Schluß des Gesprächs:

Sie haben zwei Jahre für die Russen gearbeitet, doch jetzt werden Sie offensichtlich nicht mehr gebraucht. Sie werden erst dann nach Deutschland zurückkehren, wenn andere bereits alles übernommen haben.

Mitte Juli 1945 war die Leitung des Objekts „Lunowo" über die Nachricht sehr beunruhigt, daß „der reaktionärste, bürgerlich-junkerliche Teil der Kriegsgefangenen" aktiv auf die Gründung der Nationaldemokratischen Partei Deutschlands hinwirkt.

Es wurde gemeldet, daß der Initiativgruppe die Generale Lattmann und Weinknecht, Oberst Czimatis, Oberst von Beaulieu und Oberst van Hooven angehören.

Der Leiter des Objekts teilte mit, daß Oberst von Beaulieu bereits mit Major Homann, Major von Frankenberg und Leutnant Baron Puttkammer gesprochen hat, und führte den Bericht eines Informanten über ein Gespräch von Oberst van Hooven mit dem Geistlichen Krummacher an:

Meine Frau und ich sind im christlichen Glauben erzogen worden. Meine Frau ist sehr gläubig, sie geht regelmäßig in die Kirche. Wir beide sind Vertreter einer Gesellschaftsschicht und haben viel Gemeinsames. Es ist ganz logisch, daß wir uns in einer politischen Partei, die von unseren Kreisen gegründet wurde, engagieren werden.

Doch wie der Informant mitteilte, lehnte Krummacher diesen Vorschlag ab und erklärte, daß er sich gegenwärtig mit der Demokratisierung der evangelischen Kirche befaßt und dafür keine Partei erforderlich ist.

Der Informant berichtete auch über ein Gespräch van Hoovens mit Hauptmann Hadermann: . . . In Deutschland vereinen sich jetzt Vertreter aller Schichten und Klassen in Parteien und Organisationen. Wir, die Kreise der Intelligenz und der Bourgeoisie, müssen uns auch in einer eigenen Partei zusammenschließen, denn in anderen Parteien werden wir nicht voll anerkannt, obwohl wir progressiv gesinnt sind. Wie denken Sie darüber?

Nach den Worten des Informanten wich Hadermann einer Antwort aus. Er sagte, daß man progressiv wirken kann, ohne einer Partei anzugehören.

Wie berichtet wurde, führte Oberst von Beaulieu mit Feldmarschall Paulus ein Gespräch zu diesem Thema. Paulus erwiderte, daß General Vinzenz Müller bereits versucht hat, seine diesbezügliche Meinung zu erfahren . . .

Die Beschlüsse der Berliner Konferenz der Staatschefs der drei Mächte – UdSSR, USA und Großbritannien – stießen bei den kriegsgefangenen deutschen Generalen und Offizieren auf Ablehnung.

Wie in dem Bericht des Leiters der UPWI festgestellt wurde, hat sich Feldmarschall Paulus im Gespräch mit General von Seydlitz und General Korfes, die ihn in seinem Zimmer aufgesucht hatten, zu dieser Frage vollkommen gleichgültig verhalten und weiter an seinem Aquarellbild gemalt. Doch die Generale Kriwenko und Kobulow wiesen darauf hin, daß sich Paulus zweifellos beobachtet fühlt und in seinem Zimmer nur das sagt, was „die Russen hören dürfen".

Dafür war General von Seydlitz um so offener:

Achtzehn Millionen deutsche Umsiedler – das ist ein Majdanek, das den Untergang von Millionen Deutschen einkalkuliert. Wovon sollen sich diese Menschen ernähren? Immerhin wurden 15 Prozent der landwirtschaftlichen Produkte Deutschlands in Pommern und Ostpreußen erzeugt. Jetzt werden uns diese Gebiete weggenommen. Die Polen haben zwar gewisse Forderungen erhoben, doch ich hatte gehofft, daß die Grenzen Deutschlands nicht so brutal verändert werden. Der Verlust der Ostgebiete ist erst der Anfang. Jetzt wird jeder versuchen, etwas an sich zu reißen – auch Frankreich und Holland. Bayern will sich bestimmt von Deutschland abspalten. Schließlich wird das Territorium Deutschlands so reduziert und die Bevölkerungsdichte so groß sein, daß es keine Ernährungs- und Existenzmöglichkeit mehr hat.

Es wäre wünschenswert, wenn die Berliner Konferenz die Frage der Rückkehr der deutschen Kriegsgefangenen erörtern würde. Wenn man berücksichtigt, daß sich das Nationalkomitee die Annäherung des deutschen und des russischen Volkes zum Ziel gesetzt hat, dann würde die Rückkehr der Kriegsgefangenen die Sympathie der Deutschen für die Sowjetunion verstärken. Die lange Verzögerung der Rückkehr der deutschen Kriegsgefangenen und ihr ungewisses Schicksal vergrößern die Unruhe in Deutschland.

Ich befürchte, daß die Vernichtung der Schwerindustrie und der Handelsflotte Deutschlands seine Wirtschaft untergraben und sich negativ auf das Lebensniveau des Volkes auswirken wird . . .

Die Leiter der UPWI wiesen darauf hin, daß von Seydlitz im persönlichen Gespräch mit ihnen genau den gleichen Standpunkt dargelegt hat. Er bat nochmals um Informationen über das Schicksal seiner Familie.

Ebenso aufgebracht äußerten sich die Generale Lattmann und Korfes, Oberst Czimatis, Major Hetz und andere aktive Mitglieder der Bewegung „Freies Deutschland" über die Beschlüsse der Berliner Konferenz.

Besonders heftig reagierten die deutschen Kriegsgefangenen auf die Kriegserklärung der sowjetischen Regierung an Japan.

Im Lager Nr. 27 äußerten einige Kriegsgefangene die Bitte, in der Roten Armee gegen Japan kämpfen zu dürfen. Oberstleutnant Kopenhagen bat darum, doch zumindest als Soldat in die Rote Armee aufgenommen zu werden.

Feldmarschall Paulus und die Generale Vinzenz Müller, von Lenski, Bammler und Hofmeister hielten die Kriegserklärung für völlig begründet und meinten, daß Japan in sehr kurzer Zeit zerschlagen sein wird.

Wie in einem Bericht an Lawrenti Berija gemeldet wurde, nahm ein Teil der Kriegsgefangenen dieses Ereignis jedoch negativ auf.

So wurde folgende Äußerung des Generals von Seydlitz registriert: Die Sowjetunion hat sich die Gelegenheit für ein gutes Geschäft nicht entgehen lassen. Auf diese Weise verleibt sie sich mühelos Mandschukuo, Korea und ganz Sachalin ein. Das Risiko für die Sowjetunion ist gering, sie hat alles vorher einkalkuliert. So muß man in einen Krieg eintreten.

Mir scheint es nicht ganz gerechtfertigt, wenn es in der Erklärung der Sowjetunion heißt, daß Japans Angebot an die Sowjetunion, bei den Friedensgesprächen zu vermitteln, gegenstandslos geworden sei. Japan hat nur die bedingungslose Kapitulation, nicht jedoch Verhandlungen an sich abgelehnt.

Die Begründung der Kriegserklärung, daß dies das einzige Mittel sei, um die Völker vor weiteren Opfern zu bewahren und das japanische Volk vor den Gefahren und Zerstörungen zu retten, die das deutsche Volk erlitten hat, ist nur eine linke Phrase . . .

General Strecker urteilte sehr einsichtig:

Wieder muß der russische Soldat die Uniform anziehen, Gewehr und Maschinengewehr nehmen und in den Krieg ziehen. Diese Menschen tun mir leid! Wer an der Front gekämpft hat, der kennt den Krieg. Doch in diesem Krieg gibt es einen Trost – er wird nicht lange dauern. Der Einsatz von Atombomben wird den Krieg schnell beenden. Hätten die Amerikaner diese Bombe im Januar 1945 gehabt, dann wäre der Krieg wahrscheinlich im Februar vorbei gewesen. Allerdings wäre in Deutschland kein Stein auf dem anderen geblieben. Aber wir Kriegsgefangenen wären im Mai sicherlich zu Hause gewesen.

Und Oberst von Beaulieu sagte:

Man wird jetzt auf Japan Atombomben abwerfen. Ein Glück, daß diese Erfindung in der Hand der Amerikaner ist. Wenn diese Bombe wirklich über solche Zerstörungskraft verfügt, dann kann man mit dieser Waffe die ganze Welt beherrschen. Nur gut, daß die Amerikaner die Atombombe erfunden haben und sie sich nicht in den Händen eines Staates mit revolutionärer Weltanschauung befindet, die nach der Weltherrschaft strebt.

Doch weder Bolje noch die anderen Kriegsgefangenen wußten, daß auch in der Sowjetunion intensiv an der Entwicklung der Kernwaffe gearbeitet wurde, am sowjetischen Nuklearprogramm auch deutsche Spezialisten mitarbeiteten und Professor Tissen für seine Arbeit mit sowjetischen Orden, einem Wagen vom Typ SIS und einer hohen Geldprämie ausgezeichnet werden wird . . .

Als General von Seydlitz hörte, daß die japanische Regierung zur Annahme der Kapitulationsbedingungen bereit ist, sagte er:

Der Krieg im Fernen Osten kann als beendet angesehen werden. Die gestrigen Nachrichten über das Vorrücken der russischen Front um 170 Kilometer zeigen, daß nicht erbittert gekämpft wird. Ich bin sehr froh, daß nun endlich für die ganze Menschheit Frieden anbricht. Japan hat gezeigt, daß es vernünftiger als Deutschland ist. Natürlich läßt sich der Kaiser nicht mit Hitler vergleichen, außerdem gibt es in Japan ein Parlament und Parteien, wenn auch nicht sehr gute. Jetzt kann man hoffen, daß das Verkehrswesen der ganzen Welt genutzt wird, um das Elend in Europa zu beseitigen. Davon wird auch Deutschland profitieren. Und für die Kriegsgefangenen bietet sich die Chance, etwas eher nach Hause zu kommen . . .

Gespräche über die Außenpolitik wechselten mit Gesprächen über die Innenpolitik ab. Am 21. August 1945 wurde General Walter von Seydlitz 57 Jahre alt. Es wurde viel darüber gesprochen, ob jemand von der russischen Führung kommen wird, um von Seydlitz zum Geburtstag zu gratulieren. Die Generale Vinzenz Müller, Hofmeister und von Lenski, die auf den Präsidenten des Bundes Deutscher Offiziere nicht gut zu sprechen waren, meinten, die Gratulationsfeier sollte sabotiert werden.

Aber der Präsident zog sich hervorragend aus der Affäre. Als Geburtstagsgäste lud er die Mitglieder des Exekutivkomitees des Nationalkomitees „Freies Deutschland", Major Hetz, Leutnant Einsiedel, Oberst Steidle, Oberst van Hooven, Militärseelsorger Major Schröder und Unteroffizier Klement, die Generale Korfes und Lattmann, Feldmarschall Paulus als Dienstgradältesten, Oberstleutnant Bredt als Ältesten nach Jahren und seine Ordonnanz Unteroffizier Bruno Müller ein. Alle im Haus hielten das für eine glückliche Lösung. Die Glückwünsche der sowjetischen Seite überbrachte Amajak Kobulow . . .

Aber bereits zehn Tage nach der Geburtstagsfeier des Präsidenten des Offiziersbundes war das Haus erneut in heller Aufregung.

Die Kriegsgefangenen erhielten Kenntnis von Informationen des Komitees für die Untersuchung von Straftaten und die Anklage von Hauptkriegsverbrechern. Wie es in dem Bericht des gerade erst zum Generalleutnant beförderten Amajak Kobulow an Sergej Kruglow hieß, haben die Generale und Offiziere von der Führung des Bundes Deutscher Offiziere und ein beträchtlicher Teil der deutschen Kriegsgefangenen, besonders jüngere Offiziere und Soldaten, ihre Genugtuung darüber geäußert, daß die faschistischen Rädelsführer vor ein internationales Militärtribunal gestellt werden.

General von Seydlitz sagte:
Mit allen wirklichen Kriegsverbrechern muß gnadenlos abgerechnet werden. Wer den Krieg faktisch provozierte, Untergebene durch Befehle zu Verbrechen gezwungen oder selbst Verbrechen begangen hat, der muß verurteilt werden. Doch ich würde die Kriegsverbrecher lieber vor einem deutschen Gericht sehen.

Kobulow verwies darauf, daß Schacht nach Meinung Generals von Seydlitz nicht gerichtlich belangt werden sollte.

Auch die Äußerung von Feldmarschall Paulus wurde übermittelt:
Die meisten Angeklagten waren an der Vorbereitung des Kriegs beteiligt und haben damit wirklich Verbrechen am Volk begangen. Inwieweit das auf Neurath, Schacht und General Jodl zutrifft, weiß ich nicht. An der Kriegsvorbereitung waren sie wahrscheinlich nicht beteiligt, zumal Neurath und Schacht niemals die Außenpolitik Hitlers gebilligt haben. Ich bezweifle auch, daß Jodl in die Kriegspläne Hitlers eingeweiht war. Möglicherweise wurden sie im Verlauf des Kriegs zu Verbrechern. Das festzustellen ist Sache des Gerichts.

Wenn das Urteil über die Verbrecher gesprochen ist, dann wird man sie hoffentlich nicht mehr mit dem ganzen deutschen Volk gleichsetzen.

Von meiner ehemaligen 6. Armee können meiner Meinung nach nur Einzelpersonen als Kriegsverbrecher bezeichnet werden, die durch persönliche Befehle oder Handlungen Verbrechen begangen haben . . .

Feldmarschall Paulus hat sich rechtzeitig gegen mögliche Anschuldigungen verwahrt, ohne zu wissen, daß das gegen ihn gesammelte kompromittierende Material nicht verwendet wird, während General von Seydlitz nicht ahnen konnte, daß er fünf Jahre später als Kriegsverbrecher zu fünfundzwanzig Jahren Haft verurteilt werden wird.

Kobulow meldete auch, daß viele Kriegsgefangene nach der Veröffentlichung der Information des Komitees sehr besorgt waren. General Wuttmann sagte dazu:
Wenn Generale bereits in der ersten Aufstellung als Kriegsverbrecher aufgelistet werden, dann kann man sich vorstellen, was aus uns wird. Die Russen werden uns zwar nicht aufhängen, aber dorthin schicken, von wo aus nie jemand wieder etwas von uns hört.

General Strecker äußerte: Ja, den einen wird öffentlich der Prozeß gemacht, und die anderen müssen sich in Todesangst quälen. Eine andere Strafe wird es nicht geben.

Negativ ist auch die Äußerung von General Korfes zu werten: Der Plan der Russen läuft offensichtlich darauf hinaus, diesen Prozeß öffentlich und demonstrativ zu veranstalten, während alle anderen in Zukunft ohne Gerichtsurteil bestraft werden.

Am 30. September 1945 schickte Lawrenti Berija an Stalin einen Bericht:

Im zweiten Halbjahr 1943 wurde aus kriegsgefangenen Deutschen das Nationalkomitee „Freies Deutschland" und der Bund Deutscher Offiziere gebildet. Beide Organisationen und ihre Mitglieder hat die Politische Hauptverwaltung der Roten Armee während des Kriegs für Propagandazwecke und zur Zersetzung der gegnerischen Truppen eingesetzt. Nach der Niederlage Deutschlands werden diese Organisationen nicht mehr benötigt, sie arbeiten in letzter Zeit faktisch auch nicht mehr.

Ausgehend von den Beschlüssen der Berliner Konferenz und den jüngsten Maßnahmen der Alliierten in Deutschland ist das Fortbestehen beider Organisationen nicht mehr zweckmäßig.

Das NKWD der UdSSR hält folgende Maßnahmen für erforderlich:

a) Das Nationalkomitee „Freies Deutschland" und der Bund Deutscher Offiziere werden aufgelöst. Ihre Tätigkeit in den Kriegsgefangenenlagern wird eingestellt.

b) Die Kultur-, Aufklärungs- und politische Arbeit unter den Kriegsgefangenen wird künftig der Hauptverwaltung für Kriegsgefangene des NKWD der UdSSR nach den Weisungen des ZK der KPdSU(B) übertragen.

c) Den kriegsgefangenen Offizieren und Generalen der Wehrmacht wird angetragen, die militärischen Dienstgradabzeichen und Auszeichnungen abzulegen.

Ich bitte um Ihre Zustimmung ...

Am 2. Oktober 1945 wurde der Befehl des NKWD der UdSSR Nr. 0268 „Aberkennung des Rechts der Kriegsgefangenen der Wehrmacht, Dienstgradabzeichen und Auszeichnungen zu tragen" von Lawrenti Berija unterzeichnet.

Am 3. Oktober 1945 richtete Georgi Dimitroff, zuvor Generalsekretär des Exekutivkomitees der Kommunistischen Internationale und dann Leiter der Internationalen Abteilung des ZK der KPdSU(B), ein Schreiben an Wjatscheslaw Molotow und Georgi Malenkow:

Genossen W. N. Molotow
Genossen G. M. Malenkow

Das weitere Schicksal der Antifaschisten des Nationalkomitees „Freies Deutschland" und des Bundes Deutscher Offiziere muß entschieden werden. Auf Weisung des Gen. Stalin habe ich das ZK der Kommunistischen Partei Deutschlands um seine Meinung gebeten. Das ZK ließ wissen, daß dieses Komitee bereits hätte aufgelöst werden müssen. Befragt wurde auch der Vorsitzende des Nationalkomitees Gen. Weinert. Er schlug vor, daß das Nationalkomitee auf einer Tagung seiner noch in Moskau befindlichen Mitglieder seine Selbstauflösung beschließen soll.

In diesem Zusammenhang habe ich Gen. Stalin am 21. September folgende Maßnahmen zur Bestätigung unterbreitet:

1. Durchführung einer Tagung des Nationalkomitees mit einem Bericht des Gen. Weinert, auf der ein begründeter Beschluß über die Selbstauflösung des Nationalkomitees und die Auflösung des Bundes Deutscher Offiziere gefaßt wird.

2. Die Zeitung „Freies Deutschland" wird ein reines Organ für die deutschen Kriegsgefangenen, das sie über die Lage in Deutschland informiert sowie entsprechende Propaganda für die Sowjetunion betreibt.

3. Nach Möglichkeit ist die derzeitige faktische Stellung der Mitglieder des Nationalkomitees beizubehalten, um später geeignete Kader zur Arbeit nach Deutschland zu entsenden und die anderen für die Arbeit unter den deutschen Kriegsgefangenen einzusetzen.

Bisher wurde ein Teil der Mitglieder des Nationalkomitees auf Verlangen des Gen. Shukow nach Berlin geschickt, während sich andere auf die Abreise vorbereiten.

Damit ist die Frage jedoch noch nicht endgültig entschieden.

Ich bin der Meinung, daß ein weiterer Aufschub nicht angebracht ist. Deshalb erbitte ich Ihre Zustimmung zu den erwähnten Maßnahmen.

G. Dimitroff

Molotow vermerkte auf dem Bericht: Zur Erörterung an Genossen Berija, Mikojan und Malenkow weiterleiten!

Am 18. Oktober 1945 schickte Amajak Kobulow an Lawrenti Berija ein Schreiben:

In Übereinstimmung mit Ihren Weisungen halten wir folgende Maßnahmen zur Auflösung des Nationalkomitees „Freies Deutschland" und des Bundes Deutscher Offiziere für angebracht:

1. Dem Nationalkomitee „Freies Deutschland" und dem Bund Deutscher Offiziere wird eine gemeinsame Plenartagung unter Teilnahme von Vertretern beider Organisationen empfohlen, auf der der offizielle Beschluß über die Selbstauflösung gefaßt wird. Diese Form der Auflösung ergibt sich daraus, daß diese Organisationen seinerzeit nach dem Wahlprinzip gegründet wurden.

2. Über die Selbstauflösung soll die Plenartagung einen begründeten Beschluß fassen.

3. Da die Gründung dieser Organisationen seinerzeit in der Auslandspresse negativ kommentiert wurde, sollte unsere Presse über die Auflösung des Nationalkomitees „Freies Deutschland" und des Bundes Deutscher Offiziere berichten.

4. Nach diesen Maßnahmen stellen die Beauftragten des Nationalkomitees „Freies Deutschland" in den Lagern (28 Beauftragte) und die Mitglieder des Bundes Deutscher Offiziere (etwa 6000) ihre Tätigkeit mit der Begründung ein, die die Plenartagung für die Selbstauflösung gegeben hat.

5. Alle Unterlagen der Beauftragten des Nationalkomitees (Kopien der Berichte, Mitgliederlisten usw.) sollen an die Operativen Abteilungen des Lagers übergeben werden, die über die aktiven Mitglieder des Nationalkomitees und des Bundes Deutscher Offiziere Personalakten anlegen und darin alle Angaben für einen möglichen weiteren Einsatz der Personen erfassen.

6. Nach dem offiziellen Beschluß über die Selbstauflösung erteilt das NKWD der UdSSR spezielle Weisungen für die individuelle Einbeziehung des antifaschistischen Aktivs in die erforderliche Arbeit in den Kriegsgefangenenlagern . . .

Nachdem Berija dieses Schreiben gelesen hatte, wies er Kobulow an, sich mit Georgi Dimitroff in Verbindung zu setzen und einen Beschlußentwurf zu erarbeiten.

Am 26. Oktober 1945 unterbreiteten Georgi Dimitroff und Amajak Kobulow Berija ihre Vorschläge:

Genossen L. P. Berija
Für die Auflösung des Nationalkomitees „Freies Deutschland"
und des Bundes Deutscher Offiziere halten wir folgende Maßnahmen für zweckmäßig:
1. Dem Präsidenten des Nationalkomitees „Freies Deutschland"
Gen. Weinert wird vorgeschlagen, eine gemeinsame Plenartagung
unter Teilnahme leitender Mitarbeiter des Nationalkomitees und
des Bundes Deutscher Offiziere einzuberufen, auf der der Beschluß
über die Selbstauflösung beider Organisationen gefaßt wird.
2. Der Beschluß über die Selbstauflösung des Nationalkomitees
„Freies Deutschland" und des Bundes Deutscher Offiziere wird in
der zentralen Presse veröffentlicht (Text ist beigefügt).
3. Nachdem das Nationalkomitee „Freies Deutschland" und der
Bund Deutscher Offiziere den Beschluß über die Selbstauflösung
gefaßt haben, stellen auch die Beauftragten dieser Organisationen in
den Kriegsgefangenenlagern ihre Arbeit ein.
4. Die Zeitung „Freies Deutschland" wird eingestellt. Für die
kriegsgefangenen Deutschen in den Lagern des NKWD wird ein
Bulletin mit dem Titel „Bulletin für Kriegsgefangene" herausgegeben.

26. Oktober   G. Dimitroff
                                     A. Kobulow

Am 30. Oktober 1945 wurde dieser Beschluß auf der Tagung des
Politbüros des ZK der KPdSU(B) bestätigt.
   Nun mußte die Stimmung des Generals von Seydlitz sondiert
werden. Der verantwortliche Mitarbeiter der GUPWI Oberstleut-
nant Parparow legte ihm den vorbereiteten Beschlußentwurf vor.
Seydlitz gab zu verstehen, daß er keine Änderungen vornehmen
wird, aber der Sowjetunion vorwerfe, daß sie die Möglichkeiten des
Bundes Deutscher Offiziere nicht ausreichend ausgeschöpft hat.
   Am 4. November stand in der „Iswestija" folgende Mitteilung:
   Am 2. November 1945 fand bei Moskau eine gemeinsame Plenartagung des Nationalkomitees „Freies Deutschland" und des Bü-
ros des ihm angeschlossenen Bundes Deutscher Offiziere statt, auf
der nach der Berichterstattung des Präsidenten des Nationalkomitees

Erich Weinert und des Präsidenten des Bundes Deutscher Offiziere von Seydlitz einstimmig folgender Beschluß gefaßt wurde:

Das Nationalkomitee „Freies Deutschland" und der ihm angeschlossene Bund Deutscher Offiziere, die sich das Ziel gestellt hatten, die in der UdSSR befindlichen deutschen Antifaschisten zum Kampf gegen das Hitlerregime und für ein demokratisches Deutschland zusammenzuschließen, sind der Meinung, daß sich ein Fortbestehen des Nationalkomitees „Freies Deutschland" und des Bundes Deutscher Offiziere angesichts der vollständigen Zerschlagung des Hitlerstaats und des in Deutschland entstandenen demokratischen Blocks antifaschistischer Parteien erübrigt. Deshalb wurde beschlossen, das Nationalkomitee „Freies Deutschland" und den Bund Deutscher Offiziere aufzulösen und die Zeitung „Freies Deutschland" einzustellen . . .

Einige Tage später wurde die Direktive des NKWD der UdSSR „Maßnahmen in Zusammenhang mit der Auflösung des Nationalkomitees ‚Freies Deutschland' und des Bundes Deutscher Offiziere" erlassen:

Angesichts der Auflösung des Nationalkomitees „Freies Deutschland" und des Bundes Deutscher Offiziere ergeht die

AUFFORDERUNG:

1. Die Kriegsgefangenen deutscher Nationalität sind über den Beschluß des Nationalkomitees „Freies Deutschland" vom 2. November 1945 über die Auflösung des Nationalkomitees und des Bundes Deutscher Offiziere (veröffentlicht in der Zeitung „Iswestija" der Sowjets der Deputierten der Werktätigen der UdSSR vom 4. November 1945) in Kenntnis zu setzen.

2. Den Beauftragten des Nationalkomitees „Freies Deutschland" und des Bundes Deutscher Offiziere in den Lagern wird erklärt, daß ihre Tätigkeit als Beauftragte damit beendet ist.

3. Alle Unterlagen der Beauftragten des Nationalkomitees und des Bundes Deutscher Offiziere (Arbeitsberichte, Mitgliederverzeichnisse und andere Dokumente) sind den NKWD der Unions- und autonomen Republiken sowie den NKWD der Regionen und Gebiete zur Aufbewahrung auszuhändigen.

4. Die Beauftragten des Nationalkomitees und des Bundes Deutscher Offiziere sowie die Mitglieder des Offiziersbundes, über die kein kompromittierendes Material vorliegt, können individuell in die antifaschistische Arbeit unter den Kriegsgefangenen in den Lagern einbezogen werden.

5. Die Beauftragten des Nationalkomitees und des Bundes Deutscher Offiziere sind operativ zu erfassen. Über die Mitglieder des Bundes Deutscher Offiziere sind Namenslisten mit Personalangaben und kurzen Beurteilungen anzufertigen. Die Listen sind bis zum 15. Dezember d. J. in der Operativen Verwaltung der GUPWI des NKWD zu hinterlegen . . .

Die Aktivisten der Bewegung „Freies Deutschland" wurden nunmehr als eine Kategorie potentieller Regimegegner operativ erfaßt und geführt.

General Korfes schilderte die Zeremonie der Auflösung des Nationalkomitees und des Bundes Deutscher Offiziere:

Als erster sprach der Präsident des Nationalkomitees Erich Weinert. Sein Bericht fand die ungeteilte Zustimmung der Anwesenden. Danach erstattete der Präsident des Bundes Deutscher Offiziere General der Artillerie von Seydlitz Bericht. Auch er erhielt die Zustimmung aller, mit Ausnahme der Delegation des Generalslagers Nr. 48. Diese Gruppe drückte ihre Mißbilligung und Kritik durch Schweigen aus.

Nach der Berichterstattung, der sich keine Diskussion anschloß, wurde einstimmig beschlossen, das Nationalkomitee und den Bund Deutscher Offiziere aufzulösen. Der Beschluß entspricht der ausgearbeiteten Fassung und wurde am 4. November 1945 in der „Iswestija" veröffentlicht . . .

Äußerungen einiger Generale und Offiziere der Wehrmacht zur Auflösung des Nationalkomitees:

General von Seydlitz: Endlich hat man unsere Auflösung gestattet. Wir haben hier überhaupt keine Aufgabe mehr.

Ich weiß, daß ich während meiner zweijährigen Tätigkeit im Nationalkomitee der Sowjetunion gegenüber Mißtrauen gehegt und mir verschiedene unüberlegte Äußerungen erlaubt habe, die der freundschaftlichen Zusammenarbeit nicht dienlich waren. Es wäre jedoch falsch, die Begründung dafür nur in der besonderen Zurückhaltung zu suchen, mit der die Russen uns Generalen in den letzten Kriegsmonaten begegneten.

Meine unüberlegte Kritik war die Folge der harten Kapitulationsbedingungen und insbesondere der Lostrennung deutscher Gebiete.

Ich hatte mich dem Nationalkomitee im festen Vertrauen darauf angeschlossen, daß unsere Bewegung dazu beitragen wird, einen erträglichen Frieden zu schließen.

Doch ich kann zu Recht behaupten, ein Freund der Sowjetunion zu sein . . .

Oberst van Hooven: Ein wichtiges Argument Goebbels und einiger ausländischer Kreise gegen unsere Bewegung war die Behauptung, daß das Nationalkomitee ein Propagandamittel der Russen ist. Wenn das Nationalkomitee jetzt so ruhmlos seine Existenz einstellt, so ist das Wasser auf die Mühle dieser Kreise. Um jegliches Gerede zu unterbinden, muß in der Presse und im Rundfunk Deutschlands das Wesen des Nationalkomitees erklärt werden. Das würde nicht nur uns, sondern auch der Sowjetunion nützen . . .

Feldmarschall Paulus: Wir können die Gründe für die Auflösung nicht überprüfen, da wir sie nicht kennen. Ich lehne daher eine Stellungnahme ohne Kenntnis der Fakten ab.

Amajak Kobulow berichtete auch über Äußerungen von Generalen und Offizieren zur Teilnahme am politischen Leben Deutschlands.

General von Seydlitz sagte: Es ist zu hoffen, daß wir uns zu Hause politisch betätigen können. Meine Haltung zu den einzelnen politischen Parteien wird von ihrer praktischen Arbeit abhängen. Presseberichten nach zu urteilen scheint der Führer der Sozialdemokratischen Partei Otto Grotewohl ein fähiger Mann zu sein. Ich kann mir aber nicht vorstellen, welche Aufgabe man uns übertragen wird . . .

Am 19. November informierte Kobulow Sergej Kruglow über die Reaktion deutscher Kriegsgefangener auf den Befehl des NKWD der UdSSR über das Verbot des Tragens von deutschen Dienstgradabzeichen und Auszeichnungen.

Zu jenen, die dieses Verbot mehr oder weniger gelassen aufnahmen, gehörten die Generale Korfes, Vinzenz Müller, von Seydlitz und Feldmarschall Paulus. Letzterer sagte:

Einige Herren meinen, daß Orden für sie nur Erinnerung sind. Woran denn? Wenn ich einen Orden sehe, dann denke ich stets an Stalingrad und den Krieg mit seinen Schrecken. Ich möchte nicht, daß mich die Orden ständig mahnen. Es gibt einen Unterschied zwischen dem, was ich früher wußte, und meinen heutigen Erkenntnissen . . .

Die meisten Generale waren jedoch über diesen Befehl entrüstet. General Ditfurth erklärte:

Wir Deutschen stehen jetzt außerhalb des Gesetzes. Deshalb macht jeder mit uns, was er will. Auszeichnungen sind ein Spiegel der Persönlichkeit, auch wenn man uns das wegnimmt, keiner kann uns nehmen, was dem deutschen Mann im Herzen liegt . . .

Doch nicht alle Äußerungen waren so tragisch. General Wulz sagte:
Darauf wurde lange hingearbeitet, Kommissionen haben sich damit beschäftigt. Mir ist die Uniformjacke schon jetzt ein Greuel. Wenn nun auch noch die Schulterstücke abgetrennt werden, dann ist sie mir noch mehr zuwider . . .

Wie es der Zufall in der Geschichte ja so häufig will, war bei der Auflösung des Nationalkomitees „Freies Deutschland" und des Bundes Deutscher Offiziere derselbe Informant zugegen, der über die Stimmung der Offiziere zur Zeit der Gründung beider Organisationen berichtet hatte. Am 29. August 1945 übermittelte er folgenden Bericht:
Die Generale sind über ihre Zukunft außerordentlich besorgt. Sie versuchen, sich gegenseitig die Autorität zu untergraben, weil sie fürchten, daß der andere vielleicht erfolgreicher ist, eher zum Einsatz kommt oder bei den sowjetischen Instanzen größeres Vertrauen genießt. General von Seydlitz beispielsweise hat in seinem Bericht Paulus heftig angegriffen und ihm fast die Schuld für die Mißerfolge des Nationalkomitees gegeben.

Paulus betonte seinerseits in einem Gespräch mit mir, daß einige Generale, insbesondere Sixt von Arnim, Antifaschisten sind, sich aber der Bewegung „Freies Deutschland" deshalb nicht angeschlossen haben, weil sie Seydlitz nicht folgen wollten. Paulus bezeichnete es als ein großes Minus für das Nationalkomitee, daß Seydlitz zu seiner Führung gehörte. Lattmann und Korfes verwiesen darauf, daß sie den Bericht für Seydlitz geschrieben haben und Seydlitz ohne ihre Unterstützung überhaupt nichts tun und sagen kann. Seydlitz ist sehr mißtrauisch und eifersüchtig auf die Freundschaft zwischen Frieda Hübner und General Müller. Er war überhaupt nicht bereit, dessen Verdienste anzuerkennen, wie sehr sich Frieda Hübner auch bemühte . . .

Seydlitz ist zweifellos mehr als die anderen darüber enttäuscht, wie sich sein Schicksal gestaltet hat. Er glaubte fest daran, daß es ihm gelingen wird, in Deutschland eine bedeutende Rolle zu spielen. Gegenwärtig sucht er nach Betätigung, seinen „zerstörten Illusionen" trauert er nicht nach und würde sich gern mit einer seiner Stellung entsprechenden Position zufrieden geben. Seydlitz ist mit uns immer noch fest verbunden. In der Vergangenheit hatte er persönliche Verbindungen in England. Er rechnet sehr damit, daß „bei den Engländern nichts gegen ihn vorliegt". Jedenfalls hatte er davon wiederholt nach seinem Beitritt zur Bewegung gesprochen.

Den reaktionären Machenschaften der Engländer bringt er keine Sympathie entgegen, doch wie alle alten deutschen Generale ist er für einen „erträglicheren und milderen Frieden".

Korfes und Lattmann klammern sich an Seydlitz und befürchten, daß man sie jetzt alle trennen wird . . .

Das war das Ende des Bundes Deutscher Offiziere.

4. Die Generale kommen ins GULAG

In Erwartung der Repatriierung

Der große und furchbare Krieg, der das Leben so vieler Millionen Menschen ausgelöscht hat, war zu Ende. Die kriegsgefangenen Generale und Offiziere hatten sich in ihr Schicksal ergeben und warteten vollen Ungewißheit.

Am 6. Juli 1945 informierte der Volkskommissar des Innern der UdSSR Lawrenti Berija Stalin darüber, daß Wilhelm Pieck und Walter Ulbricht mit der Bitte an das NKWD herangetreten sind, neunzehn Kriegsgefangene freizulassen und zur Arbeit nach Deutschland zu schicken. Auf der Liste standen: Oberleutnant Fritz Rücker, Oberstleutnant Bernt von Kügelgen, Gefreiter Max Emmendorf, der Militärseelsorger im Rang eines Majors Friedrich Krummacher, Leutnant Günther Colnai, Major Gerhard Krausnik, Hauptmann Ernst Hadermann, Gefreiter Günther Kertzscher, Oberleutnant Ludwig Reckel, Gefreiter Leopold Achilles, SS-Oberscharführer Gerhard Klement, Unteroffizier Theodor Grandy, Obergefreiter Fritz Lüdenheit, Leutnant Herbert Stampfer, Soldat Leonard Helmschrott, Hauptmann Felix Henzen, Hauptmann Gerhard Dengler, Leutnant Herbert Kröger und Oberleutnant Heinz Hartmann – alles aktive Mitglieder des Nationalkomitees „Freies Deutschland". Berija gab zu verstehen, daß er gegen die Rückkehr Krausniks nach Deutschland Bedenken hat, weil dieser von der Existenz der subversiven Gruppe Huber im Lager Nr. 15 gewußt und das verschwiegen hatte, und bat um Weisungen . . .

Drei Tage später, am 9. Juli 1945 wird Lawrenti Berija zum Marschall der Sowjetunion – der höchste militärische Rang – ernannt.

Alle gefangenen Generale wurden im Lager Nr. 48 im Dorf Leshnjewo, Gebiet Iwanowo, konzentriert. Auch die Offiziere, die dem ehemaligen Nationalkomitee „Freies Deutschland" angehört hatten, wurden dort untergebracht.

Sie wurden nicht gerade freundlich empfangen. Der Leiter der Abteilung für Kriegsgefangene der Verwaltung des MWD des Gebiets Moskau Hauptmann Kornilow meldete dem Stellvertreter des Leiters der GUPWI Generalleutnant Amajak Kobulow am 5. November 1947:

... Viele der ehemaligen Generale, besonders die reaktionär gesinnten, begegnen ihnen feindselig, bezeichnen sie als Verräter, Abtrünnige, „Wlassow-Leute" usw. Sie erklären, daß die Russen, als man sie brauchte, sie für ihre Zwecke genutzt hätten, doch nun würden sie zusammen mit allen anderen eingesperrt. So wird ihnen ihre Hilfe vergolten ...

Aus diesem Grund sowie angesichts der übermäßigen Enge im Lager Nr. 48 bitte ich Sie, die Verlegung aller ehemaligen Offiziere der Wehrmacht, die Mitglied des Nationalkomitees „Freies Deutschland" und des Bundes Deutscher Offiziere waren, in ein anderes Lager anzuweisen ...

Feldmarschall Paulus, General von Seydlitz und einige weitere Generale nutzten die Zeit zur Erholung. Von Seydlitz war im Objekt „25/W" untergebracht. In einem Brief vom 20. Januar 1947 schrieb er an Paulus:

Hochverehrter, werter Herr Paulus!

Ich danke Ihnen sehr herzlich für Ihre freundlichen Zeilen vom 30. Dezember, die wir am 15. Januar d. J. erhalten haben ...

... Gemessen an den Lebensbedingungen in der Gefangenschaft geht es uns gut. Wir fünf (außer mir noch Adam, Leyser, Korfes und Lenski) wohnen in einem neugebauten Holzhaus neben dem Küchengebäude. Seit Anfang 1946 herrscht eine angenehme und nahezu familiäre Atmosphäre. Wir sind sehr glücklich, denn in den beiden Hauptgebäuden ist es sehr eng und unbequem. Doch hier führen wir unser eigenes Leben.

Die politische Stimmung ändert sich hier nicht wesentlich. Die große Masse der Gefangenen ist älteren Jahrgangs. Aktive politische Tätigkeit ist verboten, lediglich uns und denen, die mit uns gehen wollen, wird sie gestattet. Insgesamt sind wir etwa 15 Prozent Antifaschisten, darunter 20 Generale. Die andere Gruppe, mit der man sich erbittert auseinandersetzen muß, besteht aus fanatischen Gegnern und ist ziemlich stark.

Von zu Hause habe ich gute Nachrichten erhalten. Meine Frau und meine vier Töchter sind gesund. Meine Älteste studiert in Hamburg am Modeinstitut und die zweite ist Assistentin an einer Veterinärhochschule. Die eine (in Hamburg) kann jeden Tag und die zweite jedes Wochenende zur Mutter fahren. Beide sind sehr zufrieden! Seit Anfang 1944 bewohnt meine Frau die eine Hälfte des Hauses. Die andere Hälfte hat sie an fünf Rentnerinnen und Studentinnen vermietet. Vom Erlös kann sie leben und die Ausbildung der ältesten Töchter finanzieren. Die jüngeren (elf und dreizehn) gehen noch zur Schule.

Im Herbst 1944 waren meine Frau und die beiden ältesten Töchter drei Monate lang in einem Gefängnis in Bremen unter sehr schlechten Bedingungen inhaftiert. Aus einem ausgebombten Gefängnis wurden sie in ein anderes verlegt. Meine dritte Tochter, die damals erst zehn Jahre war, befand sich in der Heimat in Obersdorf. Dort wurde sie von der Gestapo aufgegriffen und verhaftet.

Nach dem Gefängnis in Bremen (bis Dezember 1944) ging sie nach Schlitzmühle. Dann erneut nach Verden. Seit April 1945 haben sie Antifaschisten vor den Nazis geschützt.

. . . Jetzt hoffen wir nur auf die Außenministerkonferenz am 10. März in Moskau. Davon hängt sehr viel ab . . .

. . . Das war ein kurzer Lagebericht. Alle Bekannten haben gebeten, sie ganz herzlich zu grüßen, besonders Lenski, Korfes und Leyser! Ich wünsche Ihnen von Herzen weiteres Wohlergehen und baldige Rückkehr in die Heimat! Bitte grüßen Sie Müller und Buschhagen herzlich von mir.

Ihr Ihnen sehr ergebener Seydlitz

Doch die „herzliche Gemeinschaft" in der gemütlichen Datscha zerfiel ziemlich schnell. Eine Verordnung des Ministerrats der UdSSR über die Repatriierung einer Gruppe von Kriegsgefangenen, die dem ehemaligen Nationalkomitee „Freies Deutschland" und dem Bund Deutscher Offiziere angehörten, wurde vorbereitet. Sieben Generale wurden in einem Objekt zusammengelegt. Feldmarschall Paulus kam in die Siedlung Tomilino bei Moskau. Kurz gesagt, die Insassen der Lager und „Objekte" wurden ein weiteres Mal umgruppiert. Über

Berlin, 30. April 1950.

Herrn

Generalleutnant Kobulov

Moskau

Sehr geehrter Herr General!

Hiermit überreiche ich Ihnen aufs Neue
... Rücksprache mit Herrn Oberstleutnant
... die Themen, über die ich einzelne ...
... Punkte zu schreiben in der Lage u. bereit ...

Seydis : „Öffnung des Depots von Denjen ...
... die „Doppelspiel Seydis" im März/April 194.

vichenhagen :
a) ... u. Durchführung des Feldzuges in
Norwegen – bei P. O. K. Norwegen im Jahr 194.
b) Einmarsch u. Kampf der deutschen Norwegen
Armee gegen die U. d. S. S. R. in Nord.
Finnland im Jahr 1941.

3) v. ......:

a) „Beobachtungen aus dem Gebirgskrieg in
Spanien im Jahre 1936/39.“
b) „Durchbruch durch die Weygand-Stellung
in Frankreich – Juni 1940 – in Rahmen
einer Panzerdivision.“

4) v. Lützow:

„Erinnerung an einige persönliche Überraffen
für die Kommandeure einer deutschen ...
Infant. Dgdr. im Feldzug 1940 in Belgi.
Frankreich..“

5) Menkel:

„Durchführung von Absetzbewegungen in Raf.
der Heeresgruppe Kurland im Februar 19...

... durch darauf aufmerksam machen, daß die oben
genannten Themen mit aus dem Gedächtnis
ihrer beteiligten bearbeitet worden u. daher nur
bedingten historischen Wert haben können!

Mit dem Ausdruck meiner Hochachtung
und besten Wünschen für den 1. Mai
bin ich Ihr ergebener

H. v. Seydlitz

die Gründe konnten die Gefangenen nur rätseln. Aber von Seydlitz und seine Kollegen saßen nicht untätig herum, auch Feldmarschall Paulus nicht, der im Auftrag des sowjetischen Generalstabs die historische Studie „Die Offensive der Wehrmacht im Sommer 1942 und die Schlacht um Stalingrad" verfaßte.

Am 29. April 1948 wandte sich von Seydlitz in einem Brief an Amajak Kobulow:

Sehr verehrter Herr General!

Hiermit übersende ich Ihnen auf Grund der heutigen Rücksprache mit Herrn Oberstleutnant Gargadse die Themen, über die einzelne Herren zu schreiben und zu beraten in der Lage sind:

1. von Seydlitz: Öffnung des Kessels von Demjansk durch die Stoßgruppe unter Seydlitz im März/April 1942;
2. Buschhagen:
    a) Vorbereitung und Durchführung des Feldzugs in Norwegen 1940;
    b) Aufmarsch und Kampf der deutschen Norwegen-Armee gegen die UdSSR in Nordfinnland im Jahr 1941;
3. Funk:
    a) Beobachtungen aus dem Gebirgskrieg in Spanien in den Jahren 1936/39;
    b) Durchbruch durch die Weygand-Kette in Frankreich im Juni 1940 im Rahmen einer Panzerdivision;
4. von Lützow: Erinnerungen an einige taktische Überraschungen für den Kommandeur eines deutschen verstärkten Infanterieregiments im Feldzug 1940 in Belgien und Frankreich;
5. Menkel: Durchführung von Absatzbewegungen im Rahmen der Heeresgruppe Kurland im Winter 1944–45.

Ich möchte darauf aufmerksam machen, daß die oben genannten Themen nur aus dem Gedächtnis und ohne jegliche Unterlagen bearbeitet werden und daher nur geringen historischen Wert haben können!

Mit dem Ausdruck meiner Hochachtung und den besten Wünschen für den 1. Mai

Ihr ergebener
Walther von Seydlitz

Generalleutnant Rudolf Bammler

Friedhof in Kisljak, nordwestlich
von Stalingrad

Zu einem späteren Zeitpunkt, am 22. Juli 1949, informierte der Innenminister der UdSSR Sergej Kruglow Stalin darüber, daß sich die Führung des MWD im April 1948 an das Ministerium der Streitkräfte der UdSSR mit dem Vorschlag gewandt hatte, unter den gefangenen Generalen eine Aktion zu organisieren, um von ihnen Material zum Großen Vaterländischen Krieg 1941–1945 zu erhalten.

Der Generalstab der Streitkräfte der UdSSR erachtete diesen Vorschlag des MWD für wertvoll und gab einige Themen vor. Im Rahmen dieses Plans wurden von 1948 bis 1949 von kriegsgefangenen deutschen, rumänischen und ungarischen Generalen 24 schriftliche Arbeiten verfaßt.

Als beste Beiträge bewertete Kruglow, wobei er sich auf die Meinung des Generalstabs stützte, die Arbeiten folgender Generale: Boekh-Behrens – „Die Kampfhandlungen der 16. Armee im Demjanser Kessel von Mai 1942 bis März 1943", worin der Autor „den Ideenreichtum der russischen Führung bei der Durchführung der einzelnen taktischen Operationen" besonders betonte; Müller – „Die Evakuierung des Brückenkopfes am Kuban durch die 17. Armee im September 1943"; Förtsch – „Beschreibung der Kampfhandlungen der Heeresgruppe Kurland"; Bammler – „Beschreibung der Kampfhandlungen der 2. Panzerarmee vom 29. September bis 1. Dezember 1941". Kruglow verwies darauf, daß Bammler die Gefechtslage am Frontabschnitt Mzensk-Tula-Stalinogorsk-Kaschira auswertete und die operativen Fehler der deutschen Führung, insbesondere die Fehleinschätzung der Kräfte der Roten Armee, darlegte. Diese Fehleinschätzung führte, wie Bammler darlegte, zu einer vierstündigen scharfen Auseinandersetzung zwischen Hitler und Guderian.

Doch die beste Leistung vollbrachte Feldmarschall Paulus mit folgenden Arbeiten: „Die Rolle Deutschlands bei der Vorbereitung Ungarns auf den Krieg gegen die Sowjetunion", „Die allgemeinen Absichten und Ziele des deutschen Oberkommandos zu Beginn des Feldzugs 1941", „Beschreibung der allgemeinen Pläne und Absichten der deutschen Führung für die Kriegführung an der sowjetisch-deutschen Front für Sommer und Herbst 1942" und „Kurze Beschreibung der Kampfhandlungen der Heeresgruppen B und Don während der Kämpfe um Stalingrad vom 18. November 1942 bis zum 2. Februar 1943".

Somit hatten die meisten gefangenen Generale, auf alle Fälle jene, die das Bedürfnis nach Betätigung verspürten, die Möglichkeit, einer interessanten Tätigkeit nachzugehen und sich nicht ständig schweren Gedanken um die eigene Zukunft hinzugeben.

Vor dem Jahreswechsel 1948/1949, in der Vorweihnachtszeit, schickte Seydlitz am 12. Dezember ein Glückwunschschreiben an Paulus:

Hochverehrter, werter Herr Paulus!

Da nicht sicher ist, ob wir uns zu Weihnachten oder zum neuen Jahr sehen werden, möchte ich auf diesem Weg für alle Fälle Ihnen und den anderen Kameraden in Tomilino unserer herzlichsten kameradschaftlichen Wünsche zu beiden Festen übermitteln.

Das sechste Mal begehen wir Weihnachten und Neujahr in der Sowjetunion! Das zehnte Mal fern von der Heimat und der Familie! Und zu all dem schreibt mir noch meine Frau, daß sie infolge der verleumderischen Propaganda über Sie und mich schreckliche Wochen durchmachen mußte. Sie können sich somit jetzt vorstellen, wie mir zumute ist!

Ich nutze die Gelegenheit, um Ihnen mit herzlichem Dank die Zeitungsausschnitte zu dem Buch von Boldt zurückzusenden. Leider kann ich sie Ihnen nicht, wie versprochen, persönlich übergeben, da wir uns seit dem 23. September nicht mehr gesehen haben.

Nochmals alles, alles Gute zu Weihnachten und zum neuen Jahr.

Ich verbleibe als Ihr stets ergebener

Seydlitz

Mit den besten Wünschen für Weihnachten und das neue Jahr

Ihr Buschhagen

Frohe Weihnacht und viel Glück für 1949, bei der friedlichen Vereinigung unseres Volks mit den friedlichen Nachbarn im Osten!

Alles Gute

Ihr Lützow

Mit den besten Wünschen

Hochachtungsvoll Ihr Funk

Die Generale tauschten immer noch liebenswürdige Briefe aus, ohne zu wissen oder zu ahnen, welche Schicksalsschläge sie in nächster Zukunft zusammenführen werden . . .

Von Seydlitz, Buschhagen, Funk und Lützow waren im Objekt Nr. 4 in Nowogorsk bei Moskau untergebracht. Die Führung der

GUPWI machte sich Gedanken darüber, daß dieses Objekt nicht winterfest ist und die Generalinstandsetzung und Installation einer Heizung bis zu 15 000 Rubel (in Preisen von 1949!) kosten würde. Deshalb bat sie die Führung des MWD der UdSSR, Maßnahmen zu ergreifen. Der Stellvertreter des Ministers Generaloberst Iwan Serow stimmte den Vorschlägen Amajak Kobulows zu.

Unter Berücksichtigung, daß die Generale Buschhagen, Funk und Lützow General von Seydlitz mit ihren reaktionären Ansichten negativ beeinflussen, wurde beschlossen, Buschhagen ins Krasnogorsker Lager Nr. 27 und Funk und Lützow ins Lager Nr. 48 zu verlegen. Von Seydlitz kam in das Objekt Nr. 25, in die Siedlung Iljinskoje bei Moskau, wo sich auch Paulus und Bammler befanden. Da es zwischen Paulus und von Seydlitz bereits vor Stalingrad und dann im Nationalkomitee „Freies Deutschland" zu Meinungsverschiedenheiten gekommen war, holte man vorher die Meinung von Paulus ein. Das geschah am 23. September 1949 (Geburtstag von Paulus), bei dem außer Vertretern der GUPWI auch von Seydlitz zugegen war.

Paulus gab gern seine Zustimmung, und bald darauf wurde von Seydlitz in das Objekt Nr. 25, eine stille, von alten Kiefern umgebene und winterfeste Datscha verlegt . . .

Die Hauptfrage, die in allen Gesprächen, Auseinandersetzungen und Diskussionen eine Rolle spielte, war die Repatriierung. Die erste Gruppe von Generalen, aktiven Mitgliedern der Bewegung „Freies Deutschland" war 1948 repatriiert worden. Am 9. Juli 1949 unterbreiteten der Außenminister der UdSSR Andrej Wyschinski und der Innenminister der UdSSR Sergej Kruglow Stalin einen Bericht. Darin hieß es, daß sich nach dem Stand vom 1. Juli 1949 252 gefangene deutsche Generale in den Lagern des MWD befinden. Gegen 62 Generale wird wegen Greueltaten auf dem Territorium der UdSSR ermittelt. Weiter wurde darauf hingewiesen, daß 124 Generale noch überprüft werden müssen und ihre Repatriierung verfrüht ist. Für die weitere Internierung der restlichen 66 Generale besteht keine Notwendigkeit. Zu ihnen gehören 42 betagte Generale und Generale a. D. sowie 24 Generale, denen gute Führung in der Gefangenschaft bescheinigt werden kann. Die Autoren des Berichts schlugen vor, im Verlauf des Jahres 1949, in Abhängigkeit vom Wohnort der Familie, 39 Generale in die sowjetische und 27 in die britische und amerikanische Besatzungszone zu repatriieren.

Am 2. August 1949 wurde diese Frage im Politbüro des ZK der

KPdSU(B) behandelt und entschieden. Am gleichen Tag wurde auch der entsprechende Beschluß des Ministerrats der UdSSR verabschiedet. Doch in der Anlage fehlten siebzehn Namen – Generalleutnant Bammler, Generalmajor Leber, General der Panzertruppen a. D. Funk, Generalmajor a. D. Schmidt, Generalmajor a. D. Stutzer, Generalmajor a. D. Schulze, Generalmajor Giese, Konteradmiral Sorge, Generalleutnant Menkel, Generalmajor Ossig, Luftwaffengeneral Harmjanz, Generalmajor Stiller, Generalmajor Eder, Generalmajor Völkers, Generalleutnant a. D. Hederick, Generalmajor Heling und Generalmajor a. D. Schwarz. Offenbar waren sie bei der Behandlung der Frage im Politbüro von der Liste gestrichen worden.

Auch die Generale Paulus und von Seydlitz waren nicht als Kandidaten für die Repatriierung in Erwägung gezogen worden. Wie es in einem internen Schreiben an die „Instanz" – so nannte man das ZK der KPdSU(B) – hieß, ist das Interesse der Öffentlichkeit für sie so groß, daß über ihre Repatriierung ein Sonderbeschluß gefaßt werden muß.

Die gefangenen deutschen Soldaten wurden von Anfang an sorgfältig überwacht. Mehrmals im Jahr wurden Auskünfte über ihre Stimmungen und Äußerungen erarbeitet und akkurat in einem Dossier abgeheftet. Eine Auskunft über den General der Artillerie der Wehrmacht Walter von Seydlitz vom Dezember 1945, die Amajak Kobulow unterschrieben hat, enthält außer den Personalien und einer Beschreibung der Tätigkeit des Generals von Seydlitz in der Bewegung „Freies Deutschland" folgende Angaben:

Er war in seiner Tätigkeit eng mit der kommunistischen Gruppe des Nationalkomitees verbunden und äußerte prosowjetische Ansichten.

Nach der Berliner Konferenz, insbesondere wegen der Entscheidung über die Ostgrenzen, änderte er seine Haltung:

. . . Das Schlimmste sind die Grenzen zu Polen. Etwa 15 Millionen Deutsche müssen umgesiedelt werden. Das kommt einem Majdanek gleich, der Tod von Millionen wird einkalkuliert!

. . . Hatte ich vielleicht nicht recht, als ich immer wieder behauptete, daß man uns alle Ostgebiete zwischen Oder und Neiße wegnehmen wird? Was geschieht hier? Wo ist hier die Gerechtigkeit? Das haben wir der Sowjetunion zu verdanken. Der rote Imperialismus nimmt außerordentliche Dimensionen an.

Zur Organisation der Verwaltung in Deutschland erklärte er:

... Rußland betreibt eine deutlich ausgeprägte Gewaltpolitik. Wenn das der Fall ist, dann pfeife ich auf den Sozialismus. Was habe ich von all den schönen Worten, wenn in Deutschland 200 Personen auf einem Quadratkilometer leben werden. Das ruft Verzweiflung und eine Selbstmordwelle hervor.

Über den Krieg in Japan äußerte er:

... Jetzt führt Rußland einen Eroberungskrieg gegen Japan.

... Japan hat einfach kapituliert. Jetzt werden die Russen mühelos die Früchte ernten.

Aus diesen Stimmungen heraus hat er seine Ansichten über die künftige Orientierung Deutschlands wesentlich geändert:

... Wir dürfen uns nicht einzig und allein auf den Osten orientieren. Niemand weiß, ob für Deutschland die rasche Entwicklung zum Sozialismus gut sein wird.

In letzter Zeit ist Seydlitz zunehmend über das Schicksal seiner Familie und seine Rückkehr in die Heimat beunruhigt. In Zusammenhang mit dem Nürnberger Prozeß und der Bekanntgabe der Verbrechen von Stalingrad äußerte Seydlitz im Gespräch mit kriegsgefangenen Generalen:

... Sie können nicht im gleichen Ton von mir und Paulus sprechen. Meine Hände sind sauber. Die gewaltige Zahl von Menschen wurde auf seinen Befehl erschossen. Er ist für sein Tun verantwortlich, denn er war der Kommandierende General der 6. Armee und Stellvertreter des Generalstabschefs. Paulus muß sich für alles verantworten, da wird ihm auch all sein Schreiben nichts helfen.

... Wir können uns jetzt in Deutschland nicht sehen lassen, denn alle werden sagen: Was erzählen Sie uns denn, Sie haben ja selbst 40 000 Menschen umgebracht. Ich weiß nicht, was wir tun sollen.

In letzter Zeit ist zu beobachten, daß Seydlitz allen politischen Fragen ausweichen will:

... Die Russen müssen uns endlich sagen, wann sie uns nach Hause gehen lassen werden. Die Russen können uns nicht einfach übergehen. Ich bestehe nicht darauf, mich dort politisch zu betätigen. Ich kann auch in der russischen Zone bleiben.

... Mir würden die Engländer bestimmt nichts tun, wenn ich in Verden (Aller) wäre, weil ich in der englischen Armee Bekannte habe. Die Engländer haben auch oft aus meinen Rundfunkansprachen zitiert.

Diese Informationen hatten jedoch bis Mitte 1949 keinen wesentlichen Einfluß auf das Schicksal des Generals von Seydlitz. Am 23. Mai 1949 unterzeichnete Kobulow eine weitere Auskunft über von Seydlitz:

... Nach der Auflösung des Nationalkomitees und des Bundes Deutscher Offiziere im Jahr 1945 wurde Seydlitz gemeinsam mit anderen Generalen, die an der antifaschistischen Bewegung der Kriegsgefangenen teilgenommen hatten, unter allgemeinen Bedingungen im Generalslager Nr. 48 untergebracht. Die Tatsache, daß einige Mitglieder des Bundes schnell repatriiert wurden, hatte negative Auswirkungen auf die Stimmung des Generals, die sich mit der Annahme der Beschlüsse zu Deutschland immer mehr verschlechterte.

... Im September 1947 wurde Seydlitz mit einer Gruppe von Generalen in ein komfortables Objekt im Gebiet Moskau verlegt.

In Zusammenhang mit der Arbeit am Drehbuch zum Film „Die Stalingrader Schlacht" ersuchte die Filmverwaltung das MWD der UdSSR um Erlaubnis, mit Seydlitz einige Fragen zu Maßnahmen der deutschen Führung während der Kämpfe bei Stalingrad klären zu dürfen. Da Seydlitz diese Fragen ausführlich beantwortete und dabei auf den gesamten Maßnahmekomplex der deutschen Führung einging, so daß seine Arbeit von allgemeinem Interesse sein konnte, wurde sie an den Chef des Generalstabs der Streitkräfte der UdSSR weitergeleitet.

In Anbetracht der großen militärischen Erfahrungen des Generals von Seydlitz wurde ihm im Objekt der Auftrag erteilt, für die Militärhistorische Verwaltung des Generalstabs thematische Fragen zu den Operationen der Stoßgruppe „Seydlitz" zum Durchbruch des Demjanser Kessels im März/April 1942 zu bearbeiten. Seydlitz erfüllte den Auftrag gern und gewissenhaft.

Der Umstand, daß mehrere Generale, mit denen er im Nationalkomitee zusammengearbeitet hatte, 1948 in die Heimat zurückkehren konnten, während er weiter in Gefangenschaft ist, beeinträchtigt seine Stimmung. Dazu trug auch die Nachricht bei, daß seine Familie in Deutschland unter schweren materiellen Bedingungen lebt.

Als Seydlitz erfuhr, daß zwei Generale, die im gleichen Objekt wie er untergebracht waren, in die Heimat zurückkehren, sagte er:

... Wenn die Gefangenschaft in diesem Land hinter einem liegt, kann man nur drei Kreuze machen; hier erleben wir nur Enttäuschungen.

... Wer weiß, ob die Russen ihre Versprechungen halten werden. Alle haben mir versprochen, daß ich so bald wie möglich nach Hause zurückkehren kann. Jetzt versuchen sie, mich erneut zu täuschen. Sie behaupten, daß mich die Engländer verhaften würden. Ich habe den Engländern nichts getan und verstehe nicht, warum sie mir Unannehmlichkeiten bereiten sollten.

Zur Berlinkrise im Sommer 1948 sagte Seydlitz:

... Die Russen beharren im Bewußtsein ihrer angeblichen Stärke und sind geblendet von ihren Kriegserfolgen.

Seydlitz äußerte sich auch skeptisch über die Nationalisierung der Betriebe in Deutschland.

Andererseits stimmt er der Bodenreform zu, da die Bauernschaft als selbständige Klasse erhalten bleibt. Er äußert sich positiv über das Wirken der Arbeiterklasse und die Unterstützung, die ihr die sowjetischen Besatzungsbehören leisten. Seydlitz lehnt den Marshall-Plan ab und verurteilt die Ausplünderung Deutschlands und die Knechtung des deutschen Volkes durch die Westmächte.

Wie aus seinen Äußerungen hervorgeht, ist Seydlitz ein Gegner des Nationalsozialismus und jedes neuen Krieges, da er nur mit dem Untergang Deutschlands enden kann. Seydlitz möchte am Wiederaufbau Deutschlands mitwirken.

Im Januar 1949 bat Seydlitz in einem Gesuch um die Repatriierung in die sowjetische Zone. Er äußerte den Wunsch, seine Familie, die gegenwärtig in Verden bei Hamburg (britische Zone) lebt, zu sich zu holen und in der Landwirtschaft, möglichst in der Pferdezucht, zu arbeiten.

Die mangelnde Bereitschaft, an der politischen Arbeit teilzunehmen, beruht wahrscheinlich auf seiner durch die Nachkriegsbeschlüsse zu Deutschland hervorgerufenen negativen Stimmung.

Sein Gesundheitszustand ist allgemein zufriedenstellend.

Der Gesundheitszustand des Generals von Seydlitz war in der Tat recht zufriedenstellend. Vom 21. bis 29. Juni 1949 wurde er wegen Schmerzen im rechten Ohr und Schwerhörigkeit im Zentralhospital des MWD behandelt. Der Patient wurde von Dozent Galperin, Professor Sandulski und Professor Bekrizki untersucht. Die Therapie hat angeschlagen und General von Seydlitz wurde im guten Gesundheitszustand entlassen.

Nichts deutete darauf hin, daß ein Unglück geschehen wird. Das

22. 2. 1950.

<u>Рапорт</u>

22. февр. 1950 поручено:

7 посылок

содержание посылок было всё в порядке.

[подпись]

15. 11. 1949

Herrn
Generalleutnant Kobuloff
<u>Moskau</u>

Sehr verehrter Herr General!

Mit Bezug auf unsere Besprechung am 12.11.49
erlaube ich mir, Ihnen folgendes zu unterbreiten:
Im Verlaufe obiger Besprechung und in den daran
sich anschließenden Gesprächen mit General v. Seydlitz
habe ich den Eindruck gewonnen, daß für eine Repatriierung des Letzteren in die Ostzone Schwierigkeiten
auftreten können, welche die Zweckmäßigkeit einer
solchen Maßnahme in Frage stellen.
Wie General v. Seydlitz immer wieder erklärte, ist seine
Familie in <u>jetzigen</u> Wohnort Verden (englische Zone)
und im Verwandten- und Freundeskreis, der sich restlos in
der Nähe ..... befindet, so verwurzelt, daß es ihm ....
nur mit den äußersten Schwierigkeiten möglich sein wird
seine Familie zu einer Übersiedlung in die Ostzone zu
bewegen.
Ob Seydlitz selbst, wenn er sich eindeutig .. entschließen
hätte, unter allen Umständen in der Ostzone zu bleiben
befähigt ist, seine Frau zu diesem Entschluß zu ......
erscheint mir jetzt nach vorstehend skizzierter Lage der
Dinge unwahrscheinlich.

Man kann aber mit zerrissener Seele – sei es auch
mit der Familie oder getrennt von ihr – auf die Dauer
ersprießliche Arbeit leisten. Das muß früher oder später
Mißerfolg bringen.

Wenn ich bisher einen Einfluß auf General v. S.
versucht habe mit dem Ziel, bei ihm den Wunsch zur
Arbeit in der Ostzone zu stärken, so geschah es aus
dem Gesichtspunkt, damit nicht bei einer Rückkehr
ihm als einer politisch exponierten Persönlichkeit in der
Westzone unerwünschte Komplikationen eintreten.

Eine solche Gefahr besteht natürlich, aber ist
sie für weitaus unbedeutender als den Schaden der
eintritt, wenn die Arbeit von Seydlitz in der Ostzone
mit einem Mißerfolg enden würde, das heißt von
einem Tage erklärt. Ich kann hier nicht mehr ...

Nach Lage der Dinge glaube ich, Ihnen gegenüber
einen solchen Hinweis schuldig zu sein sowohl im
Interesse der Sache als auch meiner Kameraden.

Mit dem Ausdruck vorzüglicher Hochachtung
Für sehr ergebener

F. Paulus

einzige, was den ehemaligen Präsidenten des Bundes Deutscher Offiziere quälte, war die Ungewißheit.

Doch die Führung der GUPWI, die für die Repatriierung der kriegsgefangenen Generale verantwortlich war, wollte kein Risiko eingehen. Am 12. November 1949 traf in Iljinskoje im Objekt Nr. 25, in dem Paulus, von Seydlitz und Bammler untergebracht waren, Generalleutnant Amajak Kobulow ein. Die Gespräche wurden mit jedem gesondert geführt.

Worüber während des Besuchs von Kobulow die Rede war, schreibt Feldmarschall Paulus in einem Brief vom 15. November 1949:

Herrn
Generalleutnant Kobuloff
Moskau

Sehr verehrter Herr General!

Mit Bezug auf unsere Besprechung am 12. 11. 49 erlaube ich mir, Ihnen folgendes zu unterbreiten:

Im Verlaufe obiger Besprechung und in den daran sich anschließenden Gesprächen mit General v. Seydlitz habe ich den Eindruck gewonnen, daß für eine Repatriierung des letzteren in die Ostzone Schwierigkeiten auftreten können, welche die Zweckmäßigkeit einer solchen Maßnahme in Frage stellen.

Wie General v. Seydlitz immer wieder erklärte, ist seine Familie im jetzigen Wohnort Verden (englische Zone) und im Verwandten- und Freundeskreis, der sich restlos in der Westzone befindet, so verwurzelt, daß es ihm deshalb nur mit den äußersten Schwierigkeiten möglich sein würde, seine Familie zu einer Übersiedlung in die Ostzone zu bewegen.

Ob Seydlitz, selbst wenn er sich eindeutig entschieden hätte, unter allen Umständen in der Ostzone zu bleiben, befähigt ist, seine Frau zu diesem Entschluß zu bewegen, erscheint mir jetzt nach vorstehend skizzierter Lage der Dinge unwahrscheinlich.

Man kann aber mit zerrissener Seele – sei es auch mit der Familie oder getrennt von ihr – auf die Dauer keine ersprießliche Arbeit leisten. Das muß früher oder später zu Mißerfolg führen.

Wenn ich bisher einen Einfluß auf General v. Seydlitz versucht habe mit dem Ziel, bei ihm den Wunsch nach Arbeit in der Ostzone zu stärken, so geschah es aus dem Gesichtspunkt, damit nicht bei einer Rückkehr ihm – als einer politisch exponierten Persönlichkeit – in die Westzonen unerwünschte Komplikationen eintreten.

Eine solche Gefahr besteht natürlich, aber ich halte sie für weitaus unbedeutender als den Schaden, der eintritt, wenn die Arbeit von Seydlitz in der Ostzone mit einem Mißerfolg enden würde, das heißt, wenn er eines Tages erklärt: Ich kann hier nicht mehr leben.

Nach Lage der Dinge glaube ich, Ihnen gegenüber einen solchen Hinweis schuldig zu sein sowohl im Interesse der Sache als auch meines Kameraden.

Mit dem Ausdruck vorzüglicher Hochachtung
Ihr sehr ergebener

F. Paulus

Einige Tage später unterzeichnete Kobulow eine weitere Auskunft über von Seydlitz. Nachdem die dem Leser bereits bekannten Äußerungen erneut angeführt wurden, heißt es darin:

. . . In Zusammenhang mit der veröffentlichten Note der Sowjetregierung an die Regierung Jugoslawiens zur Frage des slowenischen Kärntens und der verräterischen Rolle der Tito-Clique bezog Seydlitz eine der Sowjetunion gegenüber ausgesprochen negative Position:

Es ist einfach ein Skandal, was sich jetzt Politiker und sogar Minister ausländischen Regierungschefs gegenüber erlauben. Früher achtete man in diplomatischen Kreisen auf einen gepflegten Umgangston und außerordentliche Höflichkeit. Doch jetzt sind diese hohen verantwortungsvollen Posten von Leuten besetzt, die von gutem Benehmen keine Vorstellung haben. So schämt sich Pauker als Außenminister nicht, Regierungschef Tito als Mörder zu bezeichnen. Diese Beschimpfung ist in der Geschichte beispiellos und zeugt von mangelnder Bildung. Obendrein geschieht dies zwischen Ländern, die in Frieden leben. Das ist eine Beleidigung nicht nur für Tito, sondern für das ganze jugoslawische Volk, wenn ihm seine nationale Würde etwas wert ist. Nach dem Völkerrecht könnte Jugoslawien Genugtuung verlangen und, wenn sie ihm verweigert wird, diese gewaltsam, d. h. durch Krieg, erzwingen. Auf alle Fälle ist dieser Ton nicht einmal zwischen Ländern, die gegeneinander Krieg führen üblich . . .

Nach vorliegenden Angaben äußerte sich Seydlitz skeptisch über die Nationalisierung der Betriebe in Deutschland.

Es liegen Angaben des kriegsgefangenen Obergefreiten der ehemaligen Wehrmacht Otto Nötzel vor, daß Seydlitz an Greueltaten beteiligt war.

Beim Verhör am 6. Dezember 1948 sagte Nötzel aus:

Im Januar 1942 (das genaue Datum weiß ich nicht mehr), als wir in dem Dorf Igoschewo im Raum Demjansk standen, wurde uns befohlen, rund um das Dorf Verteidigungsstellung zu beziehen, da russische Luftlandetruppen erwartet wurden. Nachdem wir in den Schützengräben Stellung bezogen hatten, wurden wir wirklich von Luftlandetruppen angegriffen. Wir lieferten uns mit ihnen ein Gefecht, bei dem etwa 100 Fallschirmjäger getötet und 10 gefangengenommen wurden. Wir zwangen diese zehn Gefangenen, die Leichen aller von uns im Gefecht getöteten Fallschirmjäger zu bergen, sie auf Schlitten aus dem Dorf etwa 500 Meter in den Wald zu bringen und dort auf einen Haufen zu werfen. Nach Beendigung dieser Arbeit habe ich persönlich, ferner ein Wachtmeister und ein Soldat, an deren Namen ich mich nicht mehr erinnere, diese zehn Gefangenen auf Befehl des Kommandeurs der 12. Infanteriedivision General Seydlitz in den Wald zu den Leichen, die sie selbst geborgen hatten, gebracht. Hier ließ der Wachtmeister die Gefangenen in Linie antreten. Dann haben ich und der Soldat sie alle mit dem Karabiner erschossen. Ich habe vier Mann erschossen. Die Leichen der Erschossenen wurden einfach liegengelassen . . .

Seydlitz hat im Januar 1949 ein Gesuch eingereicht, in dem er um die Repatriierung in die Ostzone bat und seine Absicht erklärte, seine Familie, die in Verden bei Hannover (britische Zone) lebt, zu sich zu holen und dort in der Landwirtschaft, möglichst in der Pferdezucht, zu arbeiten.

In Vorbereitung der Repatriierung des Generals von Seydlitz wurde die Meinung von Armeegeneral Gen. Tschuikow über seinen möglichen Einsatz in der Ostzone Deutschlands eingeholt.

Gen. Tschuikow antwortete, daß er sowie die Führung der SED die Repatriierung des Generals von Seydlitz in die Ostzone für möglich halten und er ihm dort Arbeit geben wird. Andererseits hält es die SED für erforderlich, vorher die Familie des Generals in die Ostzone zu holen.

Nach Angaben eines Informanten reagierte Seydlitz darauf wie folgt:

Das ist eine unerträgliche Forderung. Was soll das alles bedeuten?

Wenn man mir nicht vertraut, dann soll man es mir offen sagen! Was will man von mir? Ich bin kein Politiker. Ich bin auch keine Schachfigur, die man nach Belieben hin und her schieben kann . . .

Die gleiche Quelle charakterisierte Seydlitz folgendermaßen: General von Seydlitz ist sehr unausgeglichen. Er hat keine gefestigte Weltanschauung, spricht oft unklar und verworren. Es besteht die Gefahr, daß man ihn in der Ostzone, aber besonders im Westen, leicht zu unüberlegten, aber gefährlichen Äußerungen provozieren kann . . .

Der Gesundheitszustand des Generals ist allgemein zufriedenstellend. Seine Frau und drei Töchter wohnen in Verden (Hannover), in der britischen Besatzungszone. Die vierte Tochter wohnt in Hamburg.

Für General Kobulow bestanden nun zur Person Walter Alexander von Seydlitz keine Zweifel mehr. Die Meinung von Feldmarschall Paulus und General Bammler gaben den Ausschlag. Aber es wurden noch gewichtigere Argumente gebraucht. So wurde in die Auskunft ein Auszug aus den Aussagen des Obergefreiten Nötzel aufgenommen. Dabei spielte es keine Rolle, daß von Seydlitz bereits im Dezember 1941 das Kommando der 12. Division abgegeben hatte und folglich den Befehl zur Erschießung der Gefangenen nicht hatte geben können. Endlich war ein Aufhänger gefunden worden, langsam und vorsichtig wurde die Schlinge zugezogen . . .

Am 17. März 1950 wurde auf der Tagung des Politbüros des ZK der KPdSU(B) die „Frage der deutschen und japanischen Kriegsgefangenen" behandelt. Der von Wyschinski und Kruglow vorbereitete Beschluß des Ministerrats der UdSSR wurde bestätigt und noch am gleichen Tag unter Nr. 1108-396 in Kraft gesetzt. Es wurde beschlossen, dazu keine TASS-Meldung zu veröffentlichen.

Der Beschluß lautete:

1. Das MWD der UdSSR (Gen. Kruglow) wird verpflichtet, 11 717 verurteilte Kriegsgefangene der ehemaligen Wehrmacht, darunter 104 Generale, weiter in der UdSSR zu behalten.

2. Das MWD der UdSSR (Gen. Kruglow), das MGB der UdSSR (Gen. Abakumow) und die Staatsanwaltschaft der UdSSR (Gen. Safonow) werden verpflichtet, gemäß Erlaß des Präsidiums des Obersten Sowjets der UdSSR vom 19. April 1943 „über Strafmaßnahmen gegen deutsche faschistische Verbrecher" 1815 unter Verdacht stehende Kriegsgefangene, darunter 136 Generale, strafrechtlich zur Verantwortung zu ziehen . . .

Das Ministerium für Justiz (Gen. Gorschenin) wird verpflichtet, die Strafsachen der Kriegsgefangenen der genannten Kategorie vor Militärtribunalen zu verhandeln.

3. Das MID der UdSSR (Gen. Wyschinski) wird beauftragt, mit der Regierung der Tschechoslowakischen Volksrepublik die Überstellung von drei deutschen Generalen zu vereinbaren, gegen die Material über Verbrechen auf dem Territorium der Tschechoslowakei vorliegt . . .

4. Das MWD der UdSSR (Gen. Kruglow) wird ermächtigt, 16 552 Kriegsgefangene der ehemaligen Wehrmacht nach Deutschland zu repatriieren, darunter:

a) 5126 Personen, die in den Jahren 1943–49 wegen Bandentums, strafbarer Handlungen gegen Leben und Gesundheit, Selbstverstümmelung, Verstoß gegen die Lagerordnung, Raub und Diebstahl, Simulantentum und anderer ziviler und Kriegsverbrechen verurteilt wurden;

b) 7038 Personen, die 1949 nach formalen Kriterien wegen Zugehörigkeit zum Mannschafts- und Unteroffiziersbestand der SS und der SA, Polizei- und Wacheinheiten sowie wegen Plünderungen auf dem zeitweilig besetzten Territorium der UdSSR und der Volksdemokratien verurteilt wurden;

c) 5293 Personen, gegen die wegen unter Punkt b) genannten Vergehen ermittelt wird.

Die Repatriierung dieser verurteilten Kriegsgefangenen hat im vereinfachten Verfahren durch Ausweisung aus der Sowjetunion auf Beschluß des Militärkollegiums des Obersten Gerichts zu erfolgen.

d) 22 deutsche Generale . . ., gegen die kein Belastungsmaterial vorliegt;

e) 19 Kriegsgefangene, die dem ehemaligen Nationalkomitee „Freies Deutschland" und dem Bund Deutscher Offiziere angehörten;

f) 54 deutsche Kriegsgefangene, die zeitweilig im Lager Nr. 9 in Frankfurt an der Oder als Hilfspersonal eingesetzt waren.

5. Der Bevollmächtigte des Ministerrats der UdSSR für Repatriierung (Gen. Golikow) wird verpflichtet, vom MWD der UdSSR die zu repatriierenden Kriegsgefangenen zu übernehmen und zu ihrem Wohnort nach Deutschland zu schicken . . .

Das Verzeichnis der nicht für die Repatriierung vorgesehenen gefangenen Generale war in fünf Gruppen unterteilt: Generale, die Verbrechen auf dem zeitweilig okkupierten Territorium der UdSSR begangen haben (51), reaktionär und revanchistisch gesinnte Generale (58), Generale, die in Straf- und Spionageorganen und in der SS gedient haben (22), Generale, die sich in Gewahrsam des MGB der UdSSR befinden (5) und als „Sonderkategorie" eine Person – Generalfeldmarschall Paulus.

General der Artillerie Walter von Seydlitz stand nicht auf der Liste der Kriegsverbrecher. Er rangierte unter der Kategorie „Reaktionär und revanchistisch gesinnt". Doch die Schlinge zog sich langsam zu . . .

Beweise aus dem Jahre 1943

In dem Objekt in der stillen Siedlung Iljinskoje bei Moskau, in dem Paulus, von Seydlitz und Bammler untergebracht waren, deutete nichts auf unangenehme Veränderungen hin. Am 22. Februar kam die Post, die Insassen des Objekts erhielten Briefe und Päckchen. Auch General von Seydlitz erhielt Post – sieben Päckchen. „Der Inhalt der Päckchen war in Ordnung", bestätigte auf Russisch General von Seydlitz dem Leiter des Objekts dem Empfang. Darauf wurde im Objekt streng geachtet . . .

Bereits am 18. Oktober 1944 war im Polawsker Rayon, Gebiet Nowgorod, von der örtlichen Kommission für die Ermittlung und Untersuchung von Greueltaten der deutschen faschistischen Eroberer und ihrer Verbündeten ein Protokoll aufgenommen worden, in dem außer Himmler und dem Leiter der Rückwärtigen Dienste der Heeresgruppe Mitte General von Schenkendorf als aktive Beteiligte an diesen Greueltaten folgende Personen genannt wurden: Der Kommandierende General der 16. Armee Generalfeldmarschall von Busch, der Kommandeur der Truppen zur Sicherung des rückwärtigen Raums Generalmajor Speimann, der Kommandeur des 2. Korps General der Infanterie Laukus, der Kommandeur der 123. Infanteriedivision Generalmajor Rauch, der Kommandeur der 290. Division Generalleutnant von Brede, Generalmajor Heinrici, Generalleutnant Seydlitz, Generalmajor Lützow, der Kommandeur einer SS-Totenkopfeinheit Generalmajor Eicke, der Dolmetscher des Polawsker Gebiets und ehemalige Deutschlehrer J. Dolinger, der ehemalige Leiter der Planungsabteilung des Exekutivkomitees des Polawsker Rayonsowjets Arnold Karklin und noch andere – jüngere Offiziere und Soldaten der Wehrmacht . . . (Die Namen und Dienstgrade sind hier so angeführt, wie sie im Protokoll stehen – L. R.)

In dem Protokollabschnitt „Errichtung eines Knechtschafts- und Unterjochungsregimes" sind acht Vorkommnisse angeführt, die die Greueltaten der Okkupanten charakterisieren. Drei fallen in den Zeitraum nach dem Januar 1942, als von Seydlitz das Kommando der 12. Infanteriedivision bereits abgegeben hatte. Zu den übrigen ist folgendes vermerkt:

– Beim Bau einer Brücke über den Fluß Lorinka hat ein deutscher Aufseher (der Name wurde nicht festgestellt) die Bürger mit einem Gummiknüppel zur Arbeit angetrieben. Den entkräfteten Bürger Semjon Zarkow, 62, aus dem Dorf Swinoraja hat er halbtot geschlagen, anderthalb Monate später ist Zarkow verstorben (Datum des Vorfalls ist nicht bekannt).

– im September 1941 weigerte sich Jakow Schpoljakow, 63, aus dem Dorf Zemen des Podberesowsker Dorfsowjets, Arbeiten beim Stellungsbau auszuführen. Daraufhin traten ihm Deutsche die Tür ein, schlugen ihn und verletzten ihn mit einem Pistolenschuß. Drei Tage später starb Schpoljakow. Den entkräfteten und hungrigen Dorfbewohner Fjodor Konradjew, 19, brachten die Deutschen in die Küche, doch sie gaben ihm nichts zu essen, sondern schlugen ihn mit einem Knüppel und jagten ihn weg.

– Im Oktober 1941 wurden die Einwohner des Dorfes Lebedskoje Iwan Sujew, Iwan Koleskow und Iwan Moltschanow von den Deutschen grausam mit Pionierspaten geschlagen, weil sie keine Kraft mehr hatten, um im Schlamm steckengebliebene beladene Militärfahrzeuge anzuschieben.

– Im Herbst 1941 wurde A. Wassiljew aus dem Dorf Rjabtschikowo des Dworezker Dorfsowjets auf der Vortreppe seines Hauses ermordet, weil er sich weigerte, in der deutschen Wirtschaft zu arbeiten.

– Im November 1941 hat der Kommandant des Naljutschsker Wolost (der Name wurde nicht festgestellt) im Dorf Kurlandskoje aus einer Maschinenpistole das Feuer auf das Dorf Kusminskoje verlassende Frauen eröffnet und eine von ihnen, Olga Burmistrowa, am Arm verwundet.

Im Protokollabschnitt „Ausplünderung der Bevölkerung und Vernichtung materieller Werte sowie russischer Kulturdenkmäler" sind fünf Vorfälle angeführt. Drei davon betreffen das Jahr 1942, zu den übrigen heißt es:

– Im September 1941 haben die Deutschen mehr als die Hälfte des Viehs – Kühe, Schafe, Schweine, Hühner – der Bewohner des Dorfes Upolsa des Rossinsker Dorfsowjets konfisziert, alle Kartoffeln in den Gemüsegärten ausgegraben und mit den noch ungedroschenen Roggegarben die Schlaglöcher der unbefestigten Straßen aufgefüllt.

– Im Dezember 1941 haben deutsche Soldaten den durch das Dorf Bolschoi Sachod fahrenden Michail Maximow und Wassili Sabawin unter Androhung von Waffengewalt die Filzstiefel ausgezogen, warme Kleidungsstücke aus den Fuhrwerken genommen, die Pferde ausgespannt und sie barfuß im Schnee stehen lassen, bis man ihnen Schuhwerk aus dem Dorf brachte.

Im Abschnitt „Mißhandlung und Ermordung von Zivilisten" sind siebzehn Vorfälle angeführt. Folgende fallen in den Zeitraum 1941:

– Im Dezember 1941 haben die Faschisten den Patrioten Michail Jewsejew, einen Kolchosebauern aus dem Dorf Podbelo des Wereteisker Dorfsowjets, am Galgen aufgehängt, weil er aus der Gefangenschaft geflohenen Rotarmisten geholfen haben soll. Das Urteil wurde vor den Augen seiner Frau, der minderjährigen Kinder und anderer Dorfbewohner vollstreckt. Die Leiche durfte zwei Tage lang nicht abgenommen werden.

– Am 3. November 1941 hat die Strafabteilung der SS-Division Totenkopf das Dorf Beglowo des Kusminsker Dorfsowjets abgeriegelt. Bei der Durchsuchung wurden „Fremde" entdeckt – Iwan Schirkin, Vater einer kinderreichen Familie aus dem Nachbardorf Swinoraja, Wassili Iwanow, Kriegsversehrter des Finnischen Krieges, und vier Rotarmisten. Die Aufgegriffenen wurden ohne Verhör erschossen. Am gleichen Tag umzingelte die Abteilung das Haus von Iwan Strutschkow, in dem sich seine Frau, drei minderjährige Kinder und seine 75jährige Mutter befanden. Die Soldaten verriegelten die Tür, holten die Kuh vom Hof und zündeten das Haus an. Die Personen durften das Haus erst verlassen, als die Decke des brennenden Flurs einzustürzen begann.

– Im September 1941 trieben Deutsche die gesamte Bevölkerung des Gorodoksker Dorfsowjets in den Wald, und zwang sie, dort hinter Stacheldraht 18 Tage und Nächte unter freiem Himmel ohne Nahrung zu verbringen. Beim Fluchtversuch wurden M. Zwetkow, M. Fjodorow und Jakow Bussyrew erschossen.

Während der Okkupation des Dworezker Dorfsowjets richteten die Deutschen acht Zivilisten hin, deren Namen nicht festgestellt wurden. Sie waren in den Dörfern Jablonowo, Dworezk und Rjabtschikowo aufgegriffen worden. Fünf wurden erschossen und drei aufgehängt. Unter den Erschossenen befanden sich zwei Frauen.

– Im September 1941 drangen Deutsche in ein Heim für Invaliden in der Nähe der Bahnstation Pol ein, das aus zwölf zweigeschossigen Häusern bestand. Sie nahmen die Invaliden unter Gewaltanwendung Lebensmittel und warme Bekleidung weg. Wer sich widersetzte, wurde erschossen. Bis zum 1. Januar 1942 waren 50 Invaliden erschossen worden und 100 verhungert. In die freigewordenen und nunmehr unbeheizten Räume der Umgebrachten wurden 400 Personen gepfercht, die die Deutschen aus den Dörfern des Polawsker, Lutschensker, Gorodoksker und Dworezker Dorfsowjets dorthin verschleppt hatten.

Im Abschnitt „Greueltaten der Deutschen gegen Kriegsgefangene" beziehen sich alle Vorfälle auf das Jahr 1942. Es wird angeführt, daß allein auf dem Territorium des Polawsker Rayons nachweislich 7534 kriegsgefangene Soldaten und Kommandeure gequält, erschossen und verbrannt wurden, erfroren und verhungert sind.

Viele schreckliche Vorfälle sind im Abschnitt „Gewaltsame Deportation der Bevölkerung zu Zwangsarbeit nach Deutschland" angeführt, doch sie beziehen sich alle auf das Jahr 1943.

In der Auskunft der Außerordentlichen Staatlichen Kommission zur Untersuchung von Greueltaten der deutschen faschistischen Eroberer und ihrer Verbündeten vom 12. Oktober 1946 ist festgehalten:

In den Unterlagen der Außerordentlichen Staatlichen Kommission sind einzelne Handlungsräume der 16. deutschen Armee angeführt. Den Protokollen und Zeugenaussagen zufolge operierte diese Armee im Belebekowsker, Molwitizker, Polawsker, Demjansker, Solezker, Wolotowsker und Staro-Russker Rayon des Gebiets Nowgorod, im Idrizker und Sebeshsker Rayon des Gebiets Welikije Luki und im Porchowsker Rayon des Gebiets Pskow.

In allen genannten Gegenden haben Soldaten und Offiziere der 16. Armee die Bevölkerung ausgeraubt, Dörfer und Städte zerstört, Einwohner und sowjetische Kriegsgefangene durch Folter, Mißhandlungen und Massenerschießungen umgebracht.

In den vorstehend genannten Rayons hat die 16. deutsche Armee 126 247 sowjetische Bürger getötet, davon 99 332 Kriegsgefangene in den Lagern des Demjansker Rayons. 45 776 Personen wurden nach Deutschland zur Zwangsarbeit verschleppt. Durch Diebstahl, Zerstörung und Beschädigung staatlichen, gesellschaftlichen und persönlichen Eigentums der Bürger wurde ein materieller Schaden in Höhe von 10 573 965 Rubel verursacht.

i. V. des Verantwortlichen Sekretärs
der Außerordentlichen Staatlichen Kommission
S. Ussanow

Einzelne Zahlen, Daten und Namen der Inspiratoren und unmittelbaren Ausführenden dieser Greueltaten können angezweifelt werden, aber unbestreitbar ist, daß es sie gab.

Außer Zweifel steht ebenfalls, daß auch der Kommandeur der 12. Infanteriedivision Generalleutnant von Seydlitz von diesen und ähnlichen Greueltaten gewußt hat. Wie anders läßt sich sonst sein Schreiben aus dem Jahr 1943 an die Führung der UPWI erklären, in dem er um Nachsicht für jene ersuchte, die zwar schuld an Greueltaten haben, sich aber durch aktive Teilnahme an Maßnahmen des Bundes Deutscher Offiziere und des Nationalkomitees „Freies Deutschland" bewähren?

Dagegen spricht jedoch, daß der Präsident des Bundes Deutscher Offiziere, General der Artillerie Walter von Seydlitz, im Oktober 1943, als die Erinnerung der Bevölkerung des Gebiets Nowgorod an die Greueltaten der Soldaten der 16. Armee, darunter auch der 12. Infanteriedivision, noch ganz frisch war, für eine Reise gerade diesen Frontabschnitt wählte, wo ihn sowohl die einheimische Bevölkerung als auch gefangene deutsche Soldaten aus der 12. Division wiedererkennen konnten. Und wie ist zu erklären, daß es General von Seydlitz bei seinem Aufenthalt an diesem Frontabschnitt fertigbrachte, in Briefen und Appellen an den kommandierenden General der 16. Armee sowie die Soldaten und Offiziere der 12. Division dazu aufzurufen, keine Kriegsverbrechen und Greueltaten mehr zu begehen? Schließlich hätte die deutsche Gegenpropaganda von Seydlitz schon damals als Inspirator und Beteiligten an Greueltaten diskreditieren können . . .

Am 15. Dezemder 1948 wurde im Kriegsgefangenenlager Nr. 185 der Oberstleutnant der ehemaligen Wehrmacht Heinz-Georg Lemm, Kommandeur des 27. Regiments der 12. Infanteriedivision, verhört. Nach allgemeinen Fragen zur Dienstlaufbahn, darunter auch zum gemeinsamen Dienst mit Oberst Ingo von Collani, Leiter der Abteilung Ia des Stabs der 12. Infanteriedivision, fragte der Untersuchungsführer:

FRAGE: Die Untersuchungsorgane verfügen über Angaben, daß es auf Befehl der Führung der 12. Infanteriedivision auf dem zeitweilig okkupierten Territorium der Sowjetunion zu Exzessen und Greueltaten gegen die Zivilbevölkerung gekommen ist. Was wissen Sie darüber?

ANTWORT: Mir sind folgende Fälle im Abschnitt der 12. Infanteriedivision bekannt. Im Dezemder 1941 habe ich gesehen, wie im Raum Demjansk von der sowjetischen Zivilbevölkerung auf Befehl der Führung der 12. Infanteriedivision Schneeverwehungen auf der Straße zwischen den Städten Demjansk und Staraja Russa weggeräumt wurden. Die Zahl der Personen kann ich nicht genau benennen, es waren etwa 100. Außerdem wurden auf Befehl der Führung der 12. Infanteriedivision ständig Frauen zum Waschen der Wäsche für Soldaten und Offiziere herangezogen. Das fiel in den Zuständigkeitsbereich der Intendanturabteilung der Division. Wo, wann und wie viele Frauen zum Wäschewaschen herangezogen wurden, entzieht sich meiner Kenntnis, da die Wäsche im Hinterland gewaschen wurde und ich mich ständig am vordersten Abschnitt befand. Aber ich weiß genau, daß ständig Frauen aus der sowjetischen Bevölkerung dafür eingesetzt wurden.

Im Winter 1941/42 wurden auf Befehl der Führung der 12. Infanteriedivision im Dislozierungsraum, d. h. im Raum Demjansk, bei der Zivilbevölkerung Futter für die Pferde und auch Schlitten requiriert. Wieviel Futter für die Pferde, was und wo, sowie wieviel Schlitten die Soldaten und Offiziere unserer Division beschlagnahmt haben, kann ich nicht sagen. Doch das ist im großen Ausmaß geschehen. Andere Fakten sind mit nicht bekannt.

FRAGE: Was wissen Sie über die verbrecherische Tätigkeit des Leiters der Abteilung Ia des Stabs der 12. Infanteriedivison von Collani gegen die Zivilbevölkerung? Die Untersuchungskommission verlangt von Ihnen wahrheitsgetreue Aussagen.

ANTWORT: Die von mir genannten Fakten der Requirierung

von Futter und Schlitten sowie die Heranziehung der Bevölkerung zur Beseitigung von Schneewehen und von Frauen zum Wäschewaschen sind von Collani bekannt. Er persönlich und Divisionskommandeur General von Seydlitz haben dazu die Befehle auf Divisionsebene erteilt.

FRAGE: Die Untersuchungskommission verfügt über Angaben, daß im Dorf Pupowo im Molwizker Rayon, wo der Stab der 12. Infanteriedivision stationiert war, sowjetische Zivilisten erschossen, Gebäude dem Erdboden gleichgemacht, die Bevölkerung ausgeraubt und Zivilisten zum Bau von Verteidigungsanlagen herangezogen wurden. Berichten Sie darüber.

ANTWORT: Davon ist mir nichts bekannt.

FRAGE: Was können Sie Ihren Aussagen noch hinzufügen?

ANTWORT: Ich habe nichts zu meinen Aussagen hinzuzufügen. Ich wiederhole, daß mir keine anderen Fakten von Greueltaten, die von Angehörigen der 12. Infanteriedivision auf dem okkupierten Territorium der Sowjetunion verübt wurden, bekannt sind. Es ist möglich, daß es sie gegeben hat, doch ich habe nichts davon gehört und weiß auch nichts darüber . . .

Zum dritten Mal wurde der Name von Seydlitz im Zusammenhang mit Greueltaten erwähnt, diesmal von einem ihm unterstellten höheren Offizier. Gegen von Seydlitz wurde noch gar nicht konkret ermittelt. Es ging um die Vorbereitung des Prozesses gegen Generalleutnant Friedrich Förtsch, Kommandeur der Heeresgruppe Kurland der Wehrmacht. An einen Prozeß gegen General von Seydlitz dachte man vorläufig noch nicht. 1948 hatten er und Paulus noch einen besonderen, privilegierten Status.

Hier ein Ausschnitt aus einem Bericht des Innenministers der UdSSR Sergej Kruglow vom 1. Juni 1949 an Josef Stalin:

. . . Generalfeldmarschall Paulus und der ehemalige Präsident des Bundes Deutscher Offiziere General der Artillerie von Seydlitz sowie weitere fünf Generale sind in zwei getrennten Sonderobjekten bei Moskau untergebracht.

Systematische Überwachungsmaßnahmen haben ergeben, daß Paulus zur Sowjetunion positiv eingestellt ist. Er befindet die Politik der SED für richtig und äußert den Wunsch, in der Ostzone Deutschlands zu arbeiten. Seydlitz hat nach den Beschlüssen der Potsdamer Konferenz negative Ansichten über die Sowjetunion geäußert, insbesondere wegen der Ostgrenzen Deutschlands. Als persönliche Kränkung empfindet Seydlitz, daß einige Generale aus der Führung des Bundes Deutscher Offiziere, dessen Präsident er war, nach Deutschland zurückkehren konnten. Paulus hat sich als Kriegsgefangener während des Kriegs wiederholt mit Aufrufen gegen Hitler gewandt. Er hat aktiv an der antifaschistischen Arbeit unter den Kriegsgefangenen teilgenommen, ist nach dem Krieg als Zeuge der Anklage im Nürnberger Prozeß aufgetreten und hat einige militärhistorische Arbeiten für den Generalstab der Sowjetarmee geschrieben. Seydlitz war Präsident des in der Sowjetunion gegründeten Bundes Deutscher Offiziere und Vizepräsident des Nationalkomitees „Freies Deutschland". Er hat nach Kriegsende mehrere militärische Abhandlungen für den Generalstab der Sowjetarmee geschrieben. Da Paulus und Seydlitz sehr bekannt sind, halten wir es für angebracht, die Frage ihrer Repatriierung Ende 1949 gesondert zu behandeln . . .

In diesem Dokument werden weder Paulus noch von Seydlitz irgendwelcher Kriegsverbrechen beschuldigt. Es enthält lediglich einen Hinweis auf mangelnde Loyalität des Generals von Seydlitz. Außerdem sind die Stellenwerte verschoben – Paulus wird für Verdienste gegenüber der Sowjetunion an die erste Stelle gesetzt und seine Tätigkeit höher bewertet. Hierbei wird schon nicht mehr berücksichtigt, daß von Seydlitz Paulus für den Bund Deutscher Offiziere gewonnen, wiederholt Frontbesuche unternommen, viele Rundfundansprachen gehalten und eine Menge Flugblätter verfaßt hat und von der Hitlerregierung in Abwesenheit zum Tode verurteilt worden ist.

Wirklich, was sind schon frühere Verdienste wert . . .

Die Vorbereitung des Prozesses gegen Förtsch dauerte an. Vom 20. bis 30. September 1949 wurden Bewohner des Molowizker und Demjansker Rayons des Gebiets Nowgorod, die die Okkupation miterlebt hatten, als Zeugen befragt: Michail Iljin, Iwan Alexejew, Nadeshda Matwejewa, Akulina Petrowa und Maria Fjodorowa. Sie alle erklärten, daß sie weder die Bezeichnungen der deutschen Truppenteile noch die Namen deutscher Soldaten, Offiziere und Generale, die während der Okkupation in ihrer Gegend stationiert gewesen waren, kennen. Doch sie bestätigten übereinstimmend, daß die Okkupanten Greueltaten begangen haben: Abriß von Gebäuden in den Dörfern

Pupowo und Saborowje, um Baumaterial für Befestigungsanlagen und Brennholz zu gewinnen, Vertreibung von Bewohnern aus den Häusern, um dort Stäbe einzuquartieren und deutsche Soldaten unterzubringen, Requirierung von Vieh, Hühnern, warmer Kleidung und Schuhwerk. Die Zeugen sagten aus, daß die Okkupanten nach der Besetzung des Dorfs die Kartoffeln gerodet, die Kohlfelder abgeerntet und den Hafer sowie anderes Getreide an ihre Pferde verfüttert haben.

Die Zeugen Michail Iljin, Jahrgang 1909, und Iwan Leksejew, Jahrgang 1894 aus dem Dorf Pupowo des Molwotizker Rayons sagten aus, daß deutsche Soldaten in den letzten Septembertagen des Jahres 1941 den Jugendlichen Michail Stepanow verhafteten und ihn in den ersten Oktobertagen im Dorf Molwotizy erhängten.

Sie berichteten außerdem, daß sich bei den im Dorf stationierten deutschen Einheiten viele sowjetische Kriegsgefangene befanden, die für Stellungsbau und Wirtschaftsarbeiten eingesetzt wurden. Sie erhielten sehr wenig zu essen, und der Zivilbevölkerung war es verboten, den Kriegsgefangenen Lebensmittel zu geben. Wenn die Kriegsgefangenen die Straße entlanggetrieben wurden, warfen die Dorfbewohner ihnen Lebensmittel zu, doch die Begleitsoldaten schlugen die Kriegsgefangenen, die diese Lebensmittel aufheben wollten.

Die Zeugen berichteten auch über Erschießungen sowjetischer Kriegsgefangener im Frühjahr und Sommer 1942 und 1943 sowie über die Deportation der Bevölkerung beim Rückzug der deutschen Truppen . . .

Die Zeugen wurden im September 1949 verhört, doch wir wissen, daß General von Seydlitz noch am 17. März 1950, als im Politbüro des ZK der KPdSU(B) der Beschluß des Ministerrats Nr. 1108–39ss bestätigt wurde, nach dem 136 Generale der ehemaligen Wehrmacht entsprechend dem Erlaß des Präsidiums des Obersten Sowjets vom 19. April 1943 „Über Strafmaßnahmen gegen die deutschen faschistischen Verbrecher" strafrechtlich zur Verantwortung gezogen werden sollten, auf der Liste der reaktionär-revanchistisch gesinnten Generale und nicht der Liste der Schuldigen stand, die Greueltaten auf dem Territorium der UdSSR verübt haben.

Doch im März kam es noch zu anderen Ereignissen.

Am 13. März wurde der kriegsgefangene Generalleutnant der ehemaligen Wehrmacht Hans Karl Boekh-Behrens verhört, der Leiter der operativen Abteilung und Stabschef der 16. Armee sowie später Kommandeur der 32. Infanteriedivision gewesen war. Auf die Frage von

Oberst Parparow und Oberleutnant Kirjakow, die ihn verhörten, auf wessen Befehl die Verbände der 16. Armee und der 32. Infanteriedivision auf dem okkupierten Territorium der UdSSR Verbrechen begangen haben, antwortete General Boekh-Behrens:

ANTWORT: Von Beginn der Invasion der deutschen Streitkräfte in der UdSSR an haben die deutsche Regierung und das deutsche Oberkommando einen Vernichtungskrieg gegen die Völker der Sowjetunion geführt. Im Ergebnis dieser Politik haben Einheiten der 16. Armee auf der Grundlage von Befehlen des OKW und des OKH an der Requirierung von Lebensmitteln, der Zerstörung von Ortschaften, der Mißhandlung von Zivilisten und Kriegsgefangenen wie auch an der Deportation sowjetischer Bürger zur Zwangsarbeit nach Deutschland teilgenommen. Die 32. Infanteriedivision war nicht an der Requirierung und Deportation der Bevölkerung beteiligt, dafür aber an der Zerstörung von Ortschaften und am Einsatz sowjetischer Bürger und Kriegsgefangener für Arbeiten.

FRAGE: Wie und wo wurden bei sowjetischen Bürgern landwirtschaftliche Erzeugnisse requiriert?

ANTWORT: Die Requirierung von Lebensmitteln, Futtermitteln, Vieh und Geflügel erfolgte im Hinterland, in den Gebieten Nowgorod und Polozk durch die Ortskommandanten der 16. Armee, wobei ihnen oft nicht einmal das Existenzminimum gelassen wurde, was zu Hunger führte.

FRAGE: Unter welchen Bedingungen wurden sowjetische Bürger und Kriegsgefangene zur Arbeit gezwungen?

ANTWORT: Die Zivilbevölkerung wurde selbst bei strengstem Frost zu Straßenbauarbeiten gezwungen, ohne daß sie mit warmer Kleidung und der notwendigen Verpflegung versorgt wurde. Die Kriegsgefangenen arbeiteten unter noch schlimmeren Bedingungen – 10 bis 12 Stunden ohne Pause, ohne warme Kleidung und die erforderliche Verpflegung, ohne medizinische Versorgung und unter menschenunwürdigen Bedingungen.

FRAGE: Wie erfolgte die Deportation der sowjetischen Zivilbevölkerung?

ANTWORT: Die Auswahl der Zivilisten für die Deportation nach Deutschland erfolgte durch die Ortskommandanturen der 16. Armee. Sie übergaben die Gruppen der Feldgendarmerie zur Zuführung zu den Sammelstellen, von wo aus sie in Sondertransporten nach Deutschland gebracht wurden.

FRAGE: Welche Zerstörungen haben die Einheiten der 16. Armee und der 32. Infanteriedivision im okkupierten Territorium angerichtet?

ANTWORT: Für die Zeit meines Einsatzes als Stabschef der 16. Armee kann ich keine Fakten von Zerstörungen anführen. Während meines Dienstes in der 32. Infanteriedivision der 18. Armee wurde im Juni 1944 beim Rückzug die Stadt Ostrow ohne jede militärische Notwendigkeit zerstört. Auf Befehl teilte ich dafür eine Kompanie des Pionierbataillons ein.

FRAGE: Nennen Sie die Personen, die persönlich für die von Ihnen genannten Verbrechen verantwortlich sind.

ANTWORT: Für die Verbrechen, die ich nannte, halte ich den Kommandierenden General der 16. Armee Generalfeldmarschall Busch sowie die Korps- und Divisionskommandeure dieser Armee verantwortlich, weil die Befehle unmittelbar von ihnen kamen. Als Stabschef der 16. Armee bin ich mitverantwortlich für diese Verbrechen, weil ich dem Oberquartiermeister des Stabs Weisungen erteilte und die Befehle für die Korps und Divisionen über Requirierungen, die Heranziehung der Bevölkerung zur Zwangsarbeit und die Deportation sowjetischer Bürger nach Deutschland unterschrieb. Ich habe diese Befehle im Auftrag des Kommandierenden Generals der 16. Armee Feldmarschall Busch unterschrieben.

FRAGE: Wen von den Schuldigen dieser Verbrechen haben Sie in sowjetischer Kriegsgefangenschaft getroffen?

ANTWORT: In sowjetischer Gefangenschaft traf ich den Kommandeur der 12. Infanteriedivision General von Seydlitz und General von Lützow sowie den Kommandeur der 8. Jägerdivision General Volckamer. In Gefangenschaft habe ich auch den ehemaligen Leiter der operativen Abteilung der 12. Infanteriedivision General von Collani getroffen, der für diese Verbrechen mitverantwortlich ist.

FRAGE: Warum halten Sie von Seydlitz, Vollkammer und von Lützow für die Schuldigen dieser Verbrechen?

ANTWORT: Ich halte sie deshalb für die Schuldigen, weil sie als Divisionskommandeure durch ihre Befehle die verbrecherischen Befehle des Stabs der 16. Armee ausgeführt habeîn.

FRAGE: Warum betrachten Sie von Collani als Mitschuldigen dieser Verbrechen?

ANTWORT: Von Collani hat als Leiter der operativen Abteilung des Stabs der 12. Infanteriedivision die Einzelheiten für die Ausführung dieser verbrecherischen Befehle ausgearbeitet und auf Divisionsebene „Sonderverfügungen" für die Erfüllung dieser Befehle unterschrieben . . .

Am nächsten Tag, den 14. März, verhörten die gleichen Offiziere den Generalmajor der ehemaligen Wehrmacht Ingo Erwin von Collani. Auf die Frage, auf wessen Befehl die 12. Infanteriedivision Verbrechen gegen die Zivilbevölkerung und Kriegsgefangene begangen hat, antwortete von Collani:

ANTWORT: Die Befehle über Requirierung, Zwangsarbeit von Zivilisten und Kriegsgefangenen und die Deportation sowjetischer Bürger nach Deutschland wurden der 12. Infanteriedivision von ihren Kommandanten – den Generalen von Seydlitz und von Lützow – erteilt. Sie wiederum erhielten die entsprechenden Befehle über den Kommandeur des II. Armeekorps General Brockdorff und aus dem Stab der 16. Armee.

FRAGE: Aus Ihren Aussagen läßt sich der Schluß ziehen, daß die 12. Infanteriedivision diese Verbrechen auf Initiative der Führung der 16. Armee begangen hat.

ANTWORT: Die Führung der 16. Armee handelte nicht nur aus eigener Initiative, sondern führte auch den Gesamtplan der Naziregierung und des deutschen Oberkommandos aus, der darauf abzielte, durch einen Vernichtungskrieg den Sieg über die Sowjetunion zu erringen.

FRAGE: Als Leiter der Abteilung 1a des Divisionsstabs hatten Sie unmittelbar mit der Ausführung der Befehle über die Zwangsarbeit von Zivilisten und sowjetischen Kriegsgefangenen zu tun. Sie müssen daher Einzelheiten jener unmenschlichen Bedingungen kennen, unter denen sie zur Arbeit gezwungen wurden. Berichten Sie darüber.

ANTWORT: Mir sind folgende Einzelheiten bekannt. In der ganzen Zeit, in der die 12. Infanteriedivision in den Räumen Nowgorod und Pskow stationiert war, wurden systematisch Zivilisten zu Straßenbau- und anderen Arbeiten getrieben, hauptsächlich Frauen, da nur wenige Männer im okkupierten Territorium verblieben waren. Die Frauen mußten bei der Instandsetzung von Straßen, bei strengem Frost, ohne Winterbekleidung und unter schlimmsten hygienischen Bedingungen Schwerstarbeit leisten. Die Menschen wurden vom Wachpersonal mit der Begründung geschlagen, daß sie zu langsam arbeiten. Die sowjetischen Kriegsgefangenen wurden ebenso grausam behandelt. Sie mußten bei 40° Frost im Winter 1941/42 in Sommer-

262

kleidung, ohne ausreichende Verpflegung und medizinische Versorgung arbeiten. Wer die Arbeit verweigerte, wurde von den Wachsoldaten brutal geschlagen. Die Arbeit unter diesen schweren Bedingungen führte zu Todesfällen.

FRAGE: Welche Grausamkeiten hat Ihre Division bei der Requirierung von Lebensmitteln von sowjetischen Bürgern begangen?

ANTWORT: Mir ist nicht bekannt, daß Soldaten der Division bei der Requirierung Bauern brutal behandelt haben. Ich kann nur angeben, daß Lebensmittel, Futtermittel und Vieh zwangsrequiriert wurden, und zwar ohne Berücksichtigung des zum Leben und für die Wirtschaft notwendigen Minimums, was in einzelnen Gegenden zu Hunger unter der bäuerlichen Bevölkerung und zum Ruin der Landwirtschaft führte . . .

FRAGE: Worin besteht Ihrer Meinung nach konkret die Schuld des ehemaligen Kommandeurs der 12. Infanteriedivision General von Seydlitz an den von Ihnen genannten Verbrechen?

ANTWORT: General von Seydlitz, der die 12. Infanteriedivision bis 1942 führte, hat die Befehle über die Requirierung und die Zwangsarbeit von Zivilisten und Kriegsgefangenen unterzeichnet. Die Division war damals im Gebiet Nowgorod stationiert. In diese Zeit fiel die Zwangsevakuierung von Zivilisten nach Deutschland . . .

FRAGE: Wer im Stab der 16. Armee trägt die persönliche Verantwortung für diese Verbrechen?

ANTWORT: Für die Ausarbeitung der Befehle über die Requirierung, die Zwangsarbeit und die Deportation von Einwohnern nach Deutschland war im Stab der 16. Armee der Stabschef zuständig – bis Januar 1942 General Wuttmann und von Januar 1942 bis zu meiner Versetzung aus der Division im November 1942 General Boekh-Behrens. Diese Befehle wurden vom Stabschef der Armee unterzeichnet und vom Kommandeur Feldmarschall Busch bestätigt. Folglich tragen Busch, Wuttmann und Boekh-Behrens die Verantwortung für diese Verbrechen . . .

Der aufmerksame Leser und um so mehr ein Jurist wird zweifellos eine Reihe von Widersprüchen in den Aussagen der Generale Boekh-Behrens und von Collani feststellen. Erstens sind die Aussagen von Boekh-Behrens allgemein. Er nannte keinen einzigen konkreten Ort, an dem die von Seydlitz zugeschriebenen Verbrechen verübt wurden. Und zweitens hat General Boekh-Behrens den Posten des Stabschefs erst im November 1942 übernommen, als von Seydlitz bereits an den

Kämpfen bei Stalingrad teilnahm. Folglich hatte Boekh-Behrens von Seydlitz keinerlei Weisungen erteilen können . . .

Weder Boekh-Behrens noch von Collani erwähnten das schlimmste Verbrechen – die Hinrichtung des Jugendlichen Michail Stepanow, wovon sie, zumindest von Collani, hätten wissen müssen. Aus irgendeinem Grund fragten die Untersuchungsführer auch nicht danach, obwohl Dorfbewohner bereits im September 1949 Aussagen über die Hinrichtung Stepanows gemacht hatten.

Offensichtlich standen die Untersuchungsführer unter Zeitdruck.

Doch der Untersuchungsakte über den General der Artillerie der ehemaligen Wehrmacht Walter Alexander von Seydlitz wurde noch ein weiteres Dokument beigefügt. Ein Untersuchungsführer, der gleichzeitig Stellvertreter des Leiters der Abteilung für operative Arbeit im Lager Nr. 27 war, fertigte eine Auskunft über Seydlitz an, in der es hieß:

Es wurden äußerst negative und der Sowjetunion gegenüber feindliche Stimmungen des Generals von Seydlitz in Zusammenhang mit den Beschlüssen der Potsdamer Konferenz und den Ostgrenzen Deutschlands festgehalten. Charakteristisch sind folgende Äußerungen:

Ich halte die Abtrennung Ostpreußens für ungerecht, weil Rußland über ein ausreichendes Territorium verfügt, während wir auf diese Weise ein reiches landwirtschaftliches Gebiet einbüßen, das wir dringend brauchen. Die Russen haben kein Recht, den Polen Lebensraum zu geben, wenn sie ihn uns wegnehmen. Für die Sicherheit würde die Okkupation genügen. Das ist Gewaltpolitik. In Deutschland werden wir noch viele Erfahrungen mit dem leninistisch-stalinistischen Humanismus machen . . .

Seydlitz versuchte, die Sache so hinzustellen, daß nach dem Krieg ein Kampf zwischen der UdSSR und Großbritannien um die Gewinnung Deutschlands für sich ausbrechen wird, und erklärte, daß die Vorteile auf seiten Großbritanniens sind. Dazu sagte er folgendes:

Ich befürchte, daß die Russen bei uns nicht den richtigen Weg einschlagen werden. Die Russen verstehen unsere Denkweise nicht, sie werden sich dem deutschen Volk gegenüber nicht richtig verhalten. Die Engländer geben beispielsweise in Aachen bereits neue Lehrbücher heraus, während die Russen diese Frage überhaupt nicht interessiert. Mit ihrer Bürokratie werden die Russen das deutsche Volk niemals für sich gewinnen . . .

Zum Interview des Genossen Stalin für einen Prawda-Korrespondenten im Zusammenhang mit Churchills Rede in Fulton sagte Seydlitz:

Es ist ganz natürlich, daß sich die Westmächte Sorgen machen, weil sie gemerkt haben, daß die Russen die ganze Karte mit Rot überziehen wollen. Sie spüren vielleicht, daß die Russen nach der Weltherrschaft streben. Ich kann mir ihre Besorgnis vorstellen, wenn sie nicht wissen, was sich in Osteuropa tut. Wer weiß, was in Ostpreußen geschieht? Niemand weiß etwas Konkretes . . .

Zur Flucht des repatriierten ehemaligen Generalmajors des medizinischen Diensts Walther Schreiber in die amerikanische Zone sagte Seydlitz:

Die Flucht von Professor Schreiber hat auch eine positive Seite. Das gibt ihm die Möglichkeit, als Augenzeuge zu bestätigen, daß die Meldung über die „Armee Seydlitz" eine Lüge ist. Dieser Aussage wird mehr Glauben geschenkt als den sowjetischen Dementis. Warum Schreiber in den Westen gegangen ist? Offenbar, weil man ihn reglementieren wollte und ihm nur zweitrangige Posten angeboten hat, die seinem Wissen und seinen Kenntnissen nicht angemessen sind. Letztendlich kann man nicht verlangen, daß er sich Leuten unterordnet, die ihm von der Bildung her nicht das Wasser reichen können . . .

Zum Zweijahresplan zur Wiederherstellung der Wirtschaft in der Ostzone sagte Seydlitz:

Es ist völlig offensichtlich, daß dieser Zweijahresplan eine von der SED vorher insgeheim mit der Besatzungsmacht vereinbarte Sache ist. Keine andere Partei wurde zur Mitarbeit herangezogen. Eine richtiggehende Diktatur. Unverhüllt wurde gesagt, daß die bürgerlichen Parteien kein Recht auf Meinungsäußerung und keine Existenzberechtigung haben. Der Londoner Rundfunk meldet, daß die Liberaldemokratische Partei aus dem antifaschistischen Block austreten will, weil sie die Politik der SED im Wirtschaftsausschuß nicht mehr mittragen kann. Somit wird ein großer Teil des Volks seines demokratischen Selbstbestimmungsrechts beraubt. Das geschieht nach dem berühmten Vorbild des großen Bruders. Hier tut sich erneut ein weites Betätigungsfeld für die Kominform auf, wobei die SED lediglich Erfüllungsgehilfe ist . . .

Zu den Meldungen über die Blockade der Verkehrswege zwischen Berlin und den Westzonen erklärte Seydlitz:

Rußland erklärt sich plötzlich bereit, Lebensmitteltransporte aus anderen Ländern wieder durchzulassen, während seine Jagdflieger gleichzeitig den Befehl haben, die Versorgung Berlins über den Luftkorridor zu behindern. Das zielt offensichtlich darauf ab, in der Bevölkerung Stimmung für sich zu machen und letztlich die Präsenz der Westmächte in Berlin zu vereiteln.

Die Russen sind stur im Bewußtsein ihrer angeblichen Stärke. Sie sind von ihren Kriegserfolgen geblendet, wollen keinen Schritt von ihrer Politik abgehen und denken, so auf die anderen Druck auszuüben . . .

General Lattmann meinte, daß sich Seydlitz sehr leicht beeinflussen läßt und man ihn wie eine Schachfigur hin und her schieben kann. Angesichts seiner absolut apolitischen und nahezu mystischen Denkweise muß er ständig geführt werden . . .

Ja, was General von Seydlitz so im kleinen und, wie er meinte, vertraulichen Kreis verlauten ließ, war der Sowjetunion gegenüber nicht gerade loyal, doch hinter diesen Äußerungen steckten keine bösen Absichten. Man hätte daraus natürlich einen Fall antisowjetischer Agitation konstruieren können, aber was wäre dann aus den Informationsquellen geworden?

So beschloß die Obrigkeit, daß es am einfachsten ist, General von Seydlitz wegen Kriegsverbrechen vor Gericht zu bringen, zumal ja Gründe dafür vorlagen.

„Ich werde vor Gericht auftreten wie Georgi Dimitroff!"

Der Haftbefehl gegen Walter Alexander von Seydlitz, Kaderoffizier, verheiratet, General der Artillerie, Kommandeur des LI. Armeekorps der ehemaligen Wehrmacht, wurde am 25. März 1950, zehn Tage nach dem Verhör des letzten Zeugen General von Collani, unterzeichnet. Am 4. April wurde dieser Haftbefehl vom Militärstaatsanwalt des Gebiets Moskau, in dem sich das Kriegsgefangenenlager Nr. 27 befand, bestätigt. Von Seydlitz wurde beschuldigt, daß er „. . . als Kommandeur der 12. Infanteriedivision bis Januar 1942, während der Stationierung dieser Division auf dem Territorium der Gebiete

Nowgorod und Pskow, den Einheiten der Division den Befehl erteilt hat:

a) Bei sowjetischen Bürgern Vieh, Lebensmittel, Kleidung und Futtermittel zu konfiszieren;

b) bei den Einheiten der Division sowjetische Zivilisten und Kriegsgefangene für Arbeiten einzusetzen. Sowjetische Bürger und Kriegsgefangene leisteten unter schlechten Bedingungen schwere körperliche Arbeit bei der Instandsetzung von Straßen und Brücken sowie beim Bau von Befestigungsanlagen und wurden von Soldaten und Offizieren geschlagen, die von Seydlitz unterstellt waren.

c) Er organisierte die gewaltsame Deportation von jungen Bürgern aus den Ortschaften, in denen Einheiten der 12. Infanteriedivision stationiert waren, nach Deutschland.

d) Mit seinem Wissen haben seine Unterstellten Verhaftungen und Erschießungen sowjetischer Bürger vorgenommen."

Es steht außer Zweifel, daß derartige Handlungen auf dem okkupierten Territorium der Sowjetunion stattgefunden haben. Darüber haben gefangene deutsche Generale bereits 1943 untereinander gesprochen, das bezeugen auch zahlreiche Protokolle der Außerordentlichen Kommission zur Untersuchung von Greueltaten der Okkupanten. Doch wie wir wissen, haben die zum Fall von Seydlitz befragten Zeugen – die Generale Boekh-Behrens und von Collani, die seine Dienstverwendung gut kannten, weder die Mitwirkung des Generals von Seydlitz an der Deportation von Einwohnern noch seine Verwicklung in Massenerschießungen sowjetischer Bürger bestätigt. Das wurde auch nicht von den Bewohnern des Demjansker und Molwotizker Rayons bestätigt, deren Aussagen sich auf die Jahre 1942 und 1943 bezogen. Aber für die Verhaftung mußte es doch einen gewichtigen Grund geben . . .

Am selben Tag, am 25. März, wurde außerdem der Beschluß gefaßt und bestätigt, Walter Alexander von Seydlitz in Untersuchungshaft zu nehmen, um Verdunklungsgefahr und Gerichtsentzug auszuschließen. Dieser Beschluß wurde allerdings erst am 24. Mai 1950 bestätigt.

Etwa einen Monat später, am 20. April 1950, wurde beschlossen, aus der Untersuchungsakte Unterlagen gesondert zu verwerten:

Ich, Unterleutnant Makienko, stellvertretender Leiter der 2. Abteilung der Operativen Abteilung der Verwaltung des Lagers Nr. 27 des

MWD der UdSSR, habe nach Sichtung der Unterlagen der Untersuchungsakte im Prozeß gegen Friedrich Förtsch, Gerhard Medem und andere nach Art. 1 des Erlasses des Präsidiums des Obersten Sowjets der UdSSR vom 19. April 1943

FESTGESTELLT:

Am 24. vMärz 1950 wurde von der Operativen Abteilung der Verwaltung des Lagers Nr. 27 die Strafsache Nr. . . . gegen eine Gruppe von Generalen der ehemaligen Wehrmacht, u. a. Walter Alexander von Seydlitz, eingeleitet.

Da W. A. Seydlitz bisher noch nicht aus dem Kriegsgefangenenlager in die Haftanstalt überführt wurde, habe ich

BESCHLOSSEN:

Die Unterlagen zu Walter Alexander von Seydlitz sind aus der Untersuchungsakte Nr. . . . für ein gesondertes Verfahren auszusondern.

Am 22. Mai 1950 unterzeichnete der Stellvertreter des Leiters der GUPWI des MWD der UdSSR Generalleutnant Amajak Kobulow eine Weisung:

An den Leiter des MWD-Objekts Nr. „25/W"
Gen. Major Kirillow
Kopie: An den Leiter des MWD-Lagers Nr. 27
Gen. Oberstleutnant Martynow
Überführen Sie zur weiteren Unterbringung im Lager Nr. 27 die Kriegsgefangenen General der ehemaligen Wehrmacht Walter Alexander Seydlitz und Unteroffizier Bruno Wilhelm Müller.
Gen. Martynow nimmt diese Kriegsgefangenen in Empfang und bringt sie gemäß den ihm erteilten Weisungen unter . . .

Am 23. Mai 1950 wurde General von Seydlitz aus dem Lager Nr. 27 in das Butyrika-Gefängnis gebracht. Der ihn begleitende Offizier wies an, den Verhafteten in die Zelle 220 einzuweisen, wobei er den Namen des dort bereits einsitzenden Mitgefangenen, eines Deutschen, nannte. Bruno Müller, die Ordonnanz, blieb im Lager.

Am nächsten Tag informierte der Zellengenosse über sein Gespräch mit Seydlitz:

Heute, am 24. Mai, gegen 4 Uhr in der Frühe, wurde Seydlitz in die Zelle gebracht. Als er die Zelle betrat, bot ich ihm an, beim Beziehen des Betts zu helfen. Als Antwort gab mir Seydlitz die Hand und sagte: Ich heiße Seydlitz. Etwas später fragte ich ihn, ob er ein Verwandter des Generals von Seydlitz sei. Er antwortete: Ich bin dieser Seydlitz. Sie wundern sich wahrscheinlich, daß ich hierher geraten bin. Ich bin selbst sehr verwundert. Am Abend des 23. Mai kamen drei Wagen zu der Datscha, in der ich mich befand, um mich nach Moskau zu bringen. Auf der Datscha wurde mir gesagt, daß ich zur Wohnung von General Kobulow fahren werde. Doch als ich hier ankam, wußte ich sofort, was das bedeutet. Ich wurde abends von der Datscha abgeholt, weil Paulus an diesem Tag zu Gesprächen in Moskau war und ich mich so nicht von Paulus verabschieden konnte.

Seydlitz ist zu 90 Prozent sicher, daß Paulus in die Heimat repatriiert wird, und begründet seine Annahme folgendermaßen: Vor einigen Tagen forderte Oberstleutnant Gargadse Paulus auf, eine Erklärung zur Repatriierung der Kriegsgefangenen zu verfassen, was Paulus auch tat. Doch man bat ihn, noch einige ideologisch motivierte Sätze hinzuzufügen.

Obwohl Seydlitz mit dem Inhalt einverstanden war, sagte er zu Paulus, daß der Wortlaut der Sätze verbessert werden muß, schließlich sei der Stil von Paulus allgemein bekannt. So wie die Sätze formuliert sind, hätten sie von Molotow oder Wyschinski stammen können.

Seydlitz erzählt, daß er und Paulus aufgefordert wurden, ihre Frauen in die sowjetische Besatzungszone übersiedeln zu lassen. Die Frau von Seydlitz hatte dieses Ansinnen bereits kategorisch abgelehnt, als er ihr von sich aus diesen Vorschlag machte. Er selbst wäre ja bereit, in die sowjetische Besatzungszone zurückzukehren. Er sei zwar kein Kommunist, aber überzeugter Sozialist. Zu dieser Überzeugung sei er in der Gefangenschaft gekommen, in der er Bücher gelesen und an sich gearbeitet hat. Er sei ehrlich bemüht gewesen, über das Nationalkomitee die Deutschen progressiv zu beeinflussen. Bereits in Stalingrad sei er zu einem Gegner Hitlers geworden, als er sah, wie dieser nicht nur die 6. Armee, sondern das ganze deutsche Volk opferte.

Seydlitz sei Soldat und kein Diplomat, deshalb sage er offen seine Meinung über die Sowjetunion und die Deutsche Demokratische Republik, mit deren Gründung er zu 90 Prozent einverstanden sei.

Über seine derzeitige Lage sagte Seydlitz:

Für meine ganze politische Tätigkeit in der Gefangenschaft wird mir jetzt der Dank des „Hauses Romanow" zuteil. Doch ich weiß nicht, was man mir vorwerfen kann. Möglicherweise wurden einzelne meiner Äußerungen weitergegeben. Ich habe häufig mit General Vinzenz Müller gestritten. Er ist ein beharrlicher Mensch, der mich oft zu Handlungen veranlaßte, die ich gar nicht beabsichtigt habe. Kurz gesagt, wir gehören zu der Zahl ehemaliger Kriegsgefangener, gegen die, wie es in der Meldung vom Mai heißt, ein Ermittlungsverfahren durchgeführt wird. Als Seydlitz die Zelle betrat, war er sehr erregt. Nachdem wir uns miteinander bekannt gemacht hatten, sagte er, daß er froh ist, einen Zellengenossen zu haben. Er meinte, daß es schrecklich wäre, allein in diesem Grab zu sitzen. Dann sagte er, daß man ihm alle Gegenstände aus Metall abgenommen hat, weil man offensichtlich befürchtet, er könne sich das Leben nehmen. Wenn er wirklich diese Absicht hat, dann könne er sein Brillenetui oder den Blechnapf benutzen. Noch habe Seydlitz diese Absicht nicht. Da er nicht weiß, was mit ihm weiter geschieht, wird er abwarten und dann die entsprechende Entscheidung treffen . . .

Als Amajak Kobulow am 27. Mai diese Information las, achtete er besonders auf die Aussage des Generals, in der sowjetischen Zone leben zu wollen, sowie auf seine Worte über einen möglichen Selbstmord.

Am 6. Juni bat Kobulow den Leiter des Butyrka–Gefängnisses der MGB der UdSSR Oberst Schoschkin in einem Schreiben, alle notwendigen Maßnahmen zu treffen, um einen möglichen Selbstmord des Generals von Seydlitz zu verhindern.

Den Beschluß zur Übernahme des Verfahrens gegen General von Seydlitz unterzeichnete der Untersuchungsführer Kirjakow am 24. Mai 1950. An diesem Tag wurde Seydlitz auch das erste Mal verhört.

Der Untersuchungsführer fragte nach der Dienstlaufbahn des Generals, in welchen Verbänden er gegen die Sowjetunion gekämpft hat, in welchen Rayons und Gebieten des zeitweilig okkupierten Territoriums diese Verbände disloziert waren und nach den jeweiligen Kommandeuren. Von Seydlitz beantwortete alle Fragen ausführlich.

Das nächste Verhör fand am 25. Mai statt. Nachdem das Unterstellungsverhältnis und die Dislozierung der 12. Infanteriedivision präzisiert worden waren, fragte der Untersuchungsführer:

FRAGE: Hat Ihre Division auf dem zeitweilig okkupierten Territorium der UdSSR in Verletzung der Regeln und Gebräuche der Kriegführung Kriegsverbrechen begangen?

ANTWORT: Ich erinnere mich nicht, daß die 12. Infanteriedivision in Verletzung der Regeln und Gebräuche der Kriegführung irgendwelche Verbrechen begangen hat.

FRAGE: Sie haben Kenntnis von den Aussagen des Kompaniechefs der 2. Kompanie des 27. Infanterieregiments der 12. Infanteriedivision Oberleutnant Lemm (später Oberstleutnant – L. R.), daß auf Ihren Befehl und auf Befehl des Leiters der Abteilung 1a der 12. Infanteriedivision Generalmajor Collani im Winter 1941 auf dem Territorium des Molwotizker Rayons, Gebiet Nowgorod, bei der sowjetischen Zivilbevölkerung Futtermittel und Schlitten requiriert und Zivilisten zur Räumung der Straße von Schnee eingesetzt wurden. Wir fordern Sie auf, diese Frage wahrheitsgemäß zu beantworten.

ANTWORT: Die Aussagen von Oberleutnant Lemm wurden mir vorgelesen und ich habe sie verstanden. Ich bestätige sie und möchte dazu folgendes sagen: Als sich die 12. Division auf dem Territorium der Gebiete Nowgorod und Pskow befand, habe ich auf der Grundlage der Befehle des II. Armeekorps und des Stabs der 16. Armee die Befehle auf Divisionsebene erteilt . . . Entsprechend diesen Befehlen haben die mir unterstellten Soldaten Lebensmittel, Futtermittel und Schlitten bei sowjetischen Zivilisten beschlagnahmt. Das Ausmaß der Requirierung kann ich nicht angeben, aber es geschah ohne Berücksichtigung des Mindestbedarfs für die Ernährung und die Weiterführung der Wirtschaft, was wahrscheinlich zu Hunger und zur Ruinierung der Landwirtschaft führte. Es fand auch eine Evakuierung statt, doch dabei handelte es sich um eine Umsiedlung. In den Dörfern, in denen die Unterkünfte für die Soldaten nicht reichten, wurden Bewohner aus- und in andere Dörfer umgesiedelt. In ihre Häuser wurden Soldaten der 12. Infanteriedivision einquartiert. Zivilbevölkerung und Kriegsgefangene wurden in der Tat zu verschiedenen Arbeiten für die Wehrmacht, unter anderem für die Schneeberäumung der Straßen, eingesetzt.

FRAGE: Unter welchen Bedingungen mußten die sowjetischen Bürger und Kriegsgefangenen arbeiten?

ANTWORT: Das kann ich nicht sagen, ich habe nicht gesehen, wie die sowjetischen Bürger und Kriegsgefangenen gearbeitet haben. Deshalb weiß ich nicht, wie die Bedingungen waren.

FRAGE: Ihnen wurden die Aussagen des Leiters der Abteilung 1a des Stabs der 12. Infanteriedivision vom 14. März 1950 vorgelesen . . . Bestätigen Sie die Aussagen Collanis?

ANTWORT: Die Aussagen Collanis wurden mir vorgelesen. Ich

habe sie verstanden, kann sie aber nicht bestätigen. Ich habe keine Befehle über den Einsatz von sowjetischen Bürgern und Kriegsgefangenen für Arbeiten unter unmenschlichen Bedingungen erteilt, und mir ist auch nichts darüber bekannt.

FRAGE: Ihnen wurden die Aussagen des ehemaligen Leiters der Abteilung 1a und dann Stabschefs der ehemaligen 16. Armee Generalleutnant Boekh-Behrens vom 13. März 1950 vorgelesen . . . Bestätigen Sie diese?

ANTWORT: Mir sind die Aussagen von Boekh-Behrens vorgelesen worden und ich habe sie verstanden. In Bestätigung dieser Aussagen erkläre ich folgendes: Als Teilnehmer des Aggressionskriegs Deutschlands gegen die UdSSR bin ich schuldig, daß durch meine Befehle meinen Unterstellten erlaubt wurde, Lebens- und Futtermittel bei der sowjetischen Zivilbevölkerung zu beschlagnahmen, Zivilisten und Kriegsgefangene für Arbeiten für die Wehrmacht einzusetzen und Zivilbevölkerung aus ihren Häusern zu exmittieren. Alles das war ein Verstoß gegen die üblichen Regeln und Gebräuche der Kriegführung . . .

General von Seydlitz bestätigte auch die in dem Protokoll der Staatlichen Außerordentlichen Kommission für den Polawsker Rayon des Gebiets Nowgorod vom 18. Oktober 1944 aufgeführten Fakten, allerdings mit der Einschränkung, daß sich seine Verantwortung für verbrecherische Handlungen nur auf den Zeitraum September bis 31. Dezember 1941 bezieht. Er habe allerdings auch damals nicht erlaubt, sowjetische Bürger zu erschießen oder zu schlagen, doch es sei durchaus möglich, daß Angehörige der Division derartige Taten begangen haben. Zum Zeitpunkt März bis Mai 1942 sagte von Seydlitz, daß er sich in dieser Zeit mit rein operativen Aufgaben zur Herausführung des II. Armeekorps aus der Umzingelung beschäftigt und keine verbrecherischen Befehle erlassen habe.

Am 30. Mai 1950 informierte der Zellengenosse des Generals von Seydlitz:

In den letzten Tagen ist Seydlitz sehr niedergedrückt und deprimiert. Er denkt offensichtlich über vieles nach und ist äußerst besorgt. Direkte Selbstmordgedanken hat er zwar nicht geäußert, aber angedeutet, daß er die Brillengläser zerschlagen und sich damit die Pulsader aufschneiden kann.

Die halbdunkle Zelle geht ihm aufs Gemüt, er leidet eindeutig darunter. Seiner Meinung nach zeugt die Tatsache, daß er in diese Zelle

272

gesperrt wurde, von besonders strengen Haftbedingungen für ihn. Er meinte, wenn man ihn jetzt fragen würde, wie es ihm geht, würde er antworten: Hängt mich lieber gleich auf, als mich lange zu quälen.

Der Posten hat ihm verboten, während des Freigangs gymnastische Übungen zu machen, was er ebenfalls als Beweis für verschärfte Haftbedingungen wertet.

Er kann kaum essen und ißt häufig nur zur Hälfte auf. Da das Brot in dieser Zelle schnell schimmelt, egal ob es nun im Nachtschrank oder auf dem Fensterbrett liegt, kann Seydlitz wegen Magen- und Darmbeschwerden, von denen der Arzt weiß, kein Brot essen. Häufig klagt er: Was wird man jetzt, nachdem die Repatriierung abgeschlossen ist und ich nicht nach Hause gekommen bin, wohl sagen? Die Reaktionäre werden sagen: Der Verräter hat schließlich bekommen, was er verdient hat. Die Führung der Deutschen Demokratischen Republik – wie Pieck, Ulbricht und auch Vinzenz Müller – werden wahrscheinlich äußern, daß die Russen diesen Trotzkisten in den Reihen des Nationalkomitees entlarvt haben. Alle haben sich von mir abgewendet, obwohl Hitler mich zum Tode verurteilt und meine Familie ins Gefängnis gebracht hat.

Seydlitz wurde zweimal verhört. Er sagt, daß von seinen Handlungen im Raum der Waldaihöhen im Winter 1941/42 die Rede war. Ihm wurden die Aussagen des Generals von Lützow und anderer sowie auch Untersuchungsergebnisse der Staatlichen Sowjetischen Kommission vorgelesen. Es ging um den Arbeitseinsatz von Kriegsgefangenen, die Requirierung von Lebensmitteln und Bekleidung bei der Bevölkerung und Evakuierungsbefehle.

Er sei aufgefordert worden, sich an einzelne Vorfälle zu erinnern Inzwischen sind viele Jahre vergangen, da fällt ihm die Erinnerung schwer. Er erinnert sich gegenwärtig nur an einen Vorfall, bei dem das Kriegsgericht einen Bürger zum Tode verurteilt hat, weil dieser in der Wohnung einen Soldaten ermordet hatte. Soweit er sich erinnert, hat er dieses Gerichtsurteil bestätigt. An andere Fälle erinnert er sich gegenwärtig nicht. Wenn es um Stalingrad geht, dann müssen auch Paulus und der ehemalige Divisionskommandeur Müller zur Verantwortung gezogen werden. Zu Paulus ergänzte er: Möglicherweise hat man die Erklärung von Paulus zur Repatriierung als zusätzlichen Beweis seiner hundertprozentigen Loyalität gebraucht und wollte sie gar nicht veröffentlichen. Wenn Paulus in die DDR zurückkehrt, dann wird er dort das gleiche tun, was ich im Fall meiner Repatriierung tun würde, was ich ihm, als ich ihn für das Nationalkomitee warb, beigebracht habe – sich für die Freundschaft mit der Sowjetunion und die Sache des Friedens einzusetzen.

Seydlitz spricht häufig und leidenschaftlich über Politik, besonders wenn von Hitler und dessen Gesinnungsgenossen die Rede ist. Er tritt als Antifaschist auf, begrüßt die Gründung der DDR und spricht von Pieck, Ulbricht und den ehemaligen deutschen Emigranten, die er persönlich kennt, mit aufrichtiger Hochachtung. Er gesteht ein, daß er noch kein Anhänger der kommunistischen Weltanschauung ist, sagt aber, daß er die Grundlagen des dialektischen Materialismus und des Marxismus–Leninismus zumindest theoretisch beherrscht. Es ist zu spüren, daß er als Adliger noch nicht ganz frei von den Vorurteilen seiner Klasse ist. So denkt er, daß man ihm jetzt auch seine damalige Weigerung ankreiden wird, mit Bammler und Paulus ein Glückwunschschreiben an Generalissimus Stalin anläßlich seines 70. Geburtstages zu unterschreiben. Er habe allein aus der Befürchtung heraus gehandelt, seine Familie könnte im Fall einer Bekanntgabe erneut Verfolgungen, diesmal allerdings durch die Engländer oder Amerikaner ausgesetzt sein. Seydlitz sagt ständig, daß ihm schon so viel versprochen wurde, u. a. auch die Rückkehr, daß er nichts mehr glaubt. Erst jetzt habe er begriffen, warum er, im Gegensatz zu Paulus, Bammler und drei Soldaten, seit Dezember keine Post mehr erhalten hat. Nun versteht er, warum General Kobulow während seiner Besuche ihm gegenüber so kurz angebunden war usw. Von dem Oberleutnant, der ihn verhörte, hat er erfahren, daß er in die Haftanstalt des Lagers Nr. 27 verlegt wird, wo sich schon seine persönlichen Sachen befinden, wie aus der Empfangsbestätigung hervorgeht. Seydlitz äußerte dazu: Wenn ich wirklich dorthin zu den anderen Generalen komme, dann werden sie mich mit den Worten empfangen: Endlich ist Seydlitz, dieses Schwein, auch hier!

Das nächste Verhör des Generals von Seydlitz fand am 1. Juni 1950 statt. Er legte seinen Lebenslauf dar und zählte seine Auszeichnungen auf: Das „Eiserne Kreuz" 1. und 2. Klasse, das „Hohenzollernkreuz", Spangen zum „Eisernen Kreuz" 1. und 2. Klasse, das „Ritterkreuz", „Eichenlaub" zum „Ritterkreuz" und die „Ostmedaille". Nachdem der Zeitraum präzisiert worden war, in dem die 12. Infanteriedivision im okkupierten Territorium unter dem Kommando von General von Seydlitz stand, wurde er befragt:

Vernehmungsprotokoll

des Kriegsgefangenen Generals der Artillerie
der ehem. deutschen Wehrmacht

Seydlitz Walter Alexander, 1888,
geboren in Hamburg, deutscher,
deutscher Staatsbürger, verheiratet, Mittelschulbildung keiner
Partei angehört, aktiver Offizier
General der Artillerie, zuletzt kommandierende General des 57
Armeekorps der ehem. deutschen
Wehrmacht

vom 1 Juni 1950

Vernommen in deutscher Sprache. Die Dolmetscherin Leutnant Sergejewa ist vor der Verantwortung für falsche Übersetzung nach dem
§ 95 des Gesetzbuches der RSFSR verwarnt worden.

Frage: Erzählen Sie kurz Ihr Lebenslauf?

Antwort: Ich bin 1888 in Hamburg als Sohn des
aktiven Offiziers Seydlitz Alexander
geboren. 1908 habe ich in Lauenburg
Pommern das humanistische Gymnasium
beendet. Anschließend bin ich als
20. jähriger Junge freiwillig in die
deutsche Armee eingetreten und zwar
als Fahnenjunker in das 2. Westpreußische

haben nicht immer unsere Befehle ausgeführt, darum fanden Mißhandlungen und vielleicht auch Erschießungen statt. Darum ist in der Akte richtig festgestellt daß auch ich die Verantwortung für die im Polawskij Kreis verübten Verbrechen trage. Weil ich aber in diesem Kreis in der Zeit vom Oktober bis 31. Dezember 1941 eingesetzt war, halte ich mich für verantwortlich für die Verbrechen, die nur in diesem Zeitabschnitt begangen wurden.

Das Protokoll ist nach meinen Aussagen richtig aufgenommen.

Walter v. Seydlitz

Übersetzt - von der Dolmetscherin des Lagers
                        Leutnant Sergejewa
Vernommen - vom Oberleutnant   /Kirjakow/

Переведена на немецкий язык
переводчик лагеря 27 МВД ссс
        лейтенант СД /Сергеева/

276

FRAGE: Hier ist eine Karte des Gebiets Nowgorod. Zeigen Sie darauf ausführlich, in welchen Ortschaften und wie lange der Stab der 12. Infanteriedivision dort stationiert war.

ANTWORT: Wie ich auf dieser Karte sehe, war die 12. Infanteriedivision im Molwotizker, Polawsker und Demjansker Rayon disloziert. Der Divisionsstaab befand sich im September 1941 in Demjansk, von Oktober bis November 1941 im Dorf Kurgan und von Ende November bis zum 31. Dezember 1941 im Dorf Podgorje, wo ich auf Anforderung des Hauptquartiers des Oberkommandos der Wehrmacht die Division verließ . . .

Nachdem von Seydlitz geantwortet hatte, daß ihm keine Fälle von Verstößen der 12. Infanteriedivision gegen die Regeln und Gebräuche der Kriegführung bekannt sind, bekundete er die Absicht, wahrheitsgetreue Aussagen zu machen, und bestätigte ein weiteres Mal die dem Leser bereits bekannte Aussage des Generals von Collani (ausgenommen die Deportation der Bevölkerung nach Deutschland), die Aussagen von Jakow Iwanow, Iwan Alexejew und Akulina Petrowa sowie das Protokoll der Außerordentlichen Staatlichen Kommission des Polawsker Rayons vom 18. Oktober 1944.

Von Seydlitz weigerte sich allerdings, die Aussagen von Michail Iljin zu bestätigen.

FRAGE: Weshalb haben Soldaten Ihrer Division im September 1941 den Bewohner des Dorfs Pupowo Michail Dmitrijewitsch Stepanow verhaftet und warum wurde er im Dorf Molwotiza erhängt?

ANTWORT: Mir ist kein einziger Fall bekannt, daß in den Dörfern Pupowa und Molwotiza sowjetische Bürger hingerichtet wurden.

FRAGE: Sie werden erneut aufgefordert, wahrheitsgemäße Aussagen zu machen. Hier sind die Aussagen des sowjetischen Bürgers Michail Iljin vom 20. September 1949 . . .

Machen Sie wahrheitsgemäße Aussagen zur Erschießung und Hinrichtung sowjetischer Bürger durch Angehörige Ihrer Division.

ANTWORT: Obwohl meine Division im September bis Anfang Oktober 1941 in den Dörfern Pupowo und Molwotiza stationiert war, ist mir nichts von der Verhaftung und Hinrichtung von M. D. Stepanow bekannt. Deshalb kann ich die Aussagen Iljins nicht bestätigen. Ich möchte hier aussagen, daß im Rayon Demjansk, in welchem Dorf kann ich nicht mehr sagen, ein 15–16jähriger Junge vom Divisionsgericht zum Tode durch Erschießen verurteilt wurde, weil er einen deutschen Soldaten ermordet hat. Ich habe das Urteil des Divisionsgerichts bestätigt . . .

Bei seinen Aussagen in diesem Verhör bezog sich von Seydlitz sogar auf einen Befehl, den er aus dem Stab der 16. Armee vom Kommandeur der 6. Armee Feldmarschall Reichenau erhalten hatte, der die Russen als niedere Rasse bezeichnete, mit der besonders hart umgegangen werden muß. Allen Divisionskommandeuren der 16. Armee war empfohlen worden, der Zivilbevölkerung und den Kriegsgefangenen gegenüber die im Befehl Reichenaus angeführten Maßnahmen anzuwenden.

Auf der Grundlage der Befehle des Stabs des II. Korps und des Stabs der 16. Armee wurden die entsprechenden Befehle auf Divisionsebene erlassen: Zur Requirierung von Lebensmitteln bei Zivilisten, zur Zwangsarbeit von Zivilisten und Kriegsgefangenen für die Wehrmacht und Umsiedlung von Zivilisten aus Häusern, in denen die Division Quartier bezog.

Vielleicht war das auch ein Versuch, eine Verbindung zwischen Reichenau und Paulus herzustellen, der Reichenau als Kommandierender General der 6. Armee ablöste, und dessen Beteiligung an Kriegsverbrechen nachzuweisen . . .

In der nächsten Information des Zellengenossen von General von Seydlitz vom 2. Juni 1950 heißt es:

Die Stimmung des Generals hat sich nicht verändert. Der Schock, unter dem er in den ersten Tagen stand, ist vergangen, er hat sich unter Kontrolle. Er ist abgemagert, seine Sachen sind ihm zu weit geworden. Seine Gesundheit ist zweifellos nicht die beste, während sein Allgemeinbefinden Schwankungen unterliegt. Mal ist er frohgemut und rüstig, dann wieder hat er keinen Appetit, klagt über Magenschmerzen usw.

Selbstmordgedanken äußert er nicht mehr. Als man ihm das erste Mal abends die Brille weggenommen hat, erklärte er, daß das eine Vorsichtsmaßnahme sei. Aber noch will er leben, Schluß machen könne er jederzeit. Seydlitz will beim Verhör sagen, daß er keine Angst vor dem Tod hat. Man soll ihn lieber erschießen, als jahrelang quälen.

Gegenwärtig interessiert ihn folgendes: Warum traut man ihm nicht, was sind das für Gründe, die man ihm verschweigt? Warum jetzt dieses Mißtrauen, während er früher im Nationalkomitee gearbeitet hat? Weil er *von* Seydlitz ist? Man hat ihn doch früher auch mit von angesprochen. Er betont ständig, daß er den hier erworbenen Überzeugungen treu bleiben wird und nichts mit den gegen ihn erhobenen Anschuldigungen, die ihn so erschüttert haben, zu tun hat. Er verurteilt die Politik der Engländer und Amerikaner in Deutschland und in Europa und sieht in einem künftigen Krieg den endgültigen Untergang Deutschlands. Er ist bereit, das in Deutschland offen zu erklären. Seydlitz sagt, daß er aus freien Stücken und gern in die Ostzone zurückkehren und stets zur Verfügung stehen wird. Natürlich werde kein großer Politiker aus ihm, dafür sei er zu alt. Im Grunde möchte er noch einige Jahre in Ruhe und Frieden mit seiner Familie leben.

Seydlitz schloß aus den vergangenen Verhören, daß der Anklage seine Tätigkeit als Kommandeur im Winter 1941/42 zugrunde gelegt wird. In dieser Hinsicht habe er keinerlei Schuld auf sich geladen. Bei ihm habe es keinerlei Eigentumsdelikte und Requirierungen gegeben, er habe nicht befohlen, die Kriegsgefangenen brutal zu behandeln oder zu erschießen. Es habe lediglich einen Fall gegeben, in dem das Kriegsgericht einen 15jährigen Jungen verurteilt hat.

Doch während der Offensive habe er in Alexandrino mehrere hundert tote Litauer gesehen, die beim Rückzug von russischen Truppen erschossen wurden. Davon habe er Oberst Stern (gemeint ist der Mitarbeiter der GUPWI – L. P.) erzählt. Wenn man ihm jetzt seine Handlungen in Rußland anlastet, dann gehörten alle Generale auf die Anklagebank, auch jene, die bereits nach Deutschland zurückgekehrt sind.

Er nimmt an, daß Paulus nicht repatriiert ist, und sagt, daß er nicht weiß, was er davon halten soll. Wenn Paulus nicht repatriiert wird, meint Seydlitz, dann wird die ganze Welt nach ihm fragen, so wie sie heute nach Seydlitz fragt. Wenn er aber repatriiert ist, dann hat man offensichtlich vergessen, daß er während seiner Tätigkeit bei Halder an der Ausarbeitung des Plans „Barbarossa" beteiligt war.

Seydlitz verwies noch auf ein Flugblatt, das er von den Russen erhalten hat und das sich noch in seinem Koffer befindet. Die Russen haben dieses Flugblatt während des Kriegs abgeworfen. Darin ist von zwei Generalen die Rede – Seydlitz und Eicke. Über Seydlitz heißt es: Tausende deutscher Mütter sind General Seydlitz dankbar, der durch seine humane Führung ihren Söhnen das Leben rettete. Auf der anderen Seite war die blutige Hand Eickes zu sehen, der am Tod zahlreicher seiner Soldaten schuld ist.

Beim Verhör hat Seydlitz erfahren, daß er aufgrund von Artikel 1 inhaftiert und angeklagt ist. Er kennt den Inhalt dieses Artikels nicht und will beim nächsten Verhör danach fragen. Er hofft, die sowjetischen Offiziere zu treffen und mit ihnen sprechen zu können, die ihn aus der politischen Arbeit kennen.

Die nächste Information aus der Zelle Nr. 220 stammt vom 13. Juni 1950:

Seydlitz ist ruhiger geworden, seine Stimmung hat sich gebessert. Er sagt, daß er nach den Verhören eine annähernde Vorstellung hat, was ihn erwartet. Wenn zu den erhobenen Beschuldigungen nichts mehr hinzukommt, dann ist er einer der am wenigsten belasteten Generale. Für die Handlungen seiner Division bis zum 31. Dezember muß er sich zweifellos verantworten. Doch diese Beschuldigungen seien im Vergleich zu allen späteren Ereignissen des Kriegs ziemlich unbedeutend, wenn er nach der Haager Konvention verurteilt wird. Er muß sich in sein Schicksal fügen, auch wenn der Artikel 1, wie ihm der Oberleutnant gesagt hat, Freiheitsentzug zwischen zwei und 25 Jahren zuläßt.

Seydlitz klagt die ganze Zeit über seinen schlechten Gesundheitszustand.

Er sagt, daß er nun versteht, zu welchem Zweck beim dritten Verhör die beiden ersten Protokolle zusammengefaßt wurden. Man wollte die Ereignisse bei Stalingrad ausklammern. Stalingrad würde eine Anklage vor allem für Paulus und die anderen bedeuten, die bereits repatriiert sind. Da Seydlitz der Meinung ist, daß die russische Seite ihm keinerlei Vertrauen entgegenbringt, wird er sich in der Gefangenschaft nicht mehr politisch engagieren und keine einzige politische Erklärung mehr abgeben. General Kobulow hätte seinerzeit zu Seydlitz gesagt, daß denjenigen, die im Nationalkomitee arbeiten, Kriegsverbrechen vergeben werden, wenn sie nicht schwerwiegend sind.

Als es Seydlitz gelungen war, die Unterschriften der fünfzig Generale, darunter auch die von Paulus zu erhalten, haben ihn die Generale Petrow und Melinkow umarmt und nach russischem Brauch geküßt. War das nun ein echter Bruderkuß oder nur ein Schein?

In letzter Zeit war Seydlitz bemüht, den Insassen der Nachbarzellen seinen Namen mitzuteilen. Das ging wie folgt vor sich: Der Insasse der Nachbarzelle sagte, als er von der Toilette zurückkam, laut im Korridor: Die 19. und die 20. Zelle sollen ihre Namen nennen. Am vergangenen Sonnabend sagte Seydlitz laut auf dem Rückweg von der Toilette: Zelle 20, Seydlitz . . .

280

Als Kobulow diese Information las, sah er in drei Punkten Handlungsbedarf – die Nichtigkeit der Anklage gegen Seydlitz, die Seydlitz zuteil gewordene Umarmung durch die Leiter der UPWI General Petrow und General Melnikow und seine Verbindungsaufnahme zu anderen Zellen in der Haftanstalt. Der Leiter des Gefängnisses wurde angewiesen, derartige Vorfälle zu verhindern.

Der 6. und der 8. Juni brachten wichtige Ereignisse. Am 6. Juni wurde von Seydlitz vom persönlichen Mitarbeiter des Militärstaatsanwalts des Gebiets Moskau Oberst der Justiz Gawrilow verhört. Er erklärte von Seydlitz, daß gegen ihn Anklage wegen Verbrechen, die unter Artikel 1 des Erlasses des Präsidiums des Obersten Sowjets der UdSSR vom 19. April 1943 fallen, erhoben wird, und fragte ihn, ob er sich schuldig bekennt.

In der Antwort erklärte von Seydlitz, daß ihm das Wesen der Anklage erklärt wurde und verständlich ist, und er, von Seydlitz, sich in vollem Umfang schuldig bekennt. Seydlitz bestätigte außerdem die Aussagen der Zeuginnen Matwejewa und Fjodorowa, die im Protokoll der Außerordentlichen Kommission für den Rayon Demjansk, Gebiet Nowgorod, vom 11. April 1945 angeführten Fakten und seine Aussagen vom 1. Juni 1950.

Am gleichen Tag unterschrieb von Seydlitz den ihm von Oberst Gawrilow vorgelegten Beschluß über Anklageerhebung. Anklage wurde wegen folgender verbrecherischer Befehle erhoben:

1. Zur Requirierung von Lebensmitteln, Vieh und Futtermitteln bei der Zivilbevölkerung, was zu Hunger unter der sowjetischen Bevölkerung und zur Ruinierung der Landwirtschaft führte.

Auf seine Befehle hin wurde Zivilisten auch ihr persönliches Eigentum weggenommen. Zivilisten, die sich weigerten, den Requirierungsbefehlen nachzukommen, wurden geschlagen.

2. Zum Abriß von Wohnhäusern und gesellschaftlichen Bauten, um Baumaterial für Befestigungsanlagen zu gewinnen.

3. Zwangsweiser Einsatz von Zivilisten und Kriegsgefangenen in der Zone der Kampfhandlungen zu schweren Arbeiten für die Wehrmacht. Dabei wurden Zivilisten von Soldaten der 12. Infanteriedivision geschlagen.

4. Im Herbst und Winter 1941 wurden auf seinen Befehl Zivilisten aus ihren Häusern vertrieben. In den Häusern wurden Soldaten einquartiert.

5. Im Oktober 1941 wurde im Demjansker Rayon auf seinen Be-

fehl ein fünfzehn- bis sechzehnjähriger Junge wegen Widerstands gegen die Wehrmacht erschossen.

Bei einem Vergleich der Abfassung der Anklage mit den Aussagen der Zeugen – Deutscher und Russen – und des Generals selbst ist festzustellen, daß die Anklage beträchtlich verschärft wurde.

Zweifellos ist die Hinrichtung von Zivilisten ein abscheuliches Kriegsverbrechen, um so mehr, wenn es sich um Kinder handelt. Doch es fällt auf, mit welcher Bereitwilligkeit man bei der Ermittlung vom Vorfall der Erhängung des Jungen Michail Stepanow abließ und die Erschießung eines unbekannten fünfzehn- bis sechzehnjährigen Jungen aufgriff. Diesen Vorfall hatte General von Seydlitz selbst erwähnt und keineswegs den Hinrichtungsbefehl, sondern lediglich die Bestätigung des Urteils des Divisionsgerichts bezeugt. Es ist durchaus möglich, daß eine sorgfältige Untersuchung dieses schrecklichen Ereignisses die Schuld des Angeklagten noch verschärft hätte, doch niemand hat weiter ermittelt. Auch das Schicksal von Michail Stepanow wurde nicht aufgeklärt.

In der Anklage hieß es, daß Zivilisten im Winter auf die Straße gesetzt wurden. Das ist zweifellos eine Greueltat. Doch Zeugen sagten etwas anderes aus, nämlich daß mehrere Familien in einem Haus zusammengepfercht und in den geräumten Häusern deutsche Soldaten einquartiert wurden. Es gab auch noch andere Widersprüche.

Aber niemand wollte sich mit diesen Nebensächlichkeiten beschäftigen.

Am 8. Juni 1950 unterschrieb Oberst Gawrilow das Abschlußprotokoll der Ermittlung:

Ich, persönlicher Mitarbeiter des Militärstaatsanwalts des Gebiets Moskau Oberst der Justiz Gawrilow, habe das Ermittlungsverfahren Nr. . . . gegen Walter Alexander Seydlitz wegen Verbrechen nach Artikel 1 des Erlasses des Präsidiums des Obersten Sowjets der UdSSR vom 19. April 1943 geprüft. Ich erachte die Voruntersuchung im Fall für abgeschlossen und die gewonnenen Angaben für ausreichend, um an das Gericht weitergeleitet zu werden. Gemäß Artikel 206 des StGB der RSFSR habe ich den Beschuldigten darüber informiert, ihm alle Anklagepunkte des Verfahrens zur Kenntnis gegeben und gefragt, ob er noch etwas zum Ermittlungsverfahren ergänzen möchte.

Der Beschuldigte Walter Alexander von Seydlitz erklärte nach Kenntnisgabe der Ermittlungsunterlagen, daß er nichts zu ergänzen wünscht und keine Einwände gegen das Ermittlungsverfahren erhebt . . .

Dieser Beschluß wurde auch vom Beschuldigten Walter von Seydlitz unterschrieben.

Am 20. Juni 1950 traf aus der Zelle 220 die nächste Information ein:

Der Gesundheitszustand des Generals ist gegenwärtig als gut zu bezeichnen. Er klagt über keinerlei Beschwerden. Er wurde mehrmals von Ärzten untersucht, doch eine Sonderbehandlung wurde nicht verordnet.

Die Diensthabenden beanstandeten wiederholt, daß er den ganzen Tag auf der Pritsche liegt. Dann kam ein Oberleutnant und erklärte, daß er in die Arrestzelle kommt. Seydlitz war darüber sehr empört. Gestern wurde er tagsüber für kurze Zeit irgendwohin gebracht.

Nachts schläft Seydlitz sehr wenig. Ich habe ihn daraufhin schon angesprochen. Seydlitz antwortete: Wenn es still ist, denke ich nach. Der Diensthabende hat das bereits mehrfach beanstandet und Seydlitz deshalb zur Ordnung gerufen.

Seydlitz hat mir wiederholt erklärt, daß er hier in der Zelle zur Vernunft gekommen sei. Er sagte diesbezüglich: Der Weg, den ich gegangen bin, war nicht richtig. Als Anhänger des großen Philosophen Kant, mit dem ich seelenverwandt war, vertrete ich heute die Ansicht, daß die idealistische Theorie auch unvollkommen ist. Ich möchte eine Theorie proklamieren, die Marxismus und Idealismus verbindet. Das habe ich an meinem Geburtstag im August 1949 auch getan.

Zum bevorstehenden Prozeß sagte er: Jetzt bin ich ruhig und sammle Kraft. Beim Prozeß werde ich die Wahrheit verkünden – die Wahrheit nach Auffassung der Deutschen. Ich werde vor Gericht wie Dimitroff auftreten.

Er hofft, daß man ihm erlauben wird, wie Dimitroff vor Gericht eine Rede zu halten. Er möchte vor Gericht auch etwas sagen, was zum Zusammenschluß der Menschen der ganzen Welt beitragen kann. Doch den Schlüssel zu dieser Welt hat Stalin.

Als ich Seydlitz fragte, ob er das ernst meint, antwortete er: Ich weiß, was ich sage. Ich bin völlig normal.

Mich nennt er plötzlich nicht mehr Hans, sondern Johannes: Das ist der Name der Freiheit, und er wird uns in die Freiheit führen.

Dabei funkeln und weiten sich seine Augen und er starrt mich unverwandt an. Seydlitz hat mir erzählt, daß seine Mutter im hohen Alter in einer Nervenanstalt war. Seinen Schilderungen nach litt sie unter schweren Nervenanfällen . . .

Nachdem Kobulow diese Information, in der er vor allem dem Wunsch des Generals, vor Gericht wie Georgi Dimitroff aufzutreten, besondere Beachtung schenkte, zur Kenntnis genommen hatte, wies er an: Es sind Maßnahmen zu ergreifen, damit der Fall Seydlitz schneller vor dem Militärtribunal verhandelt wird.

Kobulow wollte unter allen Umständen Abweichungen vom geplanten Szenario verhindern.

Das Urteil

Am 1. Juli 1950 fand die vorbereitete Sitzung des Militärtribunals der Truppen des MWD des Moskauer Bezirks statt. Der Vorsitzende Generalmajor der Justiz Gorjatschow und die Mitglieder des Tribunals Oberstleutnant Groschin und Major Korotkow prüften unter Teilnahme des Militärstaatsanwalts Major Badrak die Anklage gegen den Angehörigen der ehemaligen Wehrmacht, den Kriegsgefangenen Walter Alexander von Seydlitz, und beschlossen nach Anhörung des Berichts des Militärstaatsanwalts: Das Verfahren wird übernommen, die Anklageschrift wird bestätigt und der Fall wird im geschlossenen Gerichtsverfahren ohne Teilnahme der Anklage und der Verteidigung verhandelt. Die bisherige Vorbeugungsmaßnahme wurde beibehalten – Untersuchungshaft.

Am 3. Juli wurden dem Angeklagten Walter von Seydlitz die Anklageschrift und der Beschluß der vorbereitenden Sitzung des Militärtribunals unterbreitet. Seine Bestätigung der Kenntnisnahme verband er mit mehreren Anträgen:

1. Ich beantrage einen Verteidiger, und zwar einen deutschen Rechtsanwalt, mit dem ich mich *vorher* beraten kann. Vorbereitung zur Verteidigung mindestens ½ Woche!!!

2. Ich lebe z. Z. in einer fast *dunklen* Zelle ohne Fenster!! Also ohne Licht und Luft! Ich bin in dieser Zelle nicht in der Lage, mich auf die Verteidigung in meinem Prozeß ordnungsgemäß vorzubereiten.

3. Ich bitte als Zeugen zu laden:
a) General Boekh-Behrens;
b) General von Lützow;

РАСПИСКА
- - - - - - - -

Я _Зайдлитц Вальтер Александр._

с обвинительным заключением и определением подготовительного
заседания военного трибунала по моему делу ознакомлен
"3." июля 1950 г.
/Текст расписки подсудимому переведен на немецкий языку
переводчик: _(подпись)_

Подпись подсудимого: _Walther v. Seydlitz_

Anträge: 1) Ich beantrage einen Verteidiger, und zwar
einen deutschen Rechtsanwalt, mit dem ich
mich vorher besprechen kann. Vorbereitung zu
Verteidigung mindestens 1/2 Jahr!
2) Ich lebe jetzt in einer sehr kranken Zelle ...

... Jahre!! Also eben Licht u. Luft! Ich bin in dieser Zelle
nicht in der Lage, mich für die Verteidigung in meinem ...
vorbereiten.

3) Ich bitte als Zeugen zu laden:
a) General Beckh Berent   j) Oberst Stein ...
b) " " App. v. Lützow   к) Oberst Bregin...
c) " " v. Collani   Abschnitt in ...
d) Kriegsgerichtsrat Holski   l) Oberst Dubroski...
e) Fürstenwald v. Fz. F.J. - Engel.   (damals Kdr...)
f) Major v. Ry. Wiede, damals   e) General Melnik
152. Div. z.R. 11. jetzt: Düsseldorf.   f) General Petrov
g) General ..., damals z.h. z.R. 11.

Обвинительное заключение -
... _Beckhann_   _Walther v. Seydli..._

2

c) General von Collani;
d) Kriegsgerichtsrat Holzki;
e) Intendant der 12. Infanteriedivision Engel;
f) Major d.R. Wiede, damals ltd. Kdr. A. R. 12;
g) General Wildesheim, damals Kommandeur A. R. 12;
g) Oberst Stern vom MWD;
h) Oberst Braginski von der Akademie;
i) Oberst Dubrowski, im besagten Zeitraum an der Kalininer Front;
j) General Melnikow;
k) General Petrow . . .

Am selben Tag übermittelte der Zellengenosse des Generals eine weitere Information: Der General befindet sich in guter physischer Verfassung. Er ißt mit Appetit und äußert keinerlei Beschwerden. Heute wurde er zum Verhör geholt, bei dem man ihm die Anklageschrift unterbreitete.

Beim Verhör waren drei Deutsche anwesend, die offensichtlich ebenfalls ihre Anklageschrift lasen. In einem von ihnen glaubte er Generaloberst Dollmann erkannt zu haben.

Als ein Leutnant Seydlitz nach seinem Namen fragte, hat dieser absichtlich laut geantwortet.

Nach der Rückkehr vom Verhör war Seydlitz sehr niedergeschlagen und legte sich sofort schlafen. Er sagte: Ich muß mich gut ausschlafen, um Kraft zu sammeln und mich auf die Verteidigung vorzubereiten. Der Anklageschrift zufolge bin ich ein schrecklicher Kriegsverbrecher. Was sind in diesem Fall dann Leute wie Paulus, Homann und Vinzenz Müller, die an wesentlich größeren Operationen in Rußland teilgenommen haben? Aber was soll's! Ich habe dem Leutnant die Namen einiger Deutscher genannt, die vor dem Tribunal als Zeugen aussagen könnten.

In den letzten zwei Wochen hat sich bei Seydlitz die Krankheit, von der ich bereits sprach, noch mehr verstärkt. So wachte ich heute nacht beispielsweise auf und sah folgendes Bild: Seydlitz stand angezogen neben seinem Bett und packte seinen Koffer. Auf meine Frage, was passiert war, antwortete er: Ich habe gerade erfahren, daß wir sofort diese Zelle verlassen müssen. Ich konnte ihn überreden, sich wieder schlafen zu legen.

In der Nacht zuvor wachte ich auf und sah, daß Seydlitz mit einem Lappen die Wände und den Fußboden wusch. Auf meine Frage, was er da macht, antwortete er: Nach dem Wecken werden wir von hier weggebracht. Auch dieses Mal war es mir gelungen, Seydlitz zu beruhigen.

Einmal nachts erlebte ich, wie Seydlitz auf dem Bett saß und mit erhobenen Händen betete. Dabei zerriß er sein Hemd in Streifen, die er sich um den Hals hing. Am nächsten Tag flocht er sich aus Streifen einen Ring, den er auf den Zeigefinger steckte, und sagte zu mir: Der Heilige Vater in Rom trägt so einen Siegelring.

Heute passierte folgendes: Er blickte lange auf einen Punkt und sagte dann: Hier ist Gold. Ich antwortete, daß ich nichts sehe. Dann sagte Seydlitz: Ich bin blind, doch Gott öffnet den Menschen die Augen. Er polierte etwa zwei Stunden einen Stein auf dem Fußboden und behauptete, daß das Gold sei. Der Diensthabende hörte das Geräusch und blickte durch den „Spion" in der Tür. Ich stand hinter Seydlitz und gab dem Diensthabenden durch Zeichen zu verstehen, daß er Seydlitz nicht durch Ansprechen erschrecken soll. Der Diensthabende öffnete leise die Luke in der Tür und beobachtete Seydlitz lange . . .

Der Zellengenosse des Generals hatte bereits in seiner Information vom 20. Juni auf dieses merkwürdige Verhalten aufmerksam gemacht, jedoch auch darauf hingewiesen, daß Seydlitz durchaus normal über seine Erlebnisse im Krieg und von seiner Familie spricht . . .

Schon mehrere Tage pfeift er ununterbrochen den Preußenmarsch. Letztens hat er ihn sogar nachts gepfiffen. Ich machte Seydlitz darauf aufmerksam und schlug ihm vor, vielleicht doch einmal etwas anderes zu pfeifen. Seydlitz antwortete darauf: Das ist der Friedensmarsch, der Hohenfriedbergmarsch. Der Friedensberg ist genauso hoch wie der Pamir.

In letzter Zeit spricht er viel von Gott. Ich sagte zu ihm: Als wir uns vor vier Wochen kennenlernten, sagten Sie, daß Sie sich von allen religiösen Vorurteilen freigemacht haben. Und was ist heute? Seydlitz antwortete: Heute weiß ich, daß ich damals im Irrtum war.

Seydlitz sprach von einer Broschüre Halders, die er auf der Datscha gelesen hatte. Halder beendete seine Broschüre mit folgenden Worten: Hitler war ein gottloser Feldherr. Darüber haben Paulus, Bammler und Seydlitz gelacht. Heute sagt Seydlitz, daß Halder recht hat. Nur mit Gottes Hilfe kann auf der Erde Ordnung geschaffen werden. Ich habe seinerzeit mit Stalin einen Bund geschlossen. Ich bin auch heute noch für diesen Bund, doch ich möchte neue Wege weisen.

Die sowjetische Zone, die er noch vor einigen Wochen als „Magnet für Westdeutschland" bezeichnet hatte, hält er heute für nicht lebensfähig. Als ich ihm sagte, daß die DDR für mich in gleicher Weise Deutschland und Heimat bedeutet wie die Westzone, antwortete Seydlitz: Sie werden dort scheitern. Ihre Verwandten (auf die ich im Gespräch hinwies) werden Ihnen sagen, was sie durchmachen mußten.

Seydlitz hegt keinen Zweifel daran, daß in der sowjetischen Besatzungszone Deutschlands das gleiche Bespitzelungssystem herrscht wie in der UdSSR.

Im normalen Gespräch mit Seydlitz ist alles in Ordnung, aber wenn die Phantasie mit ihm durchgeht, nimmt sein Gesicht einen ganz anderen Ausdruck an. Seine Augen glänzen, als würde er eine Botschaft verkünden.

Seydlitz reagiert sehr empfindlich darauf, daß der Wachhabende von Zeit zu Zeit durch den „Spion" sieht. Er denkt, daß das zu den besonderen Haftbedingungen gehört . . .

Die Verhandlung des Militärtribunals der Truppen des MWD des Moskauer Bezirks gegen den Kriegsgefangenen Walter Alexander von Seydlitz wegen Verbrechen nach Artikel 1 des Erlasses des Präsidiums des Obersten Sowjets der UdSSR vom 19. April 1943 wurde am 8. Juli 1950 um 11 Uhr 35 Minuten eröffnet. Den Sitzungssaal betraten der Vorsitzende Richter Generalmajor der Justiz Gorjatschow, die Mitglieder des Tribunals Oberstleutnant Gorbatow und Oberstleutnant Schichow, der Sekretär des Tribunals Hauptmann Manochin und die Dolmetscherin Miroschnikowa.

Zeugen waren nicht geladen.

Der vorsitzende Richter überzeugte sich von der Identität des Angeklagten und erklärte ihm, daß er nach Artikel 272 des StGB der RSFSR das Recht hat, vor Gericht die Hinzuziehung von Zeugen und Sachverständigen zu beantragen, Beweise anzufordern sowie Beweise, über die er verfügt, beizubringen und fragte den Angeklagten, welche Anträge er vor Gericht stellen will.

Von Seydlitz antwortete: Vorläufig habe ich keine Anträge vor Gericht zu stellen. Es ist möglich, daß ich während der Verhandlung Anträge stellen werde.

Der vorsitzende Richter erklärte dem Angeklagten unter Verweis auf Artikel 277 des StGB der RSFSR, daß er das Recht hat, während der ganzen Verhandlung Erklärungen zum Wesen der Sache wie auch zu einzelnen Tatbeständen zu geben, und fragte ihn, ob er sein Recht verstanden hat. Der Angeklagte antwortete, daß er es verstanden hat.

Weiter erklärte der vorsitzende Richter nach Artikel 278 des StGB der RSFSR die Zusammensetzung des Gerichts und fragte den Angeklagten, ob er ein Mitglied des Gerichts oder das Gericht insgesamt ablehnt. Der Angeklagte von Seydlitz antwortete, daß er keine Einwände gegen das Gericht hat, auch nicht gegen den Sekretär des Gerichts und die Dolmetscherin.

Nachdem der vorsitzende Richter die Dolmetscherin Miroschnikowa auf ihre Verantwortung für die adäquate Übersetzung nach Artikel 85 des StGB der RSFSR aufmerksam gemacht hatte, erklärte er die Verhandlung für eröffnet.

Der vorsitzende Richter verlas die Anklageschrift und den Beschluß der vorbereitenden Sitzung des Militärtribunals und erläuterte dann dem Angeklagten Seydlitz das Wesen der erhobenen Anklage, fragte ihn, ob ihm verständlich sei, wessen er beschuldigt wird, und ob er sich schuldig bekennt.

Der Angeklagte von Seydlitz sagte: Ich bin mir völlig klar darüber, wessen man mich beschuldigt. Ich bekenne mich schuldig, daß ich

1. Befehle über die Requirierung von Eigentum verschiedener Art bei der Zivilbevölkerung auf dem okkupierten Territorium der UdSSR erteilt habe;

2. Befehle über den Abriß von Bauten, ausgenommen Wohnhäuser, erteilt habe;

3. Befehle über die Heranziehung von Zivilisten und Kriegsgefangenen zu Arbeiten erteilt habe;

4. meine Untergebenen angewiesen habe, Zivilisten aus ihren Wohnhäusern zu exmittieren;

5. das Urteil zur Erschießung eines sechzehnjährigen Jungen sanktioniert habe.

Zum Sachverhalt sagte der Angeklagte folgendes:

Ich möchte dem Gericht sagen, daß ich meine in der Voruntersuchung gemachten Aussagen nicht vollständig bestätigen kann, da diese Aussagen vom Untersuchungsführer aus dem Zusammenhang herausgerissen dargelegt wurden. Ich habe Umstände angeführt, die der Untersuchungsführer nicht ins Ermittlungsprotokoll aufgenommen hat . . .

Daraufhin wurden die Aussagen des Angeklagten während der Voruntersuchung am 1. Juni 1950 verlesen. Auf die Frage des vorsitzenden Richters antwortete der Angeklagte:

Ich bestätige meine Aussagen, die soeben verlesen wurden, aber ich möchte dem Gericht zu einzelnen Punkten dieser Aussage eine Erläuterung geben. Ich möchte feststellen, daß ich keine Befehle über die gewaltsame Konfiszierung von Eigentum der Bevölkerung erteilt habe. Ich habe Befehle über die Requirierung von Eigentum erteilt. Es ist durchaus möglich, daß Soldaten der Wehrmacht bei der Requirierung Gewalt angewendet haben, aber mir ist nichts über eine Gewaltanwendung bekannt. Auf meinen Befehl wurden Bauten abgetragen, die der Zivilbevölkerung gehörten. Ich habe Befehle über den Einsatz von Zivilisten und Kriegsgefangenen zu Arbeiten erteilt, die meiner Meinung nach nicht den internationalen Regeln der Kriegführung widersprachen. Ob die Arbeit der eingesetzten Zivilisten und Kriegsgefangenen entlohnt wurde, weiß ich nicht. Soweit ich mich erinnere, wurden Kriegsgefangene nicht zu Arbeiten im Frontstreifen eingesetzt, allerdings zu Arbeiten für die Wehrmacht. Ich habe niemals Befehle erteilt, Zivilisten und Kriegsgefangene im Frontbereich 3 bis 4 Kilometer von der vordersten Frontlinie entfernt einzusetzen. Im Winter und im Herbst erfolgten Exmittierungen von Zivilisten aus ihren Häusern. Das geschah, um das Leben der Bevölkerung zu retten, denn die Ortschaften, aus denen die Bevölkerung ausgesiedelt wurde, konnten unter Artilleriebeschuß geraten. Außerdem mußten in den Häusern deutsche Soldaten einquartiert werden. Meine Aussagen über die Erschießung des Halbwüchsigen bestätige ich, wobei ich allerdings erklären möchte, daß er erschossen wurde, nachdem ihn das Kriegsgericht wegen der Ermordung eines deutschen Soldaten verurteilt hatte . . .

Der Sekretär verlas den Artikel 22 des Strafgesetzbuchs der RSFSR.

Auf die Frage des vorsitzenden Richters antwortete von Seydlitz:

Ich kannte diesen Artikel 22 bisher nicht. Doch ich weiß, daß nach internationalem Recht die Erschießung von Fünfzehn- bis Sechzehnjährigen erlaubt ist.

Auf die nächste Frage des vorsitzenden Richters erklärte von Seydlitz:

Ich möchte meine Aussagen ergänzen. Ich habe Befehle über die Requirierung von Lebens- und Futtermitteln erlassen, doch in diesen Befehlen war nicht von der gewaltsamen Konfiszierung von Lebens-

und Futtermitteln die Rede. Auch in meinen Befehlen über den Einsatz von Zivilisten und Kriegsgefangenen zu Arbeiten war nicht von Gewaltanwendung die Rede. Unter Gewaltanwendung verstehe ich eine Nötigung mit Waffengewalt. Ich habe nie Befehle über Massenerschießungen sowjetischer Bürger erlassen, von solchen Erschießungen ist mir auch nichts bekannt. Ich kenne nur einen Befehl der deutschen Regierung, der als verbrecherisch zu werten ist – den Befehl über die Erschießung gefangengenommener Politkommissare der Roten Armee. In der Anklageschrift heißt es, daß ich ein Kriegsverbrecher bin. Ich habe im Krieg nur auf der Grundlage der Befehle der übergeordneten Führung und immer nach militärischer Notwendigkeit gehandelt. Ich bin der Meinung, daß ich mich vor Gericht nur für meine eigenen Handlungen während des Kriegs verantworten kann. Ich kann nicht die Verantwortung für die Handlungen meiner Untergebenen tragen, wenn sie nicht nach meinem Befehl, sondern aus eigener Initiative gehandelt haben. Ich möchte dem Gericht sagen, daß ich die Aussagen von Collani und Boekh-Behrens kategorisch bestreite. Die Aussagen der russischen Zeugen sind mir bekannt, doch ich kann dem Gericht nichts dazu sagen, weil ich diese Zeugen nicht kenne. Ich räume durchaus ein, daß mir unterstellte Militärangehörige Gewalt gegen die Bevölkerung angewendet haben, als sie die Bevölkerung zu Arbeitseinsätzen zwangen. Doch ich denke, daß niemand dabei erschossen wurde. Ich bin der Meinung, daß ich mich vor Gericht für alle Handlungen auf dem Territorium des Polawsker Rayons insgesamt, nicht aber für einzelne Aktionen bei diesen Handlungen verantworten muß. In der Anklageschrift heißt es, daß ich mich vorbehaltlos schuldig bekenne. Das ist nicht richtig. Ich bekenne mich nur in einigen Punkten der Anklage schuldig, und das mit den gewissen Einschränkungen, die ich dem Gericht bereits dargelegt habe. Das ist alles, was ich dem Gericht sagen wollte . . .

Der Vorsitzende des Gerichts General Gorjatschow erklärte die Beweisaufnahme für abgeschlossen und erteilte dem Angeklagten Seydlitz das letzte Wort.

Das letzte Wort des Angeklagten war kurz und knapp: ich bitte das Gericht um ein gerechtes Urteil.

Nachdem das Gericht dieses letzte Wort vernommen hatte, zog es sich um 14 Uhr 50 Minuten zur Beratung zurück. Genau eine Stunde später erschien das Gericht wieder, der Vorsitzende des Tribunals verkündete das Urteil und erklärte dem nun bereits „Verurteilten" die

Fristen und das Verfahren für die Berufung. Als Vorbeugungsmaßnahme bis zum Inkrafttreten des Urteils wurde die weitere Inhaftierung angeordnet.

Am 8. Juli 1950 um 15 Uhr 55 Minuten wurde die Sitzung geschlossen.

Das im Namen der Union der Sozialistischen Sowjetrepubliken verkündete Urteil im Prozeß gegen den Kriegsgefangenen Walter Alexander Seydlitz, geboren 1888 in Hamburg, Nationalität deutsch, deutscher Staatsbürger, Kaderoffizier der ehemaligen deutschen Wehrmacht, vor der Gefangenschaft Kommandeur des LI. Armeekorps im Rang eines Generals der Artillerie, lautete:

Aufgrund der Unterlagen der Voruntersuchung und der Beweisaufnahme erachtet es das Tribunal als erwiesen: Als Kommandeur der 12. Infanteriedivision von Juni bis Dezember 1941 auf sowjetischem Territorium hat Seydlitz die verbrecherischen Befehle des Oberkommandos der Wehrmacht zur Führung eines unbarmherzigen, brutalen und gnadenlosen Kriegs gegen die Völker der Sowjetunion in die Tat umgesetzt. Er hat seinerseits Befehle zum gewaltsamen Einsatz sowjetischer Bürger und Kriegsgefangener für unterschiedliche Arbeiten für die ihm unterstehende Division, zur gewaltsamen Konfiszierung von Lebensmitteln, Vieh, Futtermitteln und persönlichen Gegenständen bei der Zivilbevölkerung, zur gewaltsamen Exmittierung sowjetischer Bürger aus ihren Häusern während der Winterfröste des Jahres 1941, zur Belegung der Häuser mit Angehörigen der Division und zur Abtragung unbewohnter Häuser zur Gewinnung von Baumaterial für Befestigungsanlagen erteilt. Im Falle von Widerstand gegen die vorstehend genannten Gewaltmaßnahmen wurden die sowjetischen Bürger von Offizieren und Soldaten der Division geschlagen. Außerdem wurde im Oktober 1941 im Rayon Demjansk, Gebiet Nowgorod, wo die 12. Division lange Zeit disloziert war, auf seinen – Seydlitz – Befehl ein Jugendlicher, ein sowjetischer Bürger, der das 18. Lebensjahr noch nicht erreicht hatte, wegen Ungehorsam gegenüber der Divisionsführung hingerichtet.

Somit ist festgestellt, daß sich Seydlitz der unmittelbaren Mitwirkung an Greueltaten und Missetaten gegen die sowjetische Zivilbevölkerung und Kriegsgefangene schuldig gemacht hat, was nach Artikel 1 des Erlasses des Präsidiums des Obersten Sowjets der UdSSR vom 19. April 1943 strafrechtlich verfolgt wird. Auf dieser Grundlage, ausgehend von den Artikeln 319 und 320 des StGB der RSFSR und in Übereinstimmung mit Artikel 2 des Erlasses des Präsidiums des Obersten Sowjets der UdSSR vom 26. Mai 1947 „Über die Aufhebung der Todesstrafe", hat das Militärtribunal folgendes Urteil gefällt: Walter Alexander von Seydlitz wird auf der Grundlage von Artikel 1 des Erlasses des Präsidiums des Obersten Sowjets der UdSSR vom 19. April 1943 und in Übereinstimmung mit den Erläuterungen zu Artikel 20 des StGB der RSFSR zu einer Gefängnisstrafe von fünfundzwanzig (25) Jahren verurteilt. Unter Anrechnung der Untersuchungshaft beginnt die Haftstrafe für Seydlitz am 23. Mai 1950.

Gegen das Urteil kann gemäß Artikel 400 des StGB der RSFSR innerhalb von 72 Stunden, nachdem die Kopie des Urteils dem Verurteilten ausgehändigt wurde, beim Militärkollegium des Obersten Gerichts der UdSSR Berufung eingelegt werden, indem über das Militärtribunal, das dieses Urteil verkündet hat, Beschwerde eingelegt wird . . .

Einige Tage später, am 11. Juli 1950, traf aus der Zelle 220 des Butyrka-Gefängnisses die letzte Information ein:

Am Sonnabend abends kam Seydlitz vom Gericht zurück. Er war erstaunt, daß er erneut in die Zelle Nr. 220 gebracht wurde, und sagte, daß er mir nun erzählen kann, wie der Prozeß vor Gericht abläuft, so daß ich informiert bin, falls ich einmal selbst vor Gericht stehen werde.

Er bezeichnete den Prozeß als juristische Farce. Trotz seines Antrags waren weder ein Rechtsanwalt noch Zeugen anwesend. Vier Stunden lang hat er gesprochen und Fragen beantwortet, doch sobald er wichtige Aspekte anschnitt, sagte ihm die Dolmetscherin, daß er zur Sache sprechen und beantworten solle, ob er sich schuldig bekennt. Er ist jetzt überzeugt, daß er aus Gründen inhaftiert wurde, die nichts mit dem zu tun haben, wessen man ihn beschuldigt, nämlich, daß er sich als deutscher General in Deutschland auf ein Komplott mit den Westmächten einlassen könnte. Doch davon ist er nach wie vor weit entfernt. Seine politische Betätigung hier will man ihm jedenfalls nicht mehr zugute halten, obwohl es ihm der Kommissar zugesichert hatte. Nun ist ihm völlig klar, was mit ihm geschehen wird.

Auf dem Rückweg, bereits hier in der Haftanstalt, hat er General Reimann gesehen, der ihn zweifellos vor der Zelle ebenfalls gesehen hat. Während der Durchsuchung wurde in einer Tasche seines Anzugs ein Stück Seife gefunden, das er immer bei sich hatte, aber nie benutzte. Dieses Stück Seife hat er mit der Wäsche bekommen, die ihm auf seine Bitte aus dem Feldgepäck ausgehändigt wurde. Seine Ordonnanz Bruno Müller hatte in diesem Stück Seife einen goldenen kroatischen Orden versteckt. Dieser Orden war Seydlitz bei Stalingrad über Paulus vom jugoslawischen faschistischen Führer Pavelić überreicht worden.

Seydlitz sagte, daß man ihn zu 25 Jahren Haft verurteilt hat, obwohl ihm der Kommissar beim Verhör versichert hatte, daß er bald wieder ins Lager kommt. Am besten wäre, sie würden mich gleich erschießen, meinte Seydlitz.

Seine Äußerungen schwanken zwischen zwei Extremen: Einerseits spricht er völlig emotionslos und sachlich über die Anklage und sein Urteil, andererseits äußert er utopische Gedanken über die Neuordnung der Welt. Dann ähnelt er einem Besessenen.

Er spricht von einem Kästchen, das er besitzt und in dem sich das Geheimnis der Erhaltung des Friedens auf der Erde und der allgemeinen Abrüstung befindet. Den Schlüssel zu diesem Kästchen hat angeblich Generalissimus Stalin. Das Kästchen und der Schlüssel müssen zusammenkommen, und das wird irgendwann geschehen. Wenn ich über ihn lache und Zweifel äußere, dann verweist er auf Gott, die Naturkräfte usw., an die er jetzt im Unterschied zu früheren Jahren wieder fest glaubt.

Seine politischen Äußerungen haben meiner Meinung nach immer weniger mit ursprünglicher demokratischer Gesinnung zu tun. Auch hier vermischen sich materialistische Auffassungen mit idealistischen. Er lehnt ein Bündnis Deutschlands mit der Sowjetunion und Deutschlands Orientierung auf den Osten ab. Das alles vermischt sich mit religiösen Gedanken. Seydlitz betet wieder nachts und verbringt einen Teil der Nacht ohne Schlaf.

Zu dieser Information macht Kobulow keine Anmerkung mehr. Die Sache war erledigt, damit war das Interesse des Leiters der GUPWI an Seydlitz erloschen.

Das kroatische Kreuz hatte man bei Seydlitz tatsächlich gefunden. Am 13. Juli erhielt der Stellvertreter des Chefs der GUPWI Generalleutnant Kobulow eine Meldung aus der Butyrka:

Hiermit übersenden wir ein deutsches Kreuz in Goldfassung des Häftlings Walter Alexander von Seydlitz, das bei einer Durchsuchung am 8. 7. 1950 in einem Stück Seife gefunden wurde.

Auf dem Schreiben steht Kobulows Weisung: „Bei der Finanzabteilung abgeben, wenn es Gold ist. Doch die Expertise ergab, daß es kein Gold war . . .

Am 12. Juli 1950 schickte das Butyrka-Gefängnis an den vorsitzenden Richter des Miltärtribunals der Truppen des MWD des Moskauer Bezirks den Berufungsantrag des Häftlings von Seydlitz:

Am 8. Juli 1950 wurde ich vom Militärtribunal des Moskauer Bezirks zu 25 Jahren Haft verurteilt.

Ich lege aus folgenden Gründen Berufung gegen das Urteil ein:

1. Ich hatte keine Möglichkeit, mich auf die Verteidigung vorzubereiten. Ich habe die Tage meiner Haft bis zur Gerichtsverhandlung (23. 5. bis 8. 7. 50) im Butyrka-Gefängnis nicht wie ein Untersuchungshäftling, sondern wie ein bereits zu Gefängnishaft Verurteilter verbringen müssen. Meine Zelle (Nr. 220) hatte kein einziges Fenster, sondern eine faustgroße Ventilationsöffnung, durch die von Zeit zu Zeit, wahrscheinlich durch einen außen angebrachten Motor, sehr wenig Luft einströmt. Die Zelle ist nur von einer schwachen Glühbirne beleuchtet. Sonntags wird überhaupt keine Luft durch die Öffnung zugeführt. Sonntags entfällt auch der Freigang, für den an anderen Tagen in der Regel 20 Minuten vorgesehen sind.

Das steht in keinem Verhältnis zu den Bedingungen, die Georgi Dimitroff während des Reichstagsbrandprozesses gewährt wurden. Ein Foto von seiner Zelle befindet sich in einem in der Sowjetunion sehr verbreiteten Buch über diesen Prozeß.

2. Ich bin überzeugt, daß es sich bei meinem Prozeß um ein „Sondergericht", d. h. einen Prozeß ohne Verteidigung, Zeugen und Staatsanwalt handelt, um deren Anwesenheit ich gebeten hatte (es wurden auch keine von der Anklage genannten Zeugen gerufen).

3. Ich bin überzeugt, daß nach den zwei Vernehmungen ganze Perioden meiner Tätigkeit während des Kriegs – vom 22. 6. 1941 bis September/Oktober 1941 und vom 10. 5. 42 bis 31. 1. 43 (Charkow und Stalingrad) – aus den Unterlagen der Anklage entfernt wurden. Wenn man mir Verbrechen anlastet, dann muß alles im Zusammenhang und nicht losgelöst gesehen werden, indem man sich nur auf einzelne kriminelle Aspekte konzentriert. Ich kann mich des Eindrucks nicht erwehren, daß über den Zeitraum Charkow bis Stalingrad vorsätzlich der Mantel des Vergessens gebreitet wurde, weil an diesem Frontabschnitt viele Generale und Oberste im Einsatz waren, die

schon lange in die Sowjetzone repatriiert wurden und dort hohe Posten bekleiden. Wenn man mich für meine Handlungen in dieser Periode für einen Kriegsverbrecher hält, dann müssen auch diese rapatriierten Generale vor Gericht gestellt werden. Sie werden mir nichts vorwerfen können. (Ihre Namen sind Paulus, Adam, Wulz, Ludwig, Korfes, Homann, Drebber und Schloemer – die beiden letzten wurden in die Westzone entlassen.)

4. Obwohl mir der vorsitzende Richter versicherte, daß meine Tätigkeit als Präsident des Bundes Deutscher Offiziere und Vizepräsident des Nationalkomitees „Freies Deutschland" bei der Urteilsfindung berücksichtigt und sich zweifellos auf die übrigen Fakten auswirken wird, ist aus dem Urteil nichts dergleichen ersichtlich. Wenn gegen mich die Höchststrafe verhängt wurde, dann ist selbstverständlich nichts von dem berücksichtigt worden.

5. Ich möchte noch einmal daran erinnern, welche Konsequenzen meine Tätigkeit auf diesem Posten hatte:

a) Da Hitler meiner nicht habhaft werden konnte, hat er meine Frau und meine vier Töchter Repressalien ausgesetzt. Meine Frau und zwei Töchter wurden verhaftet und in ein Konzentrationslager gebracht. Die dritte, zehnjährige Tochter, verschwand aus dem Lager spurlos und ohne Grund.

b) Ich wurde wegen meiner Tätigkeit in der Sowjetunion von Hitler im April 1944 zum Tode verurteilt.

c) Alle Feldmarschalle der Wehrmacht leisteten danach Hitler den Treueeid, der mit den Worten endete: Der Name Seydlitz soll für immer mit Schimpf und Schande bedeckt sein.

Wer hat recht, auf wessen Seite triumphiert die Gerechtigkeit – auf der Hitlers oder auf der der Sowjetunion?

6. Das Kriegsgericht gegen den Jugendlichen Stepanow, der einen deutschen Soldaten vom Fenster seines Hauses aus getötet hat, wurde angeblich vom Militärtribunal der 12. Infanteriedivision durchgeführt. Ich erinnere mich genau, daß es im Dezember 1941 in Podgorje (Standort des Gerichts seit dem 1. 12. 1941) stattfand.

Das Gericht hat diesen Vorfall seltsamerweise nach Pupowo in den Zeitraum Oktober/November verlegt. Die Division hatte Pupowo bereits Anfang Oktober verlassen. Die Gründe dieser Zeit- und Ortsverlegung sind völlig unverständlich. Beide Ortschaften liegen 30 Kilometer auseinander.

Moskau, Butyrka-Gefängnis, Zelle 220. 10 Juli 1950

Walther von Seydlitz
ehemal. General der ehemal. Wehrmacht

Am gleichen Tag, dem 10. Juli 1950, schickte der Leiter der UPWI der UdSSR Generalleutnant Iwan Petrow ein Schreiben an den Leiter des Butyrka-Gefängnisses des MGB der UdSSR Oberst Schokin und den Leiter der Gefängnisverwaltung des MWD der UdSSR Oberst Kusnezow. (Es handelt sich um denselben Petrow, der General von Seydlitz dafür mit einem Bruderkuß bedacht hatte, daß es ihm gelungen war, Feldmarschall Paulus und weitere fünfzig Generale zu bewegen, einen Aufruf an die deutschen Truppen zu unterzeichnen.):

Ich bitte darum, den im Butyrka-Gefängnis des MGB der UdSSR inhaftierten ehemaligen deutschen General Walter Alexander von Seydlitz, Jahrgang 1888, in die Haftanstalt Nowotscherkassk des MWD zur Verbüßung seiner Haftstrafe zu verlegen.

Gen. Oberst Kusnezow soll dem Leiter der Haftanstalt Nowotscherkassk die entsprechenden Weisungen erteilen.

Ich bitte um Vollzugsmeldung.

Am 16. Juli meldete Oberst Kusnezow General Petrow, daß der Dienstauftrag zur Verlegung des Verurteilten Seydlitz an den Leiter des Butyrka-Gefängnisses ergangen ist. Einige Zeit später wurde informiert, daß der Häftling Walter Alexander von Seydlitz am 16. Juli 1950 in die Haftanstalt Nowotscherkassk des MWD der UdSSR, Bahnstation Nowotscherkassk an der Nordkaukasischen Bahnlinie, verlegt wurde.

Für sie war er bereits ein Häftling. Ihre langjährigen Erfahrungen sagten ihnen, daß die eingelegte Berufung nichts ändern wird.

Der letzte Trost für den ehemaligen Präsidenten des Bundes Deutscher Offiziere waren drei Dosen mit schwarzem Kaviar – die letzte Gabe aus der „Freiheit", dem Kriegsgefangenenlager Nr. 27. Sie stammen wahrscheinlich von Bruno Müller, der die Habseligkeiten des Generals von Seydlitz für den Abtransport nach Nowotscherkassk zusammengepackt hatte.

5. Der lange Weg von Nowotscherkassk nach Herleshausen

Haftanstalt

Die von dem ehemaligen General der ehemaligen Wehrmacht Walter Alexander von Seydlitz gegen das Urteil eingelegte Berufung wurde am 19. August 1950 verhandelt, als dieser bereits nach Nowotscherkassk verlegt worden war. Das Militärkollegium des Obersten Gerichts der UdSSR, dem Generalmajor der Justiz Tschertkow als Vorsitzender und Generalmajor der Justiz Suslin und Oberst der Justiz Kowalenko als Beisitzer angehörten, kam nach Prüfung der eingelegten Berufung, der Darlegungen von General Tschertkow und des begründeten Antrags des persönlichen Mitarbeiters des Obersten Militärstaatsanwalts der Sowjetarmee Oberst Mogilzew, der auf der Bestätigung des Urteils bestand, zu dem Schluß, daß von Seydlitz als Kommandeur der 12. Infanteriedivision im Jahr 1941 auf sowjetischem Territorium Greueltaten und Verbrechen an der sowjetischen Zivilbevölkerung und sowjetischen Kriegsgefangenen begangen hat . . .

In dem Berufungsantrag hat von Seydlitz darum ersucht, das Urteil zu überprüfen, und seine Schuld nur teilweise dahingehend eingestanden, daß er die Befehlsgewalt über seine Einheiten hatte.

Nachdem das Militärkollegium des Obersten Gerichts der UdSSR sich davon überzeugen konnte, daß die von Seydlitz begangenen Verbrechen durch die Unterlagen des Falls bewiesen werden, sie richtig klassifiziert sind und das Strafmaß der Schwere seiner Verbrechen entspricht, hat es beschlossen: Das Urteil des Militärtribunals im Fall von Seydlitz bleibt in Kraft, die eingelegte Berufung wird abgewiesen . . .

Nun war ganz offensichtlich nichts mehr zu machen. Doch Seydlitz gehörte nicht zu denen, die aufgeben. Nach seiner Ankunft in der Haftanstalt am 17. Juli 1950 beantragte er die Rückgabe der Gegenstände, die ihm während der Internierung im Lager Nr. 27 abgenommen worden waren. Am 14. September machte er eine Eingabe beim „Staatsanwalt der Haftanstalt Nowotscherkassk". Hierbei handelt es sich offenbar um den für die Betreuung der Haftanstalt Nowotscherkassk zuständigen Staatsanwalt. Seydlitz bat um Erlaubnis, den Staatsanwalt sprechen zu dürfen, wenn dieser die Haftanstalt aufsucht. Einen Tag später bat er den Leiter der Haftanstalt um Erlaubnis, seiner Frau und seinen vier Töchtern einen Brief schreiben zu dürfen. Doch dieser Antrag wurde abgelehnt . . .

Am 20. August 1950 hatte der Innenminister der UdSSR Sergej Kruglow an Stalin einen Bericht geschickt:

Genossen J. W. Stalin
Das Ministerium des Innern der UdSSR meldet die Erfüllung des Beschlusses des Ministerrats der UdSSR Nr. 1108-396ss vom 17. März 1950 hinsichtlich der strafrechtlichen Verfolgung von Generalen der ehemaligen deutschen Wehrmacht.

Von den 118 Generalen der ehemaligen Wehrmacht, gegen die das MWD der UdSSR ermittelt hat, wurden 116 entsprechend dem Erlaß des Präsidiums des Obersten Sowjets der UdSSR vom 19. April 1943 „Strafmaßnahmen gegen faschistische deutsche Verbrecher" strafrechtlich zur Verantwortung gezogen und von den Militärtribunalen auf der Grundlage der Unterlagen der Ermittlungsorgane des MWD der UdSSR zu Freiheitsstrafen von jeweils 25 Jahren verurteilt. Zwei kriegsgefangene deutsche Generale, die strafrechtlich zur Verantwortung gezogen werden sollten (Generalmajor Mummert und Admiral Fischel), sind während der Ermittlung an Krebs gestorben.

Von den strafrechtlich zur Verantwortung gezogenen Generalen der ehemaligen Wehrmacht wurden 88 wegen Greueltaten und Verbrechen auf dem Territorium der UdSSR, 20 wegen reaktionär-revanchistischer Propaganda unter den Kriegsgefangenen und 8 Generale wegen Mitarbeit in der kriminellen Organisation der SS, in Spionage- und Straforganen Nazi-Deutschlands verurteilt.

Unter den vom MWD der UdSSR durchgeführten Prozessen sind von besonderer Bedeutung:

1. Der Fall der 9 Generale der Heeresgruppe Kurland mit Generalleutnant Förtsch, des Stabschefs dieser Heeresgruppe. Diese Personen führten die verbrecherischen Pläne der Hitlerclique und ihres Oberkommandos aus, erteilten und vollzogen Befehle, die auf die Vernich-

tung der Zivilbevölkerung in der Lettischen und Estnischen SSR, in den Gebieten Leningrad und Pskow gerichtet waren. Truppenteile der Heeresgruppe Kurland der Wehrmacht haben in ihrem Operationsgebiet zahlreiche Greueltaten und Verbrechen an der sowjetischen Zivilbevölkerung begangen, unermeßliche materielle und kulturelle Werte geraubt und vernichtet.

2. In Auswertung vorliegender Informationen über die Existenz dieser Gruppe reaktionär-revanchistisch gesinnter Generale im Kriegsgefangenenlager des MWD wurden zur Einleitung eines Verfahrens wegen gemeinsam begangener feindlicher Tätigkeit Generalleutnant Gause, der bis zur Gefangennahme den Befehl über das II. Armeekorps hatte und zuvor Stabschef der Armee Rommels in Nordafrika gewesen war, sowie die Divisionskommandeure Boekh-Behrens, Generalmajor Geisler und Generalmajor Kretschmer verhaftet.

Sie haben während ihrer Gefangenschaft im Kriegsgefangenenlager des MWD versucht, eine gegen die UdSSR gerichtete feindliche Politik zu betreiben. Durch die Ermittlung der Untersuchungsorgane wurden auch Angaben über verbrecherische Handlungen der erwähnten Generale bestätigt und Beweise für ihre Schuld an Greueltaten und Verbrechen erbracht, die von den ihnen unterstellten Truppenteilen auf dem zeitweilig okkupierten Territorium der UdSSR begangen wurden.

3. Strafrechtlich zur Verantwortung gezogen werden der General der Infanterie Niehoff und zwei frühere Abteilungsleiter des Stabs der von ihm befehligten 371. Division. Sie alle sind der Plünderung und Erschießung sowjetischer Bürger, der Zerstörung von Wohnsiedlungen, der Verschleppung sowjetischer Bürger in die deutsche Knechtschaft und anderer schwerer Verbrechen überführt.

4. In Einzelprozessen werden strafrechtlich zur Verantwortung gezogen:

General der Artillerie Seydlitz, auf dessen Befehl Truppenteile der ihm unterstellten 12. Infanteriedivision im Raum Demjansk des Gebiets Nowgorod eine Reihe schwerer Verbrechen und Greueltaten begangen haben, die in der Nötigung der Zivilbevölkerung zur Verrichtung von Verteidigungsarbeiten im Frontbereich, ihrer Ausplünderung und Vertreibung aus ihren Häusern zur Winterzeit, Gewalttätigkeiten und Erschießungen bestanden;

SS-Brigadeführer (Generalmajor) Uhlmann, der als Abteilungsleiter im SS-Personalhauptamt aktiv zum Machtantritt Hitlers und zur

Festigung des faschistischen Regimes beitrug und verbrecherisch sowjetische Kriegsgefangene und Zivilisten für Verteidigungsarbeiten eingesetzt hat;

Konteradmiral Knobloch, der in der Gefangenschaft Spionagematerial gesammelt hat und beabsichtigte, es bei der Repatriierung in die britische Zone Deutschlands den Engländern zu übergeben.

Gegenwärtig befinden sich in den Lagern des MWD 220 deutsche Generale, die wegen auf dem Territorium der UdSSR begangener Greueltaten und Verbrechen verurteilt wurden. Die verurteilten Generale sind in Sonderlagern des MWD für Kriegsverbrecher konzentriert.

Außerdem befinden sich in den Lagern des MWD noch Generalfeldmarschall Paulus (bis zu seiner Repatriierung auf Sonderweisung) und drei deutsche Generale, die als Kriegsverbrecher der tschechoslowakischen Regierung übergeben werden sollen.

Insgesamt wurden seit 1948 75 Generale der früheren Wehrmacht aus den Kriegsgefangenenlagern des MWD repatriiert ...

Der Beschluß des Militärkollegiums des Obersten Gerichts der UdSSR, daß das Urteil in Kraft bleibt, wurde dem Gefangenen Seydlitz am 8. September 1950 mitgeteilt – genau zwei Monate nach der Urteilsverkündung. Am folgenden Tag schickte der Direktor der Haftanstalt Nowotscherkassk Major Kowaljow die Bestätigung, daß das Urteil zur Kenntnis genommen wurde, an das Gericht erster Instanz, das das Urteil verkündet hatte. Nun galt es für Seydlitz, sich ernsthaft auf einen langen Gefängnisaufenthalt einzustellen.

Die Eingabe, die Seydlitz am 30. August 1950 an den Innenminister der UdSSR Sergej Kruglow gerichtet hatte, war unbeantwortet geblieben. Seydlitz hatte darum gebeten, das Urteil zu mildern und ihn in ein Lager zu verlegen, in dem die anderen verurteilten Generale untergebracht waren. Es muß gesagt werden, daß nur wenige Generale zu 25 Jahren Haft verurteilt wurden – von 194 Generalen 19, einschließlich Seydlitz: der Kommandeur der 2. Panzerarmee Generalleutnant Angelis, die Leiter der Abwehr Generalleutnant Bentivegni und Generalleutnant Piekenbrock, der Kommandeur von Berlin General der Artillerie Weidling, der Leiter der Militärmission in Rumänien General der Kavallerie Hansen, der Mitarbeiter der Zentralen Vertretung Deutschlands in Moskau Fliegergeneral Gerstenberg, der Leiter des Versorgungshauptamts des Reichsministeriums des Innern

SS-Brigadeführer Hertel, der Leiter der Operativabteilung des SA-Stabes Generalmajor Siegel, der Kommandeur der 1. SS-Panzerdivision SS-Brigadeführer Mohnke, der Abteilungsleiter im RSHA SS-Oberführer Panzinger, der Leiter der Leibwache Hitlers SS-Gruppenführer Rattenhuber, der Kommandeur der 2. Panzerarmee Generaloberst Schmidt, der Militärattaché in Rumänien Generalmajor Spalke, der Chef des Sonderstabs Generalleutnant Stahel, der Kommandeur der 19. Lettischen SS-Division Generalleutnant Streckenbach. Zu Gefängnishaft waren auch Generalfeldmarschall Kleist, Generalfeldmarschall Schörner und Generalmajor Niedermeier verurteilt worden.

Offensichtlich gab es für die sowjetische Führung einen Grund, sie von den anderen Verurteilten abzusondern und als besonders gefährliche Verbrecher zu behandeln.

Nowotscherkassk liegt im Süden Rußlands, doch im Herbst und Winter herrscht dort ein rauhes Klima. Der Häftling Seydlitz, der in der Zelle Nr. 55 mit nach Norden gerichteten Fenstern untergebracht war, richtete an den Gefängnisdirektor ein Gesuch:

Ich wäre Ihnen sehr dankbar, Herr Direktor, wenn es möglich wäre, meine Zelle 55 gegen eine der Zellen 46–54 oder Nr. 64–72, deren Fenster nach Süden gerichtet sind, zu tauschen, wenn eine dieser Zellen frei wird ...

Walter von Seydlitz, der sich zu dieser Zeit bereits mehr als sieben Jahre in Gefangenschaft befand, sprach und schrieb gut russisch. Er vervollkommnete täglich seine Sprachkenntnisse.

Am 2. November 1950 teilte der Leiter der Gefängnisverwaltung des MWD der UdSSR Oberst Kusnezow dem Direktor der Haftanstalt Nowotscherkassk Major Kowaljow mit:

Von dem Häftling W. A. Seydlitz, der in der Haftanstalt Nr. 3. in Nowotscherkassk einsitzt, ist im MWD der UdSSR ein Gesuch eingegangen. Seydlitz bittet um die Erlaubnis, mit seinen in Deutschland lebenden Angehörigen zu korrespondieren und von ihnen Päckchen empfangen zu dürfen. Er bittet auch darum, am Verkaufsstand der Haftanstalt Lebensmittel und Gebrauchsgegenstände kaufen zu dürfen und ihm Brettspiele (Schach, Domino) zur Verfügung zu stellen.

Erklären Sie dem Häftling Seydlitz, daß seine Bitte, mit seinen in Deutschland lebenden Angehörigen Briefe zu wechseln und von ihnen Päckchen zu erhalten, nicht genehmigt werden kann. Die anderen Fragen sind nach der üblichen Verfahrensweise zu klären ...

Das Schachspiel erhielt von Seydlitz sofort. Doch mit dem Kauf von Waren am Verkaufsstand der Haftanstalt gab es Probleme. Anfangs verzögerte sich die Überweisung des Geldes (103 Rubel und 80 Kopeken), das man ihm bei der Verhaftung abgenommen hatte. Dann traf das Geld ein, war aber schnell ausgegeben. Seydlitz bat darum, ihm als mittellosem Häftling materielle Unterstützung zu gewähren. Diese Frage wurde dem Innenminister zur Entscheidung vorgelegt, woraufhin man dem ehemaligen General der Artillerie der ehemaligen Wehrmacht einen Kredit in Höhe von 40 Rubel gewährte . . .

Auch die Bitte des Häftlings von Seydlitz, ihn in eine andere Zelle zu verlegen, wurde erfüllt. Anfang Januar 1951 wurde er in Zelle Nr. 66 und dann in Zelle Nr. 143 auf der Südseite des Haftanstaltkomplexes verlegt. Es gab da noch ein weiteres Problem. Der einer Adelsfamilie entstammende Berufsoffizier Seydlitz war aufgrund seiner traditionellen Erziehung große Reinlichkeit gewohnt. Körperhygiene war für ihn sehr wichtig. In der Haftanstalt gab es einen Duschraum, in den die Häftlinge einmal alle zehn Tage „zum Abbrausen" gebracht wurden. Doch für Seydlitz war das zu wenig, er war daran gewöhnt, sich täglich kalt zu duschen. Deshalb äußerte er die Bitte, ihm einen Waschzuber und zwei Eimer Wasser in die Zelle zu bringen. Diese Frage wurde auf allerhöchster Ebene entschieden. Einen Monat später wurde angeordnet, daß sich Seydlitz täglich im Gemeinschaftswaschraum mit freiem Oberkörper waschen durfte.

Bald darauf wurde das Leben für von Seydlitz zur Hölle, als der Hälftling K. als Zellenmitbewohner in seine Einzelzelle gesteckt wurde.

Lassen wir von Seydlitz selbst zu Wort kommen:

Walter von Seydlitz   Haftanstalt Nowotscherkassk
                                 15. 1. 1952
                                 Zelle 143

Gesuch an den Gefängnisdirektor

Herr Direktor, ich wäre Ihnen sehr dankbar, wenn Sie mir folgende Bitte erfüllten.

Am 25. Januar 1951 wurde der Bürger K. zu mir in die Zelle verlegt. Seit diesem Tag habe ich versucht, mit ihm in einem vernünftigen Verhältnis zu leben, wie es unter normalen Menschen üblich ist. Ich habe mich sicherlich hundertmal darum bemüht, doch trotz aller Anstrengungen ist es mir nicht gelungen. Auf den ersten Blick scheint

K. ein ganz normaler Mensch mit guter Allgemeinbildung zu sein. Sein Kochgeschirr säubert er täglich um ein Uhr. Für ihn spricht auch, daß er liest. Doch bei näherer Bekanntschaft ist festzustellen, daß er innerlich wie äußerlich ein schmutziger Mensch ist, sich im höchsten Maße undiszipliniert verhält und jedes Taktgefühl verloren hat. Ich führe einige Beispiele an:

1. Im Baderaum verrichtet er seine Notdurft mitten im Zimmer unter der Dusche. Meine Bitte, dies zu unterlassen, hatte keinerlei Wirkung. Das nächste Mal tat er dies erneut mit voller Absicht.

2. Auf der Toilette uriniert er nicht in das Becken, sondern in Zimmermitte, lacht und amüsiert sich darüber.

Er spuckt in der Zelle auf den Fußboden.

4. Mit Ausnahme von Gesicht, Händen und Füßen hat er sich den ganzen Winter nicht gewaschen, lediglich alle 10 bis 14 Tage geduscht.

5. Er belästigt mich die ganze Zeit mit seiner schmutzigen Phantasie, obwohl ich mir dies stets energisch verbeten habe. Er hört damit jedoch nicht auf und geht in seiner grenzenlosen Taktlosigkeit und Frechheit so weit, daß er mir die folgenden Worte ins Gesicht sagt: Sie haben Ihre Frau doch nur wegen „Fi-fi" geheiratet (diesen Ausdruck benutzt er für Geschlechtsverkehr) . . . Diese schmutzige Beleidigung hat schon lange zum vollständigen Bruch zwischen uns geführt. Trotzdem versuche ich immer wieder, normale Beziehungen zu schaffen.

6. Jedes Gespräch und jede Diskussion führt immer zum Zerwürfnis zwischen uns. Er verlacht meine persönliche Meinung und beleidigt mich. Dies alles nimmt er sich heraus, weil er ernsthaft der Auffassung ist, daß ich in meinem ganzen Leben buchstäblich nicht gearbeitet, sondern nur getanzt habe. Diese Beleidigung schleudert er mir direkt ins Gesicht.

7. Seine Allgemeinbildung ist bestenfalls eine schlechte Halbbildung. Über Geographie und Geschichte seiner Heimat weiß er weniger als ich. Über Architektur und Kunst seines Landes weiß er gar nichts und schweigt deshalb zu diesem Thema.

8. Über Politik kann er überhaupt nichts sagen. Da er sehr von sich eingenommen ist, ist es unmöglich, auch nur ein einziges vernünftiges Gespräch zu Ende zu führen. Seine Kenntnisse über das Ausland sind äußerst kindisch und naiv.

9. Er versucht immer wieder, mich zu kränken. Während des Frei-

gangs stößt er mich vom trockenen Weg herunter, obwohl man dort zu zweit gehen kann. Er führt sich wie ein Monopolist auf. Ebenso verhält er sich im Baderaum und im Duschraum.

10. Wenn die Diensthabenden mich mit „Schnell, schnell!" auffordern, mich beim Anziehen zu beeilen, dann zieht er sich absichtlich noch schneller an, um dann mich alten Mann ebenfalls durch Anschreien zur Eile anzutreiben.

Sein Mangel an Taktgefühl und Kameradschaft geht so weit, daß er während des Freigangs oder im Baderaum in meiner Anwesenheit erklärt, daß ich zurück will bzw. fertig bin. Er verleumdet mich auf widerlichste Weise, um sich über mich lustig zu machen. Das alles geschah in letzter Zeit. Ich denke, es ist ausreichend, um sich ein Bild von diesem Menschen zu machen. Von seinen Manieren ganz zu schweigen! Herr Direktor, ich sehe mich leider gezwungen, sie zu bitten, mich von K. zu befreien. Ein weiteres Zusammenleben mit ihm ist unmöglich und kann zur Katastrophe führen.

Ich habe in meinem ganzen Leben – weder in Deutschland noch in Rußland (in den neun Jahren Gefangenschaft) – einen solchen Menschen kennengelernt. Wie er erzählt, hat er zu Hause (vor seiner Verhaftung) zum Frühstück, Mittag- und Abendessen gewohnheitsgemäß einen Viertelliter Wodka getrunken – das sagt alles! Ich wäre Ihnen sehr dankbar, wenn sie mir meine Bitte erfüllen . . .

Doch von Seydlitz gelang es nicht so schnell, diesen üblen Zellenmitbewohner loszuwerden. Den Grund dafür erfahren wir aus der „Auskunft über den inhaftierten Kriegsverbrecher W. A. Seydlitz, Stand vom 18. Juni 1953", die der Stellvertreter des Direktors der Haftanstalt Major Maklakow unterschrieben hat:

Bei seiner Ankunft in der Haftanstalt Nowotscherkassk Nr. 3 der Verwaltung des MWD des Gebiets Rostow wurde der Häftling Seydlitz in der Einzelzelle Nr. 143 untergebracht. Bis zum 10. April d. J. war jeweils ein Agent von uns mit in seiner Zelle inhaftiert – zunächst der Informant „Petrow" und dann der Informant „Grigorjew". „Petrow" ist russischer und „Grigorjew" tschechischer Nationalität. Sie erhielten von uns den Auftrag, den Häftling Seydlitz vor Selbstmordversuchen zu bewahren und seine politische Gesinnug festzustellen.

In ihren Berichten teilten sowohl „Petrow" als auch „Grigorjew" mit: Der Häftling Seydlitz hat in Gesprächen mit ihnen über Zeitungsmeldungen, daß Amerika einen Krieg gegen Rußland vorbereitet, seine Sympathie für Amerika bekundet und erklärt, daß ihm die Politik der USA-Führung vollkommen zusagt, er aber darüber enttäuscht ist, daß die Kriegsvorbereitung so langsam vor sich geht. Seydlitz sagt, sein Leben habe noch einen Sinn, wenn es zu einem Krieg zwischen Amerika und der Sowjetunion kommt. Wenn nicht, dann wolle er Selbstmord begehen . . .

Er äußerte auch Unzufriedenheit über das sowjetische Gesellschaftssystem, das er ablehnt. Außerdem erklärte er, daß er seine Freiheit wieder erlangt, wenn es zu einer Vereinigung Deutschlands kommen wird, denn die Menschen werden sich entschieden für seine Haftentlassung einsetzen. Die Wahl Eisenhowers zum Präsidenten der USA begrüßte er.

Gegenwärtig ist er guter Stimmung, kümmert sich sehr um sein Wohlbefinden und seine Gesundheit. Sein Gesundheitszustand ist zufriedenstellend.

Weitere Informationen über den Häftling Seydlitz liegen nicht vor . . .

Ja, der Häftling K., der seinen Zellengenossen vor Selbstmord bewahren sollte, war schon ein unangenehmer Mensch. Jedenfalls war die Taktik, die er gewählt hatte, sehr ungewöhnlich.

So ist es kein Wunder, daß sich der Konflikt in der Zelle Nr. 143 immer mehr zuspitzte.

Am 7. Juni 1952 schickte der Leiter der Haftanstalt Nr. 3 in Nowotscherkassk einen Bericht an den Gefängnisdirektor:

Hiermit gebe ich Ihnen zur Kenntnis, daß in Sektion 18, Zelle Nr. 143, der Häftling Walter Alexander Seydlitz, geb. 1888, der aufgrund des Erlasses vom 19. 4. 43 zu 25 Jahren Haft verurteilt wurde, systematisch Schlägereien mit seinem Zellenmitbewohner provozierte. Am 7. 6. 52 um 14.30 Uhr hat er randaliert, sich mit dem Häftling Iwan Pawlowitsch K., geb. 1914, geprügelt und ihm einen Schlag gegen den Kopf versetzt, was eine leichte Schwellung hervorrief. Ich möchte den Vorfall melden und Sie bitten, eine Bestrafung vorzunehmen . . .

Aufgrund dieses Berichts kam es zu einer Untersuchung, bei der festgestellt wurde, daß der Häftling Seydlitz das erste Mal straffällig geworden ist, aber systematisch Skandale mit seinem Zellenmitbewohner inszeniert und wiederholt eine Schlägerei angezettelt hat.

Am 12. Juni erhielt Seydlitz eine Strafe – zwei Tage scharfer Arrest. Das war sicherlich der erste scharfe Arrest im Leben von Walter von

Seydlitz. Zwei Tage schlief der ohne Matratze, er bekam nur Brot und Wasser. Für einen Vierundsechzigjährigen war das nicht leicht, doch dafür wurde er den schrecklichen Nachbarn endlich los . . .

Mit dem neuen Zellenmitbewohner freundete sich Seydlitz schnell an, er setzte sich sogar für ihn ein und schickte an den Gefängnisdirektor ein Schreiben mit der Bitte, seinem neuen Nachbarn Unterwäsche und Bettwäsche zu geben.

Doch alles, was Walter von Seydlitz durchgemacht hatte, war nicht spurlos an ihm vorübergegangen. Einmal wurde sein Zellenmitbewohner nachts durch Schreie geweckt. Seydlitz schrie, daß man ihn doch erschießen solle, und verabschiedete sich von seiner Familie. Der am 26. November 1954 aus der Stadt zur Konsultation herbeigerufene Psychiater erkannte schnell das Krankheitsbild – reaktive Psychose und geistige Verwirrung als Folge der geistigen Erschütterungen. Vielleicht war der letzte Tropfen, der das Faß zum Überlaufen gebracht hatte, der Erlaß des Präsidiums des Obersten Sowjets der UdSSR vom 13. Januar 1953 „Maßnahmen zur Verschärfung des Kampfes gegen besonders gefährliche Erscheinungen von Banditentum unter den Gefangenen in den Besserungsarbeitslagern", den man Seydlitz zur Kenntnisnahme und Abzeichnung vorgelegt hatte . . .

Repatriierung

Ungefähr einen Monat nach dem Tode Stalins, am 10. April 1953, erarbeitete eine Gruppe von Leitern der sowjetischen Rechtspflegeorgane ein Memorandum, welches die Revision von Urteilen vorsah, die in der UdSSR gegen Ausländer, darunter auch ehemalige Kriegsgefangene und Internierte, gefällt worden waren. Am 14. April wandten sich Wjatscheslaw Molotow und Lawrenti Berija an das Präsidium des ZK der KPdSU:

In den Haftanstalten der Sowjetunion befinden sich 32 465 Ausländer, die von sowjetischen Gerichten zu Freiheitsentzug verurteilt wurden, darunter 19 048 ehemalige Kriegsgefangene und Internierte. Außerdem sind 11 814 Ausländer, die von Militärtribunalen der Sowjetarmee im Ausland verurteilt wurden, in Haftanstalten in der DDR, in Ungarn und Österreich inhaftiert.

Von der Gesamtzahl der 44 279 Ausländer, die von sowjetischen Gerichten zu Freiheitsentzug verurteilt wurden, sind 2219 aufgrund des Amnestie-Erlasses des Präsidiums des Obersten Sowjets der UdSSR vom 27. März 1953 aus der Haft zu entlassen.

Da viele Ausländer während des Großen Vaterländischen Kriegs wegen geringfügiger Verbrechen verurteilt wurden und gegenwärtig keine ernste Gefahr für unseren Staat darstellen, unterbreiten wir den Vorschlag, eine zwischenbehördliche Kommission zu bilden und sie zu beauftragen, innerhalb eines Monats die gegen Ausländer in Gerichtsurteilen verhängten Freiheitsstrafen zu überprüfen und jene, deren Inhaftierung nicht erforderlich ist, freizulassen und in die Heimat zurückzuführen.

Ein Bericht zu dieser Frage, der von den Genossen Gorschenin, Safonow, Kruglow, Fedotow und Dolgich ausgearbeitet wurde, ist beigefügt.

Wir unterbreiten einen Entwurf für einen Beschluß des ZK der KPdSU . . .

Alle weiteren Mitglieder des Präsidiums des ZK der KPdSU – Georgi Malenkow, Nikita Chruschtschow, Klimenti Woroschilow, Lasar Kaganowitsch, Nikolai Bulganin, Michail Saburow, Michail Perwuchin und Anastas Mikojan – stimmten zu, und am 15. April wurde der entsprechende Beschluß des Präsidiums des ZK der KPdSU angenommen. Der Kommission wurde der Zeitraum von einem Monat für eine Revision der Urteile gegeben.

Doch schon bald rückten innere Probleme in den Vordergrund – am 26. Juni 1953 wurde Lawrenti Berija verhaftet. Und erst am 20. August wandte sich Wjatscheslaw Molotow erneut an das Präsidium des ZK der KPdSU, an Georgi Malenkow und Nikita Chruschtschow:

In dem sowjetisch-deutschen Kommunique heißt es, daß „in vorgeschriebener Verfahrensweise Maßnahmen ergriffen werden, um deutschen Kriegsgefangenen, die wegen während des Kriegs begangener Verbrechen verurteilt wurden, die weitere Strafverbüßung zu erlassen, mit Ausnahme von Personen, die besonders schwere Verbrechen gegen den Frieden und die Menschlichkeit begangen haben".

Nach Angaben des MWD verbüßen gegenwärtig 19 848 Deutsche eine Strafe in der Sowjetunion, darunter 14 128 Kriegsgefangene . . .

Es wird darauf verwiesen, daß in der TASS-Mitteilung vom 5. Mai

1950 „Über den Abschluß der Repatriierung deutscher Kriegsgefangener aus der Sowjetunion" die Zahl der noch in der UdSSR befindlichen Kriegsgefangenen mit 13 546 angegeben wurde.

Die Kommission unter Vorsitz des Genossen Gorschenin, die auf Beschluß des Präsidiums des ZK der KPdSU vom 15. April für die Revision der von sowjetischen Gerichten gegen Ausländer verhängten Gerichtsurteile gebildet wurde, erachtet es für möglich, 5380 deutsche Kriegsgefangene vorzeitig zu entlassen und nach Deutschland zu repatriieren. Dem Beschluß der Kommission wurde vom Obersten Gericht der UdSSR die entsprechende Rechtsform verliehen.

Das Außenministerium der UdSSR hält es für möglich, die erwähnten 5380 Personen nach den Wahlen in Westdeutschland am 6. September zu repatriieren. Was die übrigen verurteilten deutschen Kriegsgefangenen und Zivilisten in der UdSSR, insgesamt 14 468 Personen, betrifft, so sind die Genossen Gorschenin, Kruglow, Rudenko und Puschkin zu beauftragen, innerhalb von zwei Monaten Vorschläge zu unterbreiten, welche von ihnen freigelassen und nach Deutschland repatriiert werden können . . .

Nach Abschluß der erwähnten Arbeit wäre es angebracht, der Regierung der DDR Listen der zur weiteren Strafverbüßung verbliebenen deutschen Kriegsgefangenen, die besonders schwere Verbrechen gegen den Frieden und die Menschlichkeit begangen haben, zu übergeben. Damit wird in der Frage der deutschen Kriegsgefangenen in der UdSSR volle Klarheit geschaffen.

Außerdem hält es das Außenministerium der UdSSR für angebracht, eine aus den Genossen Gorschenin, Kruglow, Rudenko und Puschkin bestehende Kommission, zu der die Genossen Semjonow und Pitowranow hinzugezogen werden, zu beauftragen, innerhalb von zwei Monaten die Fälle von 11 748 deutschen Staatsbürgern, die von sowjetischen Gerichten verurteilt wurden und auf dem Territorium der DDR ihre Strafe verbüßen, zu überprüfen und Vorschläge für die vorzeitige Entlassung derer zu unterbreiten, deren Inhaftierung nicht weiter erforderlich ist. Genosse Kruglow ist mit den Vorschlägen einverstanden.

Der Beschlußentwurf ist beigefügt. Ich bitte um Prüfung . . .

Am 28. August 1953 nahm das Präsidium des ZK der KPdSU den von Molotow vorgeschlagenen Beschluß an.

Zwei Monate später, am 30. November 1953, wurde auf der Präsidiumstagung des ZK der KPdSU der Beschluß „Über die vorzeitige Entlassung deutscher Kriegsgefangener, Internierter und Zivilisten, die von sowjetischen Gerichten verurteilt wurden" verabschiedet. Es wurde beschlossen, 4832 in der UdSSR Inhaftierte und 6150 in Haftanstalten auf dem Territorium der DDR Einsitzende vorzeitig zu entlassen. Zu dieser Gruppe von Personen, die freigelassen werden sollten, gehörten auch vier Generale – Friedrich Baier, 66 Jahre, der an multipler Sklerose erkrankt war; Erich Proy, 69 Jahre, der unter starker Hypertonie litt; Kurt Pflugbeil, 63 Jahre, der an Blasenkrebs erkrankt war; Karl-Wilhelm Specht, 59 Jahre, der einen schweren Herzinfarkt erlitten hatte, sowie Konteradmiral a. D. Hasso von Bredow, 70 Jahre, und Herzog Christian zu Mecklenburg, 41 Jahre.

Die Vorschläge der Kommission wurden am 17. November 1953 erarbeitet. Es läßt sich nicht sagen, ob ein Zusammenhang besteht, doch am 26. November d. J. wurde bei dem Häftling Walter von Seydlitz reaktive Psychose diagnostiziert.

Weitere 15 Monate vergingen. In dem turnusmäßigen Bericht des Innenministers Sergej Kruglow an den Vorsitzenden des Ministerrats der UdSSR Nikolai Bulganin vom 28. Februar 1955 wurde darauf verwiesen, daß unter den verurteilten Ausländern 182 Generale der ehemaligen Wehrmacht sind, die ihre Strafe verbüßen. Auf der beigefügten Liste war auch General der Artillerie Walter von Seydlitz angeführt, der als Kriegsverbrecher zu 25 Jahren Haft verurteilt worden war. Am 14. März wurde ein weiterer Beschluß des Präsidiums des ZK der KPdSU angenommen: Eine aus Molotow, Gorschenin, Kruglow, Serow, Baranow und Sorin bestehende Kommission wurde beauftragt, die Fälle der in Haftanstalten einsitzenden Ausländer zu überprüfen und dem ZK der KPdSU Vorschläge zu unterbreiten.

Zweifellos war Walter von Seydlitz, dem zu diesem Zeitpunkt bereits der Briefwechsel gestattet war und der über die Gefängnisleitung die Zeitungen „Krasnaja Swesda" und „Iswestija" abonniert hatte, über die offizielle Seite des Repatriierungsprozesses ausreichend informiert. Er ahnte auch etwas von den vielen geheimen Fäden, die hier gesponnen wurden. Sicherlich hatte auf seinen Gesundheitszustand auch die Mitteilung gewissen Einfluß, daß Generalfeldmarschall Friedrich Paulus im Oktober 1953 repatriiert wurde. Seine zahlreichen Eingaben bei der sowjetischen Führung waren ergebnislos geblieben. Das letzte Gesuch hatte er am 7. November 1954, dem Jahrestag der Sozialistischen Oktoberrevolution, bei der Sowjetregierung eingereicht. Seydlitz nahm an, daß ein solcher Anlaß besonders günstig sei.

Am 18. April 1955 wandte sich der Ministerpräsidetn der DDR Otto Grotewohl mit einem Schreiben an den Außerordentlichen und Bevollmächtigten Botschafter der UdSSR in der DDR:

Werter Genosse Botschafter!
Der ehemalige Generalfeldmarschall Friedrich Paulus hat ein Gesuch an mich gerichtet, die sich noch in der Sowjetunion befindlichen deutschen Kriegsgefangenen doch zu begnadigen. Eine Kopie des Gesuchs lege ich zur Kenntnisnahme bei.
Ich habe Herrn Paulus darauf hingewiesen, daß die Wehrmachtsangehörigen, die sich gegenwärtig noch in der Sowjetunion befinden, wegen Straftaten und Kriegsverbrechen verurteilt wurden und die gegen sie verhängte Strafe verbüßen . . .

Paulus hatte Grotewohl über die am 29. und 30. Januar 1955 in Berlin abgehaltene Gesamtdeutsche Konferenz über die friedliche Wiedervereinigung informiert und ihm die Auffassung von 100 ehemaligen Generalen ud Offizieren mitgeteilt, daß sich die Begnadigung der noch in der UdSSR befindlichen deutschen Kriegsgefangenen günstig auf breite deutsche Bevölkerungskreise in ihrem Wunsch nach gegenseitiger Verständigung auswirken würde . . .
Ein weiterer Beschluß in dieser Frage wurde am 14. Juli 1955 gefaßt. In dem Beschluß des Präsidiums des ZK der KPdSU heißt es:
Es wird für zweckmäßig erachtet, in Abstimmung mit dem ZK der SED folgende Maßnahmen hinsichtlich der deutschen Kriegsgefangenen und Zivilisten zu realisieren, die in der UdSSR eine Strafe verbüßen:
1. Während der bevorstehenden Verhandlungen mit Kanzler Adenauer über die Aufnahme diplomatischer Beziehungen zwischen der UdSSR und der BRD ist zu erklären, daß die Frage der ehemaligen Kriegsgefangenen, die wegen ihrer gegen das sowjetische Volk begangenen Verbrechen eine Strafe verbüßen, von den entsprechenden sowjetischen Instanzen geprüft wird und eine positive Entscheidung dieser Frage zu erwarten ist.
2. Nach dem erfolgreichen Abschluß der Verhandlungen mit der BRD:
a) Straferlaß und Repatriierung für 5614 deutsche Staatsbürger

(3708 Kriegsgefangene und 1906 Zivilisten) und 180 Generale der ehemaligen Wehrmacht sowie den Sohn des deutschen Industriellen Gustav Krupp (Gerald Krupp) und den Sohn des deutschen Botschafters in Großbritannien Horst Schlange-Schöningen. Hierbei wird nach dem Prinzip verfahren, daß deutsche Kriegsgefangene und Zivilisten mit Wohnsitz in der DDR den Behörden der DDR und Personen mit Wohnsitz in Westdeutschland den Behörden der BRD übergeben werden.

b) Übergabe von 3917 deutschen Staatsbürgern als Kriegsverbrecher (2728 Kriegsgefangene und 1189 Zivilisten) an die Regierungen der DDR und der BRD, deren Freilassung aufgrund der von ihnen auf sowjetischem Territorium begangenen schweren Verbrechen für unangebracht angesehen wird. Dabei werden entsprechend den Vereinbarungen mit der Regierung der DDR und der BRD Personen mit Wohnsitz in der DDR den Behörden der DDR und Personen mit Wohnsitz in Westdeutschland den Behörden der BRD überstellt.

3. Nach Abschluß der erwähnten Verhandlungen wird in der Presse der Erlaß des Präsidiums des Obersten Sowjets der UdSSR über die Freilassung und Repatriierung der deutschen Kriegsgefangenen und Zivilisten, die ihre Strafe in der UdSSR verbüßen, veröffentlicht. In dem Erlaß wird darauf hingewiesen, daß der erwähnte Straferlaß auf eine Bitte der Regierung der DDR und der BRD gewährt wurde . . .

Bestätigt wurde auch der Text eines Schreibens des ZK der KPdSU an das ZK der SED. Nach Nennung aller vorstehend erwähnten Festlegungen heißt es in dem von Nikita Chruschtschow unterzeichneten Schreiben: Bitte lassen Sie uns Ihre Meinung zu den von uns vorgeschlagenen Maßnahmen hinsichtlich der deutschen Kriegsgefangenen und Zivilisten wissen, die eine Strafe in der UdSSR verbüßen . . .

Am 4. August erhielt Nikita Chruschtschow über den Botschafter der UdSSR in der DDR Puschkin eine von Karl Schirdewan unterzeichnete zustimmende Antwort des ZK der SED.

Doch die sowjetische Führung erachtete diese Antwort für unzureichend. Auf der nächsten Tagung des Präsidiums des ZK der KPdSU wurde folgender Beschluß angenommen:

1. Wir halten es für angebracht, daß der Präsident der DDR Gen. Pieck an den Vorsitzenden des Präsidiums des Obersten Sowjets der UdSSR Gen. Woroschilow ein Schreiben bezüglich der Freilassung der deutschen Kriegsgefangenen sendet.

2. Ein Konzeptionsentwurf für das Schreiben des Präsidenten der DDR W. Pieck an den Vorsitzenden des Präsidiums des Obersten Sowjets der UdSSR Gen. Woroschilow ist anzunehmen.

3. Gen. Suslow wird beauftragt, diese Frage mit Gen. Ulbricht abzustimmen.

Das entsprechende Gespräch mit Wilhelm Pieck war für den 26. August vorgesehen. Das Schreiben sollte dann am 28. August in der sowjetischen Presse veröffentlicht werden. Am Schluß des Entwurfs des Schreibens heißt es:

Ich halte es für angebracht, mich an Sie mit dem öffentlichen Gesuch der DDR um die vorzeitige Freilassung und Repatriierung aller ehemaligen deutschen Kriegsgefangenen, die in der Sowjetunion ihre Strafe verbüßen, zu wenden.

Da seit dem Kriegsende mehr als zehn Jahre vergangen sind, gestatte ich mir, auf wohlwollende Prüfung meiner Bitte zu hoffen. Die Sowjetunion kann sicher sein, daß das ganze deutsche Volk der Sowjetunion für diese großherzige Entscheidung zutiefst dankbar sein wird ...

Am 26. September 1955 wurde auf der Tagung des Präsidiums des ZK der KPdSU der Text des Erlasses des Präsidiums des Obersten Sowjets der UdSSR „Über die vorzeitige Freilassung deutscher Staatsbürger, die von den Gerichtsorganen der UdSSR wegen gegen die Völker der Sowjetunion während des Kriegs begangener Verbrechen verurteilt wurden", bestätigt: 8877 deutsche Staatsbürger werden in die DDR oder die BRD repatriiert, 749 deutsche Staatsbürger werden aufgrund der von ihnen begangenen schweren Verbrechen als Kriegsverbrecher den Regierungen der DDR und der BRD überstellt. Auch der Zeitplan der Repatriierung wurde bestätigt, die vom 8. bis 22. Oktober 1955 erfolgen sollte.

Das Finanzministerium der UdSSR bewilligte dem Innenministerium zusätzliche Mittel für die Einkleidung und Beförderung der Generale und kranken Repatrianten in Reisezugwagen.

Am 12. Januar 1956 informierte der Stellvertreter des Innenministers der UdSSR Sergej Perewertkin das ZK der KPdSU über die Realisierung des Beschlusses des Präsidiums des ZK der KPdSU vom 26. September. Perewertkin wies darauf hin, daß in der Gruppe der 177 Generale auch der ehemalige Kommandeur des LI. Armeekorps General der Artillerie Walter Alexander Seydlitz, von 1943 bis 1945 Präsident des in der UdSSR aus Kriegsgefangenen gebildeten Bundes

Deutscher Offiziere und Vizepräsident des Nationalkomitees „Freies Deutschland", repatriiert und in die BRD zurückgeführt wurde.

Perewertkin teilte weiter mit, daß die ehemaligen Generale und Admirale mit Zivilkleidung – hochwertigen Anzügen, Mänteln, Hüten, Schuhen, Hemden und Unterwäsche – ausgestattet wurden.

Die Tür der Zelle, in der von Seydlitz inhaftiert war, wurde plötzlich geöffnet. „Sachen packen und mitkommen!" sagte der Gefängnisaufseher. Das geschah Ende September 1955.

Einige Tage später wurde von Seydlitz nach Moskau in das Butyrka-Gefängnis gebracht. Diesmal waren die Haftbedingungen relativ erträglich. Er wurde gut verpflegt und hatte länger Freigang.

Während eines solchen Freigangs warf sich Seydlitz einmal auf den Asphalt des Gefängnisinnenhofes, drehte sich auf den Rücken und begann, in deutscher Sprache laut zu schreien. Was er schrie, konnte der Begleitposten nicht angeben, da er kein Deutsch verstand . . .

Am 3. Oktober 1955 verfaßte Walter von Seydlitz, General der Artillerie der ehemaligen deutschen Wehrmacht, ein letztes Schreiben auf dem Territorium der Sowjetunion:

An den Vorsitzenden des Präsidiums
des Obersten Sowjets der UdSSR

Marschall der Sowjetunion
  Herrn Woroschilow   Moskau, Kreml
    Da ich morgen das Territorium der Sowjetunion verlassen werde, verspüre ich das Bedürfnis, dem Obersten Sowjet der UdSSR meinen herzlichen Dank für all das Gute zu sagen, was ich hier während meines reichlich zwölfjährigen Aufenthalts (31. 1. 1943 bis 4. 10. 1955) erlebt und erfahren habe.

Das gilt besonders für die Zeit, in der ich Präsident des Bundes Deutscher Offiziere und Vizepräsident des Nationalkomitees „Freies Deutschland" in Moskau (Lunowo) war, sowie den Erholungsurlaub in Aksinjino, Krasnaja Gora und Iljinsk.

Vor allem möchte ich den Männern und Frauen des medizinischen Dienstes danken, die mich bis heute behandelt und vollständig von der schweren Krankheit, unter der ich seit dem 26. November 1954 litt, geheilt haben.

Sie alle bemühten sich, meine Gesundheit wiederherzustellen. Das

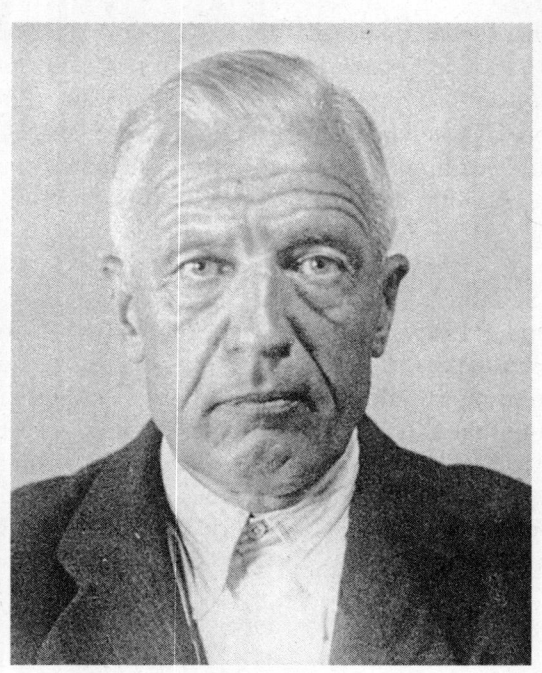
Walter von Seydlitz nach der Repatriierung

ist ihnen nicht nur gelungen, sie haben sogar noch weit mehr erreicht. Mein gegenwärtiger Gesundheitszustand ist so gut, daß ich ohne zu übertreiben sagen kann: Ich fühle mich buchstäblich 20 Jahre jünger (nicht wie 68, sondern wie 50!).

Der Höhepunkt meines Aufenthalts hier war die gestrige Fahrt durch Moskau und der Besuch von vier Sehenswürdigkeiten – der Unionslandwirtschaftsausstellung, der Moskauer Universität auf den Leninbergen, des Moskauer Kremls und der Wassili-Blashenny-Kathedrale. Das war für mich ein wunderbares Erlebnis.

Ich möchte mich bei Ihnen nochmals für alles herzlich bedanken.

Am Schluß meines mehr als zwölfjährigen Aufenthalts hier in der UdSSR kann ich Ihnen, wie schon zuvor in meinem Brief an das Präsidium des Obersten Sowjets der UdSSR vom 7. November 1954, erneut versichern:

Die „Seydlitz-Armee" kehrt in die Heimat zurück, wo sie ohne Waffen, allein mit den Worten der Wahrheit ausgerüstet, siegreich

316

kämpfen wird. *Für die Einheit Deutschlands! Für dauerhaften Frieden und Freundschaft zwischen Deutschland und der Sowjetunion! Für dauerhaften Frieden und Freundschaft zwischen allen europäischen Völkern! Für dauerhaften Frieden und Freundschaft der Völker der ganzen Welt!*

Walter von Seydlitz, General der Artillerie der ehemaligen deutschen Wehrmacht, Kommandierender General des LI. Armeekorps während der Stalingrader Schlacht.

W. A. von Seydlitz wurde am 16. Oktober 1955 auf dem Bahnhof Herleshausen bei Eisenach der Regierung der BRD übergeben.

Am 18. Februar 1956 haben die Gerichtsinstanzen der BRD das vom Hitlerregime im Jahre 1944 gegen von Seydlitz verhängte Todesurteil aufgehoben.

Am 28. April 1976 starb General von Seydlitz im Alter von 88 Jahren in Bremen.

Das gegen von Seydlitz am 8. Juli 1950 verkündete Urteil wurde bisher nicht aufgehoben.

Personenregister

Brede, v. (Gen.ltn.) 251
Bredel, Willi 9, 22, 140
Bredow, Hasso v. (Konteradmiral) 311
Bredt, Alfred (Oberstltn.) 17, 38, 54,
60, 63, 67, 131, 178, 193, 195 f., 218
Büchler, Fritz (Major) 18, 63, 149 f.,
153, 169, 171, 212
Bulganin, Nikolai A. 309, 311
Burmistrowa, Olga 252
Busch, Ernst v. (Generalfeld-
marschall) 106 ff., 251, 261, 263
Busch, Ernst (Gen.oberst) 84 f.
Buschhagen, Erich (General) 199, 230,
234, 237 f.
Bussyrew, Jakow 254

C
Charisius, Eberhard (Oberltn.) 14
Chevallerie, Kurt v. der (Gen.major) 84
Christian, Herzog zu Mecklenburg
(Oberltn.) 311
Chruschtschow, Nikita S. 309, 313
Churchill, Winston S. 198, 265
Collani, Ingo Erwin v.
(Gen.major) 256 f., 261 ff., 267, 271,
286, 291
Colmai, Günter (Ltn.) 229
Cramm, v. 147
Czimatis, Albrecht (Oberst) 123, 166,
182, 199, 214, 216

D
Danklmeyer (Oberstltn.) 140
Daniels, Alexander v. (Gen.ltn.) 27, 37,
61 f., 64, 65, 67, 69 f., 123, 155, 160,
164, 182, 187, 191, 207
Deboi, Heinrich (Gen.ltn.) 48, 56, 77,
171
Degrelle, Leon (General) 165
Dengler, Gerhart (Hptm.) 229
Dimitriu (General) 46
Dimitroff, Georgi 8, 10 f., 122, 220,
222 f., 283 f., 295
Dissel (Oberst) 139
Ditfurth (General) 227
Dönitz, Karl (Großadmiral) 208

Dollmann, Friedrich (Gen.oberst) 286
Domaschk, Erich (Hptm.) 17 f., 38, 63,
67, 157, 159
Dolgich, Wladimir I. (Hptm.) 309
Dollinger, J. 251
Drebber, Moritz (Gen.major) 27, 46,
48, 296
Dridso, Salomon (= Alexander
Losowski) 9, 12
Dubrowizki (Oberstltn.) 95, 97
Dubrowski (Oberst) 286

E
Eder (Ltn.) 97
Eder (Gen.major) 239
Ehrenburg, Illja 151 ff.
Eicke, Theodor (Gen.major) 252, 279
Einsiedel, Heinrich Graf v. (Ltn.) 131,
150 f., 153, 157, 161, 172, 177, 218
Eisenhower, Dwight D. 307
Emendörfer, Max (Gefr.) 65, 229
Engel, Joachim (Gen.major) 185, 187,
286
Engelbrecht, Erwin (Major) 64, 171,
193 f.
Erler, Walter (Oberst) 139
Etzel, Erwin (Major) 38
Eyck, Hubert v. (Gen.ltn.) 102

F
Fedotow, Petr W. (Gen.ltn.) 175,
309
Fischel, Hermann v. (Admiral) 300
Fitin, Pawel M. (Gen.major) 123
Fjodorow, M. 254
Fjodorowa, Maria 257, 281
Fleischer, Karl (Hptm.) 14
Florin, Wilhelm 9, 21, 140
Förtsch, Friedrich (Gen.ltn.) 236,
257 f., 268, 300
Frankenberg und Prochlitz, Egbert v.
(Major) 17, 38, 40, 54, 63, 65, 67,
166, 175, 178 f., 193, 205 f., 214
Friedrich III. (dt. Kaiser) 101
Fromm (Sold.) 109
Funk, Walther (General) 234, 237 ff.

325

Bildnachweis

Inhalt